ULRIKE DRAESNER, 1962 in München geboren, wurde für ihre Romane und Gedichte vielfach ausgezeichnet, unter anderem mit dem Großen Preis des Deutschen Literaturfonds, dem Deutschen Preis für Nature Writing und dem Preis der LiteraTour Nord. Für *Schwitters* erhielt sie 2020 den Bayerischen Buchpreis. Von 2015 bis 2017 lebte Draesner in Oxford, seit April 2018 ist sie Professorin am Deutschen Literaturinstitut Leipzig. Dort und in Berlin wohnt und schreibt sie – neben Romanen und Gedichten auch Erzählungen und Essays. Im Penguin Verlag erschien zuletzt das Langgedicht *doggerland*, für das Draesner den Gertrud-Kolmar-Preis für Lyrik erhielt.

Schwitters in der Presse:

»Detailreich und mit Schwitters-typischen Kurzsätzen zeichnet Draesner den skurrilen Kosmos des Dadaisten nach. Wer sich darauf einlässt, wird reich belohnt.« *GONG/HÖRZU*

»Wenn das keine Literatur ist, die was von Freiheit weiß, die was riskiert und gleichzeitig so viel kann!« *MDR Kultur*

»Vertreibung, Flucht und Exil in einem tiefgründigen und doch auch humorvollen Buch, das ich allen Lesenden in die Hände und ans Herz legen möchte.« *freundin*

»Macht Spaß, diesen Kurt hier zu begleiten – und zu erfahren, dass Kunst und Leben doch ganz viel miteinander zu tun haben.« *Neue Presse Hannover*

Außerdem von Ulrike Draesner lieferbar:

Ulrike Draesner

SCHWITTERS

Roman

 PENGUIN VERLAG

Penguin Random House Verlagsgruppe FSC® N001967

1. Auflage 2021
Copyright © 2020 by Penguin Verlag,
in der Penguin Random House Verlagsgruppe GmbH,
Neumarkter Str. 28, 81673 München
Umschlag und ausklappbarer Vorsatz: Sabine Kwauka
Umschlag- und Vorsatzmotiv: © ullstein bild / Friedrich Seidenstücker;
shuttertock / Evannovostro und RanQuick
Satz: Greiner & Reichel GmbH, Köln
Druck und Bindung: GGP Media GmbH, Pößneck
Printed in Germany
ISBN 978-3-328-10782-8
www.penguin-verlag.de

Man muss daher nicht den Eingang, sondern den Ausgang eines Kinos betreten, wenn man gratis hineinkommen will, stellt sich mit dem Gesicht nach außen, den anderen schönen Körperteil natürlich nach innen, und geht mit negativer Geschwindigkeit hinaus.

Kurt Schwitters, *Wie man gratis in ein Kino kommt*

Das deutsche Leben

(Ausgang)

1 12. Oktober 1936,
Waldhausenstraße 5, Hannover

Dass ein sechster Freund gesagt hätte,
Ich sollte gesagt haben,
Was ich nicht gesagt habe,
So sage ich hier getrost an alle Freunde,
Ich hätte gesagt,
Ich hätte nichts gesagt.

Kurt Schwitters, *Wenn mir einer sagte*

Also doch, das Geräusch kommt näher. Eben noch lag die Straße still in der Vormittagssonne. Erneut unterbricht er die Arbeit und blickt in den Spiegel am Fensterrahmen.

Ein grauer Lastwagen. Scheint etwas zu suchen, so langsam wie der fährt. Kein Firmenname, keine Aufschrift. Jeder macht Werbung, manche nicht. Er hat Logos für die Firma Pelikan entworfen, für die Stadt Hannover. Er weiß, wovon er spricht.

»Ich putz mal den Bären«, ruft er nach hinten in den Flur.

Er steht in der Haustür, den Eisbärenkopf unterm Arm. Zögert. Im Haus hört ihn niemand, Helma ist einkaufen. Draußen hört man ihn hoffentlich umso besser. Putzen will er nichts. Der Bär ist ein Vorwand, bizarr genug, um abzulenken. Das Motorengeräusch ist verstummt.

Vom Eingang führen drei Stufen hinunter auf den Steinplattenweg. Vergebens versucht er, durch den buschigen Flieder die Straße entlangzuspähen. Gegenüber fegt die alte Görschen das Trottoir, dabei sieht sie ihrerseits wie ein Besen aus, stangendürr, weißer Borstenkranz obenauf. Wäre selbst in dem kleinen Döhren, gelegen vor dem nichtgroßen Hannover, in jüngster Zeit nicht so viel umgezogen worden, wäre es weniger staubig.

Am Gartentürchen pustet Kurt dem Kopf pflichtschuldig über den elfenbeinfarbenen Pelz. Der Wagen hat gehalten, ein paar Häuser weiter links. Vier Männer in Arbeitsoveralls klettern aus der Kabine. Ein fünfter, im Anzug, klingelt. Der trägt keine Möbel, der trägt die Verantwortung. Der sagt: Sie ziehen heute aus. Wussten Sie das nicht?

»Herrlicher Tag«, ruft Kurt der Görschin zu. Die Oktoberluft schwimmt von Farben. Das Licht ist dunstig. Sehr dunstig. Man sieht Silhouetten, sieht Schatten. Gesichter verschwimmen. Sie verstecken sich.

Im Sommer 1933 haben sowohl die Stadt Hannover als auch Pelikan ihn entlassen. Man bedauere diesen Akt sehr, sagte man, und erlaubte dabei dem eigenen Gesicht fortzuschwimmen. Seine Arbeit sei hervorragend. Aber er müsse verstehen. Er verstand: In der großen Villa Pelikan machte man gute Stimmung nach oben. Sicher war sicher, und schade war tot.

Nun las, sägte, hämmerte und schrieb er auch vormittags auf der Plattform, die er sich in die hintere Ecke des Merzbaus gezimmert hatte. Den Spiegel am Fenster hatte er so gedreht, dass er, wenn er an seiner Arbeit saß, die Straße sehen konnte, ohne gesehen zu werden. Überrascht werden wollte er nicht.

Der Bau wuchs nur mehr nach innen. Wuchsen so nicht auch Gehirne? Das war ein Wunsch. Gehirn fehlte in diesem Land überall. Säulen und Nischen in einer Höhle in einer weiteren Höhle auf dem Rücken einer Höhle. Grotte: bald. Collage: ja, dreidimensional. Eine Skulptur, die man betreten konnte. Dynamisch, komisch, fies. Seit bald zwei Jahrzehnten arbeitete er daran. Der Bau war seine Heimstatt, sein Heiligtum, gemacht aus allem, was Mann-Mensch-Merz in die Finger fiel.

Seine irrste Idee. Seine brillanteste. Seine schönste.

Statt zu fegen, starrte nun auch die Görschin die Straße hinab. Kurt drehte den Eisbären um, so dass der Scheitel nach unten zeigte, und tat, als inspizierte er das Halsloch. Seine Hand passte mühelos durch den harten Ring mit dem abgegriffenen Fellbesatz. Der Bär hatte keine Zunge mehr. Die Zähne waren glatt und kühl. Ehe man sich versah, steckte man fest. In einem Mund, aus dem nichts mehr drang.

Rasch zog er die Finger aus dem Loch. Der Anzugmann war verschwunden. Die Arbeiter hatten die grauen Ladetüren geöffnet. Seit Wochen ließ Helma die Englischlehrerin heraushängen, als mache ausgerechnet das ihn williger, in die USA zu emigrieren. »Nach Amerika wollte ich schon als Kind«, sagte sie. Ihrer Meinung nach hatte er Shininglaunen, also Künstleranwandlungen, nun gut, Krisen, Zweifel, Abbau- und Aufbauphasen, und zu seinem Glück auch eine Frau, die ihm den Kopf geraderückte, nämlich sie. Dazu schenkte sie ihm eine Dose Schuhcreme, Lederfett-Extraglanz. Von dem runden Metalldeckel grinste ein Pferdekopf mit Menschengesicht und Sternchenaureole, in der in hübschester Schulschrift *Shining!* stand. »Shining reist«, sagte sie, »Shining ist international.«

»Onkel Schwitters!«

Die Görschenenkelin rannte über die Straße auf ihn zu. Kurt stellte den Kopf in das Gras am Zaun. Im Laderaum des Lkw hingen Gurte von Haken, Decken lagen bereit. Wer so vorfuhr, rechnete mit Werten. Oder sprach man schon von Beute?

Kastanien hielt die Kleine ihm hin, Streichhölzer ohne Zündköpfchen. Die Blüten der Dahlien am Zaun waren so groß wie ihr Kopf. Die Blumen schienen aus Lippen gemacht. Er selbst schien aus Illusionen gemacht: Lichtfäden, Spinnenfäden, buntes Laub – so schön, hier zuhause zu sein.

Zwei Griffe in die Hosentaschen, ein Messer, der Drillbohrer. Er ging in die Hocke, die Kleine machte es ihm nach. Kurt bohrte die erste Kastanie an. Das Mädchen war vier, vielleicht fünf. Die nassen Locken fielen ihr ins Gesicht.

»Ich war schon schwimmen«, sagte sie.

»Wir haben Herbst. Ist das nicht zu kalt?«

»Oma geht jeden Tag.«

Über die Hildesheimer summte der Verkehr. Alte Bäume, dahinter der See. Nigel-nagel-maschsee-hitlerneu. Der Führer erschuf die Welt. Da war ein See eine Kleinigkeit. Naziwunder, volksgesunder Erholungsgau. Zwei Jahre lang hatte man gebaggert, geschaufelt, Staub aufgewühlt. Jetzt war das Loch befüllt. Man ertüchtigte sich. Wunderglaube, Heilgehirn.

»Hart«, sagte die Lütte, »hart wie ne Wolke.« Meinte sie den Eisbärenkopf? Sie hüpfte davon. Drei Kastanientiere nahm sie mit, das vierte, für dessen Vorderbeine die Hölzchen nicht gereicht hatten, schenkte sie ihm.

»Heil Hitler, danke«, rief die Görschin herüber.

»Ich warte auf meine Frau«, rief er zurück. Er log möglichst selten. Auf einen unhörbaren Pfiff hin verschwanden die Arbeiter durch das schmiedeeiserne, hohe Gartentor der Tossionis. Denn bei den Tossionis, vor dem ältesten und prächtigsten Bürgerschlösschen der Straße, hatte der Wagen gehalten. Türmchen mit Kupferdach, Fachwerk, Erker, Karyatiden, ein Traum im Stil der vergangenen Zeit. Kurts Eltern hatten hart gearbeitet und auf die gleiche Weise das 19. Jahrhundert weitergeträumt. Kurt war 14 gewesen, als die Döhrener Villa fertig wurde. Er liebte das Haus. Unter Kollegen wurde er für seine Ortstreue verlacht: Genie im Gehrock, Muttersöhnchen, Spießer, Frauenmann. Dabei war es nur das: Wie viele, die im Geheimen in Anarchie lebten, schätzte er nichts mehr als äußere Ordnung. Sie gab ihm Halt. Dank ihrer konnte er alles andere loslassen.

Vor der Front des seit 35 Jahren vermoosenden, von Jasmin, Flieder und einem Kurt widerlichen, von Helma indes geliebten Forsythienbusch umwucherten Eingangs der Nummer 5 fiel heller Sonnenschein auf die vormittagsstille Straße.

Vormittagsstill. So hätte es sein sollen. Im rückwärtigen Teil des Grundstückes warfen hohe Buchen und Eichen einen breiten Schatten erst auf einen weiß und grün quadrierten Steingang, der zum Wassergraben zwischen dem Garten und dem stadteigenen Wald hinunterführte, dann auf einen kleinen runden Platz mit französischem Bistrotisch und Stühlen aus weiß lackiertem Metall, wo H&H, Henny und Helma, Mutter und Frau, eingefasst von Rhabarberstauden zur einen Seite und hochwachsenden Fingerhüten und Stockrosen zur anderen, im Sommer gern saßen und nähten.

So war es: Einige 20 Schritte weiter nach Osten lief in Fortsetzung der jüngst aufgemauerten Garage, in der statt eines Wagens Gartenutensilien und Kurts Baukram verstaut wurden, eine zweimannhohe, in feinblättrigem Efeu stehende Steinmauer. Sie begrenzte das Gelände. In ihrem Efeu war ein weiterer Spiegel versteckt. Die Mauer endete wie hier üblich einen Meter vor dem Wassergraben, so dass sich ein ungefährlich breiter Trampelpfad ergab. Auf ihm waren früher lediglich die Kinder zwischen den Gärten hin und her gehuscht. So hätte es bleiben sollen. Hinter der Mauer ragte der lächerlich blitzende, weil frisch vergoldete Wetterhahn der Hasenvilla auf, die bei den Schwitters so hieß, seit Familie Löffel sie bewohnte. So war es: Mit den Löffels kommunizierte man extra-stramm. Und so: Auf der gegenüberliegenden Seite bildete ein unspektakulärer Drahtzaun die Grenze zur Nummer 3, eine offene Flanke ausgerechnet dort, wo das 20. Jahrhundert in Gestalt des MERZbaus begann.

Zur Linken hatte Helma einen Kräutergarten angelegt, den ein Hufeisen von Salbei und Zwergwacholder umschloss. Hufeisen waren Kurt wichtig. Glückszeichen waren Kurt wichtig. Katzen, Pfennige und Öre zählten dazu. Auf das glückliche Pflanzenhufeisen zeigte die Spitze einer mehr als zwei Kilo schweren Eisenpyramide, die, gehalten von einem am Balkon im ersten Stock befestigten, neuartigen, kaum sichtbaren Plastikdraht, frei über dem Beet zu schweben schien.

»Kommt die nicht irgendwann runter«, sagte Helma.

»Genau«, sagte er.

Hier wurde an Damokles gedacht. Der hatte es sich auch überlegt: teilnehmen oder fliehen? Was man eben so »überlegen« nannte. Freiwillig war anders.

An dem Boskop, der von den Vorbesitzern her auf dem Schwitterschen Grundstück stand und eine verblüffend schiefe Höhe erreicht hatte, hing noch Ernsts Schaukel. Das Brett, an beiden Enden von Seilschlaufen gehalten, war über und über mit einst glänzenden Nägeln beschlagen. Ernst hämmerte gern. Sozialistische Arbeiterjugend, 17 Jahre alt. Den gesamten Sommer über hatte er sich in Norwegen versteckt.

Hinter dem Graben standen einige mächtige Schwarzerlen, dort roch es nach Blättern, Wasser und erneut nach Moos. Hier begann die Eilenriede, der Stadtwald. Schloss Kurt hier die Augen und atmete tief, wurde er mit der Hoffnung voll, dass etwas Erlösendes passieren könnte.

Und so war es: Kaum war er auf dies schöne Schaukelbrett der Zuversicht, Anhänglichkeit und Treue geklettert, glitt ein namenloser, grauer Lkw durch die Straße. Die Tossionis hatten mit keinem Wort erwähnt, dass sie ausziehen wollten. Die Tossionis wollten nicht ausziehen. Die Tossionis, Großeltern, Eltern, vier Kinder zwischen zehn und zwanzig, feierten Weihnachten, Ostern, gingen neben Helma im Fronleichnamszug mit. Jetzt stand der Wagen da. Jetzt waren die Tossionis jüdisch. Fuhr ein Möbelwagen ohne Aufschrift vor, war man jüdisch.

Er war entartet. Man konnte dieser Tage viel Schlechtes auf einmal sein. Im Juni 1933 waren Grafiken von ihm in der *Zersetzungs-Ausstellung* in Stuttgart gezeigt worden. In einer Schau namens *Entartete Kunst* mussten im Herbst desselben Jahres in Dresden sein MERZ- und sein Ringbild an die Wand. Seither wanderte die Sammlung, dieser Tage erst hatte sie in Frankfurt am Main ihre Pforten geschlossen. Was für eine Laufzeit. Welch Ruhm. Es hieß, die Nazis bereiteten eine größere, noch umfassendere Darbietung vor; er hatte das sichere Gefühl, dass er auch bei der neuen Hetze nicht fehlen würde. Niemand mehr gab ihm Aufträge als Typograf oder Grafiker oder Werber oder Schriftsteller oder Unterhalter oder Musiker oder Schwitters oder Mensch. Reichsbürger Kurt Schwitters, geächtet, arbeitslos.

Da konnte er auch vormittags zur Gestapo gehen.

Durch sein Hannover, sein Helma-Henny-Heimstatt-Höhlen-Reich, sein Hab&Gut, seine Zuhausestadt, in der er hatte arbeiten können, weil er reisen durfte, weil Helma sich um ihn kümmerte, seine Mutter nach ihm sah, seine Bilder und sein Bau ihn umgaben und der belebende Ärger mit Fiederallala, der Schwiegermutter aller Schwiegermütter, nie endete. Breites Grinsen, alle 100 Haifischzähne entblößt, war sie im Juni vor ihm gestanden und hatte ihm den grauen Umschlag mit Reichsadler in die Hand gedrückt. Vor satten 21 Jahren, an seinem Hochzeitstag, hatte er die frisch erworbene »Mutter Fischer« nach der Eule in der Vogelhochzeit benannt: »Brautmutter war die Eule, nahm Abschied mit Geheule.« Das war selbstverständlich grotesk. Eine Eleonora F. heulte erstens nie und entließ zweitens die einzige Tochter für keine einzige Sekunde aus der töchterlichen Pflichtexistenz. Jeden Tag rückte Eleonora bei den Schwitters an. Sie war jetzt Vegetarierin, wie der Führer. Zu Kurt sagt sie: »Dich hätten sie mal an der Kunstakademie nich nehmen solln, dann wär vielleicht auch aus dir was geworden.«

Pünktlich zu dem angegebenen Termin hatte er im Polizeipräsidium vorgesprochen. Die Gestapo arbeitete so sehr, dass sie in Kurts Richtung nur verächtlich mit den reichsdeutschen Schultern zuckte. Ganz Hannover schien zum Stelldichein versammelt. Man trug Gesichter: eifrig, devot. Dabei kühlte man sich das Mütchen – die Nachbarn, die Familie, die Kollegen, der Chef. Danach flüsterte man sicherheitshalber wieder und blickte häschenbrav ins Gestapogesicht. Endlich Hitler, endlich Maschsee, endlich Gerechtigkeit.

»Was ist MERZ?«

Linoleum, Büropflanze. In der Mitte des Eichenschreibtisches ein Wimpel mit der SS-Standarte, Führerbild an der Wand. Hinter dem Schreibtisch eine Handvoll trübe Sonne.

Das waren seine Briefe, seine Schrift, gerichtet an Christof Spengemann, bis vor kurzem Leiter der Sozialistischen Arbeiterjugend?

Er versuchte sich zu erinnern, was er Krischan geschrieben haben mochte. Im Sommer 1933? Und vor zehn Jahren? Die Macht zog eine Packung Ernte 23 aus der Hosentasche. Feine Hände, Kratzer darauf wie von einem Kätzchen. Das linke Auge wirkte verständig, das andere glich einer Rechenmaschine. Verbindungen schnurrten darin auf und ab.

MERZ?

»Mehr Frühling war nie«, sagte der junge Mann. Und grinste: So ein Witz.

Auch hier im Schreibtischraum, der Junge stand, Kurt saß, hatte man Gesichter. Man benutzte sie. Neben den Gesichtern hatte man Lampen. Man drehte sie. Wer saß, war kleiner als einer, der stand. Wer saß, wurde angestrahlt. Jedem Angestrahlten tat Helligkeit unaufhaltsam gut. Kurt sollte erleuchtet sein.

Dann sind die hohen Gäste
Beisammen am vulgären Feste,
Sie essen alles, auch die Reste.

Bei Rest dachte die Macht, sagte die Macht, naturgemäß an Nest. Wie Widerstandsnest. Die Macht lachte: Er sehe, sie reimten ebenfalls. Die Lampe ruckte, Kurt blinzelte. Sah er auch, wie nah man sich war? Die Macht, sagte das Jüngelchen, dachte bei MERZ nicht an Scherz. Das sei ihr zu billig und ihm sicher erst recht. Radikalere, totalere Reime, sagte das Jüngelchen, Reime wie ausmerzen entsprächen ihnen beiden besser. MERZ sei ein Name für den neuen Geist. Das Jüngelchen paffte. »Ernte 23, Orienttabak. Der Drang nach Osten, überall.« Man sei bereit, ihm zu verzeihen. Jeder vollarische Mann verdiene die Möglichkeit, neu zu beginnen, den germanischen Menschen zu fördern, seinen völkischen Beitrag zu

leisten. Darstellung des entschiedenen, kriegerischen Rassemen-
schen in Bild und Skulptur. Oder auch der deutschen Mutter und
Hausfrau, das Weibliche sei, wie die Macht sehr wohl wisse, sein
ureigenstes Element.

Als Kurt auf die Straße trat, blitzten die Fassaden. Der Himmel
war eine Wand. Bei der Anmeldung hatte man ihm einen grauen
Zettel mit einer Nummer gegeben, der kratzte in der Hemdtasche.
In Kurts Gehirn trieben helle und dunkle Flecken. Sie kratzten
ebenfalls.

Dem Volksknaben, der ihn verhört hatte, rubbelte die Volks-
mutti jeden Morgen die Wangen glatt. Vor ein paar Jahren war der
Junge noch zur Schule gelaufen. Ein wilder Schopf blondes Haar,
aufmerksame, lebendige Augen. Was war nur mit ihnen allen geschehen?

Das Pfeifenputzergras am Zaun wiegte sich im Wind. Schein-
ähren nannte Helma das buschige Rot. Anfang des Monats hatte
er ihr wie üblich eine Hand Bananen zum Hochzeitstag überreicht.
Bananen statt Rosen, Tropengold. Nichts da Schein. Einfach nahr-
haft und süß. Bislang hatte ihr das gefallen.

Sie kannten sich seit Helmas Geburt. Seit 35 Jahren lebten sie
in enger Nachbarschaft oder zusammen. Miteinander verwandt
waren sie zudem. Der gleiche Stall, die gleichen Werte. Meistens.
Sie fromm, er nur halb – das war der größte Unterschied. Oder
der zweitgrößte. Sie treu, er nicht. Nicht einmal halb. Wenn sie ihn
damit aufzog, war alles in Ordnung.

Er riss eine Scheinähre ab, die nächste. Die Wolken flogen nach
Süden. Entscheide dich. In Stockholm, vor drei Tagen erst, waren
silberne Lichter aus dem Meer an den Fassaden hochgesprungen
wie feiernder Hering. Er hatte mit Feiningers Sohn Andreas Pfef-
ferkuchen verspeist, die er in läpprigen Kaffee stippte, von dem
man für Einmalbezahlen so viel trinken durfte, wie der Magen
fasste. Vater Feininger lehrte in Oakland, Kalifornien, wo Kaffee in

Literbechern ausgegeben wurde und schwarz glänzte. In Hannover war die Kaffeeportion kleiner und schwärzer. Schatten fielen von überall. Sie wuchsen, es war nur eine Frage der Zeit.

Nächstes Jahr blüht ihr ohne mich!

Vier Mietshäuser hatte Kurt beim Tod seines Vaters geerbt, von diesen Einnahmen lebten sie. Helma führte die Bücher. *Spezifizieren Sie die Verwendung der einzelnen Räume und welchen Nutzen Sie daraus ziehen (Reichsmark per annum).* Für die Villa waren gemeldet: Eigentümer Kurt, Gattin Wilhelmine, Sohn Ernst (zweiter Stock), Mutter Henriette Schwitters (eigene Wohnung im ersten Stock) sowie diverse Mieter, genannt die Zimmerherren. Helma vermietete nicht an alleinstehende Frauen. Nicht gemeldet: der Bau.

Er starrte in den leeren Lkw-Bauch vor dem Zaun der Tossionis. Die Schwittersarena Hannover hatte Käthe Steinitz sein Leben hier genannt, das Theater Schramm, Schrat und Schrott.

Käthe war fort, in New York. Sie schrieb: Fahr, solange du kannst. Yours, Kate. Seiner Frau zeigte er die Briefe erst gar nicht, die fing auch ohne Ermunterung jeden Tag mit dem Thema Auswandern an.

Freunde, Volksgenossen, Deutsche! Wie soll ich das Land verlassen?

Anfangs sah seine Arbeit schnell aus. Dann dauerte es. Der Weg führte durch Wälder, über Berge und Täler, ans Meer, führte über den Zoo, wo ihm Tiere die Farbe Braun retteten, durch die Menschenhäuser, Arbeitsstätten, Einkaufsläden, die Museen und Archive, in die Gärten und Hintergärten, auf Parkplätze, über Friedhöfe, zu Rinnsteinen und Abfalleimern, Komposthaufen und Kehrecken, an die Bushaltestellen, in die Kanalisation, auf den Spielplatz, in den nächsten Ameisenhaufen, ins Knistern des Feuers und das Röntgenlicht der Krankenhäuser, hinter den Kaninchenstall und die Autogarage, in die Korsettage seiner Mutter, in die Anatomiezeichnungen und Casustafeln der Schulbücher, von stolpernden Kutschpferden zu Charlie Chaplin, hinter die Wählscheibe des Telefons und ins Rauschen der Senderwahl, auf die Probebühne, auf die Echtbühne, in die Gedichte und in den Balzgesang der Vögel, in den Mölm und den Wind und den Rauch, zu den winzigen Teilen, in den Mittelfinger, in den Keller, zum Kalben eines Gletschers und ins Café Kröpcke, zu Bahlsen und Bollos, in die Tragegondel eines Zeppelins und ein Eisbärenmaul, in die Münder aller Beteiligten (ohne Absprache), an die Nordseeküste, auf Blumenkohlfelder, rutschend einen Geröllhang hinab, zu Gewölle (in der Eilenriede), auf den Müllhaufen der Geschichte, in die Fahrkartenhäuschen und Futterspeicher, in den Stillstand, in die Schwankung, in das Poloch (Bürgerschreck zwei), in die Dynamik, in die Leere und die fürchterliche Leere, ins Zerlachen des Ichs und die Neuentdeckung der Scham, in den Jubel, ins Versteck und eine norwegische Inselhütte, ins geheimste Revier, in das Innere eines Huhns auf der Suche nach dem Ei, ins Innere des Eis auf der Suche nach dem Huhn, in die Zeitung und in das Zeitungshochhaus, genannt Anzeiger, durch ein Zinnoberfest zurück in den Buchstaben A sowie zu bestimmten fleischbeigen Strumpfenden und unbestimmten strumpflosen Beinen, in den Anfang und Ausgang, den Auf- und Zugang, den gesamten, verdammten, den verdammt seligen Umgang.

Volksgenossen, Deutsche, liebe Narren! Verteidigt mir mein Hannover, statt von fremden Küsten zu schwärmen.

Seine Mutter sagte nichts. Was sie sich wünschte, wusste er wohl. Helma fuhr bei jeder Gelegenheit dazwischen: Mit dem Zoo komme er ihr jetzt? In den USA gebe es 1000 schöne Tiergärten. Jeder besser als die Rute-Schau hier mit dem schrumpfenden Nashorn (Kurt: »Nashörner können nicht schrumpfen«, Helma: »In Hannover schon«) und den zum Verkauf stehenden Ponys, rund vor Fett wie Ballons.

Er hatte den Pferdedeckel über der Matratze im MERZbau an die Wand genagelt. Shining konnte man weder wissen noch erzwingen.

Shining schob Raum in Raum, verschob das Ich. Es war MERZ, wenn es passierte. Die Welt ruckte, zerlegte sich, stob auseinander, eine Explosion, sekundenlang gefrorene Luft, dann sein Blick – das Bild setzte sich schwebend frisch zusammen, unerhört. Unterwegs fand das nicht statt. Er konnte nicht fort, auch wenn Käthe, Hannah Höch und Raoul Hausmann in Paris ihn drängten, auch wenn er beim Zeitungslesen nur mehr erschrak, auch wenn in Stockholm Licht und Gedanken über die Fassaden geglitten waren wie fliegender Fisch: GEH!

Hinter Kurt, der »Rampensau« (was er sich alles anhören musste – doch das hörte er mit Freude), steckte Truk. Truk, der Tüftler, der Winkel maß, Buchstaben entwarf, auf Leinwand, Holz und im Raum Zeichen konstruierte. Truk lebte im Bau. Außerhalb litt er. Für ihn nahm Kurt auf jede Reise Kartoffeln von zuhause mit. 15 Koffer waren sein Reiseminimum, ergänzt durch Bilderrahmen, große Objekte wechselnder Art (Grammofon, Holzblock, Teppich), Reitstiefel (zum Zerschneiden), Helm. Mehrere substantielle Verspätungen der Reichsbahn gingen exklusiv auf das Konto der fahrenden Kunst. Schon für eine Reise nur nach Lübeck löste Kurt sich schwer von zuhause. Hannovers Erden, Hannovers Müll. Die Stimmen der Eltern und Helmas, der Freunde, Ernsts. Der Geruch seiner Behausung, das Knarren ihrer Stiegen. Er kannte die Villa mit dem gesamten Körper. Der Villa gehörte er blind.

Da kam Truk, ausgerechnet Truk, damit an: Ein chinesisches Zeichen verfüge über vier Töne mit unterschiedlichen Bedeutungen auf jedem Ton. Truk malte zwei Stangen, an deren oberes Ende er, nach innen zeigend, jeweils einen Holzkasten hängte. Pinselte man ein Ohr darunter, bedeutete das Tor zuhören. Stellte man das Zeichen für Mund zwischen die Kästen, wurde aus dem Tor eine Frage.

So wurde mit dem Zeichen gedacht, sagte Truk. Das Zeichen enthielt einen kompletten Satz. Er lautete: Verstehe eine Frage als ein Tor, angeboten von einem Mund.

Und seine Frage?

Hieß sie noch: Soll ich fort? Oder schon: Komm ich noch weg?

Die Umzugsmänner klappten die Türen des Lkw zu. Kurt griff mit beiden Händen seine Jackentaschen ab. Er brauchte eine Zigarette. Im Mai war er zum Kindergeschrei vom Maschsee, zum Tuten der Schiffe und der Paraden aufs Dach des Hauses geklettert. Seither saß eine neue MERZUNG, ein schmaler Steg vor dem Speicherfenster, an der Villa wie eine Flagge am Mast eines Schiffes. Man konnte darauf liegen, durfte sich nicht rühren. Grässlich schön: jeder Baum vertraut, das Rauschen, der Blick auf den Döhrener Turm. Im Rondell hatten H&H den gesamten Sommer über an einem seidenblauen Bettüberwurf gestickt. Oben blendete der See, kaum hob man den Kopf.

Krischan Spengemann war im Juli verhaftet worden. Das makellos rasierte Gesicht der Macht sagte zu Kurt: Jedem eine zweite Möglichkeit. Bei seiner Rückkehr aus Stockholm hatte Fiederallala am Radio vor Glück geschrien: In Wilhelmshaven war die Scharnhorst vom Stapel gelaufen. 28-cm-Drillingstürme, schweres Gerät! Das erste nach der ertrogenen Niederlage von 1918 gebaute deutsche Kriegsschiff. Fiederallala legte sich auf der Chaiselongue vor der juhu-braunen Riffeltapete die lilastichigen Haare zurecht. Für den Empfang der Botschaften des heiligen Adolf musste der alte Kopf vollkommen geformt werden. Soldatisch grüßte Oma Fischer den Volksempfänger und hielt »fürderhin« den Mund. Ihre Füße sahen aus, als wollten sie über die Schuhe hinausquellen. Dort unten tat sie Kurt leid.

Ein zweiter Lkw, grau wie der erste, bog in die Straße. Halb zwölf, sagte Kurts Armbanduhr. Er hatte eine Packung Juno gefunden, kein Feuer. Alle Streichhölzchen waren abgebrochen für die Kastanientiere. Helma müsste jeden Augenblick von den Wocheneinkäufen für den Heimzoo zurück sein. Die Uhr hatte sie ihm zum Geburtstag geschenkt. Leicht, wertvoll, mitnehmbar.

Hatte sie so gedacht?

Die zweite Umzugsmannschaft verschwand im Heim der Tossionis. Das lief ja wie am Schnürchen. Platthirnig, so ein Bär von oben. Tatsächlich weniger weich, als man hätte denken wollen. Er setzte sich zu dem hohlen, einst wilden Kopf auf den Gehweg. Wie das aussah, war ihm nun auch egal. Kurt zwischen Nachbarn und Lilien, und die taten schilien. Was das betraf, blühten Lilien in Deutschland jetzt das gesamte Jahr hindurch. Nach dem Termin bei der Gestapo hatte er einen zweiten und dritten Spiegel an der Außenwand des MERZbaus über dem Kräutergarten installiert.

Helma war zehn gewesen, als Familie Schwitters nach Döhren zog. Jeden Nachmittag trank Vater Fischer nun bei den Schwitters Tee mit so viel Zucker, wie er wollte. Seine Älteste brachte er mit. Man verstand, dass auch sie Eleonoras Regime entfloh. Die Kopie der Fischervilla in der Waldhausenstraße wurde für die beiden Besucher Zuhause Nummer zwei. Wilhelmine schlenkerte mit den braunen Beinen auf der Gartenmauer, lutschte ein Bonbon, dass ihre Wangen sich nach innen saugten, und lachte, wenn Kurt, der Vetter zweiten Grades, etwas vorführte. Sie war die Erste, bei der ihm das gelang.

Seine frühen Lebensjahre hatte er in der Korsettage verbracht, Henriettes Modehaus inmitten der Stadt voller Spitzen, Bänder, Kleider und Blusen, verlockender Bilder aus der *Nouvelle Mode*, der *Dame*, der amerikanischen *Vogue*. Er hatte Maschinenrädchen ineinandergesteckt, um Frauengesichter zu rädeln, früh auf Nachthemden, Leibchen, Hemden, Höschen und Hosen gestarrt, perlweiß, champagner, schwarz, Batist oder Seide, durchbrochen, geklöppelt, Baumwolle, mit Spitzen besetzt. Hier hatte er die Namen der Welt gelernt. Bald konnte er die Stoffe am Geruch unterscheiden, die Frauen ebenso. Das Talent seiner Mutter für Maße war stadtbekannt. Sie erfasste die Schwächen ihrer Kundinnen, noch bevor diese sich auszogen; bot von vornherein nur an, was Stärken erzeugte. Stärken, die es zuvor nicht gegeben hatte. Das war

Zauberei! Das Kind, das mitten im Laden zwischen Stoffen saß, bewunderte, wie viele Frauen es gab. Und wie sie sich in den Umkleidekabinen veränderten. Dass sie sich Gesichter malten, kannte es, hinter den Vorhängen machten sie sich neue Körper: Dort drückten sie etwas weg, da stopften sie etwas auf. Lebendige Skulpturen. Aus dem Kind auf der Decke aus Seidenresten, gefüttert, getätschelt, war Kurt geworden. An Frauen forschte Kurt bis zum heutigen Tag. Jeden Tag.

Das war – stadtbekannt. Schwitters, der Schwirrer, ruheloser Umwickler einfacher Wahrheiten, bourgeoiser MERZ im Dreiteiler, mit Dackel (die Rasse wurde penetrant unterschätzt, tatsächlich ein Jagdhund), Dichter des Paradoxen, nie einer Gruppe angeschlossen, nie politisch geworden, reinste Verkörperung von Treue, Witz und Seitensprung. Kunst: Zuhörer in Rhythmen und Klängen baden, bis sie aus ihren steifen Anzügen, lieber noch aus ihren Röcken, Kostümen, Kleidern wuchsen, lächelten, kicherten, dahinsanken, sich dabei erhoben fühlten, ermutigt, beschwingt.

Kurt, Friese, Hüne, Blauauge, Galan. All die »Arrs« auf den Straßen. »Arr« von »Affäre«. Ein Mann in seinen besten Jahren. Einer, der tanzen konnte und nicht darauf verzichten würde. Familienmensch, Gewohnheitstier.

»Helmchen, du bist und bleibst meine Nummer eins.«

Das stimmte. Sie gehörten zusammen. Auch wenn er ihr die sexuelle Treue nicht hielt, alle anderen hielt er ihr durchaus: die Arbeitstreue, die Lachtreue, die Familientreue, die Unterstützungstreue, die Herzlichkeitstreue, die Treue des offenen Ohrs, die Dudarfst-mich-schimpfen-Treue, die Ratschlagstreue (ich höre auf dich).

Als er aus dem Polizeipräsidium nach Hause gekommen war, hatte Helma ihre alten Englischbücher auf den Küchentisch gepackt: You cannot have the cake and eat it.

Welch ausnehmend dämlicher Satz.

Er sollte Englisch lernen. Sie konnte es.

Wir räumen Ihr Haus. Sie haben davon gehört, nicht wahr?
Ach ja, bitte, treten Sie ein, wir warten schon.

Dem Bären standen die Glasaugen wie halbe Globen aus dem Kopf. »Gut« war von gestern, »Zuhause« auch.

Bye-bye Fiederallala. Das wäre leicht.

Bye-bye Helmama?

Das Wort »Exil« lag seit Monaten im Schwittersnest, ein giftig-goldenes Ei. Es glänzte, tags. Nachts machte es Angst. Nachts fiel Dunkelheit auf Dunkelheit.

Zu jedem Weihnachtsfest strickte Fiederallala ihm einen neuen Schal. Er trug ihn ebenso wie jenen, den Helma ihm zu Weihnachten strickte. Totschwitzen für den Frauenfrieden! Zwei, drei Wochen und es wäre kalt. Er würde die Stricknadeln klappern hören, Schlinge um Schlinge. Es gab Dinge, die man nicht vermisste, wenn man verschwand.

Da ging es um Bleiben oder Gehen, eine Entscheidung for good (so Helma) – und er dachte an Schals. Das Deutsche Reich zu verlassen war verlockend. Hannover zu verlassen vorstellbar. Die Villa zu verlassen ein Jammer. Die in der Villa gelagerten Werke zu verlassen herzzerreißend. Den MERZbau zu verlassen unmöglich.

Damit war es festgestellt. Er, Kurt, lebte wie ein Pilz. Den Fruchtkörper konnte man abschneiden. Helma meinte, das Myzel könne man ausgraben. Falsch. Man fand es nicht. Es war zu fein, zu verwurzelt, zu subtil.

»Tossionis?« Helma, rot im Gesicht, stand mit dem Leiterwagen vor ihm. Stumm luden sie die Fracht in die bereitstehenden Körbe um. Es sah besser aus, wenn man nicht zu viel zu bereden hatte. Der Heimzoo umfasste einen Salamander, vier Echsen, zwei Schildkröten, zahlreiche Meerschweinchen, zwei Katzen, Mutter Henriette, Helma und Kurt.

Der zweite Möbelwagen rauschte an ihnen vorüber. Kurt senkte den Kopf. Den gesamten Vormittag über war kein einziger der

Tossionis zu sehen gewesen. Immer häufiger zogen Möbel allein um. Als ob die Menschen, denen sie gehörten, schon Gespenster wären.

GEH!

Helma. Dunkelblaues einfaches Kleid, seegrüne Strickjacke, die Haare, braun mit grauen Strähnen, im Nacken zu einem Knoten gebunden. Ihre Hände waren geschwollen, seit Jahren litt sie an Arthritis. Sie reichte ihm bis zur Brust. Ihr Scheitel wurde hell.

Alles veränderte sich.

Die Veränderungen auf der Straße, in den Ämtern, den Schulräumen, in jedem Park, auf jedem Platz, in jedem Gesetz, in der Angst und der Hoffnung drangen durch Fenster und Ritzen in jedes Haus. Dort dehnten sie sich wie Nebel zwischen den Menschen aus, die man liebte. Jeder musste daran glauben, was Hitler sagte, auf die eine oder andere Weise. Man hoffte, dass es nicht mit dem Leben wäre. Die tägliche Beschallung aus Fiederallalas Radioapparat vergiftete die Gedanken, die Tage, die Nächte, ihn selbst. Da stand er und zerbrach sich den Kopf über seine persönliche und seine künstlerische Ehrlichkeit (GEH!) und die Tossionis wurden vor seinen Augen umgezogen. Blind stellen, taub stellen, Blümchen malen? Deutscher Eintopf à l'intellectuelle. Er hatte seine Gedichtabende verMERZt, jedes Mal zu Beginn seines Auftrittes ein Führerbild von der Wand genommen, es an den Rand der Bühne gestellt und das Publikum aufgefordert, es anzuspucken. Das akzeptiere er als Applaus! Er erfand einen braunen Hasen, der um Ecken sprang, die es nicht gab, erzählte vom stärksten Mann der Welt, der Frauen über das Radio schwängerte, so dass jede Dame, »deutsche Präzisionsarbeit«, nach neun Monaten einen Zwerg gebar, und lernte seit einem Jahr seine Gedichte auswendig.

Das war Hundewiderstand. Kurt Wauwau Schwitters *wedelt wann und dann, wenn er nur kann.*

Er schämte sich.

Er war nicht mutig. Und er wollte es nicht sein. Er wollte nicht, dass es ihm abverlangt wurde. Allein in der Kunst wusste er, was er tun musste. Da nannten andere es Mut.

Privat lebte er längst doppelt. Kurt und Helma, Kurt und die Arrs. Doppelt leben in seiner Kunst? Sich verstecken, tarnen, heimlich weiterschreiben? Das war nicht unmöglich, er sah Beispiele. Schweigen und Hoffen. Anderen war Schlimmeres widerfahren. Helma nahm Geld von Fiederallala, so kamen sie finanziell aus. An den Häusern war viel zu richten gewesen. Sie hungerten nicht. Er hatte versucht weiterzumachen, auch wenn Helma seine Unentschiedenheit zum Davonlaufen fand. Im Winter 1935 war er davongelaufen, zu Suus Freudenthal.

Ach, die Treue. Die zu anderen, die zu sich selbst. Und wenn die beiden Treuen sich stritten? Die Antwort darauf hatte er stets gewusst. Kunst brauchte Überschuss und Witz. Witz war eine Form von Geist. Ohne ihn, ohne die Freiheit, genau zu sein, vielfältig zu sein, wurde Kunst schal.

Er fasste sich in die Hosentasche. Lose lagen die Pillen (Schläfendruck, Magenkrampf, Nierenfunktion) darin. Kopf in den Nacken gelegt, und der zufällig gegriffene Wundermix fiel ihm in den Mund. Helma setzte die beiden letzten Salatköpfe auf den randvollen Korb, er hob den Eisbären auf.

»Den jetzt?« Sie war noch immer rot im Gesicht. Behände nahm sie ihm den Kopf aus den Händen und klemmte ihn sich selbst unter den Arm. »Der, mein Lieber, bleibt hier!«

Die Küche roch nach den Kuchen (Hefefladen Schokotorte gedeckter Apfel Frankfurter Kranz Cremeschnitten Dampfnudeln Nusshörnchen Strudel Quarktaschen Donauwellen Liwanzen), die Helma hier buk. Er hatte das Feuer im Ofen angefacht, den Holztisch leergeräumt, an dem er arbeitete und an dem sie an Wochentagen auch aßen. Die Platte war ein Gebirge aus getrockneten Leimhügeln, durchzogen von Messercanyons.

Seit der MERZbau den dritten Stock erreicht hatte, verhöhlte, was von der Wohnung übrig war. Das Buffet lag voller Bücher, wacklige Türme aus Taschenbüchern und Leinenbänden wuchsen im Flur vor den vertäfelten Wänden, Rücken und Schutzumschläge grau, dazwischen Hefte, Magazine, Collagenmaterial. Zugewuchert der Couchtisch, Wände aus Büchern vor den tapezierten Wänden, jeder Vorsprung belegt. Im Klo, lindgrün gestrichen, rubinfarbener Teppich, gab es gerade so genug Platz zum Umdrehen, da der Spülkasten, bemalt mit einer enormen, kitschigen Orchidee, knapp unter der Decke hing. Zog man an der Metallkette, donnerte das Wasser herab.

Die Stühle vom Flohmarkt passten nicht zusammen. Zufrieden hockten die Katzen darauf, zuweilen saß der Schatten von Frau Tatje, der alten Weißnäherin seiner Mutter, am Tisch, wie sie vor Jahren hier auf Ernstlemann aufgepasst hatte. Sie hatte zur Familie gehört. Familie war, was einem am Herzen lag. So war es immer gewesen. Sie erwarteten ihren Sohn zurück. Als Kurier für die Sozialistische Arbeiterjugend hatte er sich in Norwegen aufgehalten und war gleich dortgeblieben, nachdem seine Auftraggeber hier in Hannover im Sommer in einer Hauruckaktion von der Gestapo »ausgehoben« worden waren. Verschwörung, Landesverrat, mehr als 300 Verhaftete. Anführer der Verräter: kein anderer als Freund Krischan Spengemann, Verfasser der unvergessenen Verse zu Herrn MERZ: *Heute 1919! –: da sitzt er vor einer Fliege, die ihre Flügel putzt, und faltet die Hände. Und träumt und träumt.*

Als Zwölfjähriger hatte Ernst behauptet, Norwegen sei kein Traum, sondern Heimat. Nach dem Kalender war der Sohn inzwischen fünf Jahre älter. Seine Welt leuchtete schwarz-weiß. »Leuchten?«, sagte Ernst. »Unbedingt.« Sprich: Er leuchte seinen Eltern den Weg. Familie? Nur um »für immer« für Norwegen zu packen, würde er heimkehren. Im Sommer 1904, als Kurt so alt gewesen war wie Ernst jetzt, hatte Kaiser Wilhelm geruhsam jeden Abend seinen Bart gezwirbelt und nicht nur Kurt hatte sich ein Jahrhundert ohne Krieg in Europa vorgestellt.

Helma tippte auf der Erika.

In der Regel konnte sie Kurts Stenogekrakel müheloser lesen als er selbst. Er schnitt das Schweinefleisch mit der Schere in mundgerechte Happen. Zum Lauchschneiden nahm er ebenfalls die Schere. Für Collagen ohnehin. Die Filets wälzte er in den zu Bröseln geriebenen Resten der Morgenbrötchen, verquirlt mit Ei. Neben ihm lag der Plan. Der Zoo war geschrumpft, umgezogen wurden seine Mitglieder gleichwohl:

Nr. 1	*draußen*	*drinnen*	*entwischt*	*drinnen*
Nr. 2	*drinnen*	*Rückgabe an*	*Zooladen*	
Nr. 3	*drinnen*	*draußen*	*zu doof*	*verspeist*
Nr. 4	*draußen*	*drinnen*	*draußen*	*drinnen*
Nr. 5	*zurückgekehrt*	*krank*	*drinnen*	*vermisst*
Nr. 6	*auf Diät*	*vermisst*	*ersetzt*	*auf Diät*
...				
...				
...				
Nr. 23	*draußen*	*draußen*	*drinnen*	

Meerschweinchen, Mäuse, ein Molch, zwei Hasen. Aus Platzgründen blieb stets die Hälfte im Keller (*draußen*), während die andere Hälfte die Schwitterswohnung sowie den Bau belebte (*drinnen*). Die Durchführung der Umzüge fiel Helma zu, aber es war der Zeremonienmeister, der für jedes Tier einen exakten Stundenplan des Erscheinens und Verschwindens (vorwiegend durch Verfütterung) erstellte, komplexe Bilder, die Rücksicht auf Alter und Wesen nahmen. Im Schwittersjargon hieß der Plan das *Karussell des Lebens*. Kurt erwog, auch die Namen der humanoiden Mitglieder der Familie daraufzusetzen.

Nr. 24 Fiederallala	verspeist		
Nr. 25 Ernst	draußen	erwartet	abgereist
Nr. 26 Helma	drinnen	drinnen	drinnen
Nr. 27 Kurt	drinnen	auf Diät	übel gelaunt

Er stellte den Kartoffelsalat auf den Tisch, wobei er seiner Frau auf den Busen starrte. Helma – ein Kurt-Nasenloch sog etwas Tierhaftes ein, das andere bekam das ewige Maiglöckchenparfum ab. Maiglöckchen! Es gab Dinge, bei denen diese Ehefrau stur war wie ein Esel. Eselgeruch wäre ihm lieber gewesen. Die Sturheit mochte er.

Zwei Mal war er Suus dieses Jahr begegnet. Im März in Amsterdam, im Juni in Norwegen. In Djupvasshytta in Norwegen hatten sie sich vor zwei Sommern kennengelernt. Suus Freudenthal, ein Vierteljahrhundert jung, mit Ehemann Hans, der in Amsterdam an der Universität lehrte. Wie sie dem Gedicht *Anna Blume* lauschte. Himmel noch mal, dieses niederländische *meisje* reagierte auf jeden Laut. Tanzen konnte es obendrein. Für den Winter lud er sich in ihr Quartier am Vondelpark ein, er bezahle in Bildern, bringe Ernst mit und ein tragbares Grammofon. Die Freudenthals mussten ihn offiziell auffordern, sie zu besuchen, damit Kurt ein Visum für die Niederlande erhielt. Der jüdische Name der Einladenden machte Schwierigkeiten. Wider Erwarten begann das Jahr 1935 dann mit Trümpfen und Trompeten: Schwitters junior wie senior stiegen in den Zug ans IJsselmeer. Der Senior dicklich, rot vor Bluthochdruck, Augen geschwollen – so die einen. Die anderen sahen einen stattlichen blonden Mann, der im Nu alles – Haus, Herz, Hirn – füllte mit seinem funkelnden Geist und seiner Lebendigkeit. Innerhalb von Minuten schlug er in Bann, riss wie ein Gott die grauen Wolken der Konventionen entzwei. Oho, was für ein Bild. Seinem Publikum widersprach er nie. Hauptsache, die alte Ordnung schepperte vom Podest. Abgelegte Arrs behaupteten, seine Geheimratsecken wüchsen, bald trage er ein kahles U auf dem Vorderkopf. In ersprießlichen Augenblicken indes war er kaum 40 und glich Cary Grant, nur mit feineren Zügen. Im April vor einem Jahr war dann Suus für zehn goldene Tage zu Besuch in Hannover erschienen. Suus, weit und breit ohne Hans.

Zwei Grotten im MERZbau gehörten nun ihr, eine hieß Sehnsucht, Zirkus die andere, beide hatte er eigenhändig verglast.

Zirkus war mächtiger Kitsch, eine glänzende eisblaue Weihnachtskugel hing an einer seidenen Schnur in die Höhle. Suus hatte es gemocht. Er auch.

»Helmchen, beruhig dich. An dich reicht keine heran.« Das war ja wahr. Nur schön war es nicht. Oder doch. Kompliziert schön.

Im November des schönen Jahres 1935 kam Suus' Baby zur Welt. Ein Stammhalter für Hans. Perfekt, schrieb Kurt nach Amsterdam: Ehe und Familie zuerst. Vor ein paar Monaten in Norwegen hatte er alle drei Freudenthals getroffen. Sofort war das Wetter fürchterlich geworden, das Kind schrie ohne Unterlass. Kurt befand sich in Gedanken bei Glockenmoos und Heidebeeren, Suus im Frühling 1935. Da war sie schon guter Hoffnung gewesen. Bitte schön, nicht von ihm. Davon konnte keine Rede sein. Zumindest redete niemand davon. Auf diese Weise waren alle zufrieden: Helma, die in der Waldhausenstraße die Gastgeberin hatte spielen müssen im April. Er. Und Hans. Und Suus. Suus doch wohl auch.

GEH!

Helmas Busen durfte er anstarren. Wollte er? Sie verwaltete seine Kunst, tippte seine Texte, sie war genau und lustig, den Haushalt schmiss sie ebenfalls. Seit neuerem sagte sie: Wenn du dich nicht zusammenreißt, schmeiß ich dir alles hin.

Zur Bananenhand vor einer Woche hatte sie das Gesicht verzogen. Als er damit angefangen hatte, 1916, waren Bananen teuer gewesen, ein exotisches Produkt der Afrikanischen Frucht-Compagnie. Nun lag in jedem besseren und schlechteren Laden die nationalsozialistische Kamerunbanane zum Verkauf. Sein Weib hatte das Hochzeitstagsgeschenk zermatscht und in Kuchenteig gerührt. Den Kuchen hatte sie über die Straße zu den Görschens getragen.

Er hatte es in seinem Fensterspiegel gesehen. So ein Spiegel war eben doch eine Falle. Auch für einen selbst.

Er nahm die Schweinefilets von der Flamme und deckte sie zu. Falls Ernst kam, dann gegen acht Uhr. Den Zugfahrplan zwischen Hannover und Hamburg kannten sie auswendig. Gelegentlich fuhr Kurt mit dem Fahrrad zum Hamburger Hafen. Schiffe mochte er nicht, die Fähre nach Oslo liebte er.

Es war gefährlich, Kinder zu haben in Zeiten wie diesen. Man verlor sie. Das erste Kind, Gerd, hatten sie acht Tage nach der Geburt verloren. Von dieser Angst erholte man sich nie. Das war Familie jetzt. Sie saßen am Tisch, rauchten, warteten. Eigenhändig hatte er die Totenmaske des zarten Gesichtes abgenommen. Mit seinen das Vatersein eben erst erlernenden, verzweifelten Händen. Ernst war zwei Jahre nach Gerd zur Welt gekommen. Er rettete sie. Ob er das wusste? Sie hatten es ihm nie gesagt. Das Kind war seiner Jugend entsprechend heldenhaft: kurzsichtig, feurig und dazu bereit, jede Konsequenz seiner politischen Haltung auf sich zu nehmen. Gegen diese dringliche Aufrichtigkeit hatte Kurt kein Argument. Seine eigene war ihm abhandengekommen oder hatte, was die Politik betraf, nie existiert. Zeit für Parteien, für Kundgebungen gab es in seinem Leben nicht. Er half, wo er konnte, sie führten ein offenes Haus, sie hatten gelernt, verschwiegen zu sein. Ein Päckchen mit Mikrofilmen, auf denen Fotos von zerrissenen, lumpigen Hitlerplakaten gespeichert waren, hatte er zur klugen Verwendung an Tristan Tzara in Paris geschickt.

Helma hatte die Aufnahmen gemacht. Eine Frau bewunderte den Führer eben in jeder Gestalt. Sie hatte auch den Brief zur Post gebracht. Wenn es auf das spontane Erfinden von Ausreden ankam, war sie schneller als Kurt.

»Kuh-Witters, hörst du nicht?«

Es klopfe unten an der Gartentür.

Sie blickten sich an. Ernst hatte einen Schlüssel, der klopfte nicht. Helma packte die Maschine weg: »Geh du.«

Rosafarbene Glatze, von weißen Haarpuscheln umkränzt. Lautlos klappte der alte Tossioni, zwei Köpfe kürzer als Kurt, den Mund auf und zu. Er hatte den Trampelpfad am Landwehrgraben genommen. Schleichverkehr quer durch die Rückwärtsgärten, verborgen im Grünen. Der alte Mann schob sich die Brille auf der Nase hoch, brachte kein Wort heraus. Hastig bat Kurt ihn ins Haus.

Tossioni schaute sich auf die Füße und rührte sich nicht. Als er den Kopf hob, rückte er sich erneut die Brille zurecht.

Sah der Mann jüdisch aus?

Welch ekliger Gedanke. Kurt griff sich an die Stirn. Man hörte und hörte die braunen Sätze und dachte unvermutet etwas, was einem in keiner Weise entsprach. Das Gift kroch in den Kopf.

»Möchten Sie etwas trinken?«, sagte Helma. »Wir haben einen besonders wohltuenden Birnenschnaps dieses Jahr.«

Der Bärenkopf stand neben der Besenkammer auf dem Boden. Tossioni, am Tisch, schob sich wieder und wieder die Brille gegen die Stirn. Helma löffelte Teeblätter in die Chinakanne, goss Milch aus der dicken braunen Flasche in ein Kännchen, stellte einen Teller Bahlsen auf den Tisch.

Sein Heim, sagte Tossioni, leer. Sohn und Enkel gestern früh abgeholt. Er und die Frauen in die hinterste Kammer gepfercht. Alle anderen Räume ausgeräumt, abgesperrt, versiegelt. Toilette? Ein Eimer. 16 prächtige, reich möblierte Zimmer, einst. Zwei Garagen.

Es war, als wollte Tossioni sich die Brille durch den Knochenansatz der Nase ins Gehirn schieben. Die Nazis hätten Ordnung geschaffen. Im deutschen Sinne. Ihn vor den Kommunisten gerettet. Vermutlich. Die ihm sein Elternhaus ebenfalls weggenommen hätten. Vermutlich. Und früher. Um es unter zehn Familien aufzuteilen. Und die Kunst zu verheizen. Oder als Pisspott zu benutzen. Da sei ihm das hier lieber. Obwohl.

»Verzeihung«, sagte er. Er seiere, er rede Stuss. Nur eines stehe fest. Er räusperte sich: »Dreihunderteinundsechzig.«

Brille zurück. Dreihunderteinundsechzig Jahre hatte die Familie Tossioni ehrsam, strebsam, national in Hannover gelebt.

Er und italienisch? »Meyn Gutskeyt, Herr Schwitters.«

»Zuhause ist, wo man gut zu dir ist«, sagte Kurt. Auch ein Stuss. Er hielt das Brillengeschiebe nicht mehr aus. Helma warf ihm einen ihrer Schildkrötenblicke zu: Stirn langsam in Falten gezogen, Augen rund.

»Vos a Gedank«, sagte Albert Tossioni. Brillenschub. Kurt schaute nach unten auf den Tisch. Da lagen Tossionis Hände.

Bitte, das sei nichts, sagte der Nachbar, er friere, deswegen zittere er.

Sein Sohn. Das Enkelkind. Die Großväter und Urgroßväter hatten für Deutschland gekämpft.

Zum Tippen der Listen habe die Gestapo eine eigene Schreibmaschine mitgebracht, ebenso das Reichspapier. Und einen Experten: Möbel, Bilder, Porzellan, Schmuck. Der habe sich ausgezeichnet ausgekannt. Alles geschätzt, etikettiert.

Kurt blickte weiter auf den Tisch. Wie voll die eigene Wohnung stand, wollte er nicht sehen. Schränke, Vitrinen, Regale, Tische, Stühle, fremde und eigene Gemälde, Collagen, Skulpturen, Objekte, Teppiche, handbemaltes Geschirr, Silberbesteck, Leinen, Seiden, Plumeaus und Federbetten, Stickwaren, Spiel- und Werkzeuge, Pinsel und Schmuck, ein Globus der Erde, einer des Mondes, Welt um Welt. Nichts davon alt, dafür alles Teil der Familiengeschichte. Selbst der hässliche Wollteppich. Den hatte er für Wassily Kandinskys Besuch gefärbt. Ein schwarzes Quadrat zum Drauftreten. Ein Witz.

»Erzählen Sie mir was, Herr Schwitters, lenken Sie mich ab. Bitte. Dann hab ich auch ein Wort für Sie.«

Sie tauschten Wörter, wenn sie sich auf der Straße trafen. Die meisten Wörter, die Tossioni kannte, kannte Kurt ebenfalls. Tossioni kannte andere Geschichten dazu.

Kurt wühlte in dem Papierstapel auf dem Buffet und legte dem

Nachbarn eine Postkarte mit der Frauenkirche in München hin. *Hauptstadt der Bewegung.* Schlimm. Aber hinten, ohne Unterschrift: Lieber Kuh-hurt! Habe *den* Bären in einem Haushaltswarenladen im Schaufenster entdeckt. Ihm scheint die nationale Sonne auf die Nase wie jedem tadellosen Bären. Schüsseln und Siebe bietet er feil, Geschirrtücher über dem toten Arm.

Der Bär, einst Silberschalenbutler bei Thomas Mann. Die Manns lebten im Exil in Küsnacht in der Schweiz. Die Karte stammte von Hannah Höch. Unter Pseudonym reiste sie durch Adolfs Reich.

Er erzählte Tossioni, wie er sich 1919 über dieses ausgestopfte Tier geärgert hatte. Der Autor der *Buddenbrooks* hatte in der heimischen Villa zu München ebenjenen sibirischen Braunbären aufgestellt, der in dem Roman der Kaufmannsfamilie in Lübeck von den Verwandten in Riga geschickt wird. Aufrecht auf den Hinterbeinen war Meister Petz aus der Fiktion in die Wirklichkeit getreten. Um auf ebendiesen Hinterbeinen am Treppenaufgang des Mannschen Heims den Besuchern das Schälchen für die Identität unter die Nase zu halten.

Neidisch war Kurt durch Hannover gerannt. Ein derartiges DADA-Wunder, Fiktion verwandelt in Materie, bei Thomas Mann? Das konnte nicht hingenommen werden. Hannover erwies sich, wie zu erwarten gewesen war, als ganz und gar bärenfrei. In der Kasernenstadt gab es bestenfalls Bärenfell, an Soldatenmützen.

Endlich war es einem Antiquitätenhändler gelungen, wenigstens den Kopf eines Bären zu besorgen.

Die Farbe war falsch. »Bär ist Bär«, brummte der Antiquar. »Ich erstand sie also, die gelbliche Glorie«, sagte Kurt, »zu einem unverschämten Preis.«

Zuhause hatte er sie in den Kamin gestellt. Schwarz war ebenfalls dabei: Glasauge 1, Glasauge 2, das sandig-raue Leder der Bärennase. Unbeeindruckt von ihrem eigenen Tod warf sie einen so lebendigen, nach unten spitz wie ein Herz zulaufenden Schatten in das Tiergesicht, als röche sie Beute wie eh und je.

Der alte Mann nahm die Brille ab. Endlich. Er schüttete Milch in seinen Tee, rührte um. Noch mehr Milch. Der Tee wurde hellbraun.

»Alle Erinnerung ist schwarz«, sagte der Nachbar. Schwarz wie ein künstliches Auge. Wie tote Haut. Kurt spürte Helmas Blick. Erinnerungen waren bunt, hatte er gedacht. Seine zumindest. Bislang.

Ihr Gast fragte, ob er das Klo benutzen dürfe.

Wo er eine Ewigkeit blieb. Fast musste man sich Sorgen machen. Die Brille lag auf dem Tisch. Starrte Tossioni ohne Brille durch das Fenster auf sein Zuhause? Man konnte den Giebel ausmachen, ein Stück Dach. Kurt wollte sich nicht vorstellen, was der Mann empfand. Kurt putzte die fremde Brille mit einem Tuch. Endlich hörten sie die Spülung, den Wasserfall.

Dünner und kleiner als je stand der Nachbar zum Abschied neben Kurt im Garten. Der MERZbau warf ein schwaches Spiegellicht in das abendfeuchte Gras.

»Hech supha«, sagte Tossioni. Das Wort für heute.

Hechtsuppe hätten die Deutschen daraus gemacht. Das geschehe ihnen recht. Darin schwämmen sie nun. *Hech supha*, starker Sturm.

»Danke«, sagte Tossioni. »Danke für die Brille. Das Brillenputztuch. Die Kalligrafie.«

Kalligrafie. Kurt kannte Maler, Grafiker, wahre Künstler am Stift. Er hatte seinem Gegenüber einen Zettel mit Adressen zugesteckt. In den Gläsern von Tossionis Brille spiegelte sich der Wetterhahn auf der Villa der Löffels. Übergolden und schnell drehte er sich mit dem Wind.

Zwei perfekt polierte Schuhe schritten über den mit bemoosten Platten belegten Weg zum Landwehrgraben hinunter. Kurt sah sie noch gehen, als Tossioni längst verschwunden war.

Es dämmerte.

Die Steine, der Weg, alles war leer. Leer bis auf seine, Kurts, Angst.

Seit Monaten versteckte er sie vor sich selbst. Nun, zwischen den dunklen, schon fast blattlosen Büschen fand sie ihn.

Sie stritten, kaum saß Kurt wieder in der Küche.

Helma dachte gar nicht daran, wie der Bär zu sein. Der blieb in Hannover. Auch ohne Kurt. Wie heute Morgen festgestellt. Und sie? Sie kam mit. Das stand fest. Allemal nach diesem Besuch.

Sie räumte Tossionis Tasse weg. Schnapsflasche und Teekanne standen da. Kurt fühlte sich versucht, beides so lange auf der Tischplatte herumzuschieben, bis sich ein Bild ergab: dick und niedrig, schmal und hoch, Schatten und Form.

Er griff nach einem Keks, zerkrümelte ihn. Einer von ihnen sollte Ernst begleiten. Und einer von ihnen musste sich um die Eltern kümmern, um die Häuser. So doch ihre, Helmas, Rede. Seit Monaten.

Und es stimmte: Sie konnten ihre drei alten Menschen nicht allein lassen. Auch nach den Immobilien musste jemand sehen. Jemand musste Kurts Werk beschützen.

X-mal hatten sie das besprochen. Durchgekaut. »Helma, nicht wahr?«

Gut, das gebe er ihr zu, mit der Verwaltung der Häuser ließe sich notfalls jemand betrauen. Alles andere hingegen?

»Das sind wir selbst, die Familie«, sagte er. »Und meine Kunst.«

Das war: seine und Helmas Verbundenheit. Und was dank ihrer entstanden war. Es war alt und stark. Ihre gemeinsame Wurzel. Einer musste hierbleiben und diese Gemeinsamkeit vor Ort beschützen.

Sie war, worin sie sich treu geblieben waren. Das Beste an ihnen.

Das hatte sie, Helma, selbst stets so gesehen. Nicht wahr?

»Wir gehen nicht auseinander«, sagte sie. Der Ausdruck ihres Gesichtes hatte nichts Liebevolles. Auch nichts Trotziges. Das verwirrte ihn.

Es ging schließlich um ... ihn. Und Ernst. Sie, die Männer, wurden verfolgt. Helma haftete nicht für Kurts Kunst oder Ernsts politischen Widerstand. Helma konnte sich sicher fühlen. Er wollte, dass sie es tat.

»So leben wir nicht«, sagte sie. Dass sie so genuin traurig klang, machte es schwierig. Ihre Hände lagen auf dem Tisch. Bevor er nach ihnen greifen konnte, griff sie nach seiner rechten, krümeligen, drückte sie kurz, ließ los.

Auch er fühlte, was Hannover anging, anders als noch am Vormittag. Er fürchtete sich davor, zu bleiben. Zugleich fürchtete er sich davor, ohne Helma leben zu müssen.

Seit Wochen schwelte das Thema zwischen ihnen. Seit Wochen drehte er die Fragen im Kopf um und um. Die Eltern mitnehmen? Die Kunst verstecken? Die Häuser verkaufen? Geschwind, geschwind. Oder allem zum Trotz vor Ort verharren. Doch Ernst musste fort. Und Ernst allein in Norwegen mit seinen 17 Jahren, das kam nicht in Betracht. Also das Kind ziehen lassen und Helma mit ihm.

»Ich bliebe gern«, flüsterte er. »Zuhause, hier.«

Oma Henny, seine Mutter, brachte seit neuestem nicht mehr alle Sätze zu Ende. Fiederallala, dank einer entzündeten Wunde am Arm zu schwach zum Sitzen, hitlerte unverdrossen vom Bett aus, war in diesem Zustand aber nicht halb so nervtötend wie üblich. Opa Fiederallala starrte die meiste Zeit verwirrt vor sich hin.

Und wenn sie Ernst versteckten, sagte Helma. Und auch ihn, Kurt? Dann gäben sie ihre Eltern nicht auf.

»Hier in der Villa?«, fragte er und wusste im gleichen Augenblick die Antwort. Auf keinen Fall. Fiederallala rückte ihnen jeden Tag auf den Pelz. Sie schnüffelte. Also wo?

Spengemanns schieden aus. Daran, dass Käthe, seine beste Freundin in Hannover, die mit ihm zusammen Kinderbücher verfasst hatte, die alle seine Werke kannte, deren Hausschlüssel in einer Grotte des MERZbaus steckte, nicht nur gegangen, sondern besorgt um das Leben ihrer halbjüdischen Töchter richtiggehend geflohen war, wollte er am liebsten nicht denken. Ihr Mann, Arzt im Jüdischen Hospital, hatte Deutschland kurzentschlossen bereits im Sommer 1933 verlassen. Letztes Jahr war Käthe, von der Reichsschrifttumskammer des Kulturbolschewismus bezichtigt, ihm mit den Töchtern nach New York gefolgt.

Freunde wolle sie auf keinen Fall mithineinziehen, sagte Helma. Da dächten sie gleich. Niemand sollte sich ihretwegen gefährden.

»Ich wünsche mir ja auch alles weg, die gesamte Hitlerei.« Wie ein nordischer Felsbrocken drücke das Elend sie nieder.

Kurt griff nach der Kanne, goss sich einen Schluck ein. Der Tee war kalt.

»Fiederallala wird sich erholen«, sagte er.

Dabei sah er Helma nicht an. Es sollte nicht wie ein Vorwurf klingen. Zumindest nicht sehr. Auch wenn es versteckt einer war. Sie wussten, was »erholen« im Fall dieser »Mutter« hieß. Mehr Hitlerenergie.

Damit stand es ihnen abermals vor Augen. Ernst musste Naziland verlassen. Je schneller, umso klüger.

Namen flogen auf. Wie Motten? Nein, toter. Leerer Flitter, sofort erschöpft. Ernst & Helma, Kurt & Ernst & Oma Schwitters und ja, Helma & Kurt & Oma Schwitters & Ernst.

Helma tunkte einen Keks in ihren Tee und starrte das Ergebnis an. Er dachte »solo«, »Oslo solo«. Kurt & Ernst. Auch er war traurig. Wenn auch anders als sie.

Norwegische Felsen. Am Boden kriechende Kiefern, Wasser, Gletscherfront. Er malte dort nach der Natur. Er entspannte sich dabei. Jeden Sommer seit 1929 hatte er im Norden verbracht. Wochen mit Helma, Wochen ohne sie. Ein Foto aus Molde zeigte ihn mit einem Plastikball auf dem Kopf, von bewundernden Frauen umringt. Es war leicht gewesen. Er hatte jeden Tag dort oben darauf vertraut, hierher zurückzukommen.

Er liebte Helma nicht am stärksten, wenn er nicht bei ihr war. Er lebte von Nähe. Versorgt sein wollte er ebenfalls. An Helmas Stelle hätte ihm die Lösung »Kurt mit Ernst in Oslo« ebenfalls nicht gefallen. Auch politisch war das nicht ideal.

Wenn Helma in Hannover blieb, konnten die Nazis sie benutzen, um ihn unter Druck zu setzen. Im Drohen und Einschüchtern, Einbestellen, Durchsuchen und Konfiszieren waren sie Meister schon jetzt. Man musste sich davor fürchten, welche Erlasse ihnen in Zukunft einfallen mochten.

Also sie drei. Das Familienpaket.

Er glaubte an Liebe und Ehe. Und an seine Freiheit. Fiederallala wühlte in Kurts Briefen, gab weiter, was sie fand, erfand hinzu. Hannovers höchste Hitlerette! Er suchte den Blick seiner Frau. Das fiel auf ihre Seite. Darum musste sie sich kümmern, nicht er.

Wir sind dran, dachte er mit einem Mal bitter, Kurt und Helma. Ernst konnte, ja durfte verschwinden. In der Falle saßen nur sie beide, das Paar.

Täte die Trennung ihnen nicht vielleicht auch gut?

»Henriette hilft dir, wenn ich mit Ernst in Oslo bin. Du schaffst das. Ich brauche dich hier.«

Die Küchenuhr an der Wand tickte. Auf der 12 saß eine gemalte Amsel, die niemals sang. Ein schwarzer Fleck mit gelbem Schnabel auf dem Höhepunkt der Zeit. Es war grausam, auf eine stille, oberflächlich wirkende Weise grausam, Helma mit den drei Alten hier zu lassen. Ihren Alltag wollte er sich gar nicht erst vorstellen. Helma allein mit Ernst nach Oslo zu schicken, blieb dennoch ein Hirngespinst. Ernst unmündig und Helma, als Gattin, nahezu ebenfalls. Für alles – Kontoeröffnung, Mietvertrag, eine größere Anschaffung, den Transfer von Geld, einen Kunstverkauf – brauchte sie seine Unterschrift. Eines half: Sie mussten es schönreden. Eben als er ansetzen wollte, sagte sie: »Dein ewiger Optimismus hat uns das alles eingebrockt. Sonst wären wir seit langem weg. In den USA, wie …, wie Käthe.«

Das nun wieder. Käthe wurde zu Helmas bester Freundin erklärt und als Waffe benutzt. Doktor Pfitzer hatten ihn Käthes Mädchen genannt. Jedes Mal schrieb Käthe »Fahrt, solange ihr könnt« und legte in ein Buch oder in eine Zeitung, die niemand außer ihm las, einen Zettel für ihn allein: »Komm wenigstens du.« Sie, die wusste, dass er an keinem anderen Ort als Hannover arbeiten konnte. Also nahm er sich ihre Zeilen besonders zu Herzen. Er musste zugeben, dass er dieses Arbeiten anderswo nie ernsthaft versucht hatte.

»Bitte«, sagte Helma, »besinn dich.« Die Manns, die Brechts, Gropius, Richter, Grosz, Taut, Zweig, Moholy-Nagy. Alle fort!

Sie wirkte entschlossen. War sie deswegen so traurig? Seit »der Sache Suus« schimpfte sie häufig mit ihm. Andererseits: Mehr als einmal hatten sie gemeinsam dem Leben ein Schnippchen geschlagen. Sein Ruhm war gestiegen, sie hatten Spaß gehabt, Feste gefeiert, waren durch Europa gereist. Ihm war nur zu klar, was Helma wollte: weit weg. Das war auch Suus-weg. Sie, zu dritt, in die USA.

»Gründe?«, sagte sie. »Herrgott, Schwitters!« Was brauche er Gründe angesichts der Umstände.

Die USA verlangten Empfehlungen, amerikanische Bürgen, Geld. Das war langwierig. Ungewiss. Konnte das Braunreich nicht zusammenbrechen, lohnte sich das Auswandern denn?

»Wir liefern unsere Eltern ihrem Schicksal aus, das bringt sie ins Grab, die sehen wir lebend nie mehr«, sagte er.

Helma war gewappnet: Ihr Vater wünsche nichts anderes, als dass sie in Sicherheit sei. Auf ihre Mutter könne sie verzichten.

Sie schwiegen. Blieb seine Mutter. Seine Gedanken drehten sich im Kreis. Helma und ihm, mittlere Generation, fiel die Aufgabe zu, die Alten zu schützen, die Jungen zu retten. Die Falle. Da schnappte sie von neuem zu.

Konnte man es nicht auch positiv ausdrücken, dachte Kurt: Helma und er sollten sich aufteilen. Einer von ihnen musste der Retter des Anderen werden. Einer durfte der Selbstretter sein.

»Du fälschst meine Unterschrift«, sagte er. »Ich gebe dir und Ernst Blankoschecks mit, ihr fahrt nach Oslo und ich bleibe, kontrolliere Fiederallala.«

Und leichthin, als wäre es ein Nachgedanke: »Und beschütze mein Werk.«

»Hellchen, geh.«

Geh du.

Sie stand auf, der Stuhl kratzte über die Dielen. Ohne ihn anzublicken, begann sie am Herd aus der Pfanne zu essen, mit der Hand.

Sie stopfte sich den Mund? Er wusste schon. Sie aß sich den Schrecken weg. Sie aß zu viel, tröstete sich zu oft. Er sagte nichts.

Man kannte sich gut. Vielleicht zu gut. Den anderen jedenfalls.

Wenn er nichts sagte, beruhigte sie sich.

Und er?

Er hatte den Tag so oft angefangen. Nun entschied sich das Ende oder was das Ende werden sollte, das Ende nicht allein dieses Tages, zwischen ein paar Atemzügen. Zwischen einem Gedanken in dem einen Kopf und einer Absicht in dem anderen.

Die Falle war, worin sie lebten. Helma hatte das von Anfang an klarer erkannt als er. Diese Falle ließ ihnen nicht mehr als Halbsätze und geringe Abstände: »Ich weiß ja …«, »wäre es nicht …«, »denk an den Anzeiger.«

Nun also doch. Da war es ausgesprochen. Was im Anzeigerhochhaus mit Kurt passiert war, im Eingangsbereich. Wie sie es vertuscht hatten, zu zweit.

War man mit sich allein und verdrängte eine Gefahr, belog man sich. Verdrängte man sie zu zweit, keimte Hoffnung auf. Man konnte ein Stück weit glauben, dass ein Mittelweg möglich wäre. Das war schön daran, zu zweit zu sein. Endlich spürten sie etwas davon in der Küche, zwischen dem Tisch und dem kalten Herd.

»Ich hab ne Idee«, sagten sie gleichzeitig.

Helma, mit vollem Mund: »Wie blöd waren wir.«

»So machen wir es«, sagte er.

Kurt stellte sich neben Helma und aß wie sie mit den Fingern aus der Pfanne. Welch angenehmes, simples Gefühl. Und die Idee, simpel auch sie.

Das Kind begleiten, zusehen, dass es sich einrichtete, in die norwegische Spur einschwang. Das übernahm Kurt. Danach kehrte er nach Hannover zurück.

»Felsbrocken werden überschätzt«, sagte Helma. Ein dritter Weg! Die USA nur aufgeschoben. Er nickte. Sie beruhigten sich gegenseitig. Kein Einschnitt, nichts Prinzipielles, nur Norwegen, nur zwischendurch, nur 1000 Kilometer. War er nicht immer viel gereist?

»Bin doch immer viel gereist, Hellchen.«

Ernst würde nicht mehr bei ihnen wohnen. Das wäre irgendwann ohnehin passiert. Und wenn sie es sich vorsagten und sich darin bestärkten, erlebten sie es auch so: Das alte Leben ging weiter. Hin- und herfahren, vollkommen normal! Arbeiten in Norwegen wie seit Jahren, nun eben auch im Winter und Herbst. Dabei wissen, dass er nach Hannover zurückkäme. Nicht nur einmal im Jahr. Wenigstens zweimal.

Er küsste sie auf die Stirn. Es war besser schlau als mutig zu sein.

Auf die Stirn. Das Gefühl »hinter mir sind sie her, nicht hinter ihr« saß ihm nun doch in der Brust. In der Eingangshalle des Anzeigerhochhauses, roter Klinker, goldgesprenkelt, die unübersehbare Blechkuppel grün patiniert, Hannovers spektakulärster Neubau, keine zehn Jahre alt, hatte er im Juli einen epileptischen Anfall gehabt.

Kurts Kunst gefährdete Kurt. Kurts Freunde und internationale Kontakte gefährdeten Kurt. Die Verbindung zu den Spengemanns und ihrem sozialistischen Umfeld hatte ihn zusätzlich verdächtig gemacht, die Briefe, die er von Käthe erhielt, verbanden ihn mit dem Weltjudentum, ganz zu schweigen von seinem Adressbuch, diesem über Europa geknüpften Netzwerk mit »entarteten«

Künstlern wie Walden, van der Rohe, Gabo, Buchheister, Dix und Schlemmer, Richter, Hausmann, Mehring und Kandinsky, Klee, Gropius und Moholy-Nagy, kurzum seiner gesamten DUBIOSEN Vergangenheit.

Den Ausschlag gab das andere.

Er hatte es ihr gegenüber nicht ausspielen wollen. Es war so – ausweglos.

Er erinnerte sich nicht an den Anfall. Er erinnerte sich an die Tage zuvor. Gewitter im Kopf. Er erinnerte sich an die Gliederschmerzen danach. Als Junge hatte er einmal an einer Kuhweide an einen Elektrozaun gelangt. Ein Anfall war eine Folge von Berührungen mit elektrischen Riesenzäunen, die sich durch seinen Körper frästen. Zwei Männer, hatte Helma ihm erzählt, hatten ihn im Anzeiger festgehalten. So dass sie ihm die Schuhe ausziehen und ihre Hände auf seine Fußsohlen hatte legen können. Das half, mitunter. Die Schuhe zogen sie ihm ohnehin aus, um ihm einen Socken in den Mund zu stopfen. Sonst biss er sich die Zunge ab.

Er erinnerte sich an das Danach. Gelb-rotes Licht, der Steinboden kalt, Arme und Beine unendlich schwer. Geflüsterte Worte, Helmas eiliger Dank an die Helfer, »ach, das ist nichts, mein Mann hatte eine OP, eine Spätfolge, wir kommen schon heim«.

Sie wussten, warum sie logen. Das *Gesetz zum Schutze der Erbgesundheit des deutschen Volkes* vom 18. Oktober 1935 verbot in aller Zukunft eine Ehe wie die ihre, in der sich ein Mensch mit einer Krankheit wie der *erblichen Fallsucht* mit einer gesunden Person verband. Ernst hatte sie darauf aufmerksam gemacht, ihr wacher Ernst. Im Großen Krieg hatte die Epilepsie Kurt davor bewahrt, an die Front geschickt zu werden. Das Übel hatte sich zurückgezogen, niemand allerdings konnte voraussagen, was passierte, wenn Kurt unter Druck geriet. Ein Anfall in der Öffentlichkeit, ein Anfall wie im Anzeiger, musste um jeden Preis vermieden werden. Epilepsie stand als Nr. 4 auf der Naziliste auszumerzender Krankheiten. Ernst hatte ihnen auch die Aufgaben gezeigt, bei denen Schüler in

Hannovers Gymnasien ausrechneten, was Behinderte wie Kurt die Volksgemeinschaft jedes Jahr kosteten. Unwertes Leben.

Sie saßen erneut am Tisch, aßen den Rest Fleisch mit dem Kartoffelsalat.

Dass er sie anständig behandeln werde, von Oslo aus. Kurts und Ernsts sturmfreie nordische Bude? »Hellchen! So wird es nicht sein.«

»Wir halten an der Reisemöglichkeit fest«, flüsterte er. Komme, was wolle. Sie und Henriette würden hochfahren, alle paar Monate.

»Tausend Kilometer geradeaus nach Norden«, wiederholte Helma. Es war weit, aber der Weg vertraut.

Die Uhr an der Wand zeigte halb neun. Er war froh und atmete trotzdem mühsam. Zukünfte gab es, die waren wie Rauch. Noch bevor sie eintraten, machten sie die Luft, die man einsog, schwer. Schwarze, unatembare Luft hing in der Küche über dem Tisch.

»Dein Vater wird froh um dich sein«, sagte Kurt, »du bist seine letzte Verbindung zur Welt.«

Jüngst, als Opa Eduard ein Bild von einer Führerrede in der Zeitung entdeckte, hatte er gesagt: »Komisch ist, dass die Menschen alle stehen, sie sollten sich Mühe geben, dass sie leben bleiben.« Der alte, als verwirrt geltende Mann sprach die Wahrheit, ohne sie zu erkennen.

Das Fleisch schmeckte. Kurt kochte selten. Scharf anbraten, stark pfeffern. Es war spät. Ernst rief nicht an. Selbstverständlich nicht. Man musste vorsichtig sein.

»Mienchen! Nun blas nicht Trübsal wie ein Walfisch.«

Solange sie in der Waldhausen die Stellung hielt, war ihm sein Zuhause sicher. Dank ihrer bliebe etwas von ihm hier, mehr als der Merzbau, etwas Lebendiges.

»Es wird alles ändern«, sagte sie.

Helma würde Fiederallala ertragen müssen, grüßen, stricken, applaudieren, lügen, sich dem Blockwart fügen. Während er seine Kunst rettete. Und seine Haut. Und den Umzugswagen entkam.

Dem schlechten Gewissen, wenn man zusah, wie Männer eindrangen in das auszuräumende Haus, und nichts dagegen tat.

»Neuen Tee?«, fragte er.

Sie schüttelte den Kopf.

Er stellte dennoch den Wasserkessel auf den Herd, suchte die Dose mit den getrockneten Kamillenblüten.

Helma stützte die Ellbogen auf den Tisch. Als er sich setzte, schaute sie knapp über ihn hinweg. Über seinem Kopf hing ihr Porträt an der Wand, das Bild, das er zuletzt von ihr gemalt hatte. Sie mochte es nicht. Gesagt hatte sie das nicht. Das wusste er auch so.

Das Gemälde zeigte sie schräg von vorn in einer elfenbeinfarbenen Bluse mit Schleife, und ja, sie sah müder aus darauf, als er sie hätte abbilden wollen. Allein, ein Bild war erst bemerkenswert, wenn es etwas enthielt, was man ohne es übersah.

»Vertraust du mir?«, fragte er.

»Total«, sagte sie, lächelte schwach: »Total Banane.«

Sie sprang auf. Am besten fingen sie sofort mit dem Packen an. Für Ernst, und, da alles entschieden war, auch für ihn. Seine Werke könne sie ihm nach und nach schicken, gäbe es erst einmal eine feste Adresse.

»Du nimmst eine meiner Schürzen mit, dann musst du nicht so viele jagen!« Sie stand am Besenschrank. So schnell, als wollte sie fliehen. Ihre Stimme klang nicht nach unterdrückten Tränen. Sie klang »total Banane«. Seine Frau wollte tapfer sein.

Wenn sie so weitermachte, weinte gleich er. Er trank einen Schluck. Kurt sah sich in Helmas Schürze an einem norwegischen Herd stehen. Lächerlich, verbindend, wahr.

Es gab Freunde, die hielten Helma für seinen bürgerlichen Untergang. Tatsächlich war sie das Beste an ihm.

Selbstretter, Andere-Retterin. Das stimmte nicht.

»Du rettest uns alle«, sagte er.

Sie hielt ihm die Blümchenschürze aus wasserdichtem Tuch vor die Nase. »Nun sei nicht so naiv!« Schürzen hatten Bänder, also extra viel Saum. Ideal, um Geld einzunähen.

Weiteres Geraschel aus dem Schrank. Helmas Hintern. Breit. Gut breit. Körperliche Liebe hatte ihre Rechte. Den Körper zeigen und feiern. Die Geschlechter waren einander darin gleich. Die Ehe sollte trotzdem aufrechterhalten bleiben. Nicht so religiös bindend, wie Helma sie auffasste. Etwas, was Verpflichtungen einschloss. Für sie. Für ihn. Feiern konnte man auch in einer Ehe. Nicht so häufig vielleicht. Dafür wieder und wieder.

Kinder waren heilig.

Männer verantwortlich.

Die verabredete Lösung schrecklich.

Es gab keine Lösung. Hunderte von Collagen, Skulpturen, Zeichnungen lagerten in der Villa. Seine eigenen und gekaufte, ein Vermögen. Der MERZBAU. Er knüllte das Futterkarussell zu einem Papierball. Ein Blatt wie eine Geheimbotschaft. Rein, raus, krank, verschluckt, vermisst. Bloß weg damit.

Helma nahm das Papier und warf es in den Herd. In der anderen Hand hielt sie einen Stapel Geschirrtücher. Er stand neben ihr. Ihr Gesicht wirkte roh. Roher als sonst.

War sie doch wütend? Gekränkt? Versteckte sie es vor sich? Vor ihm?

Sie roch nach Maiglöckchen und Zwiebeln. Nicht der richtige Augenblick, sich darüber zu beschweren. Er beschwerte sich nicht. Sie schob ihn von sich weg.

»Schau endlich nach dem Schwein«, sagte sie.

Welchem Schwein?

Dem schwarzen, welchem denn sonst.

Sie wollte allein sein.

Da war es erneut: Es passte. Auch er wollte für sich sein. Allein war das Gefühl zu fallen schwächer. Man konnte es geradezu vergessen.

So stieg er noch einmal hinunter, in seinen Bau.

Schweinchen Schwarz, kurz SS genannt, kauerte unter der Kurbel der Drehorgel. Als er es an seine Brust drückte, quiekte es vor Empörung. Es liebte die Drehorgel. Nun musste es mit Kurts Herzgeräusch vorliebnehmen. Die Orgel spielte ein Stück Stille Nacht, wenn man die Kurbel gegen den Uhrzeigersinn bewegte.

Gegen die Zeit.

Sein Herz schlug vorwärts. Er liebte seinen Bau. Ein System von Höhlen, in die Höhe gedacht, ein aus Würfeln, Tretraedern, Kuben geometrisch sich auftürmendes Labyrinth mit dramatischem Lichtfall, Fensterschlitzen, Draperien, Nischen. Ein Labyrinth, in dem kein Wollknäuel half, weil es nicht darauf ankam, zu einem Zentrum vorzudringen oder aus der Skulptur, in die man sich verschluckt fand, herauszutreten. Man musste sich ducken, fast kriechen. Er hatte Höhlen geformt und wieder zugemauert. Grottenreich, Wunderland, zu Anfang Kathedrale des erotischen Elends genannt. Hier steckte man einen Finger in einen Schlitz, dort hielt man die Nase an ein Loch und wurde aufgesogen von Erinnerungen, Bildern, Ideen. Jenen, die man sah, und stärker noch jenen, die lediglich evoziert waren. Spiegel gehörten von Anfang an dazu.

Die Säulen glichen Raketen, Kaminen oder Spindeln, Wände und Treppen wurden eingezogen, dann schlug er eindrucksvolle Splitter von ihnen ab, schuf frappierende Aus- und Durchblicke. Er hatte Felle in Nischen gestopft, einen entwendeten BH, tut mir leid, Nelly Doesburg (oder hatte er Hannah Höch gehört oder gar Suus?), eine Kindersandale, Größe 29, Kälbchenleder, der Hausschlüssel der Steinitzens Oben auf der ersten Säule Gerds Kindchengesicht. Kurt hatte einen Raum der Erinnerung, Liebe, Verrücktheit geschaffen; eine begehbare Skulptur, die sich inzwischen über mehrere Stockwerke erstreckte. Vor 17 Jahren hatte er im besten Gartenzimmer des Erdgeschosses damit angefangen, neben der Wohnung seiner Eltern. Diesen Sommer hatte der Bau das Dach erreicht. Leben und Ordnung, Erfindung und Glanz. Man drehte sich, schaute, klopfte an Wände, spürte sich. Besucher fühlten sich überwältigt, zum Lachen gebracht oder als habe ihnen jemand einen Kinnhaken versetzt. Manche beschimpften ihn, andere weinten.

Während der Arbeit flog die Zeit. Er formte Bögen, Trapeze, Dreiecke, Pyramiden, schickte Lichtstrahlen um Ecken. Linien kreuzten sich, Fläche stand gegen Fläche, weiße Musik aus angeschnittenen Buchstaben, Fundstücken, eine zusammengesetzte, nach und nach erst entstehende, in sich bewegliche Form, eine aus den Schatten gewaltig in die Höhe schießende Kunst, etwas, was es nirgendwo sonst auf dieser Welt gab.

Und nun musste er gehen. Fiederallalas Fanatismus würde Helma schützen, wäre er, Kurt, erst einmal aus dem Weg. War es pervers, so zu denken?

Als Kind hatte er sich vor den Toten gefürchtet. Dass sie aus ihren Gräbern stiegen und ihn packen wollten. Sie glichen den Krüppeln aus dem Französischen Krieg, die in der Pferdetram saßen mit halbverbrannten Gesichtern, Prothesen statt Beinen, Eisenfinger um die Stange gekrümmt. Heute fürchtete er sich vor den Lebenden. Sie hatten Hände, gieriger als die der Gespenster. Schlägereien bei einer Versammlung, eingeworfene Auslagen, die schleichende Polizei. Erst rissen sie die Kunst auseinander. Dann dich.

Das Schweinchen hockte still in seiner Hand. Sie brummten oder schnurrten nicht, aber konnten vor Zufriedenheit vibrieren. Oslo mit Ernst. Have the cake and eat it.

Wenn man zu viel Angst empfand, und das auch noch zu Recht, blieb kein Platz mehr für die geheimen Ängste. Für das Stolpern und Gleiten im Inneren. Ohne geheime Ängste gab es keine Kunst. Nichts, was den Namen verdiente. Keine Arbeit ohne Suche, ohne Anliegen, ohne Not, die verborgen bleiben durfte. Das war er, der Glanz, Shining. Nun ja, eine Version davon. Komisch und heimlich zugleich. Etwas, was hervorleuchtete, von Gottweißwoher. Lachte das Pferdemenschengesicht auf der Dose oder bleckte es das Gebiss?

Der Fensterspiegel zeigte den von Laternen mäßig erleuchteten

Asphalt der Waldhausenstraße, die Kanten der Gehwege, starke Wechsel von Dunkel und Licht. Die Vögel schliefen, die Pappel am Zaun rauschte, noch trug sie Laub. Die Gänse flogen nach Süden, im März flögen sie zurück. Er sähe es nicht.

Er gab Herrn SS frei. Der rannte stracks zu seinem alten Platz, zog auf Schweinchenweise die Beine unter den Bauch und sank in sich zusammen, dick in seinem Fell.

Kurt ähnelte Henriette. Sie hatte sich nach seinen Anfällen um ihn gekümmert; sie hatte ihm den Salon im Erdgeschoss überlassen, damit er seine Kathedrale beginnen konnte, während sein Vater drohte, ihn seiner Kunst wegen zu verklagen. So viel Revolution hatte Kurt nie gewollt, weder politisch noch familiär. Am Ende hatten Eduard und er dann regelmäßig im Garten am Landwehrgraben eine geraucht, »… liebe dich«, »hätte dich nie verklagt«, »das wusstest du!«

Er wollte keine tragische Figur werden. Allemal nicht in einer Tragödie, die andere für ihn schrieben. Kurt-kürzestum: an selbstgekochtem Kleber schnüffeln, süchtig nach dem Bildvorgang zwischen Kopf und Hand. Menschen mit Worten aus ihren Dreiteilern, Leibbindern, Uniformen schmelzen. Nachdenken über Wiederholung und Müll. Erkunden, wie aus zweckgebundener verbrauchter Materie allein durch Kombination und Rekombination etwas Unbegreifliches entstand. Das Geistige der Kunst hatte Kandinsky es genannt. Er nannte es MERZ.

Da dachte er voller Sehnsucht an sein wichtigstes Werk, als wäre er bereits abgefahren, und stand doch in ihm.

Was waren das für Zeiten, in denen man unbewusst herlief vor sich selbst?

Er steckte sich das Fluchtschwein in die Hemdtasche, stieg gedankenvoll die Treppe hinauf. Das Licht knipste er nicht an. Er kannte sie körperlich, die Tiefe jeder einzelnen Stufe, jede Wölbung, jedes Geräusch. Sie gaben ihm Kraft. So wie hier mussten Wände stehen, so ochsenblutrot Dielen sein.

Leise zogen Helma und er sich aus. Ernst käme nicht mehr heute Nacht. Kurt lag zuerst unter der Decke. Die Kästchenlampe warf einen halben Lichtkegel auf das Bett. Zwischen dem geschnitzten Blattwerk der Pfosten war jeweils ein winziges Tier versteckt: eine Elritze, eine Maus, ein Zaunkönig, eine Grille. Er kannte sie genau, mitunter kroch er tagsüber unter die Federn, überlegte, entwarf. Oder rührte Farbe neben dem himmelblauen Überwurf an, den Helma und Henriette für ihn mit Weiden, Blumen und exotischen Vögeln bestickt hatten. Buchstaben fremder Alphabete entdeckte er, wollte sich einwickeln darin und als Gespenst durch die Villa laufen: sein Wesen treiben! Wie damals, als er sich als Weihnachtsmann versuchte, weißer Rauschebart, rotes Tuch, und Ernst, der feierlich erschrecken sollte, hatte nur laut gelacht.

Helma knöpfte sich die Bluse auf. Der Ausschnitt ihres Hemdes war mit weißer Spitze besetzt. Sie stieg aus dem Unterrock, rollte die Strümpfe einen nach dem anderen die wellig-weichen Schenkel hinab. Die Elritze im Schnitzwerk hielt das Maul geöffnet, als habe sie Luftatmen gelernt. Für Sekunden sah Kurt in dem schmalen Kegel der Lampe Helmas Herzbauch. Er rundete sich über der Scham zum Nabel hinauf. Als sie das Licht löschte und unter das Plumeau schlüpfte, griff er ohne zu zögern zärtlich nach ihr.

2 20. Januar 1940, Fagerhøyveien 22, Lysaker-Oslo

> Man sagt gern: »Kleider machen Leute«, ich erwidere
> hingegen: »Leute machen auch Kleider.«
>
> K. S., *Kleine Geschichte aus der Untergrundbahn*

Eine Figur huscht über einen abschüssigen Gartenweg auf eine
Hütte zu. Schneeflocken treiben durch die Luft, die Felljacke steht
offen, gebückt eilt das Wesen dahin, drückt sich mit einer Hand
eine dicke Rolle mit schwarzem Kabel sowie den Holzstiel eines
Hammers oder Beils gegen die Brust, die andere hält den Schlüssel für das Vorhängeschloss. Endlich stößt es die Tür mit dem Fuß
auf und verschwindet in die Hütte. Kein Licht geht an, nichts passiert.

Das Gebäude ist zu sorgfältig geplant für einen Gartenverschlag,
Fenster finden sich exklusiv nach Norden und Osten, alles riecht
nach Heimlichkeit. Es ist drei Uhr nachmittags, nicht mehr hell.
In dem Haus am Hang über der Hütte brennt elektrisches Licht,
dort lebt ein junger Deutscher mit der ihm frisch angetrauten Frau,
einer Norwegerin. Jeden Nachmittag schleicht der ältere Mann,
Germane auch er, vom Wohnhaus hinunter zur Hütte. Den Sommer über hat er an ihr gebaut.

Treiben die Jungen ihn vor die Tür? Weil sie allein sein wollen?
Das verstünde man. Aber jeden Tag? Und so lange?

Man schaut.

Die Hütte des Deutschen. In der hintersten Ecke des Gartens der
Jenssens, gleich am Zaun, unter den Birken und der Ulme. Möglichst versteckt.

Altenasyl? Spionagehöhle?

Zu dem Deutschen ist man freundlich. Bald ist man sich sicher. Germanische Lauergestalt baut Großgerät zur Technikspionage. Wozu hört man Radionachrichten, liest Zeitungen. Die Russen sind in Finnland einmarschiert. Die Finnen wehren sich, es herrscht Krieg. Schweden ist neutral, dabei ängstlich und im Zweifel zu Zugeständnissen bereit. Man selbst ist ebenfalls neutral, leider auch strategisch bedeutsam, Norwegens Küste ist ein Begriff für Unendlichkeit. Dank der Temperaturen ruht der Landkrieg, nicht so der auf der See. Großbritannien und Frankreich bitten um Hilfe oder wenigstens Duldung, wollen anlanden, einen Stützpunkt bauen. Anfang des Monats, heißt es, hat die sowjetische Regierung der norwegischen mit ernsthaften Konsequenzen gedroht, falls man sich auf die Seite des Westens schlage. Es handelt sich um ein Gerücht. Jeder hält es für wahr. Neutral sein bedeutet, alle zerren an dir. Man lächelt den deutschen Nachbarn an, über den Zaun. Dann die Polizei, über den Schreibtisch. Man spricht, man hat eine Pflicht. Polhøgda, das Anwesen Fridtjof Nansens, liegt neben der Polizeistation. Alles befindet sich in Lysaker neben allem. Nansen pflanzte Norwegens Fahne ins höchste Eis. Der Pol ist der Scheitel der Wirklichkeit. Man weiß, was man tut, was man sich schuldig ist.

»Wie nett aber auch«, sagte Kurt.

Zwei schwarze Uniformen mit auffälligen Goldknöpfen und goldener Gürtelschnalle standen vor der Tür. Eine mühsam aus dem Fellhandschuh geschälte rosafarbene Polsterhand zeigte einen Ausweis.

Standardnorwegisch floss von Natur aus langsam. Kurt gab sein Bestes. Wer eine *Ursonate* aufsagen konnte, imitierte auch Seegang mühelos im Mund.

Es war eng auf den vier Holzstufen hinauf zum Haus. Die Fassade, waagrecht gelegte, sich überschuppende Bretter, glitzerte von Eis. Das Schild mit der Nummer, eine schwarze 22 auf blanker Emaille, ließ keinen Zweifel daran, wo man sich befand. Zwei plus zwei, Kurts und Ernsts viertes Jahr in der »doppelten Welt«, in Lysaker, Hannover 2.

Politimann 1 und *politimann* 2 streiften sich wohlerzogen die Stiefel am Eingang ab. Schwächliches Licht strahlte von den Schipphaufen durch die Glasscheibe in den Flur. Zwei Mal am Tag schaufelte Kurt den Weg zwischen Zaun und Haustür frei. Drei Schübe nach links, drei nach rechts. Sein vierter Winter im Norden, und noch immer verwunderte ihn, wie ruckelnd das zentrale Gestirn aus dem norwegischen Erdboden stieg, nur um an ihm hängen zu bleiben. Von November bis April spielte ein Gnomenkind hinter dem Horizont mit einem an kurzer Leine gehaltenen Ball, stieß ihn von unten an, zog ihn zurück. Der Ball leuchtete von glühendem Gas. Das Gnomenkind gewiss ebenso.

Schläfrig lag Lysaker an seinem robbenkalten Meer. Mitunter roch die Luft nach Tang, die Möwen schrien. Bei minus 19 Grad, Kältewelle seit einer Woche, roch und schrie nichts.

Mit Polizeiblick sah Kurt sich in seinem Wohnzimmer um. Er, ein Spion? Sie hatten es ihm im Flur mitgeteilt. Zu viele Bücher wuchsen in Türmen an den Wänden empor, überall lag bedrucktes Papier, Zeitungen, Seiten aus Hochglanzmagazinen, dazwischen Zettel jeder Art, eine Fahrkarte für die Fähre von Oslo nach Gressholmen, der Fahrplan der norwegischen Staatsbahn Richtung Trondheim. Beide Wachtmeister hatten blondes Haar und eindrucksvoll rosige, eckige Gesichter. Einer trug einen rotblonden, kurz gestutzten Bart. Der andere sprach: erste, unangekündigte Hausbesichtigung – er sagte Besichtigung, nicht Durchsuchung – sowie Befragung heute. Welche technischen Geräte besitzen Sie? Warum sprechen Sie Norwegisch? Wovon leben Sie? Vier Polizistenaugen starrten auf ein verdächtig hohes Gurkenfass in der Ecke zur Küche, in dem ein verdächtiger Holzstock steckte. Die Möbel sahen deutsch aus, teutonische Proportionen, vermutlich bestanden sie aus Stahlkernen, enthielten Verstärker, Mikrofone, Dynamit. Der rückwärtige Teil der Wohnung roch bedenklich

nach Chemie. Kurt, inzwischen von dem stummen Bartträger als
»Subjekt der Untersuchung Kurt Hermann Eduard Karl Julius
Schwitters« ins Protokoll eingetragen, stellte Schwiegertochter Es-
ther Guldahl vor. Sie erklärte in perfektem Norwegisch, es war ihre
Muttersprache, dass ihr Mann Ernst sich eine Dunkelkammer in
der Wohnung eingerichtet hatte, daher die Gerüche, er arbeite im
Augenblick darin, jede Störung wäre – unklug.

Kurt stand vor Augen, was sie damit meinte. In Hannover war
Ernsts Jähzorn Legende gewesen. Das hatte sich nicht gelegt. Der
Sohn verdiente mehr als Kurt, der Sohn war verheiratet, der Sohn
markierte den Herrn im Haus. Kein Möbel durfte ohne Ernsts Zu-
stimmung verrückt werden, ästhetische Fragen oblagen allein ihm,
noch die Küchenhandtücher suchte er aus. Kurt gab nach und wartete auf Besserung.

Neugierig blickte der ältere Wachtmeister (strumpfsockig) auf
den Verdächtigen (in Hauspantoffeln), der sich aufgefordert fühlte,
ebenso zurückzublicken. Sie waren gleich groß, nur dass der Staats-
diener geschätzte 30 Kilo weniger wog. Die Uniform schlotterte
ihm um die Glieder, obenauf saß ein trollartiger Knubbelkopf, aus
dem in tiefstem Bass Sätze über Samstagseinsätze und Dringlichkeit fielen. Kurt konnte nicht ernst nehmen, was geschah. Der Kerl
war ein ganz und gar auseinandergeratener Mensch.

Mit dem Fuß schob Kurt die Bettschuhe und die Dose Nivea-
creme (beides Helmas Werk, deutsch, deutscher, altmännerlich)
unter den Diwan und zeigte den äußerst höflichen Polizisten den
Weg zwischen den Buchtürmen vor das dreiflügelige Fenster, von
dem aus man über die Halbinsel Bygdøy hinweg nach Oslo blickte.
Es war mühsam gewesen, die Wohnung zu finden. Drei Räume,
Erdgeschoss, unmöbliert. Eine stille Straße mit Einzelhäusern in
großzügigen Gärten, steil am Hang. Unten rauschte der Verkehr
über den Drammensvei, 40 000 Wagen pro Tag. Hier oben zeich-
neten Tannen stille Zacken in die Luft. Die tieferen Äste breiteten
sich über den Grund wie Vogelfittiche. Zu Füßen der Stämme lagen

Steine, nackt und grau zogen sie, wo man die Bäume geschlagen hatte, über die Hügel. Ein Trampelpfad, fein wie ein Haar, lief zwischen ihnen dahin. Kurt ging hier querfeld, im Winter verschwand jegliche Wegeordnung ohnehin. Nachts schrie mitunter ein Kauz, ein zweiter, es erinnerte ihn an die Eilenriede, war ein Tropfen zu viel des Glücks, des ständigen und ständig so wahren »wie perfekt ihr es getroffen habt«, »ihr in eurem Luxusexil«.

Gleich im ersten Herbst hatte er gelernt, auf Mengen zu achten. Nicht zu viel in den Schnee blicken (schneeblind), nicht zu viele Pakete aus Hannover bekommen (sehnsüchtig), nicht zu viele Briefe schreiben (übersehnsüchtig). Falsch, zu viele Briefe gab es nicht. Es waren nie genug.

Sah er nun auch vom Fenster aus zu viel? Ein Eckchen des Fjords, das Dach der neuen MERZhütte, Bude am Bakken genannt. Gebaut gegen zu viel Zweifel, zu viel Nichtstun, zu viel Heimweh. »Das hat hier kein Schwein«, sagte Ernst. »Schade«, sagte Kurt, »da will ich dir Schwein wünschen, nun das.« Esther sagte: »Was für ein Schwein? Ich staune Klotz!«

»Entschuldigung«, sagte Kurt zu *politimann* 1, »ich bin ein Klotz, ich meine Kauz, ich habe nicht zugehört.«

Ja, sein Schuppen sei das da am Hang. Auf nackten Felsen gestellt. Neben das dickste Gebüsch, gleich an den Zaun.

Auf der anderen Seite des Zauns befand sich ein Tannenschlag. Tanne Tanne Tanne Zaun.

Sie wohnten in Tannenland. In einer Tannenobsession.

Weil Nadelzweige im Mondlicht unter Schnee so vielversprechend glänzten?

Weit gefehlt. Stadtschnee matschte auch hier. Schmutzgrau war in diesen Fällen besser als Schmutzgelb. Ab und an rieselte einem etwas Flockenpuder auf die Nase, Segen von oben, Spur eines Eichhörnchensprungs außer der Zeit. Die meisten Tannen waren auch nur dünnnadelige Fichten und Föhren. Unter ihnen rotteten Moose, Pilze sowie die Nadeln des vergangenen Jahres langsam vor sich hin. Was dann übrig war, zerrann, sumpfte, überfror. Dunkel war es in den Schlägen zudem, dunkel lebendig.

Dorthin hatte er einen Stern gebaut. Monatelang Holz geschleppt, gesägt, gezimmert, isoliert, verputzt. Zumindest außen. Innen Wände mit Vorsprüngen, Wände in Zickzack. 25 Ecken wies der Bau auf: norwegisches Eis, norwegisches Gebirge, ein blaues Fenster, ein weißes, ein Oberlicht, Helligkeit dem Eingang gegenüber bei der Säule, an der es auch in die Tiefe ging, in die untere Welt. Der Keller war klamm, die Bude niedrig, mehr Hütte denn Haus. Die Vermieter hatten der Maßnahme zugestimmt.

Nicht so die Stadt, sagte P1-Schlackermann. Kollege Bart&Polsterhand hatte noch kein Wort gesagt. Und da riss er, der in weiten Hosen, lockerem Hemd neben der Staatsgewalt stehende Fremdling, das Fenster auf, typisch Ausländer, und ließ Kälte in den Wohnraum, angeblich, damit die Polizei unbehindert ausspähen konnte (dabei hatte diese Polizei nicht die geringste Absicht, sich in die Kälte zu lehnen), welcher Art die umstrittene Hütte war.

»Kunst«, rief Kurt fröhlich.

»Uhrzeit?«, sagte der Dünne. Polsterhand zeigte das Zifferblatt seiner Armbanduhr, spitzte den Stift. Sollte sein Schweigen Angst machen oder war es schlicht etwas Norwegisches? Kurt befand sich in einem graugrieseligen, ruckelnd abgespulten Spionagefilm. Fehlte einzig die dramatische Klaviermusik.

Mit dieser Ausmalung machte er sich den Besuch lustiger, als er war.

Typisch Kurt, hätte Helma gesagt. Kurt mit der Neigung zur Schönfärberei. Mit seiner elend-ewigen-erdigen Überzeugung, das Glück werde ihn nicht verlassen.

Aber hatte er bislang nicht Recht gehabt? Nichts als Fluchtglück, Versorgungsglück, Tannenglück.

Sorgfältig schloss er das Fenster. Seine Hand, groß, kräftig, sah auf dem Knauf wärmer aus, als sie sich anfühlte. Ernsts und Kurts Aufenthaltsgenehmigung war im November aufgehoben worden.

Dann, gnadenweise, für ein paar Wochen verlängert. Gründe konnte oder wollte die Behörde nicht nennen. Die Schwittersmänner verstanden auch so: Neutrale Politiker blickten auf Einwanderungszahlen, neutrale Diplomaten zogen die Brauen hoch. Man beschloss die Ausweisung von Menschen, die im Deutschen Reich gebraucht wurden. Gebraucht, um verfolgt zu werden. Norwegen setzte Zeichen der Kooperation.

Kurt und Ernst hatten eine Fristverlängerung beantragt. Besser: beredt um Milde, Nachsicht, Gnade gebeten. Woraufhin das norwegische Amt für Ausländer entdeckte, dass Kurts deutscher Pass Anfang Mai 1940 ablief. Man zuckte die Schultern. K. S. war ein deutscher Bürger, mit Pass. Ohne Pass war er nicht mehr international-deutsch, doch weiterhin deutsch-deutsch. In Fremdländern galt er als vermutungsdeutsch. Das Ausländeramt fragte Kurt, wer also zuständig sein sollte. Das war bemerkenswert. Als deutsch-deutscher Kurt, mit oder ohne Pass, konnte Kurt diese Frage nur wiederholen. Die Antwort versank im Meer, fror in Schneewolken ein. Vermutungsdeutscher, verfolgungsgebraucht. Woche um Woche versuchten die Schwittersflüchtlinge als Echtflüchtlinge anerkannt zu werden. Acht Mal seit seinem Weggang im Januar 1937, schrieb Kurt dem Amt, hatte Hitlers Geheimpolizei bei seiner Frau in Hannover vorgesprochen, um ihn zu verhaften. Genügte das nicht?

Das Amt verlangte Beweise. Beweise wie Zeugenaussagen, wie Dokumente.

Die Berge trugen die Köpfe in den Wolken.

Der Briefträger trug Wolken statt Briefe aus.

Was vermochte Helma zu schreiben, ohne sich zu gefährden? Andeutungen bestenfalls. Nur welchem Amt genügte derart Wolkiges?

Die Anerkennung als Flüchtling wurde abgelehnt.

Als bekennender Optimist durfte Kurt deswegen noch lange nicht mutlos sein.

Wenn Ernst Mutlosigkeit entdeckte, sagte er: »Ab in deinen Bau!«

Jeden Nachmittag verschwand Kurt in die Hütte. Vormittags war Ernst auf Arbeit, da mussten Esther und Kurt allein miteinander zurechtkommen. Aneinander vorbeileben, sagte er. Das war schwierig in der kleinen Wohnung. Allemal mit jemandem wie K. S. Der war nicht nur großgewachsen, der breitete sich aus, tigerte herum, machte Geräusch.

Ernst, seit seiner Hochzeit Schwitters-Guldahl, fast Halbnorweger, war beschäftigt mit Schrift- und Personenverkehr. Kurt, Halboptimist, brach neuerdings zusammen, wenn er sich um Bleiberechte kümmern sollte. »Lass ihn in der Wohnung herumwerkeln«, sagte E. zu seiner E. »Du bist ja auch sonst nicht so ein Schatten deiner Fröhlichkeit!«

Der wurde man allzu leicht. Deutschland gewann Schlacht um Schlacht. Land, See, Luft. Militärisch fuhr das Deutsche Reich durch die Welt, als wäre die Welt ein Butterkuchen. Aufschneiden, mit deutschem Quark bestreichen, braune Rosinen drüberstreuen. Ernsts Hochzeit hatte ohne Helma stattgefunden. Kurt, ohne Pass, steckte den Kopf in die Wolken und rief nach seiner Frau. Goldenes, goldenes, goldenes Exil. Wie holte man Luft unter so viel Gold? Norwegische Steine, norwegisches Eis. Der Schnee blieb Flocke um Flocke klar, logisch, weiß. War Schnee etwas Lebendiges, was tot aussah? Oder doch nur ein Ding?

Niemand in Oslo verstand, wer Kurt war. Ein *kunstner*? *Kunstner* im Exil? Man betrachtete seine Collagen, lächelte. So einer konnte vermutlich nicht einmal eine Tanne malen.

Lysaker, das waren Gespräche mit Ernst, Dunkelheit, Fisch.

Man hatte ihnen, ein letztes Mal, Zeit gewährt. Bis Mitte März durften sie bleiben. Am 1. Januar, Sonnenaufgang 9.19 Uhr, Sonnenuntergang 15.21 Uhr, hatte Kurt sich aufgerafft und sich über den Brief an das amerikanische Generalkonsulat in Bergen gemacht. Oder machte man sich *an* einen Brief? Die Lampe mit dem grünen Jadeschirm auf Ernsts Schreibtisch leuchtete beruhigend (aus Hannover geschickt). Für den Brief kratzte Kurt sein Norwegisch zusammen. Fast war er froh darum, nicht auf Deutsch schreiben zu müssen. Sein Deutsch fühlte sich an wie nasser Nadelboden. Ein hinterhältiges Rutschen in jedem Satz, bei jedem denn, also, bitte, unbedingt.

Nadelgrün, verwelkt und knurzig
War das alte Fräulein Purzig!
Keine Waden, keine Zähne,
Denn sie hatte eben keene.

Er schrieb vermutungsdeutsch. Käthe-Kate Steinitz in New York fiel das nicht auf. Sie schrieb auf Englisch. Ohne eidesstattliche Garantien von amerikanischen Staatsbürgern war jeder Antrag auf ein Visum in den USA von vornherein aussichtslos. What did you expect? You're such a fool, my luv!

Politimann Polsterhard zeichnete den Blick aus dem Fenster in seinen Block. Da hätte der Spion zu helfen gewusst. Reiß dich am Riemen, Kurt-luv. Am komischsten an den beiden Besuchern wollte ihm scheinen, dass sie ihre Komik nicht bemerkten. Sorgfältig stopfte er die Strickschlangen, angefertigt von Helma und Fiederallala zu Weihnachten, in die Fensterritzen zurück. Schlangen statt Schals. Auf dem runden Tisch mit dem dicken Fuß, an dem man sich ständig die Zehen anschlug, stand das silberne Set von Zuckerschale und Milchkännchen aus Hannover. Landschaftsbilder, Kurts Kunst, hingen über dem Sofa, die Anlegestelle von Hjertøya, ein Haufen Holz, zerfetzter Steg, das Boot klein schwebend rechts. Darüber der tiefe Himmel, gemalt wie ein Berg, Felskuppen davor, die kahlen Äste eines Baums. Das Fenster rahmten kurze wollweiße Vorhänge, der Musselin stammte ebenfalls aus Hannover. Den hellgrauen, von blauen Webstreifen unterbrochenen Bodenbelag hatten sie von den Vorgängern übernommen, alles andere gehorchte Ernsts Geschmack. Schwitters junior beharrte auf Stil. Modern sollte es sein. Stahlsessel, Freischwinger, Ästhetik. Helma lieferte und lieferte. Das helle Sofa mit geschneckten Lehnen und den dazu passenden blausilbern gepolsterten Stühlen hatte zwei Monate gebraucht. Kissenbezüge sowie sechs Paar vollständiger Bettbezüge mit Hohlsaum, blendendweiß, schickte die Hauselfe gleich mit. Nur gegen den kunstvoll gekachelten grüngelben Kamin hatte Ernst sich nicht durchgesetzt. Frau Jenssen, die Vermieterin, liebte das alte Stück. Es erinnerte Kurt an eine Dame mit langem Hals, die verschiedene eckige Röcke übereinandertrug, als hätte Oskar Schlemmer sie erdacht. Wenn er das sagte, verstand ihn im gesamten Gitarrenstaat wieder nur Ernst. Immerhin die Sitzecke war norwegisch. Zugegeben, selbst sie hatte Herr Schäfer aus Hannover geschreinert. Eigens angereist, der bewährte Tischler. Ihm verdankten sie auch die deutsche Wanduhr mit Gewichten in Zapfenform.

Kurt bat die beiden Wachtmeister, Platz zu nehmen. Der Kamin zog prächtig, das Zimmer war bullenwarm. Bullig warm? Brüllend warm? Er schob den Kerzenschmuck auf dem Tisch zur Seite. Abermals so deutsch. Das Kastanientier, stark verschrumpelt, das darunter hervorkam, steckte er sich in die Jackentasche, bevor einer der anderen es sah.

Kaffee und Kuchen, *kaffe og kake*?

Wenn sie gewusst hätten, was er in der »Spionagehütte« tatsächlich trieb. Das wusste nicht einmal Ernst.

Zwei Jahre lang hatte Kurt in Lysaker im Kleinen vor sich hin gewerkelt. An den MERZbau durfte er nicht denken. Letzten Sommer hatte Ernst ihn gedrängt, den Gartenverschlag zu bauen, als Ersatz. Kurts Hände hatte das glücklich gemacht.

Doch er schuf dort nichts. Die Hütte war Hülle, Maske, Panzer, leer. Kurt ein Insekt, das sich auflöste, kaum kroch es in diesen Kokon. Alter weicher Idiot. Ab und an gelang ihm eine Collage, eine 50-Zentimeter-Skulptur. Doch etwas fehlte. Er nannte es die Essenz, ohne es näher beschreiben zu können. Alles, was er in den letzten Monaten angefangen hatte, war weiß. Tröstlich: Weiß enthielt alle Farben. Nicht tröstlich: rein immateriell. Seine Kunst war dabei, sich aufzulösen. Ernst spürte das, deswegen schickte er ihn in den Bau. Dort wurde es schlimmer. Dort fühlte Kurt eine Art Nichts. Etwas Leeres eilte auf ihn zu.

»Far!«

Esther stieß ihn an. Sie saßen am Tisch, der Kaffee dampfte. Diese Schwiegertochter war eine Schnellkocherin. Wie sie sich nun so aufrecht hielt und eine Freundlichkeit ausstrahlte, die ihr wochentags, allein im Haus mit Kurt, ständig nur abhandenkam. Außer im August. Da hatte sie sich regelmäßig nackt in den Garten zum Sonnen gelegt. Zum Thema Schämen sagte sie: »Es gibt Wichtigeres zu tun.« Einer Frau wie ihr war er nie begegnet. Schade. An einer Schwiegertochter war das verschwendet. An einer Schwiegertochter machte es fast Angst. Handelte es sich um Leichtfertigkeit? Erfrischende Arglosigkeit? Esther, die Weichgliedrige, strahlte eine dotterblumengelbe, norwegisch zähe Selbstsicherheit aus.

Erneut stieß sie ihn an. *Far* hieß Vater und Schwiegervater, auf Norwegisch machte man keinen Unterschied.

Politimann 1 sprach betont langsam und deutlich: Bei dem Gebäude am Ende des Gartens handele es sich um eine Spionagehütte, da es Kurts Hütte sei und jede Hütte eines deutschen Spions logischerweise eine Spionagehütte darstelle, wobei sie in ebendieser Eigenschaft beweise, dass der Eigentümer, in diesem Fall Kurt, spionierender Spion sei.

»Das ist so gut, meine Herren«, sagte der soeben Überführte, »dass es schon nazigut ist.« Das norwegische Wort für aberwitzig kannte Kurt nicht. Also sagte er, was er fühlte: »Det vil passe deg på den måten.« Das würde euch so passen. Ihr seid doch verrückt.

»Entschuldigen Sie, das meint er nicht so«, sagte Ernst.

Ernst stand in der Tür und machte Kurt Zeichen. Ernsts Norwegisch klang nahezu makellos, seine Manieren waren es. Kurt klappte den Mund zu. Oberste Regel: Die Kinder nicht beunruhigen. Mach gute Miene, vielleicht wird das Spiel dann leicht. Ernst redete. Polsterhand nahm zögerlich Kaffee an. Ernst redete, Esther lächelte, Polsterhand hob die Tasse. Ernst redete, Polsterhand trank, die Tasse war leer, Polsterhand sagte *takk*, danke. Kurt, feindlicher Funksender, starrte ihn an. Der Mann konnte also sprechen! Zweifellos: Soeben trug der Surrealismus in Gestalt zweier norwegischer Staatsvertreter den Sieg über Kurt davon.

Außer Kaffee servierte Esther, die Schwiegertochter mit dem gelben Busen, auch *sjarm*. Das hieß weder fette Sahne noch Jammer, wie Kurt anfangs geglaubt hatte, sondern Charme. Natürlich war auch nicht der Busen gelb, nur das Kleid. Esther wirkte oft so, als habe sie nichts an. Ihr Körper schien durch die Stoffe. Eine Zeitlang hatte Ernst Zeichner werden wollen, sie hatte für ihn Modell gelegen. Ihre Locken glänzten braun, ihre Augen glänzten blau, ihr Gesicht war ein Schlag Vanillecreme.

Die Wachtmeister blätterten in Kunstkatalogen. Polsterhand sprach Kurzwort um Kurzwort: schön, nein, wo, warum, *oi*. Schlackermann bewunderte Ernsts Fotografien vom Moldefjord und lachte über das Bild, auf dem Kurt sich in einem schmalen Boot zwischen zwei Eiswänden hindurchquetschte. In Anzug und Krawatte! Auch ein *kunstner*-Beweis wurde herumgereicht: Kurt, diesmal stilistisch tadellos in Knickerbockern und Wanderstiefeln, stand in Djupvasshytta vor einer Staffelei mit Sonnensegel, Schneeberge im Hintergrund. Leider drehte er dem Betrachter den Rücken zu, auch die malende Hand war nicht mehr als ein heller Fleck. Endlich – die Mägen knurrten so laut, dass es sich bei bestem Willen nicht mehr überhören ließ – servierte Esther Heringssalat.

Er war rot, wie er sein musste. Obgleich sie keine Rote Beete im Haus hatten. Esther flüsterte Kurt zu, dass sie ein Stück Lippenstift in Gin aufgelöst und über die Heringe und Apfelstückchen gekippt hatte.

Unterm Tisch drückte er der Tochter die Hand. Die Polizeimützen waren abgelegt, die Stiefel getrocknet. Eine Kerze brannte. Fast war es wie früher. Zu fünft versammelt um eine wohlgedeckte Tafel. Draußen der Sturm und die januartiefe Dämmerung, drinnen die Wärme und ein Gespräch über Rhythmus, Farbe, Proportion. Diese Spionagegeschichte gefiel ihm von Minute zu Minute besser. Welch treffende Definition für seine Kunst. Strukturen und Gehäuse untersuchen, erkunden, was Materie zusammenhält. Was es heißt, ein Körper zu sein. Er lächelte. Die Schneehaufen im Garten schienen heller als sonst, sie leuchteten durch die Fenster herein.

Normalerweise machten die Kinder samstags und sonntags nichts als Zitterluft. Tagsüber kriegte Kurt sie nicht zu Gesicht, saßen sie endlich beim Abendessen, vibrierte die Luft um sie vor Verliebtheit. Und Erschöpfung. Und erneuter Verliebtheit. Geigenmusik aus dem Radio drehten sie so laut, dass sie weich wurde wie ein Bett. Der Wein war sauer, E&E hingegen tranken bunte Strahlen, sagte Esther, und Ernst musste sofort probieren, wie sie schmeckten – in ihrem Mund.

Heute gab es Bier statt Wein. Die Polizei war dagewesen, nun war sie fort. *Nun lllliegt die, llliegt, nun lllllliegt die Klippe ganz o o o ohne Fischge Fischgerippe.*

Esther stotterte *o o o*, Ernst schaute wie ein Meerschweinchen. Sprich: glasig bereits nach Flasche drei. Mitunter glich er seiner Großmutter. Leider der falschen. Er hatte es auch nicht leicht gehabt, Kurt hielt es ihm zugute, mit zwei Zentnern MERZ tagein, tagaus neben sich. Keiner hatte es leicht. Wer kam damit zurecht, wenn Schwitters 2, weiterhin zwölf Zentimeter kürzer als Schwitters 1, Schwitters 1 Vorwürfe darüber machte, wie viel Platz er (Nr. 1) mit seiner Kunst einnahm oder wie freiherzig er (Nr. 1) Teile dieser Kunst (die Fotografie) abtrat (als Gnadenbrot für Nr. 2) oder wie er (Nr. 1) schnarchte, die Kartoffeln nicht wusch, bevor er sie kochte, Esther ansah, Esther nicht ansah, am Wochenende störte, sich hängen ließ (stimmte), sentimental war (stimmte vor Weihnachten), unentschlossen (falsch: Nr. 1 wollte nur nicht weg von hier), dahockte mit Leidensmiene (die beherrschte Nr. 2 besser und ließ sich obendrein von Esther trösten) und die fünfte Portion Süßigkeiten verschlang (was seine Sache war, genannt sein Bauch).

Kurt versuchte, fröhlich zu sein. Optimismus-Kurt! Er hatte einen Ruf zu verteidigen. Er hatte etwas zu unterdrücken. So häufig war Helma in Lysaker zu Besuch gewesen, dass er erwartete, sie schaue jeden Moment zur Tür herein. So eine Geisterei machte nicht froh. Im Gegenteil.

Hei Schwiegertöchterchen! Jetzt bist auch du so still?

»Nun sagt mal, ihr beiden, was ist?«

Heringssalat, Fischgerippe. Die Wachtmeister waren versöhnt von dannen gezogen. Zuvor hatte man von der Freiheit der Kunst gesprochen. »Freiheit zu Kunst«, hatte Kurt gesagt und die Besucher damit verwirrt. Ihr Gebiet war Einsperren. Kurt hatte Collagen hervorgekramt. Wozu man das brauchte? Es fielen Worte wie »Imagination«, »Träume«, wohl auch »das innere Leben«. Irgendwann nickte Polsterhand: Fische hatten ein inneres Leben. Er war Angler. Und dann sehe er da etwas in ihren Augen und werfe den *torsk* oder platten *kveite*, das Schlüpfchen eben, das frisch gefangene, in den Sund zurück.

»Nu ja«, sagte Kurt. Er war gerührt. Andererseits aß er gern Fisch.

Die Küche hing voll wilder, festlicher Unordnung. Taumelig flackerte das Licht von der Decke. Das Jungpaar saß Kurt wie ein & gegenüber, stark verschlungen.

Esther sah ihn an: »Mir reicht's.«

Die Tannenäste standen horizontal, die Büsche wirr. Der Kamin der Nachbarn rauchte. Man konnte einen Ausblick mögen, bloß weil man ihn dauernd vor Augen hatte.

Warum nicht auch einen *far*?

Der Garten des Nachbarn hatte ein schmales Haus. Hinter dem Haus kam der Garten zum Wald. Dünn wie ein Faden schwamm der Fjord durch die Nadeln der Tannen.

»Dir ist es hier in der Wohnung zu … zu laut mit mir?«, fragte Kurt.

Er musste die Antwort nicht hören, um traurig zu sein. Der Nachmittag mit dem Besuch und dem Heringssalat war also doch nicht mehr als eine Atempause gewesen. Esther nannte Kurt den Immerschonda. Wohin Esther auch ging: Kurt. Schlafzimmer: Kurt. Küche: Kurt. Flur: Kurt. Schaute sie in die Dunkelkammer: Spuren von Kurt. Musste sie aufs Klo: Kurt. Kleber von Kurt im Flur. Collagen von Kurt auf dem Esstisch, Bilder von Kurt an der Wand. »Und ein Mann, halb Kurt, auf mir drauf!«

Beinahe musste er lachen. Eheproblem durch Kurtproblem. Dass er Esther verstehen konnte, half nicht. Ernst und er kamen im Paket. Hatte sie das nicht gewusst? Was in Hannover gewesen war, hielt Vater und Sohn zusammen, andere schloss es aus. Das hatte Esther, jung, wie sie war, vielleicht wirklich nicht gewusst. Es tat ihm leid.

Im Kopf zählte Kurt die bis Mitte März verbleibenden Wochen. Churchill hatte von einem europäischen Haus mit vielen Wohnungen gesprochen, man sollte sich zusammenschließen, um die salzigen Lebensbahnen der gesamten Region deutschfrei zu halten. Ein zügiges Ende des Krieges gegen die Faschisten sei nicht in Sicht.

Was, wenn Norwegen sie auswies?

Ernst schaute ihn an. Höchste Zeit, eine Entscheidung zu treffen. »Wohin gehen wir?«

»Pläne halt ich nicht aus«, sagte Kurt.

»Das halt ich nicht aus«, sagte Esther.

Sie vertrug mehr Bier als Ernst. Ihre Hand hielt Ernsts Hand fest. Ernst hatte es auch hier nicht nur leicht.

Pläne nicht zu vertragen, sagte Ernst, sei Luxusdenken. Daher irrelevant. Vorexildenken. Daher sentimental.

Esther kannte Ernst kürzer als Kurt. Kurt kannte Ernsts Eigensinn. Der war schwittersch. Unter einem Frauenkörper schmolz er wie Gletschereis unter Föhn. Wie Gletschereis kam er zurück.

»Faktum«, sagte Ernst, nahm einen Schluck und starrte sein Bier an. Schließlich fiel ihm wieder ein, was er hatte sagen wollen. »Europa erlebt den kältesten Winter seit über hundert Jahren.«

Ah, Ernst und das Wetter. Lieblingsthema neben Modernsein, Verheiratetsein, wo find ich eine Literflasche Ammoniumthiosulfat? Das Dritte Reich hatte Polen niedergestampft, lag mit England und Frankreich im Krieg. Riesige Flotten trieb man gegeneinander durch die Meere. Das Wühlen der Kriegsschiffe hatte dazu geführt, dass die See in den vergangenen Monaten all ihre im Sommer gespeicherte Wärme abgegeben hatte. Der Fjord vor ihrer Nase, im Sommer ein glitzerndes Fischmaul, auf dem sich weiße Boote von den Sonnenstrahlen Richtung Oslo schleifen ließen, war versunken.

»Ich kann mich nicht auflösen?«, sagte Kurt Richtung Aschekasten, sprich exakt zwischen E&E hindurch.

Die Elbe war zugefroren, bei der Themse fehlte nicht viel. Minus 25 Grad in Norddeutschland, atlantische Wetterküche rundum. Im Dezember hatte *Aftenposten* eine Landkarte der Wetterstörung auf der ersten Seite gedruckt. Eine von Pfeilspitzen durchbrochene schwarze Linie wand sich um die gesamte Ostseeküste, dehnte sich in die Nordsee und züngelte an England und Schottland vorbei hinauf ins nördliche Meer.

Der Krieg war Faktum. Das Ende der Aufenthaltserlaubnis war Faktum. Der harte Winter war Faktum. Holz hacken war Faktum. Asche schaufeln war Faktum. Bis Mitte März konnten sie nachdenken. Wenn sie sich weigerten, das Land zu verlassen, drohten Gefängnis und Zwangsverbringung. Man wurde auf ein Schiff geschleppt. Von dort konnte man, Faktum, in die eisige Nordsee springen oder den Nazis in die Hände fahren.

»Höhle«, sagte Ernst. Das war kein Vorschlag. Bis auf weiteres sollte Kurt, Faktotum, in seiner Hütte bleiben. Und schön dort unten auf sein Klohäuschen gehen.

Esther lachte.

An dieser Stelle hatte der Abend für Kurt eine Lücke. Hatte er an Helma gedacht, an Schürzenbänder, Verantwortungsgefühl? Zuhause hätte sein Sohn eine Ausbildung gemacht, hier arbeitete er in einem Büro und unterrichtete sich selbst in der Kunst des chemischen Bildes. Helma besuchte einen einschlägigen Kurs in Hannover und teilte Ernst in langen Briefen mit, was sie lernte. Ernst vermisste Helma, hätte das aber nie zugegeben. Freunde hatten sie nicht. Kurts frühere Freunde waren aus der Welt gekippt. Die Welt endete einen Kilometer südlich von ihrem Haus am Strand, im Norden am Nordpol. Überfrorenes Land, Scherbenmeer. Treibeis, Packeis, Mühleis, Saumeis, Firneis, Klareis, Raueis, Wandeis, Wehreis etc. Genau: Wie viele Wörter gab es für Eis? Und wie viele für Welt?

Hausmann hielt sich in Paris auf, nachdem er aus Spanien nach Zürich geflohen war, von Zürich weitergezogen nach Prag. Klee war in sein Elternhaus in Bern zurückgekehrt. Die Tschicholds saßen in Basel, sie könnten helfen. Doch wie reiste man in Zeiten wie diesen sicher von Skandinavien in die Schweiz? Die war umzingelt. Deutschland und Österreich gehörten den Nazis, Italien den römischen Faschisten, Frankreich stand als Kriegsziel auf Hitlers Liste an erster Stelle

Kurt litt an Bluthochdruck, Ernst an Magenkrämpfen. Esther stellte ihr Bierglas in die Spüle. Das Wasser war rosenrot von der Schüssel mit dem Heringssalat. Kurt, groß selbst im Sitzen, schielte von seinem Platz aus hinein.

»Nok«, sagte Esther, »jetzt denkst du an Lappland, oder wie? Det vil passe deg sånn. Jeg … ich gehe auf jeden Fall nach Süden.«

Sie trat neben Ernst, beugte sich zu ihm. Er flüsterte ihr ins Ohr. Sie flüsterte ihm ins Ohr. »Ich gehe weg«, sagte sie laut und richtete sich auf: »Ins Bett.« Ernst flüsterte weiter dorthin, wo ihr Ohr gewesen war. Glasiger Ernst! Esther schaute Kurt an: »Weit weg. Allein weg. Mit meinem Mann. Faktum, far.«

Schief stand sie da, weich in den Knien, der Bauch verschoben. Er konnte sich vorstellen, wie sie in 20 Jahren aussehen würde. Sie wusste es nicht. Von dem Glanz, der von ihr ausging, wusste sie hingegen sehr wohl – sie benutzte ihn –, Ernst wollte ständig daran lecken. Im Augenblick schien sie Kurt müde, zugleich voller Fieber und Aufregung: Fischland verlassen! Teure nackte Frauenschultern bewundern in Kleidern, die weiter rauschten als Himmel und Meer. Selbst eine dieser Frauen sein. An Ernsts Seite würde dies Realität werden, Norwegen würde eine gestorbene Erinnerung sein und das hier auch, das gesamte Haus. Kurt schaute zu Ernst und sah, dass sein Sohn nicht mochte, was Esther sagte.

»Bett«, murmelte Ernst und versuchte ebenfalls aufzustehen.

»Ich geh schon mal vor«, sagte Esther und machte einen langen Hals wie ein Schwan. Bei denen waren die Hälse auch dazu da, Leute nicht zu mögen. Mit E&E kannte Kurt sich nicht mehr aus. Sie waren so abwechselnd dunkelblau oder rosa verheiratet. Das hatte er nie so erlebt. In seiner Ehe war einzig er abwechselnd gewesen, dunkelblau mit Helma und rosa mit anderen.

Ernst schaute aufgeregt, atmete etwas gelähmt und blieb, wo er war.

In der Wohnung trug Kurt wollene lange Unterhosen, wollene Hemden in Doppelschicht, dicke Hosen, Pullover. Das Zweischalprinzip von zuhause hatte sich überholt. Die Küche heizten sie mit dem Herd. Der Aschekasten war dauervoll. Espen Askeladd, bekannter norwegischer Kobold, rumpelte Tag und Nacht darin.

»Norwegen verrät uns«, sagte Ernst Richtung Bier.

Sogar Gerstensaft war in Deutschland nun germanenblond. Ernst und Kurt tranken norwegisches Bier. Zwei Männer in einer Küche beim Bier, ganz für sich.

Kurt hatte Kopfweh. Ein epileptischer Anfall kü

nicht an. Kopfweh bekam er, wenn ihm das Herz we

»Die mögen uns nicht, die wollten bloß unser Gel(

und goss sich nach. Kurts Bier schmeckte nach Knä(

Fischland schmiss sie raus. Dabei wollten sie ohn

gehen. Nun ja, zumindest Kurt wollte das. Zurück nach Hannover. Nun sollte er zu der Rückkehr, die sein Ziel war, gezwungen werden. Das blieb von jeder Seite her unauflösbar. Norwegen trieb Ernst und ihn in Hitlers ach-so-offene Arme.

Das war kein Verrat. Das war versuchter Mord.

Irgendwo mussten Ernst und Kurt bleiben. Das war ein Körpergesetz. Sogar eine Leiche blieb irgendwo.

Ernst versuchte, das mit Worten zu greifen. Auf Norwegisch. Auf Englisch. Auf Deutsch. *Ganz oooooooohne Ffffffischge Fischgerippe im weiten, wwwwwe weiten im MeeeMeee Weweltenmeere.*

Kurt sollte-sollte-sollte sich neben ihn setzen. Ernst klopfte mit der Hand auf den freien Stuhl, als wäre sein Vater ein Hündchen. Komm schon, spring! Wahrlich, der junge Mann hatte sich ausgedehnt. Kurt drückte beide Augen zu. Exil und Erziehen passten nicht zusammen. Er wollte Ernst verwöhnen. Es leichter machen für ihn.

Sein Sprössling war ein Stutzer. Man konnte Schwächen am eigenen Kind durchaus sehen, nur bedeuteten sie nichts für das Gefühl. Er schob dem Bierseligen sein eigenes, fast schon leeres Glas vor die Wilhelminen-Nase.

In der Hütte am Bakken war es nachts so kalt, dass der Kleber nach fünf Minuten erstarrte. Der Nordwind dieses Winters pfiff durch Ritzen, die der Südwind, der gemeinhin blies, nie fand. Wenn es so weiterging, wären bald die Eisbären hier. Sein Ofen wärmte gut, darauf konnte er stolz sein. Aber die Dämmerung gegen elf Uhr vormittags hieß Sonnenaufgang? Das Licht zog zur Mitte des Kirchturms von Lysaker, hing grundmüde eine Weile dort fest, ein kraftloses Blümchen, das gute Nacht sagen wollte, ar's. Wenn Kurt im Zwielicht den Hügel zu seiner Hütte abrutschte, lagen sieben oder acht Stunden Wachsein vor ihm. Er heizte mit einem Paraffinofen, Marke Eigenbau.

In der am besten isolierten Ecke des Verschlags lagerten in einer Holzkiste, mit Wolle und Spänen gegen den Frost geschützt, Äpfel und Kartoffeln. Die Kartoffeln waren aus den Hannoveraner Erdäpfeln gezogen, *Ackersegen* und *Sieglinde*, die er vor drei Jahren mitgebracht hatte. Heimlich schnupperte er an ihnen, als hänge Heimaterde daran. Seine Zähne waren schlecht, mittelprächtig die Gesundheit, Arztbesuche fielen aus, er hatte keine Versicherung. Helmas Blümchenschürze baumelte vom Haken neben der Tür. Ernst mochte es nicht, wenn Kurt sie trug. Kurt hatte sie, bei der Ankunft im Januar 1937, um eine seiner Reisekisten gewickelt gehabt; im ersten Moment hatte Ernst geglaubt, sein Vater habe eine frauengroße Helmaskulptur, einen Ehe- und Mutterspuk über das Meer in den Norden geschleift.

Kurt saß in der Mitte der neuen Hütte auf einer Margarinenkiste und aß einen Apfel.

Alle Wände weiß, der Boden nackt. Der Kandinskyteppich war in Hannover geblieben. »Nicht auf den Läufer treten«, hatte Kurt gerufen, als der mächtig respektierte Bauhausprofessor zu Besuch kam, und war zur Tür hinausgestürzt. Helma führte den Maler und seine Frau Nina ins Esszimmer, das teuerste Porzellan der Schwiegereltern war aufgedeckt, das Tischtuch makellos. Es regnete in Strömen, tropfnass kehrte Kurt zurück, eine ebenfalls tropfende Schachtel Zigarren in der Hand, sah Kandinsky und rief: Ah, man bevorzuge eine Zigarette?

Behände war Kurt, der Kinetische, auf den Tisch gestiegen, um das Päckchen Juno, das er im Kronleuchter aufbewahrte, hervorzuholen. Ein Kronleuchter war der denkbar vernünftigste Ort für Zigaretten, dort oben konnte man sie ohne Zeitverlust anzünden.

Nachdem der tropfende Kavalier wieder Boden unter den Füßen hatte, ersetzte Helma das matschbedruckte Tischtuch wortlos durch ein anderes. Rauchend schauten die Gäste und Kurt zu, bis die Kandinskys in lautes Lachen ausbrachen: Wie mutwillig dieser Schwitters zunichtemachte, worauf seine Frau stolz war.

Sie hatten nichts verstanden, Helma alles: das Färben, das Malen in der Wohnung mit den Dingen der Wohnung, den leichten Sinn. Der Teppich war Kurts schwarzes Quadrat, mit dem er, anders als Malewitsch, keineswegs die Sonne besiegen wollte. Er wollte die Sonne sein. 1923 oder ’24 war das gewesen.

In der Hütte spürte Kurt etwas ohne Namen. Norwegen war zackig, bergig, bewaldet, kalt. Alle Natur eine Krümmung. Waren die Steine erst einmal mit etwas Weichem bedeckt, raste der Sommer dahin. Nullnacht, *sankthans*, *hellighet*. Statt Kristallen wuchsen für ein paar Wochen Fädchen und feine, tautragende Blätter aus dem Granit. Kurt trat auf Grund, gepresst aus tausend Jahren Baumabfall, der dem Fuß kaum Widerstand bot. Er folgte den Schürfspuren längst vergangener Gletscher und ihren geschmolzenen Zungen. Er drehte die eigene Zunge im Mund, linksherum, rechtsherum. Er blinzelte in das schwindende Licht. Kaum hatte er ausgeblinzelt, waren alle Tiere vergraben und das Licht vergangen. Von Oktober bis April löschten sich Tanne, Himmel, Berg. Jeder Braunbär war ein Sommerphänomen. Im Herbst wurde das Herz langsam und von der nächsten Höhle verschluckt.

»Es beherrscht uns«, flüsterte Ernst.

»Was?«, flüsterte Kurt.

»Das Muttertier.«

Ernst, die betrunkenen Augen weit geöffnet, die Hand auf Kurts Arm: »Sie ist unser Alltag.« Darauf sei Esther in Wirklichkeit eifersüchtig. Sie alle folgten den Wilhelminischen Regeln.

Die Gläser waren nicht quadratisch. Nur fast. Außerdem waren sie gelb. Also voll. Irgendwie erneut voll.

»Das ist nicht lustig«, sagte der Sohn. »Wir leben im Kaiserreich.«

Nicht lustig. Kurt lachte nicht. Für ihn war Helma kein Kaiserreich. Er zog sich die Schürze an, wollte ihr verbunden sein. Ihren

Regeln zu folgen machte das Vermissensgefühl weicher. Er hatte wenig zu tun hier, keine Reisen, die Arbeit stockte. Jedes Mal beim Abwasch mit der Kratzbürste fiel ihm Fiederallala ein, fast vermisste er auch sie. Das wiederum heiterte ihn unbedingt auf: absonderlicher Kurt!

Vier Mal war Helma 1937/38 zu Besuch gekommen, zwei Mal 1939. Henriette hatte ihnen im vergangenen Winter für Monate den Haushalt geführt. Sie waren versorgt worden, auch mit Geld. Kobold Askeladd, der Kerl, der am Feuer lehnte und hineinblies, lächelte ihn an. Askeladd zeichnete mit Asche, schwarz-weiß, flog davon. Ein magisches Wikingerschiff brachte den Geist in ein Land östlich der Sonne.

»Ich will nicht auf ein Schiff«, sagte Kurt.

»Du willst nicht weiter von ihr weg«, sagte Ernst und erhob sich. Diesmal gelang es. Er stützte sich auf den Tisch, kam um ihn herum und baute sich vor Kurt auf.

»Vati«, sagte er feierlich, »Schluss.«

Kurt griff nach Ernsts Arm. Vati! Dabei hatte Ernst das Wort getilgt. Er musste mächtig betrunken sein.

»Deutschland ist vorbei. Helma ist vorbei. Dieses Exil ist vorbei.« Ernst setzte seine Ansprache fort. Die Küche schwankte, Kurt bemerkte es.

»Wir gehen. Du gehst mit. Esther geht mit. Ich entscheide das«, sagte das Kind.

Darauf stießen sie an. Anfang Dezember hatte Kurt in einem Bach einen kompakten Ball aus Kiefer- und Tannennadeln gefunden. So unglaublich waren die Nadeln durch die Gewalt des Wassers miteinander verschränkt, dass er das Gebilde hatte werfen und fangen können, ohne dass es seine Form verlor. Es war ein Wunder. Er hatte es am Ufer liegen lassen. Er war über das Sammeln hinaus. Sie gingen fort. Er wusste es doch.

Ernst sagte: »Brasilien. Oder China.«

»Liegt ja fast nebeneinander«, sagte Kurt. »Sehr figelinsch.«

Ernsts Augen wurden feucht. So ein hannöverscher Ausdruck.

»Kokolores«, flüsterte Kurt und legte den Arm um den Jungen, »darüber denken wir morgen nach.«

Sie lehnten aneinander. Kurt fiel angenehm auf, was für ein Weidenstämmchen sein Sohn nun war. Die Wände glitten an ihnen vorüber, Ernsts Schlafzimmer fuhr auf einem Laufband auf sie zu.

Esther lag quer im Bett. Kurt kippte Ernst neben sie, streifte ihm die dicken Filzschlappen von den Füßen. Das Mädchen reagierte nicht. Das Licht hatte er gar nicht erst angeknipst. Zwei hübsche Fischchen hatte er sich da eingefangen. Das eine schnarchte sogar.

Von den Eistannen vorm Fenster ging ein grünlicher Widerschein aus. Die Gitter der ineinandergreifenden Äste, die um die Stämme wachsenden, verdorrten Kräuter und der Boden waren nicht voneinander zu unterscheiden. Schnee lag in Flecken zwischen den Stämmen. Die beiden Menschen auf dem Bett sahen jung aus. Morgen früh fühlten sie sich garantiert älter. Er grinste. Als er das Licht im Flur ausknipste, schmolz die Welt zu einer einzigen, wunderbar stillen Finsternis.

Im Dunkel der Küche räumte er die Gläser in die Spüle. Er mochte das Schneelicht, die Fremdheit der in Schatten schwimmenden Wohnung, die Winternacht. Dann setzte er sich an den leeren Tisch und blickte hinaus.

Eine Januarnacht in Lysaker glich einem Topf. Schwarz, kaum Wasser, kaum Strömung darin.

Nichts geschah. Auch Kurt rührte sich nicht.

Schnee war von der gleichen Geduld.

Rührte sich nicht. Wie Schnee verstrich die Zeit. Kurts Hände hielten ein glänzendes Blatt. Es war aus Metall, Teil einer Schere. Es schnitt scharf und schmal. Vorsichtig drückte er die Aluseiten der deutschen Zahnpastatube auseinander. Es war die letzte. Na komm schon. Er zog. Nur nicht einreißen. Ein enges, schmierig-weißes

73

Papierröllchen flutschte heraus. Er putzte es mit einem Zipfel seines Hemdes ab und strich es glatt. Bis morgen trocknete das ohne Spur. Deutsche Qualität: 100 Reichsmark, absolut zahnpastaresistent.

Helma durfte nichts mehr überweisen. Bargeld konnte er tauschen. Wenn auch der Kurs Reichsmark-Öre in der Norges Bank zu Oslo zum Weinen war.

Er saß in der leeren Mitte der Hütte und spie sich Apfelkerne in die Hand. Wäre ein derartiger Vier-Millimeter-Kern der Kern eines Atoms, wäre die Hülle des Atoms nicht die Schale des Apfels, sondern eine elektrisch geladene Kugelform von 500 Metern Durchmesser. Atome bestanden im Wesentlichen aus Leere.

Menschen bestanden aus Atomen. Drückte jemand die gesamte Leere aus Kurt, wäre er einen halben Fingernagel groß. Bestenfalls.

Fort aus Norwegen. Sie alle drei, wenn auch nicht zu dritt.

Weil man sich von einem Zuhause wieder und wieder trennen musste? Weil ein Exil einem nicht auf einmal zustieß, sondern Mal um Mal.

In Helmas Augen hatte er sich gespiegelt. Sie hatte ihm vorgehalten, wer er war (»Rosenkohlgrün? Du magst keinen Rosenkohl!« »Doch.« »Seit wann?« »Immer schon.« »Das Bild ist trotzdem schlecht.«). Den gesamten November hindurch war er antriebslos im Haus gesessen. Molluske Kurt. Auch Henny fehlte ihm. Sein Vater und sein Vaterland waren tot.

Vor dem Küchenfenster spannte sich die Erde weiß von Tanne zu Tanne zu Zaun. Um zwei Uhr morgens wurden die Straßenlampen ausgeschaltet. Sie waren ausgeschaltet. Man konnte Sterne sehen. Er hätte gern die Sonne gesehen. Sie war zu schwer geworden für Europa. Sie war über den Rand des Kontinents gestürzt.

Eine Grenze fuhr auf sie zu. Das war der Krieg. Das war, warum Ernst über das Wetter sprach. Die Grenze kam über das Meer.

Die Briefe der Ausländerbehörde hatten die Grenze ins Haus

getragen. Eine Grenze, die man aufspaltete, wurde nicht schwächer. Sie gewann an Kraft. Sie saß am Tisch, saß zwischen Esther und ihm, zog quer durch die Villa in Hannover, durch jeden Garten, durch den ersten Merzbau, durch die Hütte am Hang.

Zu dritt das Land verlassen. Zu zweit weitermachen. Die Frage war nur: welche zwei. Esther wusste, dass es darum ging. Ernst nicht.

Noch wehrten sie sich. Wenn sie den Haushalt hier auflösten, mussten sie aussprechen, was wirklich zwischen ihnen galt.

Sein Kopf war müde. Hier Neuland, dort (wo dort? – hinter ihm?) das Heimatland, dort eine ewige Vergangenheit, hier eine unbegreifliche Gegenwart. Schneeflocke, Plan. Beides schmolz bei Berührung. Das lippenstiftrote Wasser in der Spüle wirkte grau ohne Licht. Er hatte Angst, Helma niemals wiederzusehen. Dachte er daran, wollte er rückwärtsfahren. Wie das Meerschweinchen im Merzbau unter der Kurbel, die sich gegen den Zeitsinn gedreht hatte. Herr SS.

Ernst hatte es in der Schürzentasche gefunden. Sie hatten es hier im Garten begraben. Die krummen Knöchelchen. Das liebe treue Tier.

Nacht wie ein Topf. Sterne sehen. Er sah nichts. Stattdessen sahen ihn die vom Schnee erhellten Fensterscheiben an und alle Gedanken, die er sich früher gemacht hatte, wirkten verbraucht und legten sich ab, wie einst die von Helma getippten Seiten in sein Werkverzeichnis abgelegt worden waren. Das von Jahr zu Jahr nutzloser wurde, denn er verlor die Werke, auf die es sich bezog. So kam es, dass er nun, da die Kinder schliefen, denn die hatten ihre Hormone und ihr gegenseitiges Atmen und wussten nichts von der Schlaflosigkeit des späteren Lebens, das Fenster öffnete und auf die schlangenkahlen Baumstämme blickte, deren Windungen zwischen den Schneedecken der Wipfel und des Bodens schwarz und glatt dastanden. Es machte ihm Lust, den Norwegern Tannen zu zeichnen, die sie nicht erkannten, und größte Lust, so wie er war, als Spion, getarnt dadurch, dass er nur Unterwäsche trug, in den Garten der Jenssens hinunterzugehen. Aussehen wie Nansen und die Kälte an den Beinen fühlen.

Gedacht, getan. Kaum war er aus der Haustür, schaltete er die vorsorglich mitgenommene Taschenlampe wieder aus. Er und betrunken? Sogar an die Beleuchtung hatte er gedacht. Ah, er brauchte sie nicht. Und warm war ihm! An der Tür ragte ein Lichtdach in den Schnee. Er schob es weg, indem er sich umdrehte. Sollte er zu seiner Hütte gehen? Bescheuert war er nicht und nicht blau, zumindest nicht sehr, denn er wusste noch, dass man nach dem Trinken nicht allein draußen umherwandern durfte. Er suchte den Räumweg, der zum Straßenzaun führte, genauer zum Türchen im Zaun, genauer zum Postkasten neben dem Türchen, einer untauglichen amerikanischen Röhre, in die es hineinschneite. Alles nass, auch jetzt, und leer. Das war die übliche Enttäuschung. Doch ausnahmsweise auch eine Klarheit: Es gäbe hier keine Briefe mehr. Und falls ein Brief käme, wäre er nicht lesbar. Und falls er lesbar wäre, enthielte er die falsche Botschaft. Nichts als den üblichen Noch-nicht-Trost. Die *eine* Nachricht, die man brauchte, auf die man hoffte, die die Welt rettete, traf und traf nicht ein: Hitler tot.

Auch auf der Gartenseite blieb es neben dem Zauntürchen nur leer und nass. Es fehlte das Bäumchen. Das völlig unwahrscheinliche. Die Jenssens waren höchst anständige, norwegische Menschen. Alles an ihnen war geradeaus bis auf die Poströhre und die Magnolie, die sie Jahr für Jahr vor *Far Frost* retteten. Sie wurde in ein eigens kaum geheiztes Zimmer geräumt, wo sie dick eingewickelt in Matten aus Kokosfaser überwinterte. Im April kam sie, deren südliche Artgenossen im Februar blühten, in den ersten Sonnenschein hinaus. Ein Wanderbäumchen, ein Fremdling, aus dessen Schwarz das allerunwahrscheinlichste Weiß brach, kaum verschwand der Schnee. Und er? Es war Teil seiner Verwandlung, dass die Realität oder was man so nannte, eine Zeichnung wurde, in der er eine Figur abgab, die sich mit der eigenen Hand selbst noch einmal zeichnete. Die Bäume am Zaun kamen ihm mit einem Mal körperlich vor; hässlich und nass wie Würmer und trotzdem so, dass er sie umarmen und mit Tränen im Gesicht an ihnen niedersinken wollte. Ah, er hockte schon im Schnee? Der war jedenfalls nah.

Das Umarmen und die Gefühligkeit gefielen ihm nun nicht mehr. Durch den Stiebeschaum der Flocken kamen verspätete Fußgänger vor dem Zaun vorbei. Sie sahen ihn nicht und hätten sie ihn entdeckt, wäre nichts schlimmer geworden, denn er krabbelte. Diese Fortkommensart machte ihn wahrlich zufrieden. Die Haustür ließ sich nicht erkennen, dafür stünde sie offen, mit Esther in der Wohnung schlossen sie sie nicht mehr ab. Das Mädchen hätte sich eingesperrt gefühlt und gefährdet, was eine seltsame Sache war, exakt andersherum als zuhause in seinem hübschen toten Vaterland, wo man sich beschützt fühlte, wenn man sich einriegelte. Esther konnte nichts für ihr Anderssein, ihr schien es selbstverständlich, das Leben und die Höhle mit den Möbeln und Erinnerungen unabgesperrt stehen zu lassen, tags, nachts und noch wenn sie verreiste. Es waren diese kleinen Dinge, an denen man sich schied, fingen sie erst einmal an, sich zu zeigen, nahmen sie zu und zu. So war es Ernst und ihm hier ergangen, nah hatte das Land ausgesehen, vertraut, und nun, wo sie seit Jahren keine einzige Pause mehr davon hatten, sich in Norwegen aufzuhalten und aufzuhalten und anzupassen, wurden die kleinen Unterschiede täglich anstrengender und fremder. Es war ein norwegisches Gesetz, bei Schnee nicht einsam um das Haus zu kriechen. Für Menschen in Unterwäsche wie ihn galt das aber nicht. Kein weißer Schatten werden, Kurt. Ah, er passte auf. Dicht fielen die Flocken, da brauchte er lediglich wie sie ein inneres schwebendes Dasein zu entwickeln. Sofort wollte er Hundeschlitten fahren. Schnee stob in einer Wolke empor und war vom Himmel nicht mehr zu unterscheiden. Auch Eis würde er knacken hören. Gerade so laut wie beim eisernen Heinrich. Dem waren die Bänder der Trauer munter vom Herzen gesprungen, als es in der Kutsche nach Hause ging.

Knack, knack, h-h-heim. Da lllliegt das Gegerippppppe da llllllliegt es so klein.

Was war ihm warm. Er krabbelte, das fühlte er noch, eine Stufe hoch.

Far Schwitters steht am Herd und kocht Haferbrei. Es ist sieben Uhr morgens. Die Laterne leuchtet über den verschneiten Weg hinunter zum Zaun. Die Häuser gegenüber haben ihre Standfestigkeit verloren, lautlos huschen sie im Flockentreiben dahin. Ernst muss zur Arbeit. Kurt hat Schnupfen. Danke, Nachtausflug. Alle Geister des Winters heulen in der Luft.

Sie haben sich geeinigt, Esther hat zugestimmt: Sie werden bis Mitte Februar auf eine Antwort von den Amerikanern in Bergen warten. In der Zwischenzeit die Norweger mit Vermögensnachweisen und Bürgschaften von der Ausweisung ablenken. Jede Fristverlängerung ist willkommen. Als Wolke von Kälte kehrt Ernst vom Tor zurück. Der aufgerissene Umschlag in seiner Hand ist nass von Schnee. Das Pass- und Fremdenbüro in Aker gibt ihnen Zeit bis Mai. Kurt packt den Sohn bei den Schultern, stampfend walzen sie durch die Küche. Oslo schwankt in seinem Flockenlicht.

Kurt schließt die Augen. Sie werden alles hier aufgeben müssen. Es tut weh.

Doch etwas in ihm freut sich.

Darüber, dass sie abgeschnitten werden?

Darüber, wie sehr alles auf Kante genäht ist?

Es ist gefährlich. Auch das gefällt ihm.

»Was sagst du?«, sagt Ernst. Er kaut. Seine weißen Finger fahren im Labyrinth zwischen Mantelknöpfen und Löchern umher. Der Herd raucht.

»Hast du ein Taschentuch«, fragt Kurt.

Mai. Er wird noch sehen, wie die fleischigen Silberknospen aus den schwarzen Rinden der Magnolie brechen. Wie das Wanderbäumchen stumm explodiert.

Vor der Blüte ist es eine vollkommene Zeichnung.

In ihr verliert es sich. Es wird überblüht.

3   1. April 1940, Hannover

Diesen Krieg können nur mehr Gesunde ertragen.
Helma Schwitters, *Brief an Käthe Kramer*

Hinter den Milchglasscheiben dehnen sich Schatten.

Sie sind das Beamtentum.

Das Beamtentum legt die Briefmarkenbücher für den Tag bereit, stellt die Ziffern in den Stempeln auf 01 04 40. Fasching vorbei, Ostern vorbei, ohne Ende die Narretei. Sie erkannte ihr Land nicht mehr. Dabei war sie nie fort. Sie gehörte Hannover, sie gehörte dem Reich. Vor Schalter eins, dem mit der größten Seitentür für Pakete, vor Frau Bauers Tunnel hinaus in die Welt stand sie bald jeden Tag. Beamtin 1 kannte die Gebühren für Briefe, Päckchen, Pakete und Kisten nach Norwegen auswendig. Die drei Kartons heute, links und rechts und unmittelbar zu ihren Füßen, zählten zu den größeren. Meist kam ihr jemand aus der Schlange zu Hilfe beim Voranschieben. Erich, das Schwittersfaktotum, die einzige Unterstützung, die ihr geblieben war, hatte sie ihr in die Schalterhalle gehievt, war zum Wagen zurückgeeilt.

Hannovers Zentralpost stritt sich mit Hannovers Hauptbahnhof darum, wer imposanter mit Ziegeln, Karyatiden und Verglasung zu prunken verstand. Ein hoher, hallender Saal, zehn Schalter. Niemals wurden alle geöffnet, das hätte die Macht geschmälert. Helma mied das Postamt in Döhren, auch wenn es nicht verboten war, Güter ins Ausland zu schicken. Zumindest nicht ihr, Wilhelmine Schwitters, geborene Fischer, reindeutsch von links, von rechts, von überall. Da war das Knochenmark arisch! Eleonora, diese mütterliche Leere von Herz und Hirn, die erste Hitlerin Döhrens, hatte dies ebenso volksdeutsch führerdeutsch siegesdeutsch im Blick wie das nächste eigene Ziel: Blockwartin noch dieses Jahr.

Mutter Fischer bestand darauf, auch nun, nach dem Tod ihres Mannes, in ihrer Villa in der Güntherstraße zu leben, damit Helma, »ich bin dir wohl nichts wert«, das Gebäude nicht vermieten konnte, verbrachte aber ihre gesamte wache Zeit mit den beiden anderen Frauen der Familie in der Waldhausenstraße. Dabei hatte Eleonora, so Eleonora, sich vervollkommnet: Mindestens eine Hälfte ihres Tages war nun der deutschen Politik gewidmet, also dem Lobgesang. Aus einer Mischung von Gründen, die sie sich lieber nicht allzu deutlich vor Augen führte, fand Helma sich mit dieser Situation ab. Wenigstens richtete die Zarin, solange sie damit beschäftigt war, die Tochter zu plagen, »der hat längst ne Jüngere, kapierst du's endlich!«, keinen politischen Schaden an.

Der erste Kunde, ein Knabe mit Milchbart, durfte sich zu Frau Bauers Sprechloch beugen. Mehrfach zeigte er auf ein Formular hinter der Scheibe, fahrig wie Friedrich, Helmas sinnloser Bruder, der von jeher eine unerschöpfliche Quelle der Begeisterung für Eleonora gewesen war. Praktischerweise hatte Mutter Natur dem Stammhalter und seiner Erzeugerin das Mädchen Wilhelmine als Dienstmagd zur Seite gestellt. Bis heute litt Eleonora daran, dass das unterlegene weibliche Element sich als das geistvollere Kind erwies, ausgezeichnete Zeugnisse nach Hause brachte und erfolgreich eine Ausbildung als Lehrerin absolvierte, während der Wundersohn Landwirt wurde. Schaufelte Schweinedreck, das Stölzchen!

Ach, was belastete sie sich mit dem alten Kram. Freuen sollte sie sich. Der Morgen hatte nach frischem Gras gerochen, das Thermometer auf dem Balkon sagenhafte 15 Grad gezeigt. Sogar in Adolfland wühlte sich eine reale Frühlingssonne durch den Dunst. Die ersten kupferfarbenen Pappelblätter kündigten sich an. Letzte Woche hatten Osterglocken über den gefärbten Eiern geschaukelt, die Helma für Henriette, Fiederallala und sich selbst im Garten versteckt hatte, Krokusse und Forsythien standen in voller Pracht. Wollte wohl ein Blumenjahr werden, dieses 1940.

Wie in dem Frühling, als die Schwitters in die neue, von Helmas Zuhause nur ein paar Straßen entfernte Villa gezogen waren. Da hatten ebenfalls die Forsythien geblüht. Wie lange war das her … 39 Jahre? Sie hatte durch die Zaunlatten gespäht, als der Gärtner die Büsche in den kahlen Garten pflanzte. Die Villa, die so neu und schick auf der nackten Erde stand, glich dem Fischerzuhause aufs Haar, mit dem Vorteil, dass sie unmittelbar am Landwehrgraben lag, wo es gluckerte und gurgelte. Hinter dem Wasserlauf begann die Eilenriede, ein ernstzunehmender Wald von Eichen, Erlen und Buchen. Ihr Vater, Eduard der Erste, hatte immer öfter »mal eben« bei Eduard dem Zweiten vorbeigeschaut, in dessen Heim er Tee mit Zucker und freundlichen Worten erhielt und unauffällig seiner allerliebsten Gemahlin für ein paar Stunden entrann. Regelmäßig nahm er Helma mit, ihre Freude über einen Besuch bei den Schwitters sollte vermutlich Eduards eigene Sehnsucht bemänteln. Er war ein liebenswürdiger Mann gewesen, Gott hab ihn selig, sie tat ihm unrecht, er hatte auch sie aus Eleonoras Schusslinie gerettet.

Sie schob die Kartons mit den Füßen voran. Forsythia hießen die gelben Büsche auf Englisch. Wie man das Wort aussprach, wusste sie nicht mehr. MERZ, Mann wie Kunst, sollte endlich in die USA auswandern. Sie hatte ihm ihre Englischgrammatik in eine der Kisten gesteckt neben Arbeitshandschuhen, Socken, Schokolade, Tischläufern und Bettlaken. Verwöhnen war recht, Programm besser. Lern, Kurt! Einige seiner handlicheren frühen Plastiken waren in mit Osterhasen bemalte Spankästchen gebettet, Collagen in Wolldecken und Betttücher gerollt. Ein Glück, dass Erich, der Kurts Aufgaben in den Villen und Miethäusern der Familie übernommen hatte, mit Ende 50 sogar den Nazis für zu alt galt, um in einen ihrer absurden Feldzüge geschickt zu werden. Der Überfall auf Polen war abgeschlossen. Großbritannien und Frankreich hatten dem Reich im September den Krieg erklärt, bisher war nichts geschehen. *C'est un drôle de guerre*, eine Lachnummer von Krieg, hatte Raoul aus Paris geschrieben. Ein Angriff des Gröfaz auf England und Frankreich wurde mit dem Ende des Winters Tag um Tag wahrscheinlicher. Helma fürchtete sich, Fiederallala jubelte.

Ob sie ihrer Mutter mit dem Alter ähnlicher würde? Vor fünf Jahren hatte Kurt »seine Miene« ein weiteres Mal porträtiert. Und das Ergebnis? Er sah nicht, wie verletzend es war, sie sah nichts anderes. Ein Gespenst, gut im Fleisch in einem weißen Gewand, traurig und fett, saß in einem Rahmen aus frischem Buchenholz. Da war ja das Holz hübscher als sie. Er hatte sie als Ehefrau gemalt. Als Matrone. Schlimm genug. Und dann war er zu weit gegangen: Er hatte Helma als Eleonora gezeigt.

Konnte er es nicht mehr besser? Sie und Fiederallala! Lächerlich.

Von jeher hatte sie Kurts nichtabbildende Kunst der Porträtiererei vorgezogen. Ohne Verpflichtung auf eine Vorlage kamen die Geistesschärfe und der Humor ihres Mannes so viel klarer zum Ausdruck, als wenn er Regeln folgte. Gleichwohl war ihr das Porträt von 1917, in dem er sie im Profil präsentiert hatte, ans Herz gewachsen: lebhaft blauschwarzes Haar, die Wange rosa und grün. Sicherheit und eine weiche Souveränität strahlte diese frisch verheiratete Helma aus.

Hatte sie sich so verändert? Hatte er sich so verändert?

Noch zwei Leute vor ihr in der Schlange. Still hier in dem hohen Amt. Man wartete geduldig, war lämmchenfromm. Dort hustete einmal jemand, da klackte ein Gehstock über den Boden. Frau Bauer nickte ihr zu und hob belustigt die Augenbrauen, als sie die schmucken Kisten entdeckte.

Als Mädchen hatte Wilhelmine die Eleganz der Schwitters bewundert, über Cousin Kurts Scherze gelacht und gewusst, dass ihr die Waldhausenstraße für den Rest ihrer Zeit ein sicherer Hafen werden würde. Es gab Leben, in denen man so etwas wusste, selbst wenn man erst zehn Jahre alt war. Ihre nächsten Verwandten, die mit Kleidung gehandelt hatten und nun »in Häusern« machten, verstanden etwas von dem Bedürfnis menschlicher Körper, gehalten und geschützt zu werden. Und sie lebten danach. Helma hatte sich an Henriettes Rock gedrückt und war willkommen gewesen, sie war Eduard dem Zweiten auf den Schoß geklettert und gekitzelt worden, sie hatte Böller auf Cousin Kurt geworfen, der hatte zurückgeworfen, sie rannte fort – er rannte hinter ihr her.

Die Sonne hatte keine andere Möglichkeit, daher schien sie auf den alten Kram? (Prediger 1,9, Helmas Version) Bestimmt nicht. Sie hatte Verehrer gehabt, sie hatte gewählt. Sich dem täglichen Kleinklein widmen, so dass Kurt in seinem Atelier arbeiten konnte – schneiden, kleben, denken, aufbrechen zu einem seiner Suchgänge nach »Stoff« – er nahm, was ihm in die Finger fiel: Gewebe, Gerümpel, Geschirr, gleichviel. So wirkte, was sie tat, von außen. Tatsächlich erfand und betrieb sie die Kurt-Arena Hannover, wie Käthe Steinitz das gesamte Schrott&Schrat-Theater genannt hatte. Betrieb es in gleichem Maß wie Kurt. Und oft genug stärker als er.

Sie tippte, ordnete, verwaltete, besorgte Material, kochte für alle, machte den gesamten Haushalt, organisierte Kurts Reisen, seine Feste, seine Lesungen, lachte, prüfte, an ihr wurden Texte ausprobiert, an sie wurden sie hingesagt, sie kommentierte, verbesserte, hatte die weiterführende Idee. Denn das war das eine, der »künstlerische Prozess«, das »große Geheimnis«, das sie Shining genannt hatte – das Pferdegesicht, schön, komisch, manchmal auch beängstigend. Ebenso galt: Einem geschenkten Gaul schaut man nicht ins Maul. Natürlich gab es dieses »was er kann, kann keiner sonst«, diesen Moment der Inspiration oder des Talents, aus dem heraus etwas anfing. Nur wie bescheiden fiel es aus im Vergleich zu dem Vorgang, der nötig war, um einen Einfall in ein Werk zu verwandeln. Mitunter sah selbst das schnell aus, etwa bei den Klebecollagen, wenn Kurt fieberhaft arbeitete, zehn Minuten, eine halbe Stunde. Dann wieder brauchte er Jahre. Ein erster Impuls verpuffte, wenn nicht das gesamte Umfeld mit wirksam wurde, die

Unterstützung, Hilfe, Kritik, die Hebearbeit von Amme-Mamme H. Und da malte er eine dickliche, trotzig wirkende Frau Ende 40, enttäuscht (von ihrem Mann?), mitgenommen (kein Wunder), resigniert (damals schon?), und überreichte ihr das »Werk« (Machwerk) zu allem Übel (und stolz) zum Geburtstag. Eine viel zu helle Bluse hatte er ihr angezogen. Dabei besaß sie so etwas gar nicht. Oder nicht mehr (sie hatte das Ding sofort weggeworfen). Es verlieh ihr etwas fürchterlich Spießiges, der Knoten im Schalkragen zerrte das Gesicht eigens nach unten und ihre Brüste waren unter Kurts Hand so mickrig ausgefallen, als schrumpften sie bereits in ihren Körper zurück.

Das empörte sie. Etwas anderes setzte ihr im Tiefen zu: Seine Entscheidung, sie für das zweite Porträt im Dreiviertelprofil abzubilden, ließ ihr nicht »freizügig Raum«. Es verriet die Scheu des Künstlers, allzu viel über das Innenleben seines »Gegenstandes« zu erfahren.

Er hatte es gemalt, während er seine Affäre mit dieser verheirateten Frau in Amsterdam zelebrierte. Was das betraf, schien die Sonne tatsächlich auf den alten Kram. Sogar Henriette, die bei jeder Gelegenheit kurtverteidigende Kurtmutter, gab zu, was für ein Schürzenjäger das Söhnchen war. Helma trat gegen die nächste Kiste, stieß sie tretend voran.

»Heil Hitler! Norwegen, drei Mal.«

Obwohl sie allein lebte, versorgte sie eine vollständige Familie: zwei Mütter, ein Nichtkind namens Ernst, ein Dauerkind namens Ehemann, des Ehemannes Kunst. Das waren fünf. Die Tiere war sie losgeworden bis auf die beiden Katzen, die auf Grund besonderer Klugheit hatten bleiben dürfen: Hätten sie zwischen dem Haus und den Männern wählen sollen, hätten sie sich für das Haus entschieden. Zu Fiederallalas Nazi-Bewunderung sagte Helma »as thick as a brick, my dear«, was die flammende Enthusiastin nördlicher Felsbrocken und germanischer Dickwände erstens nicht verstand und zweitens mit gnadenloser Logik als Kompliment aufnahm.

Erst gestern hatte die Zarin hochmütig zurückgegeben: »Mit einer Tochter wie dir fällt man jede Minute tot um.«

Das Gegenteil war der Fall.

»Wenn du so weitermachst, kannst du als mütterliche Märtyrerin mein Begräbnis arrangieren und musst noch dafür bezahlen, Mamilein.« Nach ein paar Sekunden hatte Helma angefügt: »Und, wirst du vor Freude quieken?«

Erst der Blick, den ihre Mutter ihr daraufhin zuwarf, hatte sie erschreckt. Offensichtlich überlegte Eleonora allen Ernstes, wie sie diese Frage beantworten sollte. Helma bemerkte den Glanz in den Augen der alten Frau und begriff, dass sie an Friedrich dachte. War Helma tot, müsste er seine Mutter bei sich aufnehmen. Endlich. Dem entkäme er nicht.

Erschrocken war Helma, weil sie in diesem Augenblick fühlte, was sie und ihre Mutter teilten: die Einsamkeit.

Die Fraueneinsamkeit.

Die auch Frau Bauer vertraut war.

Helma hatte es in den Augen der Beamtin gelesen. Wenn man es hatte, erkannte man es bei anderen.

Die jüngeren Frauen ahnten nichts davon. Vielleicht war es richtig, ihnen nichts zu erzählen. Eine Art Schonung.

Sie selbst waren ebenfalls nicht gewarnt worden.

Frau Bauer schüttelte in gespielter Überraschung den Kopf. Jäö, Frau Schwitters! Wo kaufte sie bloß all die Sachen für ihren Mann? Und wie hatte sie diese Riesenkartons hergebracht? So hübsch verschnürt. Mit dem Taxi? Ein Nachbar? Meine Güte, selbst einen Führerschein?

Die Beamtin wollte es nicht glauben. Bitte, sagte Helma, Frau Bauer habe sie darauf gebracht. Eine Fahrerlaubnis in diesen Zeiten half dem gesamten Block.

Zweifellos war es der Frau hinterm Schalter nicht verborgen geblieben, dass Helma nicht ausschließlich neu Gekauftes verschickte. Helma war nicht die Einzige, die Kisten ins Amt schleppte,

Kisten, die nach Hamburg oder Kiel gefahren wurden, nach Bremerhaven, schwere Kisten, die es mächtig ans Meer zog.

Nach Norwegen. In diese Sackgasse. Alle Schwitters mussten dort weg. Alle drei. Denn da war ja nun auch Esther. Ernst, verheiratet! Kurt hingegen träumte und träumte, nannte Hjertøya, das Inselchen vor Molde, sein Paradies und wollte nicht wahrhaben, dass keine Seele in dem skandinavischen Land auch nur einen Pfifferling auf seine Ideen gab. Pausenlos pries er die Schroffheit der Felsen, die Weite des Himmels, das *polarlys* im Herbst. In Ernsts Leben würde sie sich nicht einmischen. Umso entschlossener war sie, Truk, das Trumm, seiner beachtlichen Beharrenskraft zum Trotz, zu einem Aufbruch zu zwingen.

»Zigaretten?«, fragte Frau Bauer. »Alkohol? Luxusgüter?«

Schokolade und Kakao. Helma hatte auswendig im Kopf, wie viel sie schicken durfte, zu welchem Preis.

Frau Bauer, dünne braune Locken bis zu den Schultern, zwei Goldringe an der linken Hand, füllte die Formulare aus. Die Beamtin trug jeden Tag einen dunklen Schal. Einmal, Helma musste daraufgestarrt haben, hatte sie ihren Mann erwähnt, gefallen am 5. September in Polen, ein paar Kilometer hinter der Grenze. So war das also mit ihnen beiden: Die eine mit einem Ehemann im Totenland, aus dem er nicht zurückkehren würde, die andere mit einem Mann überm Meer, der nicht zurückkehren konnte.

»Ist natürlich nicht das Gleiche«, hatte Frau Bauer nach einem Moment angefügt.

»Natürlich nicht«, hatte Helma gesagt.

Jede hatte die Augen gesenkt, damit die andere die Lüge darin nicht sah.

Denn was war der Unterschied? War es wirklich leichter, den lebenden Mann zu haben? Welchen Unsinn man aber auch dachte in solch einem Amt, wenn man wartete und Kisten schob und wartete und schob.

Hallo, Witwe Schwitters, Ihr Mann ist nicht tot und lässt nicht

grüßen. Leider war weit und breit niemand zu sehen, der die An-
spielung auf Goethes Mephisto verstanden hätte. Sie vermisste
nicht nur Kurt und Ernst, sondern auch die Freunde von einst, ihre
Feste, die Ausgelassenheit. Das glänzende Leben – vorbei. Für sie
wie für Kurt. Sie hatte alles für die beiden da oben in Lysaker getan,
sie versorgt, halb Hannover zu ihnen hochgeschickt. Und es bei ihrem letzten Besuch überstark gespürt. Ihr Mann machte sich etwas
vor. Felsenerhabenheit, Eisrudern, Naturgenuss? Er malte Natur-
bilder, verfasste Zustandsprosa. Als wäre das genug. Zeilen über
Hjertøya, Katze und Hüttchen, Schreibmaschine Erika, die Wellen,
das Boot. Ach, Kurt. Für ein paar künstliche Wochen hatten sie das
Leben geteilt, abgeschnitten von aller Außenwelt, die meiste Zeit
hungrig, die meiste Zeit stumm, zwei mittelalte, übergewichtige
Deutsche auf einem norwegischen Inselchen, in einer selbstgezim-
merten Höhle versteckt vor sich und der Welt.

Anfang Februar 1937 war ein Brief der Gestapo eingetroffen. Der
Fall Spengemann stehe an, Kurt sei als Zeuge benannt.

Als es am 19. des Monats so weit gewesen war, hatte Kurt sich aus
offensichtlichen Gründen nicht in der Leitstelle der Geheimpolizei eingefunden. Luise und Krischan schadete das nicht; es half
vielleicht sogar, ein Zeuge weniger. An Wahrheitsfindung lag in
diesen Fällen sowieso nichts. Die Gestapo urteilte selbstherrlich,
ohne Gericht. Die Eltern Spengemann waren für ein paar Monate
in Haft verschwunden. Helma hatte die Miete der Wohnung für sie
weiterbezahlt, Krischans Werke peu à peu nach Oslo geschafft und
Sohn Walter Spengemann versorgt.

Kaum war das Urteil ergangen, hatten die braunen Kunst- und
Menschenschnüffler erneut in der Waldhausenstraße vorgesprochen. K. Schwitters habe durch sein Nichterscheinen einen staatlichen Befehl missachtet. Öffentlich habe er sich auf diese Weise
über das Regime lustig gemacht. Auf Reisen sei der Gatte? Sie meine gewiss übern Deister. Sehr schön. Kehre er nach Deutschland
zurück, werde man sich seiner anzunehmen wissen.

»Heil Hitler, den sehen Sie nicht wieder.«

So war, sieben Wochen nach Kurts Abfahrt, ihr letzter gemeinsamer Plan (Exil nein, Besuche in Deutschland ja), ihr Kompromiss, ihr Rettungsanker zerschlagen. Ernst war kurz nach Weihnachten 1936 nach Oslo vorausgefahren, allein, damit es weniger auffiel. In den Tagen, die folgten, hatten Kurt und sie geräumt und gepackt, jeder Muskel hatte ihr wehgetan, als auch ihr Mann schließlich abreiste. Das schwere Gepäck war vorausgeschickt. Am 1.1.1937 verließ Kurt in der Morgendämmerung mit einem einzigen Köfferchen die Villa. Gemeinsame Ausflüge wollten sie unternehmen in die Schweiz, nach Dänemark, Frankreich, das Leben möglichst unverändert weiterführen.

Zweieinhalb Jahre lang war dann nur sie gefahren. Nur nach Norden. Seit September hatte sich auch das erledigt. Deutschland befand sich im Krieg. Niemand mehr reiste aus.

Frau Bauer öffnete Helma das Türchen an der Seite. Die Kartons kratzten über die Fliesen; kaum passten sie in den Lagerraum. Er stand voll hölzerner Wannen, in denen sich Hunderte identischer grauer Umschläge übereinanderschoben wie tote Fischschuppen.

Helma wunderte sich; das neue Schuljahr hatte diese Woche begonnen, Zeugnisse konnten es nicht sein. Mit Mühe gelang es Frau Bauer und ihr, die Schwitterskunst am Ende so weit in das Kabuff zu bugsieren, dass die Tür sich dahinter schließen ließ.

Sonnig rot stand das Auto an seinem Platz. Nur Erich fehlte. So ein Butjer. Saß garantiert beim Morgenbier. Daran war nichts zu ändern.

Sie, Helma, ein Führerschein! Das war ihr einfach so eingefallen.

Man gewöhnte es sich an, das Lügen. Es fand schließlich überall statt. Wenigstens hatte sie für nichts gelogen. Das war besser als Lügen, um sich einen Vorteil zu verschaffen.

Für Augenblicke fühlte sie sich erleichtert. Dann nicht mehr.

Lügen für nichts war Lügen um des Lügens willen. Sie sollte sich schämen.

Doch es gefiel ihr.

Die Vorstellung, ein Auto zu steuern, gefiel ihr sehr. Allein im Wagen sitzen, den Wind spüren, lenken. Wohin sie wollte. Das war die Lüge wert.

Zuhause log sie ebenfalls ständig, jeden wahren Gedanken, jede wahre Ansicht verbarg sie vor ihrer Mutter. Sie log vor den Nachbarn, beim Blockwart, in jeder Behörde, bei Nannis und Rosemaries Reichskaffee, beim Arzt, wo eine deutsche Frau niemals klagte, sie log in ihren tiefsten Träumen, in ihren Briefen und nun auch in der Post vor Frau Bauer, damit sie anders als Frau Bauer war, ohne Mann, aber mit Führerschein. Oder weil sie mit dem Lügen nicht aufhören konnte? »Es wird alles ändern« – hatte Kurt das damals bei der Diskussion darüber, wer Ernst nach Norwegen begleiten sollte, gesagt, oder sie? Da waren sie noch so selbstverständlich zusammen gewesen, dass die Erinnerung keinen Unterschied zwischen seinen und ihren Worten machte.

Und jetzt? Kriegswichtige Reisen wurden genehmigt, der Rest des Volkes blieb, wo er war. Urlaub in den österreichischen Alpen, am polnischen Meer, wollen Sie sich beschweren, die gehören jetzt zum Reich, ein Hakenkreuzgau klebt am anderen, Heil Hitler, juhu.

Verstohlen warf sie dem Mann an der Ecke Rosenstraße 20 Reichspfennige in den Hut. Unaufhörlich fuhren Herrschende in ihren Protzkisten vorbei. Neulich hatte sie mit Gerti bei Kaffee und Apfeltorte im Café Kröpcke gesessen. Als sie anfangen wollten zu essen, wurde im Radio das Horst-Wessel-Lied gespielt. Noch die ältesten Sahnefräuleins rundum ließen ihre Löffel fallen, standen auf, reckten den Arm. Ständig erschien ein Herrschender in der Nähe, ständig entstand so ein Herrschender neu. Gerti und sie taten mit.

Sie trat in Herrn Weineckes Apotheke. Falls es ihr gelang, ihre Mutter nach dem Essen zu einem Verdauungsschlaf zu überreden, erwartete sie ein friedlicher Tag. Der Raum war dunkel und angenehm kühl. Holzschübe zogen sich hinter dem gewichtigen Tresen bis an die Decke hinauf, auf den Regalen der Tür gegenüber standen braune lichtundurchlässige Gläser. Eine schmale Rollleiter lief in einer Schiene an den Aufbauten entlang wie in einer Bibliothek. Der blasse Meister dieser Wand voller Giftstoffe, die Hilfe versprachen, kurbelte an seiner schwarzgoldenen Kasse. Seine Brille vergrößerte die hellgrauen Augen um das Doppelte.

Sie verlangte eine Tube Dr. Hittels Blendax-Zahnpasta und Baldriandragees. Eleonora hielt sie für geruchlose Knoblauchpillen, die dem Altern vorbeugten. Sie nahm sie seit Jahren, Helma ebenso. War sie mit einem gemütlichen, auf ein trautes Heim ausgerichteten Mann verheiratet, der sich in allen Belangen auf sein absolut konventionelles Leben verließ, einem dankbaren, liebevollen, charmanten, witzigen und was man sich sonst so wünschte Gatten – der auf absehbare Zeit, wie man wohl leider annehmen musste, nicht zuhause lebte und Freiheiten in Norwegen genoss? Musste sie auf ihre Nerven achten? Sehnen-, Gelenk- und Wirbelschmerzen, Schlaflosigkeit, Schwermut, Grubengefühl. Auch Schokolade tat diesen Nerven gut. Herr Weinecke beruhigte sie: Es sei medizinisch empfehlenswert, etwas auf den Rippen zu haben für Notzeiten. Sie solle ihre Medizinvorräte aufstocken. Er bestehe darauf.

Der Soldat eben hatte sich eingedeckt, hatte sie es nicht bemerkt?

Am Bahnhof werde eine Tribüne errichtet.

»Bestimmt ...«, sagte Herr Weinecke. »Nun, Sie begreifen: der nächste Triumph.«

Sie nahm zwei weitere Packungen Baldrian, eine Großpackung Veramon, unübertroffen bei Zahnleiden, eine Flasche Jod, Lutschbonbons gegen Entzündungen und Schlaftabletten, die stärksten ohne Rezept. Am Ende packte der Apotheker Klemmen, Leukoplast, eine Flasche Wundtinktur dazu. »Etwas Gaze? Denken Sie an Ihre alten Damen.«

Sie dachte an ihren fantasiereichen Künstler, als Erich ihr den Schlag aufhielt. Erich war verlässlich, hatte Manieren und kannte sich mit Stuck so gut wie mit Rohrleitungen aus. Da sah sie ihm die Fahne nach. Was war es auch frühlingshaft. Fast schwitzte man. Der Schupo an der ersten Kreuzung breitete die Arme zum Anhalten des Verkehrs aus, als wollte er die Luft umfangen. Der Tag strotzte von Leben, die Menschen auf Bänken unter den Platanen am Straßenrand wurden von unsichtbarer Heiterkeit betropft.

Ob Kurt dieser Suus aus Norwegen schrieb? Der Name fiel ihr nun leider doch ein. Fünf lange Wochen war die Dame im Frühjahr 1935 in der Waldhausenstraße gesessen. Durch die Trennung von Kurt wollte die Demütigung von damals nicht vergehen. Alternde Frauen mochten nicht einfach sein, aber alternde Männer – was waren die?

Im September desselben Jahres hatte Hans Freudenthal Döhren besucht, ohne Frau. Helma hatte sich schrecklich geschämt. Wie sollte sie diesem Mann begegnen? Er wusste nicht nur, was sie wusste, sondern kannte darüber hinaus ihre besondere Schande: Hilflos hatte sie zugesehen. Obendrein war ihr Hans (schweigsam, klug, tolerant) als leuchtendes Beispiel vorgehalten worden. Er sah ebenfalls zu, allerdings aus der Ferne, während sie die Suus-Parasitin, diese Schmarotzerin an ihrem Eheleben, bekochte und bediente und ihr die Wäsche hatte machen müssen. Weil Kurt sich seine Freiheit einfach nahm. Und es reichte nicht, dass er ihr abverlangte, sie ihm zu gewähren. Sie musste ihn dabei auch noch unterstützen.

Und sie? Sie hatte sich geduckt.

Beim Abendessen im Herbst hatte Hans erzählt, dass Suus ein Kind erwartete. Im November sollte es zur Welt kommen. Keinerlei Reaktion in Kurts Gesicht, Funkenregen in ihrem Kopf. Da war die Nuss schon schwanger gewesen, bei ihnen? Wie praktisch. Verkehr mit Kurt, ohne Folgen. Dann hatte sie, Helma, ein weiteres Mal gerechnet. Kurt war Anfang Januar mit Ernst am IJsselmeer eingetroffen, eine Woche geblieben, herumgereist und hatte dann erneut Mitte Januar einige Tage bei den Freudenthals verbracht. Zu früh für ein Novemberkind. Nicht wahr?

Sie ging auf zwei Rücken zu.

Der schmalere Mann trug eine Jacke und eine braune Hose, der andere einen schwarzen Kleppermantel, Gummi statt Leder, das war billiger. Ihre Mutter hatte sich im Türrahmen vor den beiden aufgebaut, ganz Land des Lächelns: »Bitte, kommen Sie herein, bitte, unbedingt, nur! – ohne! – die! – Stiefel!«

Erich hatte erkannt, wer dastand, und sich verdrückt. Helmas Herz hatte einen Schlag ausgesetzt.

Sie musste ihren Gesichtsausdruck kontrollieren.

Welch Glück, dass es ihr gelungen war, die Kisten rechtzeitig aus dem Haus zu schaffen. Gleich mehrfach hatte auf jeder Kurts und Ernsts norwegische Adresse geklebt.

Hatte sie nicht mit der nächsten Durchsuchung gerechnet? Halt: mit einem kleinen Besuch aus Gefälligkeit? Kaffee&Kuchen. Was sonst! Sie brauchte ein Kaffee&Kuchen-Begrüßungsgesicht. Ihr rechter Arm schoss in die Höhe: »Heil Hitler!«

Bescheiden glitt sie an die Seite ihrer Mutter, bat die Kriminalkommissare, das war hoffentlich korrekt, sprich höher als der tatsächliche Rang, in Eleonoras und ihrem Namen aufs Aufrichtigste um Entschuldigung für die Verzögerung und versicherte, wie willkommen sie waren. Mit Stiefeln, natürlich. Es gelang ihr, die Männer und Fiederallala zu beruhigen, indem sie vorschlug, die Haussuchung könnte in Fiede…, äh Eleonoras Reich beginnen, das sich praktischerweise gleich im Erdgeschoss vor ihnen befinde, eine Feste mütterlicher Kraft, erschaffen als Beitrag zu den monumentalen Aufgaben, vor die das Volk sich gestellt sehe.

In der Wohnung der Eltern Schwitters war dieses Zimmer einst der Salon nach hinten hinaus auf die Eilenriede gewesen, das Zimmer, das in Baumlicht schwamm. Vor über 20 Jahren hatte Kurt sich hier sein Atelier eingerichtet; nun hatte Helma den Raum in Eleonoras Heiligtum verwandelt. Ihre Mahlzeiten nahm die Zarin mit der Tochter im zweiten Stock ein, hier unten residierte sie. Auf ein Zeichen des Kleppermannes zog der Jüngere, der nur eine Jacke trug, einen Gebäudeplan aus der Tasche. Man arbeite mit dem Meldeamt zusammen.

Meldeamt.

»Erfunden von …, Frau Schwitters?«

»Unserem Führer, genau. Na, stehen Sie mal nicht gleich wieder stramm.«

Die Hälfte der Waldhausenstraße 5 war vermietet. Soweit Helma die für sie auf dem Kopf stehenden Namen lesen konnte, stimmte die Zuordnung der Personen zu den Räumen aufs Genaueste.

Durchsucht werde exklusiv Schwitters. Die Geheimpolizisten handelten in Übereinstimmung mit den gesetzlichen Normen eines gesetzestreuen Staates. Ihre Order deckte Frau Schwitters' Wohnung, senior, und Helmas Zuhause. Die Stube der alten Frau Fischer inspizierten sie gern zusätzlich. Wenn die Damen es anboten. Man brauche auch mal was Erfreuliches am Tag. Wie hier: weibliche Bescheidenheit, Zusammenarbeit, kein undeutsches Wort.

Helma zog die Mundwinkel nach oben. Sie hatte sich Mühe gegeben mit dem Haus. Sie konnte nur hoffen, dass es sich auszahlte.

Das Licht, das durch das Erkerfenster aus Garten und Stadtwald fiel, hatte dem Raum einst eine wässrig-schwimmende, dichte Atmosphäre verliehen. Erst nach Jahren hatte Kurt die vier Meter Deckenhöhe als zu niedrig befunden für seine MERZinvention. Fiederallala indes war aus sehr genau zu bezeichnenden Motiven, mit denen sie bei keiner Gelegenheit, also auch jetzt nicht, hinter dem Berg hielt, über Helmas neues Arrangement, das unmittelbar nach der Abfahrt des scheußlichen Künstlers in Gang gesetzt worden war, hocherfreut. Sie verstand den Totalumbau als endgültiges Zeichen dafür, dass ihr Schwiegersohn seinen Fuß nie mehr über die Schwelle dieser Villa setzen würde. Die eigensinnige Wilhelmine war niedergerungen und Eleonora bliebe für alle Zukunft der Blick auf den Rotzlöffel der alten Schwitters und das Glück ihrer Tochter erspart.

Ein Führergeschenk schon allein dies.

Doch sie hatte mehr erhalten: ein Königreich samt Thron obenauf. Den Stuhl mit langer, würdiger Lehne und dickem Samtkissen hatte Erich aus Frau Fischers eigenem Zuhause herübergetragen. Die Tochter steuerte jede Menge Regale und Kartons bei, die den Raum vielleicht nicht zierten, sich aber als nützlich entpuppten, schließlich bewiesen die Kisten, wie ungeheuerlich fleißig Eleonora in ihrer Reichshöhle strickte und nähte.

Braun in Braun, die Fenster verhängt, die Wände teils mit grauen Draperien geschmückt, teils mit Regalen zugestellt, in denen sich prächtig geordnet das Leben der Familie Schwitters spiegelte: Mieteinkünfte 1896, I, II, III, IV, 1897 etc. Links und rechts des Throns stapelten sich Kartons in zwei sauberen Reihen. Eine Stehlampe mit einem reich von Troddeln umkränzten Schirm verteilte Licht.

Eleonora öffnete die erste Kiste: Man wolle Kunst? Bitte schön! Der nächste Deckel flog in die Höhe. Und der nächste.

Helma schritt die Reihe mit ab. Als die Prozession den Thron passierte, nahm sie das Sitzkissen, schüttelte es auf und legte es zur Seite. Sorgfältig achtete sie auf die Reaktionen der »Besucher«. Eleonoras gesammeltes Werk aus Schals, Handschuhen und Strümpfen trieb in Mottenkugeln. Die Männer, zuständig für Landesverrat, Emigration und Nichtvölkisches jeglicher Art, berührten weder die wolligen Schätze noch bestanden sie darauf, weitere Behältnisse zu öffnen. Enttäuscht, also äußerst aufrecht ließ Eleonora sich auf dem Thron nieder, eine Art lebende Triumphsäule mit Hüftknick, griff nach den Nadeln und setzte zu einer ausführlichen Erklärung darüber an, wie die Ferse einer Socke zu stricken sei. Kunst, wahre Kunst! Der Polizist im Kleppermantel bestätigte:

Mit ihrem Volksraum fördere sie auf gesunde Weise das arische Wesen und trage zum Sieg bei.

Hinter Kisten und Wanddraperien verbarg sich das unterste Geschoss des MERZbaus. Am 1. Januar 1937, Kurt war keine zehn Minuten aus dem Haus gewesen, hatte Helma die Fensterläden geschlossen und mit Erichs Hilfe die vorbereiteten Regale aus massivem Holz vor die Wunderkammer geschoben und mit Akten bestückt. Die an die Mietordner anschließenden Steuerordner enthielten Kurts von ihr selbst über all die Jahre hin gepflegtes Werkverzeichnis, Dokumente, die sich auf die Entstehung seiner Plastiken bezogen, eine beträchtliche Zahl von Collagen und Fotografien, Briefe, Kompositionen, typografische Studien, Gedichte und Prosatexte. Er hatte sie in fliegendem Tempo in Steno notiert, sie hatte sie für ihn getippt, eine Ewigkeit Zweifinger-Kling-Klong. Lautgedichte! Jeder Buchstabe musste kontrolliert und nachkontrolliert werden. Bestens versteckt unter Fiederallalas wollenen Beiträgen zu des Führers künftigen Triumphen beherbergten die Kisten – entartete Kunst. Der Salon sah nicht nur aus wie eine Hexenhöhle oder ein Altweibertraum, er war es.

Das Klo der klugen Hauskatzen hatte Helma am Rand des Heiligtums platziert. Ihrer Mutter fiel der beißende Geruch nicht mehr auf.

Den beiden Staatspolizisten umso mehr. Helma schenkte ihnen ein ungekünsteltes Lächeln. Der Jüngere, Jacke, sie schätzte ihn auf knapp unter 20, war wunderbar bleich. Anflug von Übelkeit? Er erinnerte sie an den Schuljungen Ernst, wie er hier unten glücklich neben seinem Vater Nägel in die Wände getrieben hatte. Hunderte von Nägeln. Auch in die Säulen. Die Kathedrale des erotischen Elends war eine der ersten gewesen. Was hatten sie über den Namen gelacht, allemal auf Festen, wenn Kurt die Gäste bat, durch eine »körperliche Spende« etwas zu diesem Elend beizutragen. Behaupteten die Geladenen nicht zu jeder Gelegenheit, alles geben zu wollen für die Kunst?

Wie unschuldig, wie naiv sie gewesen waren. Heute schwang bei jedem der erinnerten Wörter eine zweite Bedeutung mit: Opfere einen Teil deines Körpers. Steh ein für dein Werk.

Klepper lächelte zurück: War es voll gewesen in der Hauptpost? Wollte sie die norwegische Adresse des Volksverräters hören? »Grüßen Sie Frau Bauer, das nächste Mal.«

Denk, sagte sie sich.

Seit dem ersten Besuch vor mehr als drei Jahren hatte die Gestapo regelmäßig »vorbeigeschaut«. Helma hatte ihre Lektionen gelernt. Es stand zu befürchten, dass die heutige Visite erneut auf der Verhaftung einer Person fußte, der ihr Mann geschrieben oder die in einem Brief auf Kurt Bezug genommen hatte. Die Geheimpolizei vergaß einen nicht. Nicht, weil sie besonders nachtragend gewesen wäre. Das war zu menschlich gedacht. Die Wahrheit fiel schlichter aus: Man genoss das Jagen.

»Arbeit über Arbeit«, sagte sie, »die Mietobjekte in Schuss halten, die beiden Villen, die beiden alten Frauen.«

»Und, wer ist am anstrengendsten?«, fragte Klepper.

Vielleicht war er früher Polizist gewesen. Er tat inquisitorisch.

»Hören Sie nicht auf sie«, rief Eleonora. Sie sei hier das Opfer, sie habe zu leiden.

Helma blickte zu Boden. Ihre Mutter zeigte sich der ihr zugewiesenen Aufgabe gewachsen, ohne die Aufgabe zu bemerken. Es war abscheulich, funktionierte herrlich. Die Höhle verkörperte all das, was in dieser Familie schiefgelaufen, und all das, was gelungen war.

Stundenlang lauschte Eleonora hier dem Volksempfänger und strickte. Merz fand die Schutzverwandlung seines Ateliers hinreißend. Ein Nähstübchen? In ihren Briefen konnte sie nichts davon schildern, doch letzten Sommer hatte er sich an ihrem Bericht ergötzt. Es war seine Idee gewesen, neben dem Thron zusätzliche Stühle für Eleonoras Strickfreundinnen aufzustellen, mochten diese Freundinnen auch eingebildet sein. Fiederallala litt an einer leichten Form von Altersverwirrtheit, wobei es Tage gab, nicht selten auch Wochen, in denen sie vollkommen klar blieb im Kopf. Im Moment allerdings glitt sie flügelrauschend in die Vision, Hitler höchstpersönlich statte ihr einen Besuch ab. Ein unheimliches Leuchten breitete sich über ihr Gesicht. Helma erkannte es, es war regelmäßig auch auf der Straße zu … zu bewundern.

Denk!

Jacke und Klepper waren darauf angesetzt, Kunst oder Spuren revolutionärer Umtriebe, am besten beides, zu erbeuten. Ergebnisse beibringen. Ein Blinder hätte erkannt, wie sich die braunen Helden inzwischen hier unten bei Fiederallala fühlten. Sie waren bereit, die Durchsuchung des Erdgeschosses für beendet zu erklären. Sehr bereit.

Henriette hatte einen Arzttermin, also schloss Helma der Gestapo die Wohnung ihrer Schwiegermutter auf. Auf dem Sofa, auf den Stühlen, an den Wänden zeigte sich die Liebe der ehemaligen Kurzwarenhändlerin zu Stoffen. Klepper und Jacke rissen den Wandbehang ab, schnitten in das Patchwork auf der Chaiselongue, zerrten Schubladen aus der Halterung und warfen, was darin lag, auf den Boden. In der Küche räumten sie alle Pfannen und Töpfe aus dem Schrank, kippten das Besteck in die Spüle. Nach einer Viertelstunde war die Wohnung verwüstet. Im Gehen schalteten sie den Volksempfänger auf dem Esstisch ein. Es ertönte das richtige Programm.

Gefunden hatten sie nichts. Schwitterskunst an der Wand?

»Bei uns nicht«, sagte Helma, »ich bitte Sie, meine Herren.«

Lügen, denken, erfinderisch sein. Das war dieser Tage die Kunst.

In ihrer eigenen Küche im zweiten Stock stellte sie die Einkaufstaschen auf den Tisch und öffnete das Fenster: »Ein herrlicher Morgen!«

Sie brauchte Luft. Ein Schwarm Stare sprang in der blattlosen Glyzinie umher wie Blechspielzeug, ununterbrochen ruckten sie mit den Flügeln, pickten und tschilpten.

Das konnte sie auch. Wasser, Milch oder Kaffee für die Herren? Muckefuck, verstehe sich, wie alle leiste man seinen Beitrag zur Kriegsanstrengung, volldeutsch.

Ihre sauberen Stapel von Geschirrtüchern, Servietten und Tischdecken lagen bereits am Boden, als sie ein Glas Kirschmarmelade aus dem Vorratsschrank nahm.

Selbstgemacht. Es sei kurz nach elf, nahezu Mittag, Pfannkuchen?

»Ganz bestimmt ...«, antwortete Klepper, »nicht!« Eine staatliche Untersuchung. Eine nationale Handlung. Und sie komme ihnen mit ... mit Marmelade.

Sie sei hungrig, sagte sie, da habe sie ... Sie tat, als schämte sie sich. Bei dem Wort Kuchen hatten Jackes Augen aufgeleuchtet. Klepper sagte: »Jedes Zimmer extra gründlich.« Sein Kollege streckte den Rücken durch.

Sie siebte Mehl in eine Schüssel. Die beiden zogen los. Immerhin, ihr Besteck lag noch in der Schublade, die Teller standen im Schrank.

Die Butter brutzelte, sie goss den ersten Schöpflöffel Teig in die Pfanne. Die Männer sollten sie für gierig halten, eine ältere Frau, die sich nicht beherrschen konnte. Ehrlich aus Dummheit. Schön deutsch.

Als der fünfzehnte Pfannkuchen buk, beschloss sie, die Polizisten in ihren Bemühungen doch wieder sozusagen gesamtvölkisch, also mit all ihrer Kraft zu unterstützen. Die fertigen Lappen lagen appetitlich auf einem Teller, verlockende Düfte füllten die Küche. Sie hatte darauf geachtet, das Fenster zu schließen, die Tücher neu gefaltet und die ausgeräumten Vorräte in eine Ecke des Buffets geschoben. Eine reinliche deutsche Hausfrau. Sie ließ die Tür weit offenstehen.

Alle Büchertürme an den Wänden des Flurs waren umgestoßen, bei jedem Schritt trat sie auf Papier. Im Wohnzimmer wurde es wüster. Schüchtern lächelnd mühte sich Helma über den mit weiteren Büchern und Zetteln übersäten Teppich zu einer schmalen Tapetentür neben dem Sofa. Einige Gläser waren zu Bruch gegangen. Wortlos drehte sie den Schlüssel im Schloss.

Der hinter der Tür verborgene Raum war dunkel bis auf zwei Nachttischlämpchen auf dem Kaminsims, die sie dienstfertig anknipste. In der Feuerstelle stand Kurts Eisbärenkopf. Darüber hing ein mächtiger Ölschinken, der Wotan zeigte (Flohmarkt), umrahmt von bauschiger Gaze. Raum des Nordens, Kathedrale von Nebel und Moor, Feier der uranfänglichen Kraft, Wiege und Tiegel des arischen Menschen. Zur Rechten hatte Helma ein altes Spinnrad noch von Henriettes Mutter aufgestellt. Unter dem Plafond schwebten weitere Schleierstoffe in nahezu durchsichtigen Erdtönen. Links und rechts des Altarstückes prangten großformatige, von dicken Rahmen gehaltene Papierblätter, bedeckt mit Runen sowie Takten aus der Ouvertüre von Wagners Ring. Sie hatte Kurts beste Collagen genommen, jeweils mehrere in einen Rahmen gepresst, die Rückseite des Rahmens mit Papier beklebt, die schwarzen Zeichen aufgemalt.

»Wotan und Freya. Unser neues Heim.«

Ihr Puls raste. Es war so billig, so durchschaubar. Kein Mensch konnte das für wahr halten. Erst recht nicht zwei Mal hintereinander, Fiederallalas Königreich unten, der Irrsinn hier.

»Ich …«, sagte sie, kurz davor, alles zuzugeben. Der Eisbärenkopf umschloss eine Skulptur. Wenn sie jetzt gestand, kam sie ohne Strafe davon. War die ewigen »Besuche« los. Die Angst.

»Ich …, ich teile die Ansichten meines Mannes nicht.«

Und sehr leise, als wäre sie beschämt (erneut) (und sie war es): »Wie Sie sehen.«

Die Gestapo versuchte, ihre Opfer zu überraschen, einzuschüchtern, in Panik zu versetzen. Wie das funktionieren sollte, wenn man zum fünften oder sechsten Mal klingelte? Fotos aus Norwegen, aufgenommen von Ernst, und einige der traditionellen Landschaftsbilder Kurts hingen dem Altar gegenüber. Gut sichtbar.

Soweit man in einer dämmrigen, nordischen Kaverne von Sichtbarkeit sprechen konnte.

»Das wahre Heiligtum unserer Wohnstatt. Meine Mutter darf diesen Raum nicht betreten.«

Die Blicke der Männer glitten über die Wände. Jacke wollte sich hervortun, verlangte nach mehr Licht. Klepper sagte, etwas gefalle ihm nicht. Etwas rieche komisch. Nun auch hier!

Helma schrie »der Pfannkuchen« und lief los. Als sie vom Flur in die Küche bog, sah sie aus dem Augenwinkel, dass die beiden ihr folgten.

Es ging nun stark auf Mittag. 14 Stück goldenbraun, eines verkohlt. Ohne Einladung setzten die Männer sich an den Tisch. Auch ihr weiteres Tempo ließ darauf schließen, dass ihnen schmeckte, was die Gastgeberin auflegte. Jeder nahm Marmelade nach. Zucker machte friedlich, Helma entspannte sich. Klepper packte sich den vierten Pfannkuchen auf den Teller. Dann griff er an.

Eine ordentliche Frau, aber die Moral so lax. Sie habe eine erstaunliche Mutter, mustergültige Haltung, natürlicher Geist. Zusammenreißen solle sie sich, der Wahrheit ins Gesicht blicken: Mann und Sohn seien verloren.

Kein Grund zum Jammern.

»Das sind die nicht wert.«

Sie hingegen könne sich der Bewegung anschließen. Den Verrat der Männer wettmachen, ein wertvolles Mitglied der Volksgemeinschaft werden. Sie erhielte eine vorteilhafte Scheidung. Das könnten sie versprechen. Sie hätten mit ähnlichen Fällen zu tun gehabt.

»Kommt öfter vor, als man meint«, sagte der Jüngere. Er wollte auch etwas beisteuern. Klepper war bestens vorbereitet: Das gesamte Vermögen der Schwitters würde Helmas gesetzlichem Eigentum zugeschlagen, eine gerechte Lösung in Anbetracht der jahrelangen Betrügereien ihres Ehemannes. Sieben Frauen allein hier in Hannover, eine in Amsterdam, zwei in Den Haag, vier in Berlin ... Bitte, sie solle nicht schauen wie ein angeschossenes Reh.

Natürlich wisse man davon. Das sei leicht herauszufinden gewesen. Jede der Frauen stelle ein wertvolles Befragungsziel dar.

Sie kaute. Das gab ihr Zeit.

»Steuern werden anfallen«, sagte Jacke.

»Eigentumsübertragungssteuer«, sagte Klepper. Keine Sorge. Der Staat, ihr Staat, werde sie in keiner Weise überfordern wollen.

Jacke: Auf ihr Volk und dessen Organe könne sie sich verlassen. Verraten müsse sie nichts und niemanden. Einzig sich lossagen. Lossagen reiche.

Klepper blickte sie auf unerwartet freundliche Weise an: »Es tut mir leid, Ihnen das so unverblümt mitteilen zu müssen. Hab selbst einen Vater dieses Schlages gehabt. Kein Weib soll so hintergangen sein, keines im Leben, allemal kein arisches.«

Alles sollte ihr gehören? Dazu keine Angst mehr vor weiteren Nachstellungen. Keine Befragungen mehr. Nie mehr die Furcht, einen Fehler zu machen, der jemanden ans Messer lieferte.

Für Sekunden hatten sie sie. Für Sekunden glaubte sie, was sie sagten.

In der dritten Etage öffneten die Polizisten Schubladen und Schränke mit erneuerter Kraft, verlangten Zutritt zum Balkon.

Klepper hob die Abdeckplane an. Ein hölzernes Bein, ein zweites, der Gartentisch. Innerhalb weniger Minuten waren eine Stein- und zwei Gipsskulpturen sowie weitere Holzplastiken zu Tage gefördert. Sie hatten zum MERZbau gehört.

»Oh«, sagte Helma, »das Gerümpel. Mein Gatte kann nichts wegwerfen. Das ist Ihnen ja bekannt.«

Zu ihrem Schrecken packten die beiden einen Katalog der Münchner »Schand«-Ausstellung *Entartete Kunst* aus und verglichen Stil und Signaturen. Eindeutig: Das hier war modern. Das musste beschlagnahmt werden.

Am Ende konfiszierten sie alles, was sich auf dem Balkon fand. Es war nun herrlich warm, der Frühling stürmte durch die

Eilenriede. Helma nahm nicht an, dass die Gestapo den Gartentisch für etwas anderes als einen Gartentisch hielt. Nützlich, das Stück, jetzt, wo der Sommer sich ankündigte.

Während Klepper die Toilette benutzte, fragte sie seinen Begleiter, wohin ihr Eigentum geschickt werde. Jacke, damit beschäftigt, die Fundstücke einzeln zu etikettieren, zu Päckchen und Paketen zu verschnüren und diese zu versiegeln, antwortete leichthin: Nichts von ihrem Eigentum werde irgendwohin versandt. Alles, was auf den Weg gebracht werde, gehöre dem Reich. Viel sei hier ja nicht abgefallen. Kein Vergleich zu den dreckigen Judenwohnungen. Die so was von überquollen von zusammengestohlenen Schätzen, das könne sie sich gar nicht vorstellen.

Jedes Stück werde dem vom Weltjudentum ausgebeuteten, von Versailles verbrecherisch geknechteten deutschen Volke zugutekommen. Es gebe weiterhin Leute, »nicht zu knapp«, »im Ausland, versteht sich«, die solches Zeug kauften. Für teures Geld. Das solle sie ihrer Mutter erzählen, die werde sich freuen. Frau Fischer erinnere ihn an seine eigene Oma.

»Bisschen schwierig manchmal, der Typus«, setzte er aufmunternd hinzu. Sie müsse sich keine Sorgen machen.

»Sorgen?«, sagte sie. Jacke hatte keine Vorstellung davon, wie traurig es war, ihm zuzuhören.

Klepper kehrte mit geröteten Wangen und Händen zurück. Er hatte sich den Schwittersdreck gründlich abgerubbelt. »Und wo ist die Haupttreppe?«

Abgetretener, bordeauxfarbener Läufer, geschnitztes Geländer. So mussten sie an der Kommode auf dem Absatz zwischen zweitem und erstem Stock vorbei.

»Öffnen!«

Das kunstfertig geschreinerte Möbel, vollgestopft mit entarteten Zeichnungen, stammte aus dem Modeladen. Helma zerrte die oberste Lade auf: BHs für die reife Dame. Riesig. Mit Fischbein. Und fischbeinverstärkten Schalen.

Sie ließ die angegilbten Wäschestücke, Ladenhüter schon bei Henriette, an ihren Trägern um ihre Finger rotieren, zu Boden segeln. Ein hautfarbener Büstenhalter folgte dem anderen, ein Fass für suppiges Fleisch dem nächsten. Voll war er, der Bottich erstickten Begehrens. Sie lachte, riss den nächsten Schub auf. Unterhosen, kein Zweifel. Sie und ihr Lachen legten einen Zahn zu, Schnelllachen, Lautlachen: Hüftgürtel, Korsette, Mirakel femininen Polsteraufbaus. »Da liegen sie, die Geheimnisse«, rief sie, wühlte weiter, lachte weiter, Zahn um Zahn, holte Kurts Zeichnungen hervor, ja, »Geheimnisse«, lachte froher, lauter und zerriss die Blätter eines ums andere vor Kleppers und Jackes Augen.

Klepper fiel ihr in den Arm. »So machen sie's alle«, sagte er zu Jacke, »verstecken das Zeug in der Damenunterwäsche. Das weiß der gemeinste Dieb.«

Jacke sagte, er sei dankbar, das zu lernen. Der Treppenabsatz war mit BHs, Strumpfgürteln und zerrissener Kunst bestreut. Helma hatte jede Schublade bis zum Boden geleert. In der Kommode waren einige der besten Arbeiten Kurts gelegen.

Die hatte sie ihm vor einer Ewigkeit geschickt, im April 1937.

Nichts als ein paar Entwürfe übrig gelassen. Sowie Kinderzeichnungen von Ernst.

»Sie haben Recht«, sagte sie, »welch dummes Versteck. Vorbei«, rief sie, »vorbei«, und hielt ihnen ein paar Papierfetzen hin.

Sie griffen zu.

Welch ein Sieg.

Fast konnte man sagen: auf ganzer Front.

In der Eingangshalle hörten sie Eleonora aus ihrer Strickhöhle rufen. Die Männer ließen sich unterschreiben, wie tadellos sie die Villa durchsucht hatten, und entschwanden eilends, nicht ohne Helma davon in Kenntnis zu setzen, dass vor dem Abend ein Lieferwagen kommen und sie von den Gütern der Volksschande befreien werde. Sie nickte und schloss die Tür.

Danach betrat sie die Reichsgrotte und zog ihre Mutter aus dem Thron. Allein kam Eleonora nicht mehr hoch, wenn das Kissen fehlte. Sie hasste das, und nun hasste sie Helma dafür, in die von der Tochter gestellte Falle getappt zu sein.

»Ich schubs dich zurück, wenn du nicht sofort aufhörst zu plärren.«

Das hatte sie nie getan, nicht einmal angedroht. Beiden war klar, dass es sich, auch wenn man den 1. April schrieb, nicht um einen Scherz handelte.

Der Rest des Tages entwickelte sich sehr friedlich. Fiederallala eilte nach Hause.

Helma räumte ihre Küche auf. Drei Pfannkuchen waren übrig, die aß sie im Stehen am Herd. Zu schade, dass sie über diese Ereignisse nicht nach Oslo schreiben konnte. Die Stare, immens geschäftig, sprangen durch das Geäst vorm Fenster und taten, als interessierten sie sich für Nestbau. Da alles noch ohne Blätter lebte, konnte sie ihnen zuschauen. Sie wollte sie brüten und die Jungen schlüpfen sehen. Unermüdlich schlugen sie mit den metallisch glänzenden Flügeln, ein wenig mechanisch, wenngleich auf bezaubernde Weise. Weil sie eben doch lebendig waren.

Die Pfannkuchen ließen Helmas Einsamkeit schrumpfen. Dicksein störte mitunter, war derzeit nicht zu ändern. Es würde dauern, bis ihr Mann sie wiedersah. Also konnte sie ruhig ein paar Extrakuchen schnökern. Die Heimsuchung war überstanden.

Mit der neuen heißen Portion setzte sie sich an den Tisch. Auch wenn nichts geworden war, wie vor ein paar Jahren überlegt – sie meisterte das neue, ihr zugeschobene Leben. Der heutige Tag bewies es einmal mehr. Erneut hatte sie das Fenster geöffnet, ihr war oft heiß, es machte ihr nichts, nicht jetzt, sie fühlte sich wohl und war froh, das Haus und die Eilenriede um sich zu haben und die alten Mütter, ja, selbst die. Wenn sie auch nicht am Steuer eines flotten roten Wagens saß, so steuerte sie doch das gesamte Schwittersunternehmen, die Villa, die Mietshäuser sowie was übrig war von der Kunst, und sie tat es allein, ohne jemanden fragen zu müssen. Während sie kaute und den Geräuschen des sich neigenden Frühlingstages lauschte, traf die wahre Bedeutung von Kleppers und Jackes Besuch sie ohne Warnung. Frühling. Überall schmolzen Schnee und Eis. Herr Weinecke hatte sie gedrängt, zusätzliche Mittel zur Wundversorgung zu kaufen. Dazu die Wannen mit den Briefen in Frau Bauers Schalter am Morgen. Auf jedem Umschlag ein die Flügel spreizender Reichsadler. Wie hatte sie so blind sein können.

Die Nazis riefen Männer zu den Waffen. Frisches Blut. Der nächste Angriff stand unmittelbar bevor.

Sie hörte es wieder, Kleppers »trefflich, trefflich«, als er den Wotanaltar entdeckt hatte.

Das?

Das war es. Das deutsche Heer würde nach Norden marschieren.

Finnland gehörte den Russen. Schweden besaß zu wenig strategisch relevante Küste. Blieb Norwegen. Für einen Krieg gegen England als Basis ideal.

Helma rannte in ihr Schlafzimmer. Wenn sie nach Oslo fuhr, sofort, käme sie rechtzeitig. Vor den »Volksgenossen«. Dann wären sie wenigstens zusammen, könnten zusammen weiterfliehen. Wäschestücke flogen aufs Bett. Der Tag, das begriff sie, fing soeben ein zweites Mal an. Die beiden Mütter hierlassen. Ihnen einen Brief schreiben, es erklären. Sie müsste sich davonschleichen, anders brächte sie es nicht fertig. Oder lieber erst morgen früh?

Sie ließ sich auf die Matratze fallen. Eine Reisegenehmigung bräuchte sie so oder so. Spätestens für die Fähre. Sie wusste nicht mehr, was denken, was tun. Um Ernst und Kurt zu warnen, konnte sie auch telegrafieren.

Warnen. Nur wie? Mit einem Tarnsatz. Den die beiden dennoch verstanden? Sie hatten nichts vereinbart. Wie dumm.

Sie lief auf und ab zwischen dem Vierpfostenbett und ihrer Frisierkommode, deren Seitenspiegel man so drehen konnte, dass einem die Figur in allen drei Gläsern kubistisch zerbrochen wurde. Zur Post, um das Telegramm aufzugeben? Nein, die machten gleich zu. Also lieber packen. Sie drückte sich das hellgelbe Nachthemd an die Brust. Sie war müde, so müde, mit einem Mal wollte sie nur mehr ins Bett.

Wieder setzte sie sich auf die Matratze.

Denk!

Sie sah sich an der dunklen Holztür in Lysaker klingeln. Ernst wäre halbbegeistert. Esther vermutlich weniger als halb. Kurt wäre froh. Zumindest zuerst. Dann besorgt. Ihr Zuhause allein gelassen? Also war alles verloren. Die Kunst. Die Einnahmen. Wovon sollten sie sich in Zukunft ernähren? Er hatte ihr das Hannoverleben übergeben. Es in ihre Hände gelegt.

Fast hörte sie die Vorwürfe: »Ich habe geglaubt, dass du das schaffst. Ich habe dir vertraut, Wilhelmine!«

Im Mittelspiegel glänzte das Widerbild des hellen, mit zarten Rosen bedruckten Fenstervorhanges, des beigen Teppichs und des hinteren Bettpfostens, in dem die Elritze schwamm. Links sah sie ihre Hände, die das Nachthemd vor den Körper hielten. Für Jahre hatten sie bereits vor Kurts Auswanderung getrennt geschlafen. Ihr Mann hatte sich ein Nest im Erdgeschoss gerichtet, eine Kiste, 1,20 Meter hoch, MERZhöhle mit humanoidem Bioapparat. Da lag der Künstler, schnarchte, dass die Wände wackelten, und sagte, dass er es genoss.

Einmal, als er seine Affäre mit Suus Freudenthal so munter unter ihren Augen zelebrierte, war sie hinuntergeklettert, barfuß durch die Diele geschlichen und zur Gartentür aus der Villa getreten. Es war eine Nacht wie die anbrechende gewesen, aprilkühl, sternenklar. Gelegentlich hörte man eine Eule aus der Eilenriede rufen, es galt die Stunde des lautlosen Flügelschlags. Da war sie gestanden, hatte es wissen wollen, vielleicht auch sich quälen. Kurt musste sie gehört haben, er kam aus seiner Schlafhöhle, allein, und schimpfte sie aus.

Dass er damit Recht hatte, dass keiner dem anderen hinterherspionieren sollte, hatte alles umso bitterer gemacht, weil er mit allem anderen Unrecht hatte und ihr wehtat damit und es ihm egal war. Und darauf hatte niemand ein Recht. Nicht einmal ein Ehemann.

Schließlich war Madame Suus abgefahren und hatte ihr überflüssiges Kind bekommen, Gott weiß, von wem. Kurt war in den Wochen danach freundlich zu Helma gewesen, scheißfreundlich – ja, das dachte sie jetzt –, hatte weitergemacht wie zuvor, gemalt, geklebt und war durch die Lande getingelt. Während das Leben in Hannover leer und leerer geworden war. Die Steinitzens über den Atlantik davon, Albers, Hildesheimer und Mies van der Rohe in Chicago, Richter und Feininger in New York, Hausmann, Mehring und Kandinsky in Paris, Tschicholds und Klee in der Schweiz, Gropius in London und Moholy-Nagy in Amsterdam. Sie selbst waren in dem Suus-Sommer nach Norwegen gereist, hatten auf Hjertøya gesessen und an manchem Tag kein Wort miteinander gesprochen. Was hätte es zu sagen gegeben. Kurt malte das Blusen-Porträt.

Morgen früh ging eine Fähre. Also mit dem Abendzug heute noch nach Hamburg. Ein Köfferchen, und Helma wäre aus dem Haus.

Sie stand auf und drehte sich so, dass sich hinter dem Hemd, das sie in Händen hielt, ihr Körper im Spiegel zeigte. Ihre Brüste sahen nicht erbärmlich aus, nicht hier.

Sie hatte hübsche Hände und Füße und hielt sich gut, war auch gut angezogen angesichts dessen, wie wenig sie dafür ausgab. Ihre Gestalt schien ihr nun oft auf der Straße als nichts, kein Mann blickte sie mehr an, auch für die jüngeren Frauen schien sie nicht zu existieren – wie ein Schafmantel, dieser Leib, bestenfalls unsichtbar –, kein Heiraten mehr, kein Kinderkriegen mehr, kein Beruf mehr, nichts als diese Strecke von Jahren der Heimarbeit vor sich, der Arbeit an den Alten, am Mann, dieses Frau-Schwitters-Sein. Oder gar Frau-Kurt-Schwitters. Einzig hier in ihrem Zimmer kehrte ihr Körper zu ihr zurück, und sie fühlte sich auf schwebende Weise alterslos: jung und gleichzeitig knapp über 50, reich in dem Wissen um jedes gelebte Jahr.

Hier dehnte sie sich aus, ohne dass man es von außen bemerkte, und der Kuhausdruck ihres Gesichtes, den sie verachtete, die braunen Augen, das Weiche, Nachgiebige – bedeutete nichts mehr, weil keiner es mehr wahrnahm. Beugte sie sich aus dem Fenster nach links, konnte sie beinahe den Maschsee, weiß-blau, fein wie aus teurem Garn gehäkelte Spitze, durch das erste Grün der Eilenriede scheinen sehen. Vor ihr verzweigten sich die breiten, sandfarbenen Wege zwischen den Bäumen, und sie atmete den wilden Geruch – das feuchte Laub vom Vorjahr, die aufgewühlte Erde. Zuweilen hörte sie ein Tier rufen, eines schreien, es gab Hirsche und Wildschweine, Rehe und Füchse sowie all die zarteren Wesen, die sich winters in Erde einbuddelten, um zu überleben. Wesen, die in der Dunkelheit sahen. Über Hunderte von Hektar erstreckte sich die Eilenriede, eine Wirklichkeit eigenen Rechts.

Der Tag hatte zwei Mal begonnen, es war Zeit, dass er endete. Sie zog sich das Nachthemd über und legte sich in ihr Bett. Die Erlen rauschten. Hier im Haus steckte Kurt in jeder Collage, jedem Bild, jedem Raum. Da wandelte er nicht auf Freiersfüßen. Hier im Haus gehörte er ihr.

Wie hatte er in dem Gedicht in seinem jüngsten Brief geschrieben: *In einem Garten blühen Lilien. Sie blühen munter, und sie schilien.* Falls geschah, was sie annahm, erledigte sich Norwegen in den nächsten Tagen von selbst. Nie mehr bügeln für Lysaker, nie mehr nähen für Lysaker, nie mehr einkaufen für Lysaker, nie mehr Frau Bauer, kein einziger Morgen mehr in der Post.

Zum ersten Mal in ihrem Leben war sie frei. Der Preis war hoch. Das Geschenk – unerwartet.

Sie würde auf sich achten. Gesünder essen, regelmäßig ihre Brüste abtasten, wie Dr. König es verlangte. Kleiner werden? Lächerlich. Größer werden wäre ein Alarmzeichen, sagte der Arzt.

Mitten in der Nacht wachte sie auf. Kurts Wecker zeigte zwei Uhr zehn. Eine Schale Bonbons stand auf dem Nachttisch. Kurt hatte sie Bollos genannt. Das Haus war still, es kam ihr friedlich vor.

Sie stand auf, ohne das Lämpchen anzuknipsen, und schob ihren Koffer in den Schrank. Mit einem Bollo schlüpfte sie zurück ins Bett. Manche Tradition war es wert, beibehalten zu werden. Sie legte sich in die Mitte der Matratze, wo sie sich einkuschelte. Die Decke knisterte leicht.

4 Mitte Juni 1940, Europäisches Nordmeer

> Der Naturgelehrte Piep wohnt gleich links am Eingang des Landes. Er beobachtet seine Vögel, eine Katze und eine Fliege. Da kommt Besuch, ein Herr (…) *Inzwischen hat die Katze die Vögel kahl gerupft* aus Forscherfreude. Der Fremde bemerkt an Pieps Benehmen, dass dieser Verdacht schöpft und versucht, sein Geschäft zu beschleunigen.
>
> K. S., *Land des Irrsinns (Handlung)*

Der Soldat auf dem Kai schoss ihm einen Weiße-Mäuse-Blick zu, dabei fütterte er die beiden Nager nur mit Luft und Licht, warm saßen sie in seiner Hand. Ihre Pfoten pochten, Stomper richtete sich auf den Hinterbeinen auf und schnupperte in die Hafenbrise. Die Mäuse störte nicht, dass der Himmel schwarz gesprenkelt war, so weit reichte ihr Sehsinn nicht. Die Sprenkel wurden größer, bald würde man das, was da fiel, pfeifen hören. Die Sirenen heulten, er wollte so taub, so immun wie seine Tiere sein. Der Soldat tippte ihm an den Arm, zurückhaltend, vermutlich hatte man hier Erfahrung mit Flüchtlingen und solchen, die taten, als wären sie keine, dabei war Kurt einfach froh, dem mechanischen Dröhnen des Bootes entkommen zu sein. Sie fassten Vorrat, luden Wasser, ständig klatschten die Wellen gegen die Wände des Schiffes, diesen wackligen, ächzenden Körper, seit Wochen ging es so, immer schäbiger die Boote, immer nördlicher der Norden, immer mehr Menschen auf immer geringerem Raum, immer verfolgender der Krieg. Selbst Stomper und Fatty rochen nach Fisch und Salz, bald würden sie alle gepökelt sein.

In Ålesund hatte ein Fischerboot sie aufgenommen. Sie steuerten Land an, vor ihnen fielen deutsche Bomben auf die Örtchen an der Küste, sie drehten ab. Dörfer wie Perlen an einer Kette, Bomben wie am Schnürchen, Feuer sprangen eines um das andere auf, der Krieg ein Wunderkerzenspiel. Tag 60+x der Flucht. Fast waren sie auf Höhe der Lofoten angekommen. Die Wellen schlugen von außen an das Boot, von innen gegen die Stirn.

Alles rannte. Die Mäuse schmiegten sich in Kurts Hand aneinander, er hielt sich die Hand vor die Brust. Wie wäre ihre mausige Durchsichtigkeit zu malen, wie der Glanz um ihr Fell?

»Sir! Deckung, Sir.«

Wer konnte, versteckte sich, das war Instinkt, in diesem Fall sinnlos. Ebenso sinnlos war es, aufrecht im Weg zu stehen, riesig unter einem stürzenden Himmel. Alle Angst war von ihm abgefallen. Sie lag ihm als Pfütze um die Füße, spiegelte die schwarzen, aus den Wolken taumelnden Punkte. Der norwegische Soldat, sorgfältig ausgebildet oder schlicht mitfühlend, nahm ihn am Arm und führte ihn weg.

»24 menschliche und zwei tierische Flüchtlinge«, sagte Kurt, »müssen Sie das protokollieren?«

Die Sonne sank. Das Gepäck schrumpfte seit Monaten. Sein Schädel hatte sich ebenfalls zusammengezogen. Angst, Licht und Wind trockneten ihn aus. Die Arbeit raste vom Hinterhauptbein gegen das Stirnbein, erreichte die Hände nicht mehr. Die Hände hielten die Mäuse. Der Glanz saß außerhalb des Kopfes, wurde größer, schneidend scharf. Außerhalb war hier zu hell. Hier war eine Sonne, die sank, noch lange keine Sonne, die unterging. Als der Gasball die Meerlinie berührte, exakt 39 Minuten nach Mitternacht, fuhr das Fischerboot in einen mächtigen grauen Schatten. Der Hochofen der Kernschmelze würde nun für ein paar Stunden den Horizont entlangrollen. Tiefste Nacht? Lilafarbene Schleier. Die Geister wandern über Wasser, sagten die Fischer. Was schaut ihr so, man sieht es doch. Es war Sommer. Das war die Zeit ohne Sterne. Für Monate gab es nichts als die Erde und ihre Atmosphäre.

Am Milchsuppenhimmel hing ein oblatenbleicher, hauchdünner Mond.

Backbords lag eine Art Schild auf dem Wasser. Es war ein Schatten. Hob man die Augen, wuchs eine stählerne, 20 Meter hohe Wand in die Höhe. Man fuhr näher an sie heran, schaukelte vor ihr: 24 menschliche und zwei tierische Flüchtlinge auf einer hölzernen Fischerjolle. Sie schrammten an, drehten bei.

Er brachte die Namen ihrer Stationen durcheinander, so lange waren sie bereits unterwegs. Gewaltige Schneekuppen, idyllische Fjorde mit bunten Häuschen, Kinderspielzeug unter nördlichen Klamm- und Spaltfelsen. Schroffe Berge diesmal, grünende Hänge, Tromsø sollte das heißen, genannt »unsere letzte Chance«. Die Stahlwand, abweisend glatt, gehörte zur Fridtjof Nansen. Die Nansen, Eisbrecher, war ihre letzte Möglichkeit, den deutschen Truppen zu entkommen. Das hatten sie auf dieser Flucht ein paar Mal gehört. Er glaubte es sofort. Es hatte jedes Mal gestimmt.

Zwei Tage, nachdem Esther, Ernst und er sich am späten Nachmittag des 9. April in Oslo in den Zug gequetscht hatten (gequetscht? Kein Ausdruck. Hatte Kurt Kinnhaken verteilt? Das auch …), taumelten sie erschöpft (kein Auge zugemacht, das Gepäck), stinkend und zerdrückt in Molde auf den Bahnsteig. Der Waggon war so voller Menschen gewesen, dass die Menschen Wände wurden. Nach einer Weile war man mehr zwischen den anderen vorhanden als bei sich selbst.

Prompt verbot der Stationsmeister »den Deutschen«, nach Hjertøya überzusetzen.

Sie kannten sich seit zehn Sommern. Jahr um Jahr hatte Familie Schwitters Ferien auf der kargen Insel im Sund gemacht. Der Stationsmeister begrüßte sie auch diesmal namentlich, hängte »deutsch« an: Kurt Schwitters, *tysk*. Ernst Schwitters, *tysk*. Fast fühlten sie sich willkommen. Tatsächlich stellte er sie. Der Stationsmeister verkaufte sie an seine Angst.

Inzwischen war Kurt fast froh um diese Demütigung, diese

letzte Beleidigung seiner Liebe zu Molde und seinem Eiland. Ja, er hatte mit Esther und Ernst nach Hjertøya gewollt. Inzwischen hatten die Nazis Norwegen zur Gänze erobert. Auf der Insel wären die Kinder und er in der Falle gesessen. Was hatte er sich dabei gedacht?

Nichts, sagten die Schneewolken in seinem Kopf, die treibenden Gespenster der Flucht, die schmolzen nicht, die verschwinden nie mehr, sagten die Wellen, die blinkende Helligkeit, keiner kann denken, wenn er flieht, oder was, denkst du, hast du gedacht?

Sie waren mit dem Zug von Molde nach Ålesund weitergefahren und von dort zu ihrem nicht geringen Entsetzen nach Molde zurückgeschickt worden. Deutsche beschützen? Hitlers Armee nahm das Land im Sturm. In Molde trafen sie nie ein. Wer flieht, denkt besser gar nicht oder mit Raketengeschwindigkeit, am besten bombt er sich davon. Molde brannte. Erneut kehrten sie um in das hilflose Ålesund. Es war eine Reise wie ein falsches Alphabet, z-y-x-w-v. Die Bilder von Piers, bunten Holzhäuschen mit Glitzerbergen dahinter, glitten vorüber wie Erinnerungen, während sie eben erst erschienen. Ein Kirchturm, ein Fass auf einem Kai, ein Trockengestell voller Kabeljau, ein Aschewirbel um den nächsten Bahnhof, namenlos. Molde halbzerstört, Ålesund beschossen, jemand sagte Norden, jemand dachte England, jemand war er selbst gewesen, hätte er gedacht. Sie zählten Scheine in eine Fischhand, kramten nach mehr, Münzen, Silber, Schmuck, standen zusammengepfercht mit anderen Flüchtlingen an Deck des erstbesten Bootes, zahlten, übergaben sich, hielten die Reste des Gepäcks fest, dann sich. Anfang Mai: windig, schneereich, hell. Von Horizont zu Horizont spannte sich Licht, Angriffsbedingungen ideal. Norwegen, das Land, ging innerhalb weniger Wochen verloren. Sie packte die stürmische See.

Nun stank man anders als nach den Tagen im Zug. Salz, Öl, Fisch, Wind. Alles stank, sogar der Pass. Der Reichsadler war Fisch. Bevor jemand auf die Idee verfiel, nach ihm zu fragen (abgelaufen das

Ding, verdammt abgelaufen), kauerte Kurt auf der nächsten Jolle, dem nächsten Boot. Weiter, weiter, nur nachts. Wie das Schälchen da pflügte. Wie Ernst da kotzte. Wie wütend er darüber wurde, Esther anschrie, schreiend nach einem neuen Kübel verlangte, sich übergab. Wie Esther auf die norwegische Küste starrte. Die Briten hatten den Seestreifen davor vermint, deutsche U-Boote und Flugzeuge kreuzten. Man wollte am Sonnenball ziehen, runter mit dir, um erneut fahren zu können. Ereignis des Tages: Ernst eine halbe Stunde lang nicht seekrank. Sie hatten Tee in ihn hineingezwungen. Er schluckte schwer.

Kurt war gewissermaßen froh. Zwar verwünschte er die Deutlichkeit, mit der er wahrnahm, wie diese Reise seinem Sohn den Rest Heimat wegriss. Die deutsche allemal. Die norwegische obendrein. Aber solange Ernst sicher im Schiffsinneren saß, war das Wichtigste in seinem Leben gut. Überhaupt sollte sein Kind nicht in der gleichen Gefahr schweben wie er selbst. Todesangst empfand Kurt nicht um sich, dafür umso mehr um den keifenden Jungvogel auf seiner Negativkiste. Was war das für eine Flucht? Anders als die erste von Hannover nach Oslo machte sie Kurt weicher. Sie schälte die oberste Hautschicht ab. Es schmerzte. Eine neue Zärtlichkeit ging in ihm auf. Er stellte sicher, dass er sie vor Ernst verbarg. Dem Sohn wäre sie peinlich.

Esther, Wikingergene, erwies sich als wellenfest. Es war eine willkommene Idee, alle Seekranken an die Reling zu stellen, auf der Seite mit dem Wind. Ernst, Ästhet, bestand auf einer privaten Tüte. Wer nicht kotzte, schrie. Das nannte man Verständigung. Christiansund fiel in deutsche Hand. Anfahren, abdrehen. Fast kotzte nun auch Kurt. Die Möwen fielen zurück. Auf diesem Boot gab es nichts zu holen. Wenn es so weiterschipperte, schipperte es der Deutschen Marine ins gierige Maul. Der Himmel, das Meer, jedes Element fiel den Körper an. Die Mäuse kotzten in ihre Pappschachtel. Kurt putzte es aus. Es war eine Art Trost.

Insgesamt war es die Flucht.

Flucht Nummer zwei.

Froh konnten sie sein, dass sie sie erlebten. Das fühlte man nicht, das sagte man sich vor. Was hieß gleich wieder »froh«? Fast wollte man untergehen, fast wollte man sterben, da landeten sie in Hitra an. Verdurstet, aber nur halb. Der zur Versorgung ausgeschickte Trupp wurde von der Bevölkerung für Nazis gehalten und verjagt. Als sie zurück aufs Boot wollten, ließen die Mitflüchtlinge sie nicht mehr hinauf. Die Nahrung reichte nicht einmal für jene an Bord. Ernst zog Kurt an Deck.

Man stank nun vor Hunger und Angst. Wer sich fürchtete, schrumpfte, das war praktisch, als sie sich für die Einfahrt in den Hafen von Trondheim unter Deck verbergen mussten. Die Deutschen waren ihnen zuvorgekommen, von ihren Schutzbooten spähten sie jeden Trawler aus.

»Fisch?«

»Ingen fisk.«

Kein Fisch an Bord. Der schlaue Fischer. So log er nicht. Er schützte seine Haut. Dass die deutschen Landsleute das nicht überprüften, wunderte Kurt. Die Sache mit der Macht übten sie noch. Der Mann, in dessen Kahn sie kauerten, lud Wasser und Kohl. Sie erstickten schier an der zu ihnen hinabgeworfenen Fracht, die Geschoss um Geschoss durch die Luke auf sie stürzte, bis sie halshoch in abgeschlagenen Köpfen standen. Erst auf offener See wühlten sie sich aus diesem Stehen hervor. Das Boot hielt nach Norden, strikt. Dorthinauf musste die Welt endlos sein.

Das wünschte man sich.

Sie war es nicht. Die Alliierten hatten ihr Hauptquartier auf die Lofoten verlegt. Jemand sagte, dass die Südpassage zwischen den Inseln für einen Fischtrawler nicht zu bewältigen sei. Je von Edgar Allan Poes Mahlstrom gehört?

Sogar Kurt wollte nun auf alle Kenntnis von Literatur verzichten. Esther sagte, »das habt ihr davon«, was ebenfalls unsinnig war. Sie standen auf Deck, im Wind. Kurt und Ernst umarmten Esther.

Zu dritt bildeten sie ein Knäuel Stinkmensch. Das half für einen Moment.

Kurts Finger juckten, die Hände taten ihm weh.

In Kabelvåg war man freundlich zu ihnen. Sie wurden nicht verfolgt, sondern vom Schiff weg regulär verhaftet und in einer vor der Stadt liegenden Schule eingesperrt. Mehrfach entschuldigte sich der Direktor der Lehranstalt für die Umstände. Noch öfter pries er die Aussicht: Bilderbuch. Allerdings eines, in dem sie sich dauernd bücken mussten – die Tischchen, die Stühlchen, die Bänkchen, das Pult. Handwerken sollten sie, improvisieren musste man. Die Sonne sank nun nicht einmal mehr bis zum Horizont. Schief, verzerrt wie ein Maul, das sich über etwas lustig macht, brannte sie auf Hitlers Flüchtlinge, Juden, Roma, Sozialisten, Friedensdenker, Dissidenten jeden Alters. Sie grinsten zurück. Wie? Unter Spionageverdacht. Das war so vertraut, dass man bald selbst glaubte, ein Verräter zu sein.

Was sich in der Welt zutrug, verbarg sich vor ihnen. Keine Zeitung, kein Radio, lediglich das Flüstern der Norweger, die ihnen zu essen brachten. Sie spürten die Spannung, blickten suchend in Gesichter. Irgendwann hörten sie es: die Deutschen, so deutsch, auf ganzer Linie ein Sieg. In dieser Nacht stand die Sonne hoch am Himmel und beleuchtete die Spitzen der schneebedeckten Berge. Tags darauf wurde der Maschendraht, aus dem zehn Arbeiter einen Zaun errichtet hatten, wieder eingerollt. Sie durften hinaus und davon. Eine Lehrerin trat auf Kurt zu und schenkte ihm zwei der hölzernen Kellen, die man hierzuinsels benutzte, um lecke Boote auszuschöpfen. Mit ihnen sollte Kurt es retten, das Boot seines Lebens. Er bedankte sich überschwänglich. Damit war es ihm ernst. Das Geschenk machte die Fahrt leichter. Es zeigte unmissverständlich an, wie riskant die Reise war, wie zerbrechlich das Gefährt. Bei einem Angriff oder über einer Mine hätten sie keinerlei Mittel, sich zu retten. Sie lieferten sich aus. Ablegen und schöpfen.

Schöpfen und beten.

Den Deutschen gehörte nun alles, Wasser, Luft, Land und die Menschen darauf. Die eigenen waren diese Deutschen nicht mehr. Die einst-eigenen blieben sie. Als Kurt hörte, die Scharnhorst halte von der offenen nördlichen See auf die Lofoten zu, lachte er auf. Dein Volk, wie es dir folgt.

Sie hatten den Polarkreis überfahren. Was Land gewesen war, war zu Inseln zersprengt. Vier Tage schwerer See in alptraumartigem Sommerlicht zerdrückten ihm Körper und Geist. Zwei endlose, gleichermaßen wurm-grau-grüne Meere wühlten gegeneinander, das eine aus Wellen, das andere aus Wolken. Nun half kein Witz mehr, kein Scherz.

Tromsø. Wenn ein allerletztes Schiff aus dem gottverlassenen Norwegen Richtung Westen ablegte, dann hier. Kurt trug in der rechten Brusttasche den Pappkarton mit Stomper und Fatty, in der linken eine raue Skulptur aus Birkenholz, mit dem Klappmesser geschnitzt. Mahlstrom hieß, man schnitt sich in die Finger. Das hatte abgelenkt. Er warf die Skulptur vor der Schiffswand der Nansen ins Meer. Sie fiel durch den Stahlschatten, verschwand.

Kommunist Ehlmann, selbsterklärter Kommandant ihres Trüppchens, war losgezogen, um den Kapitän des Rettungsbrechers davon zu überzeugen, sie mitzunehmen. Die HMS Devonshire, das britische Kriegsschiff, das mit massivem Geleitschutz König Haakon VII. und die Mehrheit der Mitglieder der norwegischen Regierung in Sicherheit brachte, war vor 20 Stunden ausgelaufen. Einige hochrangige Beamte, die dort keinen Platz gefunden hatten, sollten auf dem Eisschiff folgen. Norwegens Kapitulation stand unmittelbar bevor.

Sie zittern, müssen sich bemerkbar machen, auffallen, erbärmlich sein. In zwei Stunden legt die Nansen ab. Ehlmann ist nicht zurückgekehrt. Erbärmlich sind sie von selbst. Das sieht ein Blinder. Doch erbarmungswürdig, wie wird man das?

Es ist, denkt er, wie die letzten Male auch. Knapp?

Es ist unberechenbar. Zufall, Irrsinn, Glück. Seidel, der mit Zillig am Kai herumläuft, um Ehlmann zu suchen, erkennt den norwegischen Außenminister Halvdan Koht auf dem Deck der Nansen. Ehlmann steht ebenfalls dort. Er hat einen Platz herausgehandelt, für sich. Die anderen hat er nicht erwähnt, aus Angst, dann dürfe keiner mit.

Ehlmann hat sie verraten.

Seidel ist mit Koht bekannt. Zufall, Irrsinn, Glück, Weiterfliehen. Kurt steht am Kai, dreht die Schöpfkellen wie Propeller in der Hand. Sie sind Teil seines Gehirns. Sie sind Teil seiner Angst.

Eine schmale Laufbrücke wird ausgelegt. Sie müssen nicht über ein Reep auf die Nansen. Vor dem Reep hatte Kurt Angst.

Halb ist er den Steg hinauf. Alles ist leicht. Da findet die Angst ihn wieder. Weil sich große Angst, wenn sie verschwindet, nicht auflöst. Sie verkleidet sich. Eine Weile geschieht nichts, dann türmen sich in jedem Gedanken, jedem Bild fantastische Hindernisse auf. Das Einzige, was sich an ihm nun bewegt, ist das Ich-fürchte-mich. Es saust seinen Körper rauf und runter. Seine Füße hat es auf die Planken des Stegs geklebt, seine Knie in feste Knochen verwandelt. Kein Glied kann er mehr beugen. Die Nansen wird sinken. Er ist sich sicher. Fast schreit er (schreit er?). Ernst und Esther halten ihn fest. Reden auf ihn ein. Er hört ihre Stimmen. Seine Augen sind geschlossen, ohne dass er sie zugemacht hätte.

Manche sagen, eine Person sei wie ein Gebäude. Als Gebäude hat eine Person Fenster und Türen. Kurt hält die seinen fest verriegelt. Gegen die Ritzen kommt er nicht an. Noch unheilvoller ist der Boden: Dielen in Ochsenblutfarbe wie in der Villa in der Waldhausenstraße. Aus den Spalten zwischen ihnen steigen sie auf, Gesichter, die ihn nicht bloß erschrecken, sondern ihn auch vor sich selbst lächerlich machen. Angst vor fallenden Bomben hätte jeder verstanden. Diese Angst hingegen, eine Angst zweiten Grades, zerlegt ihn. So macht sie sich unfassbar, schlägt aus dem

Hinterhalt zu, verhindert *aus heiterem Himmel,* dass er auf einem normal breiten, geradezu komfortablen Steg auch nur einen einzigen weiteren Schritt tun kann.

Er ist nirgends mehr.

Als er zu sich kommt, sitzt er an Deck eines fahrenden Schiffes. Alles ist grau. Stahlhimmel, Stahlwellen, Stahldeck. Zwei Matrosen haben ihn über das Wasser getragen, sagen Esther und Ernst. Ernst hält eine Nansen-Spucktüte. E&E, wenig verschlungen, beobachten den *far.* Stählerne Luft. Kurt trinkt, bis, was er schluckt, nach Brandy schmeckt. Seine Koffer, drei sind übrig, stehen an Bord. Er tastet nach Stomper und Fatty. Eigentlich gehören sie Esther, er hat sie ihr zu Weihnachten geschenkt. Sie haben, sagt Ernst, die Umschiffung in seiner Brusttasche durchschlafen.

Sind sie wach, fühlt er ihre Tritte, ihr Zittern. »Far, beruhige dich.« Hält er sie ohne Schachtel, pressen sich ihre Pfoten durch den dünnen Hemdstoff gegen seine Haut. Es ist wie der Stoß eines Embryos im Bauch, das bildet er sich zumindest ein. Rosafarbene Füße, weichballig, winzig, unfasslich perfekt.

Vier Stunden nach Mitternacht. Frühling vorbei, Mittsommer nah, Flucht ohne Ende. Die Zeit ist aus den Fugen. Er beschließt: Er wird diese Mäuse retten. Also auch sich.

England liegt Südsüdwest. Sie stechen strikt westwärts in See. Ein Schiff ist keine Nadel, ein Meer kein Heuhaufen. Auf einem Meer geht man endgültiger verloren als in einem Stall. Alles Land ist Erinnerung.

Der letzte Norweger muss ohne Geleitschutz fahren. Wiederum ist man ausschließlich nachts unterwegs. Irgendwo in dem nordischen Wasser um sie herum treibt Helmas Schürze, die Bänder weit ausgebreitet, ein sich ständig in neue Richtungen buckelndes, mit dünnen Armen ruderndes Blümchengespenst.

Einen arktischen Bogen schlagen. Unsichtbar werden.

Ist es Glück, dass es Sommer ist?

Nein.

Zufall?

Nein.

Es schuldet sich der Logik des Krieges. Krieg: das Meer, das Schiff, Kurts Körper, Kurts Gesicht.

Seine Finger sind steif. Nach zwei Tagen hat er das Gefühl, durch Nebel zu gleiten. Hoch steht er auf dem Deck der Nansen über den Wellen, das Meer schraubt sich mühelos höher und überspült das Schanzkleid. Es gibt ein paar hölzerne Deckstühle, Seesäcke, Kissen – nass. Immerhin einen Schiffskoch, trocken, mit trockenem Maat. Kurt legt sich, mit Schwimmweste, in eines der Rettungsboote, zurrt sich fest.

Ist er nicht dort, sitzt er auf dem Oberdeck, backbords, hinter dem zweiten Treppenaufgang. Hier trifft ihn die Nachmittagssonne, eine Mischung aus Schatten, die die Schiffsaufbauten werfen, und dunstigem Licht. Wie weit nach Norden bestreicht die Deutsche Marine die norwegische See? Er will rückwärtsfahren: u-t-s-r-q. Abends steht die Sonne über dem Bug. Sie steht hoch. Giftig-klare Farben zielen auf seine Augäpfel, drehen ihre Glanzspitzen in seinen Pupillen um.

Kurt lebt von einem Kübel zum anderen: Brackwasserkübel, Seifenkübel, Schalenkübel, Fischkopfkübel, Speikübel, Kübel für Nazis (alles Braune). Kurts Angst fliegt vor Kurt her. Sie ist ein Magnet, Kurt ein Eisenspan.

Die Figuren aus Draht, die seine Finger formten, wurden in der zweiten Woche so feingliedrig, dass sogar er sie kaum sah. Draht wenigstens gab es auf einem Schiff wie diesem zur Genüge. Schwere Motoren, eisverstärkter, extra breiter Rumpf, verstärkte Spanten. Metall über Metall. Er dachte an seinen Eisbärenkopf. War alle Erinnerung schwarz? Ein künstliches Auge, wie Tossioni gesagt hatte? Der Pol zog nun an ihm, Kurt. Zarter die nächste zwischen den Fingern wachsende Gestalt. Er wollte, dass mehrere von ihnen auf den Handteller passten. Dort sollten sie sich so drängen, wie er und die anderen sich wochenlang gedrängt hatten auf den Booten. So viel leichter, fluglichter, umzublasender Mensch. Er machte die Figuren, um es sich an ihnen noch einmal anzusehen.

Man verstand nicht, was man erlebte.

Es lag so außerhalb aller Kategorien, dass man es erlebte, wenngleich nicht fasste. Hier oben, wo Licht unter der Zunge schlief, wo das Meer nach einem griff, wo nichts mehr aufhörte und nichts begann, denn die Sonne war erstarrt und das Meer aufgewühlt, beides immer zugleich, hier oben begriff man, dass man nicht begriff.

Das klang leicht. Das war leicht, für einen Augenblick.

Dann fasste es auf das gesamte Leben zurück. Zersetzte es. Wie Flusssäure Glas frisst. War das so gewesen? Pauker Behrens, Chemie. Ein eindrückliches Experiment. Mit der Zeit wurde das eigene frühere Leben durchsichtig. Und löste sich auf.

Auf den tanzenden Wellen
Muss das Schifflein zerschellen.
Wer das jemals erlebet,
An den Zähnen erbebet
Und ins Jenseits entschwehöbet!

In ein paar Tagen feierte er seinen 53. Geburtstag. Es war, als entfernten sich seine Knochen voneinander, stießen in den Ellbogen, Knien, Hüften kaum oder nicht mehr zusammen. Er war lockerer geworden, biegsamer. Ein löchriger Kurt. Ein Kurt mit weniger Zusammenhang.

Ernst indes hockte auf seinen 2500 geretteten Negativen wie eine Glucke auf ihrem ersten Nest. Kurt sah Esthers Enttäuschung über diesen Ehemann. So hatte sie sich das durch die Heirat ermöglichte Entkommen aus Norwegen nicht vorgestellt. Sie lehnte in der Nähe des Treppenaufgangs an der Reling und rauchte mit einem Schiffsoffizier. Kein Flüchtling, sondern einer, der bezahlt wurde für diese Fahrt. Ein rasierter Retter in Uniform.

Kurts Hände waren so rau, dass der Draht an den Fingerkuppen hängen blieb. Ein einziges Mal hatte er früher etwas *en miniature* ausgeführt, eine Weihnachtscollage für die Dreiers, die in eine Streichholzschachtel passte. Nun wurde Enge zur Sucht.

Er arbeitete also? Kurs Westwest, Abendsonne rigoros. Das Meer wechselte von Ultramarin zu Türkis zu Rosafarben, wurde silbern, tänzelte, gischtete, verbarg sich hinter Grau. Niemals war es weinfarben, nie ruhig.

Er machte nun Mäusekunst.

Mit ihr blieb er still, sie und sich verbarg er im Windschatten des ersten Rettungsboots. Zwischen Boot und Schanzkleid stand ab zwei Uhr mittags Licht. Es war ein bewusstloser Juni, ohne Pflanzen, mit glitschigen, tief im Wasser verborgenen Tieren, einigen sich perfekt tarnenden Schiffsratten, deren Existenz er vermutete, zwei weißen Kuschelnagern.

Waren Stomper und Fatty munter, bog er den Draht in feinere Stränge auf. Die Mäuse wärmten sich an der Sonne, ihr Fell wärmte ihn. Schlummerten sie, holte er die Feile heraus. Sie war das einzige Werkzeug, das er benutzte. Nur sie war der schaukelnden Begrenztheit des neuen Lebens gewachsen.

In München hatte Hitler sich vor einem Merzbild ablichten lassen. Dadaismus regte den Mann auf. Kurts entartetes Werk war für die Aufnahme eigens schräg gehängt worden, weil es anders nicht lächerlich genug wirkte. Helma hatte das Foto – der Führer vor Kurts Bild – letzten Sommer nach Lysaker mitgebracht. Ein Jahr war das her. Ob Fiederallala die Aufnahme auch entdeckt hatte? Hitler machte sich lustig über Schwitters. Seine Schwiegermutter musste geplatzt sein vor Befriedigung.

Wie schön für sie.

Schön auch: Ein wachsender Streifen Meer trennte ihn von seiner Heimat, seiner Sprache, sich selbst. Beunruhigend war nur, was geschah, wenn er die Augen schloss. Statt sich zu erholen, sah er ein Riesenrad. Es war Deutschland, es war voller Blut. Es war einer dieser Halbträume aus dem Reich zwischen Wachen und Schlaf, in denen es keinen Spielraum gibt, bloß ein Bild und seine Bedeutung. Jeder Platz in den Gondeln schien besetzt. Das Rad schaukelte wie das Schiff, auf, ab. Manche Fahrgäste stierten geradeaus, andere redeten, ein oder zwei winkten ihm. Das waren die Toten. Die Redenden waren Menschen, die er verloren hatte. Er verstand kein Wort. Ruhe fand er nicht.

Das Wort »Horizont« verschwand. Einmal lagen die Kastanientiere, die er für die Enkelin der Görschin zusammengebosselt hatte, wieder im Gras der Waldhausenstraße vor ihm. Fast sahen die Tiere nun wie Menschen aus. Stimmte das? Oder sahen sie, die Menschen von damals, nur mehr fast wie Menschen aus?

Kauerte er stundenlang reglos im Rettungsboot oder auf den Planken zwischen der Jolle und dem Schanzkleid, schliefen ihm die Beine ein. Es war ihm gelungen, im letzten Augenblick eine Karte an Helma in den Briefkasten am Osloer Bahnhof zu werfen. Falls sie in Hannover eingetroffen war, hatten Helma und Henny die Gewissheit, dass ihr Trio rechtzeitig aus Lysaker davongekommen war. Der Rest: Funkstille, Meeresrauschen. Mitunter glaubte er, noch darin die Besorgtheit und Nervosität seiner Frau zu spüren. Er hörte weg. Was konnte er tun.

Ernst saß auf der Negativkiste, Esther sprach mit dem Offizier. Halt, das hatte er bereits gedacht. So war das hier. Die immergleichen Sätze im Kopf, Flucht um Flucht.

Seine Gedanken stolperten den Impulsen seiner Finger hinterher. Es war nicht das alte Glänzen, nichts von der alten Sicherheit. Mit weiten Pupillen fuhr er durch die Meeresleere dahin.

Er musste sich endlich bei seinem Sohn bedanken. Ohne ihn wäre er nicht hier. Er wäre aus Entscheidungsschwäche in Oslo geblieben.

Ernst, der ihm aufgeschwatzt hatte, die Hütte am Bakken zu bauen, und ihn dann davon fortzwang. Ernst, der ihn am 9. April anbrüllte: »Du willst sie wiedersehen, oder?«

Mit diesem »sie« war, wer sonst, Helma gemeint.

Ernst zerrte Kurt zu dem Fenster, das die Strickschlangen bewachten. Explosionen hatten sie seit Stunden gehört, nun, mittags, rissen die Wolken auf. Deutsche Bomben regneten auf Oslos Flughafen Fornebu. Von manchen Maschinen sprangen Gestalten ab, menschliche Reißzwecken. Als aus dem Radio die Warnung scholl, keinesfalls mehr die Wohnung zu verlassen, erstarrte Herr MERZ wie eine Maus unter dem Blick der Katze. Ernst packte ihn an den Schultern und schüttelte ihn.

Ernst hatte sich angewöhnt zu bestimmen und trat mit einer Sicherheit auf, die Kurt aushebelte. Da blieb kein Argument übrig. Und wenn, Ernst in seinem Zorn, Ernst in seiner Retterrolle hätte nicht darauf gehört.

Mehrfach rannten sie in dickem Pelz zwischen dem Haus und dem Bahnhof von Lysaker hin und her. »Die schießen von den Flugzeugen auf uns.« Vestbanen, umsteigen im Bahnhof Østbanen. Die Straßen waren wie leergefegt, eine Traube von Menschen drängte sich vorm Haupteingang des Bahnhofs. Über eine Seitentür führte Kurt seinen bescheidenen Menschentrupp mit 13 Riesenkoffern, Schlafsäcken, zwei Gummimatratzen, Farben und Rahmenholz zum Gleis. Fregatte Kurt streckte sich, rief über alle Köpfe hinweg »ultima Thule«. Die Leute blickten für eine Sekunde auf. Thule? Der Körper wurde weich. In diesem Augenblick schob Kurt sie aus dem Weg.

Ultima Thule, Mythos und Hoffnung im nordischen Meer. Gekrümmt saß er da. Gekrümmt stürzte er über den Rand zwischen dem ersten und dem zweiten Exil. Das erste war gnädig gewesen, nun sah er es. Es hatte ihnen gestattet, es Urlaub zu nennen. Er hatte Zahnweh und drei läppische Veramon; der Arzt auf der Nansen war ausgebildeter Ingenieur. Bei ihm hieß Zahnbehandlung »Zahn ziehen«. Dann war das Leiden nach ein oder zwei Tagen mit Sicherheit weg. Zu essen gab es Fisch und Hering, Hering und Fisch. Für Zahnträger wie Zahnlose stundenlang gekocht.

Man brauchte einen Magen aus Stein, in den man Steine füllte. Als verschrobener Alter hockte er in einer Ecke, gebeugt über einen nicht definierbaren Gegenstand. Seine gerunzelte Stirn war x-mal größer als das, was seine Finger fertigten. Eine Schöpfkelle lag neben ihm.

Esther lachte: Was machte er denn da? Er, *far* Kurt mit dem absurden Talent, Mäuse aus der Tasche zu zaubern.

»Schau, jente.« Er lächelte, sie brauchten nicht mehr zu streiten. Das Schiff war groß genug für Kurt, Esther und Ernst und zu geräumig für eine schnell geschlossene, nützliche Ehe. Dabei konnte er, das dritte Rad, die beiden Jungen bei Kräften halten, indem er ihnen erlaubte, sich um ihn zu kümmern. Sie waren verantwortlich für ihn, das sah jeder an Bord. Also mussten sie funktionieren, aufrecht bleiben. Es gab mehr als eine Wahrheit. An jeder einzelnen hielt man sich fest.

Auf dem Handteller hielt er Esther zwei der Drahtmenschen hin. Kurze Beine, Betonung der Köpfe. Einer trug den Splitter eines Steines als dunkles Licht in der Mitte der Stirn, für die Augen des anderen hatte Kurt Perlmuttstückchen aus einer Muschel gebrochen und rundgefeilt.

Esther sagte, sie seien das Schönste, was sie je gesehen habe. Sie gehörten so … zusammen. Die Augen aus Glanz. Die rührten sie an.

»Wo ist Ernst«, fragte er leise.

»K«, sagte sie.

K stand für Klo oder Kiste. K. o. hieß es ebenfalls. Esther roch nach den Zigaretten des Offiziers. Helma hatte Kurt nie betrogen. Dessen war er sich sicher. Er hätte es bemerkt, vielleicht nicht sofort, auf Dauer sicherlich, zu sehr hätte sie mit ihrem Gewissen gekämpft. Anders als er. Er wusste, wie er flirtete und wofür er es brauchte. Es schmierte den Motor Erfindung, hatte ihm die Kraft gegeben weiterzumachen, auch gegen Häme und Spott. Neuerlich war er Helma dankbar für ihre Großzügigkeit.

Gemeinsam mit Esther blickte er auf das Meer. Das schwarze Licht war gekommen. Still lag es auf dem Wasser. Schwarzes Licht, im Nordmeer, im Juni. Kurt lächelte. Das war viel Lächeln für einen Tag. Ein paar Möwen zischten schreiend dahin. Sie glichen der Sonne, die zischte auch. Es war wohl die Sonne allein. Möwen gab es hier draußen nicht. Die Sonne sank, stieg um drei Uhr nachts wieder auf. Kurt war geschmolzen. Schub um Schub wachte er auf. Die Menschlein in der Hand taumelten, fielen, lagen. Er öffnete die Finger, schloss sie halb. Schwarzes Licht, ein dünner Strahl von einer Stirn.

Zehn Tage bis Schottland, hat der Offizier zu Esther gesagt. Dass sie blind fahren.

Jede Sekunde können sie auf eine Mine laufen. Jede Sekunde mag die letzte sein.

Kurt überlässt der jungen Frau seinen Sonnenplatz. Am Schanzkleid hangelt er sich Richtung Kiel. Es fällt ihm schwer. Seine Muskeln haben in den Wochen dieser Flucht nur eines getan: abgebaut.

Das Wasser ist von einer grauschlierigen, kalten Farbe. Es erinnert ihn an den Karpfen, den Robert Michel ihm vor Jahren in Schmelzmühle auf der Rückfahrt nach Hannover schenkte. Er hängte ihn zum Zugfenster hinaus, um ihn zu kühlen. Stunden klackerte der Fisch, am Maul fixiert, im Fahrtwind gegen die Waggonwand, fest eingewickelt in Papier, aus dem der Schwanz hervorsah, ein Spiegel glitzernder Flossenstrahlen. Hin schlug er und her.

Kurt blickt dem dritten Püppchen ins Gesicht. Norwegens Licht stürzt ununterbrochen aus dem Himmel. Es bricht sich in den Goldsplittern, die er der Figur als Augen eingesetzt hat. Er hat sie aus der Innenseite seines Eherings gefeilt.

Weit ist er entfernt worden von all seinem Haben. Seinem Haus. Seiner Sicherheit. Hinter der Nansen schwankt an einer langen Leine das Kästchen, das sein früheres Leben enthält, durch die Fluten.

Wenn sie nach Süden abbiegen, Richtung England, wirft er die neuen Figuren ins Meer. Niemand außer Esther hat sie gesehen. Sie wird sie vergessen, ihr Leben wird sie beschäftigen. Niemand sonst braucht von seinem Nullpunkt zu wissen. Der Umkehr.

Der Eisbrecher ist breit, schwer und laut. Bordsprache Norwegisch, Funkverkehr Englisch. Sie drosseln die Fahrt. Aus dem Sprechgerät in der Hand eines Matrosen springt ein Strahl Licht gegen das Gold einer der Figuren, blendet Kurt. Der Matrose spricht mit der Brücke, Kurt versteht nur Teile, das Gerät knackt und rauscht. Ein Schiff, 10,7 kn, 337°, ist das Süden?, Südost?, hält auf sie zu.

Der Matrose wendet sich ab, gegen den Wind. Kurt sieht, wie er sich den Apparat kräftiger ans Ohr drückt, während er das andere mit der Hand abdeckt. »Fortell meg din identitet«, schreit der zum Schutz der Übertragung weit nach vorn gebeugte Mann in sein Instrument, »identity? What's your identity?«

5 14. Juli 1941, Camp Hutchinson, Isle of Man

> The best cure for any complaint (...) is to want to live,
> to cling to life.
>
> Ernst Schwitters, *Brief an Kurt Schwitters*

Er vor dem Zaun, Kurt hinter dem Zaun. Die höfliche Reihenfolge ist das nicht. Es ist die befriedigende. Kurt hinter dem Zaun, zwei Jacken mit vollgestopften Taschen, ein Paar weiter Hosen mit vollgestopften Taschen, neben sich die Blechschale, in die er den erbettelten Haferschleim löffelt. Elster Kurt, der diebischste Vater, den je eine Zaunsonne traf.

Der Zaun: Holzstangen und Draht, über zwei Meter hoch, von Stacheln gekrönt.

Hinter dem Zaun: 34 frisch errichtete private Ferien- und Familienheime, jedes stolze vier Stockwerke hoch, in zwei einander gegenüberliegenden Reihen um einen ovalen Platz gruppiert. Rote Ziegel, Anmutung heimelig. Seit der vorläufigen Enteignung der Bauherren eine Gefangenenstadt innerhalb der Inselhauptstadt, 2000 Mann im Juli 1940, 1000 jetzt. Zwischen den Hausfronten liegt Hutchinson Square, ein barock-höfischer Garten mit niedrigen Stauden, Rabatten und Kieswegen. Die Blumenstele in der Mitte ist leer. Alles hier war anders gedacht.

Vor dem Zaun: das Meer.

Auf dem Grasstreifen vor dem Zaun: Sie, die fünf Gefangenen, die heute entlassen werden, zwei bärtige Osteuropäer mittleren Alters, ein österreichischer Professor für chinesische Kalligrafie, zart und papieren, der schöne Klaus und seine eigene Wenigkeit. Sie warten auf ihren Transport zum Hafen. Solange sie auf der Insel sind, dürfen sie sich nicht ohne Begleitung vom Lager entfernen. Sie sind entlassen, nicht frei.

Überall: blau. Vor den Fenstergläsern schwappt das Meer, hinter den Scheiben starren die Gefangenen in blaues Licht. Die Scheiben sind dick mit Farbe bestrichen, das Verdunkelungsproblem wird durch Dauerdämmer gelöst. Kurt ist davon für acht Wochen blind geworden. Ernst hat ihn mitversorgt.

Ernst, hier, heute, Camp Hutchinson, Isle of Man: die Nummer 1. Bevorzugt, entlassen, Vorteil Ernst.

Kuh-Witters hinter dem Zaun, ursprüngliche Größe 188 Zentimeter, vorzeitig krummknochig, auf dem Kopf ein spanisches Barett, rührt sich nicht.

Ernst, auf dem Weg zurück in sein richtiges Leben. So Unterkommandant Petterson, als er ihm vor drei Stunden die Entlassungspapiere überreichte. Früher dachte der jüngere Schwitters in Bögen und Schlangen, so bildete er auch seine Sätze. Als Kind hatte man ihn dafür gelobt, im Lager wurde darüber gelacht. Nun sind alle Sätze kurz. Wie er denkt, weiß er nur mehr halb.

Zeit im Lager: ein Jahr. Zuweilen, nachts, wusste er auch nicht mehr, wie er hieß. Petterson war 20 Jahre älter als Ernst: »Back to your proper life.« Petterson war naiv. Ein Leben hatte Ernst in England nie gehabt.

Lagerlektion: Zeig Demut, zeig Dankbarkeit. Ernst hatte Petterson angelächelt. Von deinem Gesicht halt ihnen nur die Hülle hin.

Lagerlektion: Mach Listen, denk in Ziffern. Kurze Sätze sind ideal, um etwas zu ordnen.

Etwas: Küchendienste. Life. Du selbst.

Die Ruhelosigkeit, die entsteht, wenn man wie Vieh zusammenlebt, eng, enger, Körper auf Körper, rauscht ihm noch durch jeden Nerv. Sechs Stockbetten pro Zimmer, zwei Mann pro Matratze, 24 pro Raum, schlafen in Schichten, genannt turns. Wecken um halb acht, duschen, anziehen, rasieren, frühstücken, abspülen. Nie allein, keine Sekunde unbeobachtet, das Klo im Haus, eines für mehr als 60 Mann, ohne Schloss.

Die anderen sind nicht die Hölle, sie sind Flüchtlinge wie du. Aus jedem Winkel Europas stammen sie, viele von ihnen überzeugte Pazifisten, die den Nationalsozialisten Widerstand geleistet, Familienangehörige verloren, ihr Leben aufs Spiel gesetzt haben. Männer ohne Zuhause, ohne ein Land, in das sie zurückkehren könnten. Dazwischen italienische und deutsche Kriegsgefangene, überzeugte Faschisten. Vor allem aber Menschen deutscher Herkunft, die seit Jahren, wenn nicht Jahrzehnten, in England leben. Sie betreiben Geschäfte, arbeiten als Handwerker, Lehrer, Wissenschaftler, Ingenieure, Kleinhändler, Großhändler, Hutmacher, Künstler. Sie, die Väter, Großväter, Söhne englischer Familien, werden unversehens zwischen zwei sich bekämpfenden Welten zermahlen.

Die anderen sind nicht die Hölle, sie sind das Leben. Die Hölle sind sie obendrein. Man spült, kocht, sichert sich einen Extrahappen, hat Ideen, einen Plan für die Woche, einen Verbündeten tags, einen nachts, feuchte Träume, eine Erinnerung, eine neue Gewohnheit und einen alten Vater, der glücklicherweise in einem anderen Haus wohnt. Die Körper stimmen sich aufeinander ab. Hormone, Aufladung, Entladung, Stinken im Takt. Weitpinkeln, Hordenschiss.

Jeder kennt dich übernah. Jedem wächst ein Bart. Jeder träumt davon, was er nicht mehr hat. Man versteckt sich in Krankheiten, schließt die Augen, verstopft sich die Ohren. Bald reißt man die Pfropfen wieder heraus. Keiner kann sich leisten, verloren zu gehen.

Die Wachen sprechen 1. Manx, den Inseldialekt. Den verstehen die Gefangenen nicht. Oder die Wachen sprechen 2. gar nicht, damit die Gefangenen sich fürchten. Oder sie sprechen 3. Englisch. Dann ist es ein Befehl. Essen und sich waschen kann man in Schichten. Atmen nicht.

Zaun, Meer, ewiger Wind. Hüte bleiben im Koffer, lange Locken schlagen ins Gesicht. Will man über den Square, muss man kreuzen wie ein Schiff. Nachts wird die Bucht gelöscht. Motorwagen fahren mit Verkleidungen vor den Scheinwerfern, die alles Licht nach unten auf den Asphalt drängen. Mittel gegen Läuse und Wanzen gibt man jede Woche aus. Ehemalige Friseure unter den Gefangenen bieten ihre Dienste an, Bettnachbarn helfen mit Schere und Topf. Zusätzlich zur Hausarbeit nähen, schustern, flicken, gärtnern die Feindfremden, offiziell Enemy Aliens, kurz EAs. Mit dem auf diese Weise verdienten Geld leisten sie sich im Lagerkiosk Nachrichten: Auch eine alte Zeitung ist ein Stück Welt. Erfahren, was im Nichtmehrzuhause geschieht. Möwen scheißen auf die Schlagzeilen, die Männer wischen es weg, teilen die Blätter, lesen auf Englisch, diskutieren auf Englisch, so gehört man auf die richtige Seite, anders als jene, die auch im Lager nur Deutsch können wollen und bei jeder noch so mickrigen Aktion auf ihren Anführer blicken wie geistesamputiert.

Manchem half ein Zimmer nach hinten hinaus. In den Innenhöfen roch es nach Tier – man hielt Hühner und Kaninchen, ein Haus fütterte sogar eine Ziege durch. Hier hinten konnte man die englischen Nachbarn beobachten. Vielleicht einmal eine Frau hinter einer Gardine oder vor einer Gardine oder wunderbarerweise ohne Gardine, eine Frau, die spürte, was Männeraugen brauchten, ein Mädchen, das wie sie einen Nachtkörper besaß, der sich freuen wollte. Eine Herausforderung war es auch. Man blickte in Häuser hinein, in denen freie Menschen wohnten, Menschen mit Familien, Menschen in einem Leben, das ihnen gehörte. A proper life.

Plural von blue: Die Augen des Bettnachbarn, fünf kurze Zentimeter vor deinem Gesicht. Fühl nichts. Das ging ein paar Wochen gut, dann schlecht. Blauer Dämmer, fernes Meer, Augenpaar. Ah, wie er, Ernst-vor-dem-Zaun, lange Ernst-hinter-dem-Zaun, den Blues jetzt verstand.

Im Lager war man Warten gewohnt. Hier vor dem Zaun drückte es ihm schwer auf die Brust. Name: Schwitters. Vornamen: Ernst Eduard Friedrich. Geboren: 16.11.1918. Es tat gut, wenigstens den Pass wieder in Händen zu halten. Es tat gut, auf das Foto zu starren. Nach den Monaten in der Horde, wer war man da noch? Ja, damit meinte er dieses Ding von früher, dieses abgeschlossene Etwas, als das er sich gekannt hatte, genannt Ich. Es hatte sich nicht verflüchtigt, nicht zur Gänze – es war nur zerfasert, fluffig auseinandergezupft. Kaum pustete jemand es an, stob es wie Löwenzahnsamen dahin

Auf dem Passbild sah er jung aus. Er war 22 ¾. Jung, wenngleich auf andere Weise, als der Lappen mit dem Reichsadler behauptete. Schon mal in einer DADA-Familie aufgewachsen? Schon mal als Großvater des Dadaismus beschimpft worden, mit vier? Er war nicht locker gewesen. Nie. Nicht-locker-Sein war DADA Stufe zwei. Das neue Jung. Seine Revolution.

In einem Lager wurden auch die Revolutionen bescheidener.

Das Grün des Square umfing ein weiterer, nicht so hoher Zaun. Die Ränder des englischen Rasens wurden jede Woche mit kleinsten Scheren getrimmt. EAs, auf den Knien rutschend voran. Sprache 4: Erschöpfung.

Vor Zäunchen und Zaun patrouillierten Wachen. Grüne Uniform, Kappe und Gewehr, auf dessen Lauf wie im 19. Jahrhundert ein Bajonett steckte, lang und scharf. Sprache 5: Einschüchterung.

Kurt saß am Südostende, wo der niedrige Zaun an den hohen stieß. Vor dem wiederum Ernst saß, das Gesicht Richtung Marathon Road und Bucht gewandt. Er sehnte sich nach Leichtigkeit. Man konnte sich vorwärts sehnen, nicht wahr? Zurück wollte er nicht. Fast fielen die Häuser den Hügel hinab ins Meer.

Wie fing eine Zukunft wieder an, die schon einmal aufgehört hatte?

An einem Zaun jedenfalls.

Seine Mitgefangenen hatten sich von ihm die Briefe schreiben lassen, 24 Zeilen pro Monat, das erstickte jeden langen Satz. Schönschreiberling Ernst, Vielschreiber, Drechsler von Phrasen. Wie vermisse ich dich/euch/unser Heim ..., das Liebste, das ..., wie geht es X (Name des Kindes) in der Schule ..., sag ihm/ihr, dass er/sie nicht lügen darf ..., Euer Vati ... innigst verbunden ... immer treu ... Bei Vollmond denke ich an euch ... (Vorschlag von Ernst), wir brauchen einen Familienspruch (Vorschläge von Ernst in den folgenden Briefen).

Zuhören, kritzeln, wieder warten. Warten. Und sitzen. Manxer Ewigkeit: das Murmeln der Männer, das Brechen des Windes, das Möwengeschrei. Die Beine wurden kurz, der Po breit.

Ah, deine Hüftchen, sagte Klaus dazu gern. Klaus! Der sah auch zu genau hin. Wo war er überhaupt?

Die Gehwegkante vor Ernst blitzte weiß, damit man nachts trotz der Verdunkelung nicht stürzte. 1000 einst weiße, nun angegraute Unterhosen trockneten an den Drähten des Zauns, Riesenvogelschisse im Wind. Die EAs wuschen von Hand. Sie mussten ihre eigenen Weiber sein. Erstaunlich viele freuten sich daran, andere fanden es erniedrigend, für ihn war es vorbei.

Klaus rannte vor den Unterhosen auf und ab. Klaus nannte das Kommunismus on the alert. Klaus, allzeit bereit. Ernst reichte die Aussicht auf London, heute Nacht, um ins Schwitzen zu kommen. Das war Bewegung nach vorn: Esther umarmen. Esther in ihrer Wohnung in Bayswater. Wenn sie nur endlich abgeholt würden. Statt längst auf der Fähre nach Liverpool zu sitzen, starrten sie hungrig auf die nachmittägliche Verteilung frischer Nahrungsmittel am Lagertor. Jedes Haus hatte zwei Mann geschickt, die gemeinsam die Henkeltonnen mit Kartoffeln und Karotten forttrugen. »Na, fällt euch der Abschied so schwer?« »Kommt doch wieder rein.«

Seine Frau war dank ihres norwegischen Passes ein paar Tage nach ihrer gemeinsamen Anlandung und Verhaftung im Juni 1940 freigelassen worden. Nicht einmal ein Foto von ihr war ihm geblieben. Zumindest lebte sie jetzt ohne Kurt. Er hoffte, dass ihr das gefiel. Dummerweise lebte sie auch ohne ihn, Mister Örrnst, frisch graduiert an der International University of Exile and Refuge. Fu... dge it up!

Lediglich Kurt glaubte, dass fu...dge das süße klebrige Zeug bezeichnete, das im Campkiosk neben der Kasse lag.

Funny Körrt. Zum einen überfürsorglich – Isst du auch genug? Hast du die langen Socken an? –, abwesend zum zweiten, weil er nicht bemerkte, dass ein Ernstleben im Lager ein vollkommen anderes sein musste als ein Kurtleben.

Aus Esthers zensurkurzen Briefen wusste er, was ihn in Englands Hauptstadt erwartete, käme er erst einmal dort an: kein Rotes Kreuz, keine Nahrungsmittel frei Haus. Briefverkehr eingestellt. Anders als in Lysaker gäbe es keinerlei Unterstützung aus Hannover mehr. Behördengänge tags, Bomben nachts. Hier starrten sie den deutschen Kampffliegern nach wie Idioten, wenn die Maschinen von einem ihrer Angriffe auf Belfast zurückkehrten, übergroße, dunkel brummende Insekten, eine lichtlose Formation.

Und wo flogen sie hin?

Nach Hause.

So weiterhin das Gefühl.

Das war verrückt. *Das* fühlte er. *Das* drückte er weg.

Er lehnte sich stärker gegen den Zaun. Was war ihm so heiß. Die Drähte schnitten in den Rücken. Er atmete mühsam, es war, als wöge die halbfreie Luft extra schwer.

England war ihm fremd, seine Frau auch. Wovor fürchtete er sich?

Er wäre allein in London.

Kurt käme irgendwann nach.

Davor fürchtete er sich: dass Kurt alles wäre, was ihm geblieben war?

Es war auch schön gewesen, als Krake zu leben, acht Arme und jeder Arm an seinem Ende mit dem Arm eines anderen Gefangenen verschränkt. Du willst deine Geschichte vergessen? Schmilz in den Haufen. Ich ist du ist man. Das Deutschsein verschwindet darin wie von selbst. Fu… fudge!

Sirupluft. Langsam einatmen, Ernst, langsam aus. Fassen ließ sich nicht, was ihm auf die Brust drückte. Er schloss die Augen, zählte seine Atemzüge an den Silben ab:

Fence, for some time we've been friends.

Fence, so don't you take offence.

Fence, I've got to get me hence.

Hysterisches Asthma, hatte Kučera gesagt, der heimliche Lagerdoktor. Geflohen aus Prag. Wie fing eine Zukunft wieder an, die aufgehört hatte? Eine Zukunft in einem fremden Land?

»Hysterisch, das isst guttes Messache«, sagte Kučera, »dieses Atemnott wandert sich forrt. Möchte-sein.«

Lagerlektion: Tausch dich aus, deinen Kopf, dein Herz, verdreh die Zunge, preis dein Glück.

Komm schon, Ernst! Du darfst vor dem doppelt gereihten Zaun und den beiden schiefen Wachhäuschen, die das Tor sichern, auf und ab schlendern, dich dehnen, gähnen, ins Gras fallen. Da lauerte eine Katze im Gebüsch, dort führte ein Hund einen Leinenmenschen spazieren. Alle schauten auf das riesige, stark behaarte Tier, alle bis auf die Manxerin, die auf ihrem Rasen hinter der halbhohen Ligusterhecke ein Buch las.

Er fasste in das Gras neben sich, riss den dicken Stängel eines Sauerampfers aus. Die Frau gegenüber hätte er gern angefasst. Nicht sexuell. Nur prüfen, ob sie echt war oder gemalt. Sie lebten hier tagein, tagaus in einem Bild. Nun gut, auch sexuell. Gern sexuell angefasst.

Sitzen, warten. Der ewige Meerblick, das postkartenfähige Vorgartenidyll. Er brauchte ein Ersatzpaar Arschbacken, wenn das so weiterging. Kurt vermutlich ebenfalls. Zusammengesackt, das

Kinn auf der Brust, saß er da. Er trug sein Barett, einen Sonnenstich hatte er kaum. Dieser Vater schlief oder dachte nach. »I'm a loaf?«, hatte Körrt zu Besuch bei Ernst jüngst gefragt. Ernsts ganzes Haus hatte gelacht. Thick as a loaf, dumm wie Brot. Wobei nicht die Dummheit wichtig war, wichtig war das Brot. Kurt war ein Laib: rund, vorhanden. Er sprach mit allen, scherzte, blieb unberührt. Man hatte ihm im Speicher seines Hauses ein Atelier zugewiesen. Aus Verzweiflung. Kurt hielt die Aktion für der anderen Sachverstand. Vater Schwitters machte Kunst pausenlos und überall, im Zweifel auch auf dem Bett seines Nachbarn. Kunst aus Porridge, aus Bauresten, Muscheln, Müll, Tang. Es stank. Kurt stank. Arty-Farty, rauf mit dir! Lächelnd hatte Buddha Kurt das kollektive Zimmer geräumt. Er wohnte nun als ein »Kurt minus 23 Mann« im eigens für ihn hergerichteten Speicher. Das war exakt nach seinem Geschmack.

Und dann heute Morgen: »Switters, step up.«

Ernst hatte die Lider hochgerissen. Der Inselwind drückte sie einem ins Gesicht, mit gesenktem Kopf harrte man vor der Haustür aus beim Appell. Die heilige Prozedur unvorhersagbarer Entlassungen, um Punkt 10 Uhr fand sie statt.

Switters?

Gemeint war gewiss Kurt, der in der Appellgruppe des Nachbarhauses stand, keine fünf Meter entfernt. Ernst hatte »God save the King« gemurmelt. King war niemals falsch.

Beschwerden, Switters? »Any complaints?«, sagte Petterson.

Man war beim Militär, ohne je rekrutiert worden zu sein. Kopf hoch, Augen auf: »Of course ... not, Sir«, antwortete Ernst.

Hutchinson, Lager P, Isle of Man, bekannt als »die kriegen die Ärsche nicht hoch«, war die vierte Station für den Vater-Sohn-Doppelpack. Kaum hatten sie den Fuß auf schottischen Boden gesetzt, waren Befehle gebellt worden. Erste Hürde: den eigenen Namen erkennen, aus englischem Mund: »Switters, Körrt: fünfte Säule, vortreten.« »Switters, Örnst: fünfte Säule, vortreten.«

Sie traten vor und waren verhaftet. Weil sie eine Säule waren? Hinter dem Grenzgebäude im Hafen von Rosyth hatte Ernst nichts als Kräne, Kisten, Schiffe, Matrosen und Schotten ohne Röcke gesehen.

Allmählich sprach es sich herum: Column hieß in ihrem Fall Kolonne. Nur dank der Maulwurfarbeit der in europäische Länder einreisenden, sich dort versteckenden, intrigierenden, die Fremdnation untergrabenden, unausgesetzt etwas verheimlichenden, sich verstellenden, schleimenden, ewig buddelnden, ständig neu Zersetzendes erdenkenden Deutschen hatten Hitlers Truppen in Polen, Norwegen, den Niederlanden und nun auch Frankreich gesiegt »wie ein heißes Messer, das durch Butter fährt«. Die britische Presse lehrte das Lesevolk, Flüchtlinge aus Hitlers Reich als schädliche Einwanderer zu betrachten. Des Führers fünfte Kolonne und erste Geheimwaffe. Deutschsein war genetisch, es war viral, es war, wie die Germanen selbst sagten, etwas im Blut. Nur eines war es nicht: harmlos. Am 10. Juni 1940 hatte das britische Parlament unter Churchills Führung beschlossen, das Problem in einem Streich, also genialisch, zu lösen: Säule einsperren. Mit sofortiger Wirkung waren alle im United Kingdom lebenden Deutschen feindliche Fremde. Als die Fridtjof Nansen die norwegische Küste verließ, konnte Großbritannien als Zuflucht gelten. Als sie am 18. Juni im Geleitschutz eines britischen Kriegsschiffes, das zu ihrem Glück vor der Scharnhorst & Co im Nordmeer zu ihnen aufgeschlossen hatte, in Rosyth bei Edinburgh anlandeten, galt das neue Gesetz.

Schwitters, Körrt, und Schwitters, Örnst: God save Commander X. Commander Y. Commander Anybody Anywhere.

Nach der Festnahme in Schottland erlitt Kurt einen epileptischen Anfall. Alle paar Tage brachte man sie an einen anderen Ort. Warth Mills in Bury, genannt die Hölle von Lancashire, entpuppte sich als heruntergekommene Wollmühle. Die Fenster schwarz, tausend Mann auf dem Boden. Läuse, Wanzen, Flöhe. Ratten, fett wie Ferkel. Die Latrinen bestanden aus Brettern über verrottender

Scheiße, dann brachen die Bretter ein. Tags darauf wurden drei Mann von rostigen Maschinenteilen, die durch die Decke kamen, erschlagen. God save everything. Ernsts Golduhr gefiel dem Kommandanten so vorzüglich, dass der Mann sie noch heute betrachtete. Die Gefangenen scheuchte man auf ein Schiff. Die Hoffnungen flogen hoch, höher die Ängste. Weite See, dann ein Inselchen, genannt Isle of Man. Das lag fast im Atlantik. Menschen, Felsbrocken, Wind. Immer weiter aus Europa schob man sie hinaus.

Kommandant Kapitän Daniel, drei Tage vor Ankunft der ersten Gefangenen aus dem Ruhestand beordert, rettete Lager P. Lager P auf dem höchsten, sprich windigsten Hügel der Insel.

Sprache der Möwen: laut.

Sprache des Captains: Übertölpelung.

Innerhalb kürzester Zeit platzten die neun Männerlager der Isle of Man aus allen Nähten. Niemand hatte einen Plan, wie es weitergehen sollte. Schubweise kamen neue Flüchtende nach. Schon im Herbst 1940 war von einer fünften Säule keine Rede mehr.

»Vortreten«, brüllte Petterson zum zweiten Mal, »Switters, ...t.«

Den Vornamen verriss der Wind. An Herbsttagen wirbelte er faustgroße Steine auf. An allen Tagen wirbelte die Wut der Manxer in der Luft. Die Fremden wie Maden im Speck in den neuen Häusern, während die einst umzugsfrohen Eigentümer bei Verwandten campierten. Ein Stein hatte Kurts Becher vom Tisch gefegt. Als er aufrecht auf dem Boden landete, hatte der Besitzer trocken gesagt: »Tägliche Entlassungsübung für Becher um elf.«

»EA Switters: released. I mean Örnst.«

Der König rettete England, England rettete die Welt.

Ernst, Glaubetrottel, sagte: »Me?«

»Damm sure. Or don't you want to?«

Er hatte geschluckt. Das kam ... plötzlich. Er? Der kleinere ..., der unwichtige Sohn? Überrumpelt konnte er nur Unsinn denken: Hoffentlich mussten sie nicht im Gänsemarsch durch das Städtchen zurück. In Doppelreihen waren sie an ihrem ersten Tag über die Promenade von Douglas durch ein Spalier Schaulustiger ins Lager geführt worden. Der Wind hatte die Zwergpalmen und Zitronenbäumchen auf den prächtigen Seeveranden gebeutelt, Sand war in die Augen gedrungen, den Mund. Das Meer glitzerte kotzgrün, man schwankte noch von der Fahrt, der kurzen auf die Insel und der langen davor. Er schwankte bis heute davon, hier zu sein.

Örnst, kopfaufrecht: »This is wonderful news, Sir!«

Er hatte sich darauf eingestellt gehabt, hier einige Zeit ohne Kurt zu verbringen. Jetzt merkte er, dass er sich darauf gefreut hatte. Verwirrt blickte er zum Nachbarhaus. Sein Vater, wie üblich der Größte der Runde und daher ohnehin nicht zu übersehen, hielt die Schale mit dem zusammengebettelten Porridge hoch in die Luft und rief, so dass man es über den Platz noch bis in die hinterste Ecke des Lagers hörte: »I'm so happy for you.«

Klaus rannte unermüdlich die Straße rauf und runter. Die Luft pfiff, die Möwen schrien »happy for you«. In der Doppelschleuse hatten sein Vater und er sich zum Abschied umarmt. Ein letztes Mal hatte Ernst dem vertrauten Flüstern gelauscht: Lanke tanke – pranks! Das Camp benutzte den abgewandelten Vers aus Kurts *Ursonate* als Code. Die Bedeutung dieser Laute fanden die Engländer in keinem Lexikon.

Die Wachen beherrschten Sprachen 1 bis 5. Die Gegensprache der Gefangenen wirkte wie Unsinn. War Freisinn. Ließ keinen Zweifel: Wir leben noch.

Lanke tanke, Scheiße, Danke.

Warum holte man sie nicht ab? Die Marathon Road links, rechts, leer. In der Hauptstadt würde er auf den Verkehr achten müssen, sonst war es mit der Zukunft gleich vorbei. Fu …

»Come along«, rief Klaus, »move!«

Klaus, hochgewachsen, mager, zehn Jahre älter als Ernst, ein Gespenst mit schwarzem Stoppelbart, war im Lager berühmt als der härteste Kommunist auf Marxens Erdball. Nicht allein mental, auch dental. Eins zwei drei vier, mit der Bürste ein sauberes Rechteck auf jeden Zahn geputzt. Preußisches Umzingelungsmanöver, sichere Folge Bakterientod. Nach fünf Minuten Zahnkrieg spie Klaus mit Nachdruck in den Abfluss: ein Faschist weniger, mindestens.

»Ich keuch schon so«, rief Ernst ihm nach, »ich bin auch ohne Training fit.« Alle Insassen unter 30 hatten zwei Mal pro Woche Baseball spielen und sonntags der Übertragung der Tabelle aus dem Radio lauschen müssen. Im Gegenzug hatte Captain Daniel den EAs abendliche Vorlesungen, Theaterstücke und Konzerte erlaubt. Er beschloss, sich minimal zu bewegen und die Bajonettwache in ihrem Häuschen knappe 40 Meter die Straße hinunter zu besuchen. Der Wachhabende durfte weder reden noch sich bewegen, das machte ihn sympathisch. Auch dieser Mann musste eine Hülse sein.

Er schlenderte die Marathon Road hin. Die Brise kühlte ihm den Rücken, sehr angenehm. Das konnte er sich ruhig zugeben: Das Lager war eine Art Zuhause geworden. Abgesehen vom Sportzwang. Er würde es vermissen. Die Häuser trugen Kennnummern, damit sich niemand verirrte. Das war nachgerade rührend. They were being taken care of. Fast war es luxuriös. Jedes Haus verfügte über eine Küche samt Gasherd und Eiskammer, Toilette, Dusche, elektrischen Strom, in den Eckgebäuden fanden sich sogar Badewannen. Den obligatorischen Kriegsstrich, die 15-Inch-Wasserstandslinie, hatte ein Stadtverwalter mit wasserfestem Stift vor ihren Augen auf die neue weiße Emaille gepinselt. Lag man alle vier Monate für exakte 15 Minuten darin, schrieb man mit nassen Fingern auf die schwarze Zeile, was man vermisste und wovon man träumte, und sah zu, wie jede Letter verrann. Das war melancholisch, aber auch hübsch.

Auch in anderen Hinsichten war man klug geworden. Von Zuhause-Zuhause sprach niemand mehr. In Kurts Haus, so Kurt, sprach man über Kunst und Musik und bei welchem Nachbarn er das Linoleum herausschneiden konnte, das er als Malgrund benutzte. Man bestahl sich gegenseitig, wen sonst.

Das Wachhäuschen stand schief, der grünliche Anstrich blätterte ab. Buckingham Palace war das hier nicht. An der Wache vorbei blickte Ernst hinunter in die ferienblaue Bucht von Douglas. Das Hotel an ihrem südlichen Ende trug einen Antennenwald auf dem Dach und war kein Hotel mehr, sondern eine Schulungsanstalt der Armee. Die Pferdebahn, die auf schmalen Gleisen die Promenade hinauf nach Norden geruckelt war, bis sie kurz vor dem Vergnügungspalast in die Hügel bog, war eingestellt worden. In dem Palast, einer Mischung aus Zirkus, Schaubudenarena und Grandhotel, der zudem ein Opernhaus und den größten Ballsaal Europas enthielt, fanden keine Bälle mehr statt.

Wie gut, dass der Soldat nicht mit ihm sprechen durfte. Seit ein paar Wochen redeten die Wachen vor allem Sprache 6: Ihr seid schuld.

Manx litt, die Touristen blieben aus. Dass jeder Inselmensch staatliches Geld für Verdienstausfälle erhielt, erwähnten die Wachen nicht. Die EAs hatten davon gehört. Auch sie erwähnten es nicht. Sie schämten sich. Sie waren nicht das Deutsche Reich, aber mit Deutschland hatten sie zu tun.

Erzählten die Gefangenen, die aus Dachau oder Buchenwald auf die Insel gelangt waren, wurden auch die Wachen still. Als »Aktionsjuden« hatte man die Männer aus dem annektierten Österreich verschleppt, um sie zur Emigration zu zwingen und ihr Vermögen arisieren zu lassen. In Buchenwald hatten sie zunächst eine Zufahrtsstraße bauen müssen. Bald hieß sie Blutstraße. Typhus brach aus. Juden wurden medizinisch nicht versorgt. Zum 50. Geburtstag des Führers 1939 fand eine »Gnadenaktion« statt. So waren die Männer nach England gekommen.

Die Tossionis lebten in Shanghai. Bei ihren Besuchen in Lysaker hatte Helma frei sprechen können. Sie hatte jüdische Familien gesehen, die sich mit viel zu viel Gepäck durch Hannover schleppten auf dem Weg zu einem der ständig wechselnden Sammelplätze für einen Transport nach Osten. Im März letzten Jahres hatte sie geschrieben, wie die Schilder, die Juden das Sitzen verboten, von den Bänken in der Eilenriede abgeschraubt wurden. Deutschland war judenfrei.

Und England sollte es werden. Wie war den Braunhemden im Lager das Frohlocken aus den Augen spaziert, als sich der Gröfaz sofort nach der französischen Niederlage die Themse hochbombte, London und andere Städte mit The Blitz überzog.

Ernst wollte kotzen, wenn er nur daran dachte. Hysterisches Asthma, Nervenschwäche, Magenbeschwerden, Schwindel. Die Klos dauerbesetzt.

Tiefenlinie um Tiefenlinie floss das klare Meertürkis vor ihm über in Blauschwarz. Dann und wann, behaupteten die Wachen, blase ein Wal in der Bucht. Er hatte keinen gesehen. Durch das Grün des Hügels schlängelte sich die Straße, über die sie jeden Montag in Zweierreihen zum Hafen geführt wurden. Am Pier schlitzten die Fischer den Morgenfang auf, lachten zum Quellen der Innereien. Kroch die Sonne über den Horizont, funkelten die Zähne der Seemänner neben den Schuppen, die silbern an ihren Händen klebten, an den Bottichen, auf dem Boden.

Gefangenenspurt hügelan, zurück ins Lager. Ausnahmsweise war Ernst froh über das Gerenne. Er hasste den Pier. Er ertrug die Schuppen nicht. Sie funkelten so silbern wie seine Angst. Von Montag zu Montag vermehrten sie sich. Am Abend fand er sie in seinem Bett.

Was erwartete sie, wenn der englische Widerstand brach? Wenn Hitler den Krieg gewann?

Er blickte dem Wachsoldaten in das reglose Gesicht. Der Kerl war fast einen Kopf größer als er. Ernst sah das makellos rasierte Kinn, den lächerlich weit vorn sitzenden schwarzen Riemen des Helms. »Thank you«, sagte er. Oder war das zu viel vor einem so stummen Gesicht? »Thank you, by the way.«

Als er zu seinem Platz zurückging, flüsterte ihm die Angst die Antwort auf seine Fragen ins Ohr: wot-ri-tum, wot-ri-tum – a watery tomb.

Hinter dem Zaun schwärmten Männer jeden Alters, jeder einen Stuhl unterm Arm, quer über den Platz zwischen den Hausreihen. Es war also halb sechs. Gleich würden die Vorlesungen beginnen. Die letzte Fähre aus Douglas legte um 20.15 Uhr ab. Den Fahrplan kannte Ernst auswendig, wozu starrte man Tag um Tag auf den Meerverkehr.

»Hey, Serious. Was ziehst du für ein Gesicht?«

Von Kommunisten hatte Ernst seit Ehlmanns Heimtücke in Tromsø die Schnauze voll. Klaus' Glimmstängel nahm er gleichwohl. Sie standen rechts vom Tor, kurz bevor die Marathon Road den Hang hinabführte. Weiter durften sie nicht gehen. Die Möwen äugten von den übertriebenen Ansammlungen von Töpfen herab, die die Engländer auf die Dachkamine stellten, um ihr Haus in das Ebenbild eines Schiffes zu verwandeln. Bestimmt hatten sie auch Zigaretten schon probiert. Sie probierten alles. Klaus rauchte Craven A. Man steckte sich eine Korkspitze in den Mund. Klaus, die Zigarette hinters Ohr geklemmt, keuchte und dehnte sich die Beine.

In der ersten Nacht auf der Nansen hatten Ernst und ein paar andere junge Männer Ehlmann zur Reling geschleppt. Unrasiert, verschwitztes Hemd, die Haare so farblos, als schliefen sie, hatte er vom Deck der Nansen zu ihnen heruntergewinkt und Schicksal gespielt.

Als es zur Reling ging, pisste er sich ein.

Dass sie ihn nicht über Bord warfen, hatte mit Edelmut nichts zu tun.

Sie waren zu erschöpft.

Sollte er mit seinem Verrat leben.

In der Bucht brach sich das Sonnenlicht in den Fenstern des Tower of Refuge, der Schiffbrüchigenstation mitten im Hafen. Man hatte gleich ein Schloss auf das Riff gebaut. Seebad Douglas! Kulisse überall und zu viel Geld. Zwei Nachzügler rannten mit Stühlen über Hutchinson Square. Kurt beachtete sie nicht. Er hatte das Barett abgenommen und beide Jacken ausgezogen. In kurzärmeligem Hemd saß er da, ein Blatt Papier auf den Knien, und kritzelte.

»Ich kenn nen Nachtklub bei King's Cross, Serious«, sagte Klaus.

Klaus dental, Klaus lateral. Rilkes *Malte* gelesen?, hatte Kurt nach den ersten Lagertagen gefragt und die Augen gerollt. Da wäre der Engeldichter einmal nützlich gewesen: Männergemeinschaften, das nicht nazifizierte Paris, Rasse auf Grimasse gereimt. Gemeinhin war der fischgesichtige Rilke bei Schwitters & Co als Rill-Rall bekannt: einige sagenhafte Verse, jede Menge Wurfgesten, beschworener Innenraum. Seit einer von Kurts Freunden Rainer Marias Gedicht über die Länge des offensichtlich exorbitanten Rainer-Maria-Schwanzes verlesen hatte, hieß der Dichter Prall-Phall und war nahezu beliebt.

Wenn es so weiterging, kamen sie heute tatsächlich nicht mehr über Douglas' Stummel-Big-Ben am Aufgang der Piers hinaus. Vor der überdimensionierten Empfangs- und Abfahrtsuhr parkten die drei übriggebliebenen Pferdekutschen, gegenüber lag der Bahnhof der Inseldampfbahn. Manchmal hatte das Pfeifen einer Lok Ernst aus den Träumen geschreckt. Hatte er dann zum Fenster hinausgeblickt, war weiter nichts als Dunkelheit zu sehen gewesen. Noch die Züge dieser Insel fuhren blind.

Klaus rauchte so, wie er rannte, schnell. Ernst schielte ins Päckchen. Fünf noch. Die beiden Osteuropäer neben ihnen, tief über das Schachbrett im Gras gebeugt, sahen in ihren grauen Flanellhemden aus wie zwei überdimensionierte, erstarrte Gänse.

»Do you remember that guy from the zoo?«, fragte Ernst dem frischen Rauch hinterher.

Deutsch war verboten. Sie verboten es sich selbst.

Der erste aus Hutchinson entlassene Gefangene war Elefantenwärter in einem englischen Tierpark gewesen. Seine Dickhäuter hatten sich geweigert, sich von einem anderen als ihm füttern zu lassen. Damit war die Nützlichkeit des Mannes bewiesen gewesen. Nützlichkeit regierte die englische Welt.

»Serious«, sagte Klaus. »I mean it. Wenn wir in Liverpool stranden, heute Nacht?«

Klaus, so selbstbewusst ohne Familie unterwegs. Klaus!

»Nimm endlich die Hand aus der Tasche«, sagte Ernst, »ich seh das doch.«

»Soll ich sie in deine Tasche stecken?«

Klaus, so unbeirrt er selbst. Ohne Anhang. Ging Freiheit so?

Ernst wanderte ein paar mutige Meter über die Sichtlinie nach rechts, fort von Klaus und den Wachen. Zu seiner Überraschung pfiff niemand ihn zurück. Er ließ sich hintüber ins warme Gras fallen. Unter dem Himmel aus durchsichtigem Türkis schwebten die stets nur mit sich selbst beschäftigten Sommerwolken.

Leben durch andere, keine Entscheidung treffen, versorgt sein. Es war bequem gewesen. Doch die Horde hatte ihn auch angezapft. Still und heimlich hatte sie etwas von ihm verbraucht. Etwas wie seinen Mut.

Weich sein war gefährlich. Danke sagen war gefährlich. Jedes Mal, wenn er es zuließ, fühlte er sich danach stundenlang wie ein Greis.

Dann sehnte er sich nach Ruhe, als wäre er 80. Gegen eine Portion Haferschleim zitierte Kurt in dem Café, das die Gefangenen in Eigenregie betrieben, also bei Kerzen statt Glühbirnen, bei Porzellan statt Blech, jeden ersten Freitag im Monat das Gedicht *Ruhe*. Es bestand aus einem einzigen Wort: Ruhe. Der Dichter wiederholte und wiederholte es, sprach lauter, griff sich nach ein paar Minuten eine Porzellantasse und ließ sie am Henkel um den Zeigefinger kreiseln. Die Aufmerksamkeit stieg.

In der Welt des Lagers war eine echte Porzellantasse ein Schatz.

Scherben glitzerten am Boden. Die ersten Male hatte es lange gedauert, bis die Schreckstille nach dem Zerspringen der Tasse sich löste. Man atmete aus. Schaute. Fing an, sich zu freuen. Die Heiterkeit nahm zu, die Erleichterung – worüber? –, schließlich war etwas zerbrochen, man klopfte sich auf die Schenkel, schnaufte, prustete, nahm sich in den Arm. Tränen flossen – sie kamen vom Lachen, wovon sonst.

Ruhe, um das Zerbrechen zu hören.

Man wollte es immer von neuem vorgeführt bekommen.

Man wusste, was passieren würde, und freute sich darauf.

Lagerlektion: Es tat gut, etwas zu zerstören.

Wenn etwas zerstört wurde, fühlte man sich. Auf angenehme Weise. Lag man im Bett, kam die Bedrückung allerdings flugs zurück. Zuckende Beine, enge Luft. Der Kopf drehte sich, mehlig und trübe folgte das zerfledderte Ich. Das war der Koller. Den kannte jeder, das Wort übersetzte keiner. Lagerkoller gab es nur auf Deutsch.

Ernst schielte zurück zu Klaus. Einen älteren Bruder hatte er sich gewünscht, seit er denken konnte. Ein anderes männliches Wesen im Haus außer Kurt. Klaus war 35. Der Abstand gefiel ihm. Sein leiblicher älterer Bruder, Gerd, war kurz nach der Geburt gestorben. Ernst hatte nie entscheiden können, ob ihm das leid tat oder eher Freude bereitete. Ohne Gerds Tod hätte es ihn nicht gegeben. Höchstens als Unfall. Weder das eine noch das andere befeuerte einem das Lebensgefühl.

In dem kühlen Schuppen, der als Lagerbibliothek diente, hatte Klaus ihm vor Wochen ein Buch in die Hand gedrückt: It was the best of times, it was the worst of times, it was the age of wisdom, it was the age of foolishness, it was the epoch of belief, it was the epoch of incredulity, it was the season of Light, it was the season of Darkness.

Ernst hatte die Sätze mit dem verglichen, was er wusste.

Ergebnis 1: Wanst, Schwanz und Angst regieren die Welt.

2: Du bist klein, zumindest körperlich, mit Gewalt setzt du dich nicht durch.

3: Sprich weniger, sperr die Ohren auf. Frau, Kinder, Eltern, »in letzter Sekunde«, »um Haaresbreite …«, »keine Ahnung gehabt«. Er hatte angefangen, den Geschichten der anderen umgekehrt zu folgen, flipped. Statt auf den Inhalt zu achten, hörte er darauf, was ausgelassen wurde. Die Männer boten ihre Erlebnisse wie abgenagte Fischgerippe dar, »schau meine Knochen an«, »das ist, was mich beieinanderhält«. Viele hatten seit der Flucht nichts von ihren Familien gehört.

4: Erwachsen sein: Fragen, auf die keiner eine Antwort kennt, nicht mehr laut stellen.

5: Koller entsteht aus Angst und Langeweile. Andere piesacken hilft gegen beides.

So fing es gern an: »Aha, das ist dein Vater. Und was machst du?«
Oder auch so: »Uhh, nicht einfach, der Sohn zu sein?«
»Mach dir nichts draus. Aus Söhnen berühmter Männer wird nie …, äh, es ist eben schwer.«
Das war doppelt fies. Tatsächlich hatte Kurts Ruhm sich den gesamten Winter über in freiem Fall befunden. Seinen Hausgenossen ging der knuddelige Künstler mächtig auf die Nerven. Seitdem er im Dach wohnte, möglichst weit von der Küche entfernt, tropften nicht näher bestimmbare, faulige Säfte durch die Dielen auf die unglücklichen Mitgefangenen in den Betten unter dem Atelier. Drohte man dem Künstler Schläge an? Keineswegs. Man führte ein intelligentes Gespräch, in dem man MERZ anvertraute, wie outdated war, was er betrieb. Ernst sah, wie sehr es dem Alten zusetzte. Weil es die Wahrheit traf. Das Leben jedes Einzelnen war inzwischen so surreal, dass nichtrealistische Kunst nur mehr lächerlich wirkte.

Seit der Ohnmacht auf der Nansen war Kurt verändert. Tagelang still gewesen, damals. Bockig nun, auf neue Weise. Wollte nie mehr nach Hannover zurück. Ernst nahm an, aus Verzweiflung. Erst recht nicht nach Norwegen. Aus Wut. Alle Schwitters sollten auswandern.

»Und wohin, Dad?«

»Als könnten wir uns das aussuchen«, sagte Kurt.

»Ganz neuer Realismus hier?«, hatte Ernst bitter gesagt. Mancher im Lager betete, in England bleiben zu dürfen. Kurt hingegen hatte sehenden Auges einen öffentlichen Protestbrief gegen die Internierung unterzeichnet.

Ernst hätte seinen Vater schütteln wollen. Zu dumm, dass der Mann so groß war, so schwer. Der lebte nicht nur, der leibte immer gleich. Seit neuestem heulte er jede Nacht von seinem Dachzimmer aus quer über den Platz wie ein Wolf. Kurt sagte, er sei in einem Zustand »vor«. Vor allem. Vor Ausdruck. Vor Sprache. Vor Form. Kurt, die Person, hatte sich auf das Englische gestürzt. Kurt, der Künstler, auf den Porridge. Der Mann, insgesamt, suchte Halt. Suchte Halt und griff in Weiches. Ernst erging es nicht anders. Doch es war hochgradig beunruhigend, es an einem Vater zu beobachten.

Zugleich freute ihn, dass DADA tot war. Mausetot! Das sagte er dem Alten auch. Und wie sie stritten. Ein Wort gab das andere. Helma hatte ihn »Ernstlemann« gerufen, sein Vater »Herr Lehmann« daraus gemacht, den »Großvater« angehängt. Jahrelang hatten alle über ihn gelacht. »Das will ich nie mehr hören«, hatte Ernst gerufen und war die Treppe von Kurts Atelier hinuntergestürzt.

Als er sich nach einer Woche Abkühlung ein Bild von der neuen Lage machen wollte – Dachkammer, Skulpturenverbot, Depression –, kam er kaum hinauf. Crushing Körrt! Dicht an dicht drängte man sich, um sein Porträt in Auftrag zu geben. Malweise traditionell. Wiedergabe von vorn, inklusive der Hände: fünf Pfund; Kopf, Schultern, Arme: vier Pfund; Kopf und Schultern: drei. Lebensgetreu, die alte Manier. In Dresden hatte Kurt Jahre damit verbracht, sich darin zu üben. Ebenfalls im Angebot: Landschaften, Früchte, totes Getier.

Sein Vater und seines Vaters Kunst. Welch dunkles, glänzendes, segensreiches, schreckliches, Ernsts Leben bestimmendes, wütend machendes, verzehrendes, herrliches, unterhaltendes, ausschließendes, trennendes und verbindendes, welch Liebes-und-Hass-, Wo-bleib-ich-als-dein-Kind- und Bleib-bloß-im-Dunklen-Gebiet. Sie fielen in eine Goldgrube. Kurt kaufte Ernst von allen Hausdiensten frei und gab ein Vermögen für Bonbons, Schokolade und Wein aus. Küken Ernstlemann, froh am Futterstrang. Das musste er ja niemandem erzählen.

In den Abfallkübeln wühlten Möwen, in einem der Gärten grunzte ein Schwein. Beschäftigung der Tiere: proper life. Ernst und alle anderen Halbentlassenen bis auf Klaus saßen am Zaun. Beschäftigung: Rücken gegen Drähte drücken. Im Lager schälte man drei Stunden Kartoffeln fürs Haus. War man fertig, schälte man alle ein zweites Mal, ohne Schale. Das war Zeitverschwendung, aber half. Hier, vor dem Zaun, half nichts.

Im Herbst fiel die Sonne hinter den Horizont. Die See dehnte sich auf und wurde zu einem grau glänzenden Panzer. Sagten die Wachen »heute ist gutes Wetter«, benutzten sie Sprache 7. Mit ihr zogen sie eine Konsequenz aus Sprache 6 (ihr seid schuld): Man durfte sie nun bestechen. Sie hatten Schnaps oder Wein oder Tabak dabei, ein Handelsschiff war angekommen, und sie, die Enemy Aliens, verhökerten den letzten Schatz. Was man verbrauchen konnte, wanderte in Taschen, Körben und Fässern in das Lager herein. Was von dauerhaftem Wert war, wanderte aus dem Lager hinaus. Bilder von wenig bekleideten Frauen zählten zu den Verbrauchsgegenständen. It was a time of plenty, it was a time of need. Die Stadt und die in ihr enthaltene Gefangenenstadt verbanden sich nun doch. Ging man leer aus, blieb es einem unbenommen, bei dem ehemaligen Safarijäger, der die Wildtiere in die Verdunklung geritzt hatte, »Privates« zu bestellen. Dass der Mann etwas von Arschbacken verstand, konnte man bereits an seinen Giraffen genießen.

Zuletzt waren sie zwei Mal die Woche bewegt worden. Kam ein Briefkasten in Sicht, rannte ein Bewacher voraus und bedeckte den Einwurfschlitz.

Es war dies alles lächerlich und traurig in dieser Lächerlichkeit.

Inselbewohner, die ihnen begegneten, versuchten, durch ihre lange Marschreihe hindurchzustarren. Als ein Schiff unter norwegischer Flagge im Hafen geleichtert wurde, hatte Ernst angesichts des vertrauten Gelb-Blau geweint. Der Strand, auf Postkarten, die die Wachen feilboten, dicht mit Holzliegestühlen zugestellt, war leer. Möwen stolzierten auf und ab, als ahmten sie die verschwundenen Besucher nach. Sie hatten riesige Leiber mit gelben Schnäbeln und Krallen; eine schmaler gebaute Art, gefährlicher, gieriger, eine Manxsche Besonderheit mit roten Augen, flog Einkaufstaschen an. Es schien sich um eine Population von Albinos zu handeln, die Tiere hatten hier oben im Norden alle Pigmente verloren. Trotzdem holte Ernst die gerettete Leica nicht aus dem Versteck, machte kein einziges Bild.

Zukunft?

Die Männer neben ihm lachten. Zwei Kinder, zwischen sich einen Flechtkorb, rannten schreiend über die Marathon Road davon. Kirschen sprangen aus dem Behältnis, der Wiener Professor, dünn und papieren, eilte hinterdrein. Ein Schwarm Möwen zog von den Klippen herbei. Die Vögel hatten die Früchte gesehen. Der Traum Euston-heute-Nacht verschwand hinter dem dunstigen Horizont.

Ernst stellte sich die Bucht als Frau vor: ausgedehnte felsige Kräuselscham, bewachsen von Flechten und Moos, zwei lange weiße Sandbeine, ins Wasser gestreckt. Die Wolken hingen als Busen herab. Manche mit, die meisten ohne Nippel. Gott, war das elend. So elend, dass es das bereits vorhandene Elend verschärfte. Esther hatte ihn geheiratet, weil sie in ihm ihre Chance witterte, aus Norwegen wegzukommen? Vielleicht hatte er sie geheiratet, weil er in ihr seine Chance sah, in Norwegen zu bleiben. Das glich sich aus. Esther war keineswegs eine Wolke. Nippel hatte sie dauerhaft. Und sehr. Wenn er an sie dachte, wurde er frauen- *und* norwegen-sehnsüchtig. Als Kind, im Sommer 1929 bei der ersten Nordfahrt der Familie, hatte er sich Hals über Kopf in das Land verliebt. Er hatte die Zeit in Lysaker genossen. Zwischen Fels und Eis hatte die Kamera Licht wie von selbst in Vögel verwandelt, Vögel zurück in Licht. Wochenlang konnte man Fahrrad fahren, ohne jemandem zu begegnen, und sich von Pfannkuchen und Kranbeeren-marmelade ernähren. Kranbeeren waren tatsächlich sehr kranig, sprich beerig, so der wortkundige Kurt. Und da hatte man ihnen im Herbst '39 die erste Frist gesetzt: Norwegen verlassen. Frist stammte von fressen, so der exilkundige Ernst. Friss, Vogel, oder stirb. Sehr lustig. Das hatte sich mit dem 9. April erledigt gehabt.

Zukunft?

Blabla.

Nur eines stand fest: Irgendwann wäre auch dieser Krieg vorüber. Es musste an den Gedanken über Norwegen liegen: Unvermittelt sah er sich als Mann von 50 Jahren mit Kinnbärtchen, runder Brille und, leider, merklich weniger Haar entspannt an einem Schreibtisch sitzen. Hinter ihm hing eine Kurtcollage an der Wand, neben ihm stand die grüne Jadelampe aus Hannover, die Helma nach Lysaker geschickt hatte. Das Bild packte, überrumpelte, erfüllte ihn. Es war so deutlich, als hätte er es wirklich vor Augen, als wäre er dort. Lysaker also? Und da lag auch der Fjord. Er, Ernst, hätte überlebt. Er wäre frei.

Sein Vater war nicht zu sehen. Ihm wurde heiß. Was wäre mit seinen Eltern? Würden sie noch leben? Schon in Lysaker hatte Kurt mit ihm besprochen, wie es weitergehen sollte, wenn ihm oder auch Helma etwas zustieße. Sie hatten Werklisten erstellt, mit Abschriften, es gab ein Testament, neu aufgesetzt hier im Lager, sein Vater hatte es versiegelt und ihm übergeben. Doch er wusste auch ohne Worte, welche Rolle ihn erwartete. Er war mit Kunst erzogen worden und hatte sich von klein an für sie interessiert.

Er sollte, so Kurts Wunsch, von Verkaufserlösen aus Kurts Werk, Abdruckgebühren und Ausstellungslizenzen leben. Und er war dazu bereit, sich um das Werk seines Vater zu kümmern. Nicht nur, aber auch, und dann mit Überzeugung und Schmackes! Im Übrigen würde er leben, wie er mochte, in seiner eigenen Zeit. Mit seiner Fotografie, Kindern, Frauen, Kunst. F, K, F, K, f...k! Er würde erwachsen sein auf seine Art.

Damit wollte er sofort anfangen. Erster Schritt: Die Möglichkeit, dass Deutschland den Krieg gewann, strich er aus seinem Denken. Oberste Regel: Stell dir nur vor, was dir guttut. Zukunft mit Kunsterbe tat gut. Eine derartige Zukunft musste gar nicht erst wieder anfangen, nachdem das Leben durch ein Jahr Lager unterbrochen worden war. Diese Zukunft eilte von selbst auf ihn zu.

Beiläufig richtete er sich auf und ging über die Straße. Klaus lag vor einer dichten Hecke mitten auf dem Gehweg auf seinem Rucksack und schlief. Das hatte er von seinem Dauergerenne: Tiefschlaf. Spaziergengehende Engländer stapften vorsichtig um ihn herum, in dieser Hinsicht konnte man sich auf sie verlassen. Dummerweise stand da aber auch ein Freund allein herum, sprich er, Ernst, und konnte niemandem erzählen, was er soeben erkannt hatte. Nun gut. Es war vermutlich ohnehin ratsamer, den Mund zu halten. Er kannte sich, er redete gern. Auch das fühlte er wieder. Eindeutig, es ging ihm besser. Er fühlte etwas, ohne sich dazu ermahnen zu müssen. Vorsichtig allerdings wollte er nun erst recht sein. Von deinem Gesicht, Ernst, halt ihnen die Hülle hin.

Knapp neben dem Tor parkte inzwischen ein national-britischer Traktor, die schäbig grün-braune Haube mit einem aufgemalten Union Jack geziert. Der Mann am Steuer, ein Bauer mit einer Haut so rot, als schmirgelte er sie täglich mit Sandpapier, lehnte tief in seinem mit einem dicken Kissen ausgestopften Sitz, Hut ins Gesicht gezogen. Wenige Meter neben ihm, selbstverständlich hinter dem Zaun, stand Kurt und unterhielt sich, wie es schien, blendend mit Jumperman – lange Beine in Schottenkaro, Wollweiß, roter Backenbart. Ernst stöhnte. Der Kerl lief bei 25° C in seinem Berlin-Pulli herum, um damit anzugeben, dass er an den Olympischen Spielen 1936 in der deutschen Hauptstadt teilgenommen hatte. Als einer der jüngsten je in eine britische Mannschaft aufgenommenen Sportler. Er hieß John, aber weil im Lager jeder dritte John hieß, war er zu Jumperman geworden. Britischer als britisch, der Gute, mit deutscher Mutter. Ob so jemand fünfte Kolonne war, wurde seit Monaten überprüft. Jumperman machte in Kunst und witterte offensichtlich die Chance, die bei Kurt frei werdende Sohnesstelle zu besetzen.

Ernst war bei den beiden, bevor der Olympionike »hicks« sagen konnte.

»Na«, sagte Ernst.

Mister Pullover brauchte eine Sekunde, dann wünschte er ihm Glück. Kurt wurde kahl, die hohe Stirn, die das Gesicht länger scheinen ließ, verlieh ihm etwas von einem grüblerischen Gaul. Wenigstens waren seine Augenbrauen, die er gern einzeln hochzog, um anzudeuten, dass man nichts allzu ernst nehmen sollte, nicht auch lagergeschrumpft. Er schob eine Stange Cadbury durch die Maschen: »Hat John mir geschenkt.«

Aus Gewohnheit griff Ernst zu. Doch dann war es besonders befriedigend. Zu seinem »Great, Daddy« grinste er exklusiv dem Parasiten ins Gesicht.

Der lächelte, nichts als Oberlippe, wunderbar steif zurück.

Änderte sich Liebe im Exil?

Sohnesliebe, Vaterliebe. Die Fähigkeit, sie zu fühlen, änderte sich gewiss.

Ernst zog die Liste mit den Farben, die er für Kurt in Bloomsbury besorgen sollte, aus der Hemdtasche und winkte seinen Vater zur Seite. Alizarin, meist als Krapprot geführt, Paynes Grau, Coelin, bekannt als Himmelblau. Zukunft 1: In Bayswater mit Esther im Bett liegen, tagelang. Dann würde sie sich schon daran erinnern, wer er war. Zukunft 2: änderte sich soeben. Gab es eine Farbe namens Norwegenblau?

»Sag noch mal, Dad, welche Tubengrößen brauchst du?«

Er war der Sohn und … und was? Er musste raus aus dem Nest. Farben kaufen würde er dennoch. Nacht für Nacht hatte er Kurts Stimme gehört.

Wie alle anderen im Camp.

Schwitters der Ältere zwängte sich jeden Abend unter sein Bett, obwohl er fast zu fett geworden war, um zur Mitternacht hervorzukriechen, durch sein Zimmerchen zu taumeln und das Fenster auf den Platz aufzureißen. Dann heulte er ein paar Mal wie ein Wolf.

Für von Wolle umschlossene Jungkünstler machte dieses extravagante Verhalten crushing Körrt vermutlich umso anziehender. Ihn, Ernst, machte es fertig. Mit dem Mond hatte es nichts zu tun. Kurt heulte für sie, die Gefangenen, seinen Haufen, das Pack. Weil er sonst keine Worte mehr fand. Weil er nicht mehr Deutsch sprechen wollte. Nichts schrieb.

Von Woche zu Woche wurden seine Ideen bizarrer. Letzten Sonntag erst hatte er Ernst zu sich in den Garten bestellt. Es handele sich um einen wichtigen … äh, Abschied.

Und, was war es? Aus einem der Privathäuser Richtung Hügelland klang Radiomusik, das Fenster stand offen, eine weiße Bettdecke wurde gelüftet, und Kurt legte einen Schuhcremedeckel in ein bereits passgenau ausgehobenes Loch. Das Gesicht auf dem Dosendeckel grinste. Es war auf einen Pferdekopf geklebt. Ernst hörte ein paar unverständliche Worte, etwas wie »Helma«, »shining« dann warf Kurt Erde auf den Deckel und stapfte sie fest.

»Nun lach endlich!«

»Nicht lustig«, sagte Ernst. Sollte die Deckelbeerdigung eine Art DADA sein? Es nervte. Diese elende Geheimniskrämerei der Alten im Lager. Mit allen Mitteln versuchten sie, den Ton anzugeben. Breitbeinig saßen sie morgens in der Küche, kämmten sich die wenigen Haare über die Glatze und bügelten das frisch gewaschene

Unterhemd, als käme so die Welt in Ordnung. Die Welt in Flammen, die sie einem ständig erklären wollten. Sie, die Jungen, durften zuhören und bewundern. Dabei ärgerten ihn die schwarzen Ringe unter Kurts Augen, die Farbflecken auf seinen Händen und Hemden und sein Keuchen nach wenigen schnellen Schritten. Dass sein Vater nicht besser auf sich achtgab, drängte ihn, Ernst, in Helmas Rolle. Dass er als Sohn unter der in ihm aufwallenden Wut Sorge verspürte und angerührt war von der sich in Kurts Verhalten ausdrückenden Not, machte ihn neuerlich wütend, diesmal auf sich selbst. Damit flammte auch der Ärger auf Kurt frisch und heftiger von neuem auf. Warum kam der Feindfremde Nr. 14 788 nicht besser mit ihrer Lage zurecht?

»Stimmt«, hatte Kurt am Sonntag über dem begrabenen Deckel gesagt, »nicht lustig. So wenig zum Lachen, dass man nur noch lachen will.«

Das allerdings war wahr. Da standen sie, durch einen absurden Zaun voneinander getrennt, was so wenig zum Lachen war, dass es schon wieder komisch wurde. Ebenfalls wahr: Sein Daddy ging ihm auf die Nerven und zerriss ihm das Herz. Die gesamte Themse würde er rauf und runter rennen und die verdammten Farben suchen. Jumperman, good-bye. Switters senior is mine.

Als er Kurts Blick auf seinen Zügen fühlte, strich er sich eine Haarsträhne aus der Stirn. Daddy oder *far*. Man hing aneinander, eben deswegen brauchte man Abstand. »Vater«, allemal »Papa«, hatte er in Lysaker aus seinem Wortschatz gestrichen. Zumindest Kurt gegenüber benutzte er diese Anrede nicht mehr. Die Schwalben, die über ihren Köpfen Luftplankton jagten und im Wind lagen, als wögen sie nichts, erinnerten ihn an die Papierflieger, die er als Junge an MERZ-Gedichtabenden in der Waldhausenstraße feilgeboten hatte. Vergebens. Bis Moholy-Nagy an das Verkaufstischchen trat. Ernst, überwältigt, weil ihn einmal jemand beachtete, war bei des Ungarn »ich nehme vier« in Tränen ausgebrochen.

Schwitters senior und seine Kunst. Welt der Demütigung – Welt des Glanzes, Welt der Bitterkeit – Welt des Dazugehörens, Welt der Verdrängung – Welt des Reichtums, Welt der Einsamkeit – Welt der Verbundenheit. Nie einfach, der Sohn eines berühmten etc.? Hier, mit seinem sich aus der Zerfuselung neu sammelnden Ich, hier, vor-dem-Zaun – hinter-dem-Zaun, stand es ihm klar vor Augen. Erwachsen sein hieß gerade nicht, der schwierige Sohn zu werden. Er würde seinen alten Mann unterstützen. Sogar freudig. Wenngleich nicht so, wie Helma sich das vorstellte. Er würde es auf seine Art tun. Helma ließ Baby Merz alles durchgehen. Nicht einmal ironisch werden durfte man.

Ihm würde es reichen, derjenige zu sein, der als letzter lachte. Wenn es darauf ankam, würde er zurückstecken und helfen, allerdings unter klaren Bedingungen. Kurts Herz gehörte ihm. Er kannte seinen Vater. Und auch sein Herz zappelte da drüben bei seinem alten Mann herum. Den Abstand brauchte er doch. Und bald. Am Ende käme ohnehin alles zu ihm zurück: das Werk, das Geld, der Ruhm.

War es pervers, so zu denken? An Enden, gute und schlechte, schlechte vor allem, dachte man hier naturgemäß. Er dachte seit 1936 an Enden. Doch heute fühlte er, dass ihm eine Kraft aus diesen Gedanken zuströmte. Sie war so voller Freude wie beim ersten Mal, zugleich gefestigter. Er brauchte nicht nur eine Zukunft. Er hatte ein Recht auf sie. Und er würde anerkannt werden in ihr.

»Daddy freut sich, dich loszuwerden«, sagte Klaus, als Ernst zu ihm zurückkehrte. Kaum wach, der Freund, und schon fiel ihm ein wahrlich kommunistischer Kommentar aus dem Maul. Halbwahr, übertrieben, gelogen, Hauptsache pointiert. Offensichtlich der Preis, der für Zigaretten zu entrichten war.

»Scharf auf die Schokolade?«, fragte Ernst.

Klaus verzog das Gesicht. Der Papiermann wanderte mit den Armen rudernd vor dem Zaun auf und ab, als gelte es, einen

Kieselozean zu überqueren. Der Wachsoldat war abgelöst worden. Sein Nachfolger stützte sich, auch wenn das nicht erlaubt war, vor seinem Häuschen auf sein Bajonett.

Klaus' Bemerkung hatte Ernst getroffen. Er sah, wie sein Vater heute Abend in seinem Atelier die Jacken an den Haken hängte und pfeifend eine Flasche Wein öffnete: befreit von seinem Sprössling, den verlängerten Gliedern und der neugierigen Nase seiner besseren Hälfte. Ein Fenster öffnete sich auf einen Wald hinter einer Reihe von Kaminen; das andere auf das Meer. An den Wänden stritten abstrakte Gemälde und Collagen um Platz, vier Fotos von Helma, eines von Kurt, der dank seiner Porträtkunst zum neuen Liebling des Kommandanten aufgestiegen war. Prächtigster Laune würde der ausgebuffte Pfennigfuchser seine Kunsthäuflein aus stinkendem Seegras, Muscheln, trocknen Brotscheiben und verschimmelndem Käse zählen und die Flasche allein saufen. Wie von Esther trafen auch von Helma nur die erlaubten 24 Zeilen im Monat in Hutchinson ein. Keinerlei Beigaben, keinerlei Geschenke. Letzten Oktober hatten sie mit Freunden aus dem Lager Kurts 25. Hochzeitstag gefeiert. Englische Krabäpfel statt Bananen. Daddy K, durchaus fröhlich, hatte Helmas Fotos zugeprostet. Wenn das kein Beispiel war: Bilder an die Wand nageln, weiterleben. Diese Fähigkeit teilten sein Vater und Klaus. Was fiel ihm das jetzt erst auf?

Das konnte er auch.

»Die lassen uns warten wie die Hunde«, sagte Ernst.

Klaus mochte, sagte Klaus, genau dies. Eine Blase heißer Luft, die sie beide umschloss. Grinsen Richtung Ernst. Eine Zigarette, die letzte, bot er ihm obendrein an.

Ein glänzend grünes Auto, der Unterboden kratzte fast über den Asphalt, schlitterte an ihnen vorbei. Arme und Füße hingen aus den Fenstern, Koffer und ein zusammengefaltetes Zelt stapelten sich auf dem Dachträger. Inselbewohner fuhren in die Sommerferien. Der Anblick war so erschütternd normal, dass sogar die beiden Schachspieler daraufstarrten.

Exil: Das gewöhnliche Leben geht weiter. Exakt neben dir.

Exil: Oma Henny sprach bei Vollmond durch Ätherwellen mit ihm.

Helma hatte sonnenblumengelbe bestickte Kissen nach Lysaker geschickt, Bastseide für Russenblusen, Vorhänge, Tischdecken, Bügeleisen, selbst den Nussknacker aus Hannover. Die weiße der Blusen, die edlere, trug er im Augenblick.

Ein Vater, den er zu beeltern hatte, lastete ihn vollends aus.

Helma schnitt er ab. Berichte von ihrem Luftschutzkurs und Bunkerdienst brauchte er in London so wenig wie Anweisungen zur Besserversorgung von Kurt. Der würde bestimmt auch bald entlassen. Dann konnte Kurt Helma schreiben, wie er, Ernst, sich schlug.

Einmal im Jahr wollte er mit ihr telefonieren. Seine Mutter war so weit fort, er spürte sie kaum mehr, und das wenige, was er spürte, war schlimm.

Er fürchtete sich. War sie braun geworden dort unten in ihrer Eilenriede? Falscher Gedanke. An nichts und niemanden in der Waldhausenstraße wollte er sich erinnern. Er vermisste das grüngefilterte Licht – zuhause, den Waldgeruch – zuhause, sein Kabuff unterm Dach mit Blick auf den Döhrener Turm – daheim. So ein einzelnes, kurzes, weiches Wort. Wie es nach Klößen duftete, nach Hefekuchen, wie der schwarze Ofen bullerte und Fiederallala die schönsten Plätzchen von allen ausstach. Da konnte ihm gleich wieder übel werden. Er sehnte sich nach dem Haus, der versammelten vertrauten Frauenwelt darin, und durfte, durfte nicht daran denken.

Mit einem entschlossenen Griff zog er die Cadburystange aus der Tasche und fing an, sie an die Möwen zu verfüttern. Die fraßen alles. Weiß, scharfkrallig, nah.

»Ein Vogelliebhaber bist du also«, sagte Klaus.

Ernst lächelte. Ein Exil lehrte einen jede Menge. Was konnte er dafür.

»Kämpf um die Schokolade«, sagte er, »wenn du was willst.«

Erst als das nächste Gefährt auf den Platz schoss, stoben die Möwen auf. Es fehlte nicht viel und das Motorrad hätte die Eibe am Straßenrand gerammt. Wehender Rock, die flatternden Enden eines Schals, fort die Fahrerin, über die Kante des Hügels wie vom Erdboden verschluckt.

»Du brauchst ne ordentliche Tracht Prügel«, sagte Klaus.

»Gleich?«

Erneut eilten Männer, einen Stuhl unterm Arm, kreuz und quer über den Lagerplatz. Ernst blickte darauf wie von fern. Seine Gedanken liefen befreit, sie bewegten sich schneller als er, sein Leben klärte sich. Auch heiß war ihm nicht mehr, er genoss die Brise, der letzte Seewind machte nahezu Spaß. Die britische Hauptstadt wäre eine Zwischenstation. An einem Meer wollte er leben, durchaus. So bald wie möglich würde er nach Oslo zurückkehren. Bereits am ersten Morgen seines »proper life« aus dem Bett springen und unabhängig von Kurt Kontakte zur norwegischen Exilregierung aufnehmen.

Es war schwierig, ein Brodelphänomen wie Kurt Schwitters zu lieben. Dessen brauchte er sich nicht zu schämen.

Er sah nicht so attraktiv aus wie der Alte.

Er war ein merkliches Stück kleiner als sein Vater.

Das hatte Vorteile. Nikotin wirkte blitzartig. Man kam mit weniger Kalorien über die Runden. Als Flüchtling schlug man sich leichter durch.

Eigentum würde ihm bei dieser Liebe helfen. Erbe würde helfen. Distanz würde helfen. Die Zukunft würde trösten. Geduld, Geduld. Gefühle konnten neu gehätschelt werden. Geld war ein wunderbarer Gefühlshätschler. Oma Fiederallala wusste das. Zu ihm war sie nett gewesen. Schokoladig. So hatte sie ihm die Farbe Braun lieb gemacht. Er war wütend geworden, als er es verstand, fand furchtbar, was sie propagierte. Seine Oma war sie dennoch. Dem Kind Ernst hatte sie Geschichten von schlauen Füchsen und tapferen Jungen erzählt, Geschichten ohne Kunst. Für sie war er

Siegfried gewesen, gebadet in Drachenblut. Sie hatte ihm ein Kostüm genäht aus einem Stoff voller Schuppen mit einer Feuerzunge an der Brust. Das war nicht DADA gewesen, sondern großartig. Bei ihr hatte er sich von seinen kunstsüchtigen Eltern erholt.

Frei sollten die Menschen sein. Er bewunderte die Welt, in die sein Vater reiste, von der er erzählte. Einmal hatte Kurt ihm aus Italien eine Schlange mitgebracht, eine Strumpfbandnatter, leuchtendblau mit hellen Streifen auf den Seiten. Er hatte zugesehen, wie sie die Fische und Schnecken verspeiste, die seine Mutter ihr vorsetzte. Kurt ertrug den Anblick nicht. Da war er, Ernst, stärker als sein Vater. Das Aufsperren des Schlangenmauls. Das Wandern einer Maus durch den sich dehnenden Schuppenkörper. Verdauen dauerte länger als gedacht.

Er verdaute. Eine ganze Künstlerhauskindheit verdaute er.

Er war nahezu fertig damit.

Sein Tierkreiszeichen: Skorpion. Er hatte einen Panzer. Einen Stachel hatte er auch.

Lass sie deine Hülle berühren. Sie können dich trösten. Verblüffen wirst du sie ohnehin.

Den Mann hatte er letzten November zusammen mit Kurt in der Werkstatt gefunden. War über den gusseisernen niedrigen Zaun von Square Hutchinson gesprungen und quer über den Rasen gerannt, als wäre etwas zu retten, hatte japsend vor der ihn anbrüllenden Wache gestanden am inneren Zaun. Die himmlische Lageruhr, die unerbittliche Zeitschaufel Möwenschwarm, kreiste über dem Platz. Der Gefangene hatte sich an seinen Schnürsenkeln erhängt. Ohne Aufhebens ließ die Lagerleitung die Leiche wegschaffen. Am nächsten Morgen war der Tote verbrannt, die Asche ins Meer gestreut.

Sie hatten in den Tagen zuvor weniger Nahrungsmittel erhalten. Deutsche Bomber überquerten Manx. Der Mitgefangene hatte sich umgebracht aus Angst vor den Nazis. Zwei Abende nach dem Selbstmord ließ man sie wissen, dass die Deutschen jüngst ein Schiff mit Proviant versenkt hatten, nicht weit von der Insel entfernt. Mehr war es nicht gewesen.

Es war das ja genug.

Eine Störung – und jeder verwandelt in ein Mäuschen. Verschluckt von der Kriegsschlange Europa, die das Maul Woche um Woche weiter aufklappte. Langsam, viel zu langsam, wurden sie durch die Gedärme geschoben. Als Deutscher steckte man im deutschen Kanal. Dort waren das Schinden und Zersetzen von besonders viel Gebrüll begleitet, von Extraschuld und Extrascham.

Ein Fotograf mischte sich nicht ein. Er berührte immateriell. Das wäre seine, Ernsts Kunst. Oslo seine Perspektive. Und seine Sehnsucht?

Die Häuser hinter der Marathon Road fielen den Hügel hinab. Sollten sie.

Natürlich liebte er seine Eltern. Das tat am Ende jeder. Der eine mehr, der andere weniger. Vor ein paar Abenden hatte er versucht, mit Kurt über Geld zu sprechen. Sein Vater verstand scharfsinniger damit umzugehen, als man hätte annehmen mögen. Kaufleute gewesen, die Schwitters, von alters her. Das stimmte nicht, klang aber überzeugend. Er, Ernst, würde sein Teil dazu beitragen. Hennys Geschäftssinn gefiel ihm von jeher. Großmütter to the front! Er grinste, versteckte es. Damit wollte er Kurt einmal aufziehen, später.

Eifrig, da hungrig, hatten sie auf das Haus mit dem gelben Fähnchen zugehalten, in dem das Geburtstagsfest stattfinden sollte. Die Luft stank nach dem Jod aus dem rottenden Seetang unten am Strand. Kurt, wie üblich den Kopf gesenkt, um den Boden nach Weggeworfenem abzusuchen, murmelte: »Es gibt keinen Unterschied zwischen der Malweise, die etwas abbildet, und der anderen. Als wäre die kein Abbild.«

Auch ein Merzbau, etwas, das aus Ausstülpungen, Faltungen und Höhlen, gefüllt mit zusammengestohlenen Trivia, aus Erinnerungen und verflüssigten Gefühlen, aus Zukunftsideen und der Bearbeitung vergangener Kunstwerke entstand, sollte ein Abbild sein?

Wenn das stimmte, sagte Ernst, war Kurt ein Dachs.

»Die ersten 25 Jahre deines Lebens hast du dich hinter poesiealbenfähigem Weichgereime und konventioneller Ölmalerei verkrochen.«

Sie standen vor der Tür des Geburtstagskindes und lachten. Ernst begriff: Kurt, in Ernsts Alter, war feige gewesen. Ah, die Welt sah freundlich aus. Dazu kamen die Abendwärme und die verlockenden Schwaden gebratener Zwiebeln und Kartoffeln aus dem Haus. Selbst die Möwen schienen Ernst erträglich. Nach wie vor allerdings hätte er gern wenigstens einer den Hals umgedreht. Dann wäre es vielleicht einmal für drei Sekunden still gewesen.

Kurt wollte nun aber eine Möwe zähmen. »Schau nur«, sagte er, »jetzt haben sie wieder ihre Abendfliegerei.« Tatsächlich umschwang ein mächtiger Möwenschwarm die Baumwipfel der Marathon Road. Es sah aus, als würde ein riesiges Netz mit Tausenden weißer Knoten darin in die Luft geworfen, um kurz darauf sachte auf die Bäume herabzusinken, bis jeder Zweig am Ende einen weißen Knoten trug. Dann, plötzlich, wurde das Netz erneut in die Luft geschleudert, diesmal in einem weiteren Kreis, unter gewaltigem Lärmen und Schreien. »Das musst du verstehen«, sagte Kurt, »es ist ein ungeheuer aufregendes Erlebnis, in die Luft gestoßen zu sein und dann sachte auf einem Abfallkübel niederzugehen.«

Kurt! Eine Möwe trainieren als Haustier. Wenn das kein ein echter Schwitters war. Es war ein Augenblick Kurtmagie.

Erschöpft von dem langen, aussichtslosen Hoffen saßen die fünf EAs in Reihe am Zaun wie zu Anfang. Der Fahrer des Traktors, offensichtlich ein Mann mit viel Zeit, schnupfte Tabak. Über dem Meer kam ein Schauer nieder, bald würde auch hier oben alles glasiert aussehen: Ziegel, Stein, Zaun, Gras, Mensch.

Keiner beschwerte sich, keiner schaute auf. Pathetisch und doof, irgendwie – deutsch. Ernst blickte zu Klaus. Klaus nickte. Sie brauchten Knaster.

Ernst schlenderte zu dem Traktormann am Tor. Durfte man die Tabakdose mal genauer inspizieren?

Der Bauer, nackte Arme, bloße Beine auf einem Gefährt nationalen Stolzes, bestand darauf, dass Ernst den Tabak probierte.

Wisse er vielleicht, wo der Lkw bleibe?

»Nu«, sagte der Traktorist, »das bin ich. Ich wart auf euch.«

Sie hätten ihn ansprechen sollen. Man hatte ihm gesagt, dass er sie daran erkennen würde. Sie, die Erwählten.

Ernst öffnete den Mund. Sie, die Kerle ohne Volk, ohne Zuhause, die sich hier im Camp mit Süßigkeiten beruhigten und aus Pflichten freikauften, wo sie nur konnten, weil es nie gelang, sich auch nur die geringste Pause davon zu erkaufen, vollkommen von der Gnade anderer abhängig zu sein – sie, erwählt?

»Keine Verarsche«, sagte der Typ.

Stimmte. Diese Entlassung war ein grandioser Jux.

Ernst rannte, um sein Gepäck zu holen, rief ein »see you« Richtung Zaun.

Unbeirrt hockte Kurt auf dem alten Fleck. Man konnte bei ihm nie sicher sagen, was er warum tat. Aus Selbstvergessenheit, aus Zuneigung, aus Übermut, Scherzsucht, oder weil er gerade – seit Stunden – im Kopf etwas malte oder komponierte oder zerriss. Jetzt lachte der Mann, winkte herüber, sah glücklich aus.

Als Ernst den Traktor wieder erreicht, hat der Professor aus Wien auf einem Teil des Fahrersitzes Platz genommen. Ernst tritt auf das große Gummirad, hält sich, einen Fuß auf dem Brett, den anderen auf dem Schutzblech, an der Sitzlehne fest.

In England schwankt noch eine Landmaschine wie ein Schiff.

Sich umdrehen kann er nicht. Für Augenblicke weiß er nicht, welchen Ernst er hinter dem Zaun zurücklässt. Und welcher Teil von ihm reist ab? Sein deutsches Leben, hier ist es zu Ende gegangen. An einem langen Nachmittag vor einem Zaun ist der letzte Rest zerschmolzen.

»Duckt euch, wenn ein Kabel kommt«, ruft Klaus. Jemand hat dem Papiermann eine lange schwalbengeschwänzte Gabel in den Arm gedrückt, verwirrt hält er sie in die Luft.

Der Wind zerweht das Licht.

So ist es in Wirklichkeit gewesen: An einem ihrer ersten Tage im Lager wurde Kurts Becher vom Tisch geblasen. Kurt blickte auf die Scherben, murmelte etwas von Exil und Leinen, dass man von einer hing, krumm, ein Komma in der Luft, schlug die Hände vors Gesicht und weinte.

In Wirklichkeit: Einer hinter dem Zaun, keiner mehr davor.

In Wirklichkeit: Auch Collagen haben etwas Pathetisches.

In Wirklichkeit: Wolfsheulen ist pathetisch.

Die Möwenuhr kreist über dem Lager, einzelne der Vögel schreien, Kamikaze-Albinos, die roten Augen weit aufgerissen, fliegen die Futtertüte Traktor an.

Ernst stellt sich vor, was sein Vater sieht: einen Rücken, eine weiße, in die Luft erhobene Hand. Komma Ernst, leichten Herzens, etwas wehmütig, in die Freiheit unterwegs.

6

8. Oktober 1943,
Manston Airport – Hannover

> … was mich beinahe am meisten schmerzt, ist, dass Kurts
> Atelier damit zu Grunde gegangen ist, vielleicht eines der
> interessantesten Dinge, und wenn man will, der schönsten
> Dinge dieser Welt.
>
> Helma Schwitters, *Brief an Edith Tschichold*

Die Sonne ist noch nicht aufgegangen. Die Männer in Overalls, ölig und verschmiert, prüfen die letzten Schrauben und Seilzüge nach. Die Maschinen sollen nicht glänzen. Gestrichen in Tarnfarben tragen sie nur den blau und weiß umrandeten, tiefroten Punkt auf den Flügeln, das Auge. Doch die Avro Lancaster sind so neu, dass man ihnen einfach mit der Hand über die Nase streichen muss, wenn man daran vorbeigeht.

Ihre metallischen Körper trennen den Himmel vom Boden.

Nicht mehr zwei, sondern vier wassergekühlte Kolben-Triebwerke von Rolls-Royce bewegen die dreiblättrigen Flugpropeller an der Windkante der Flügel. Das Fahrwerk ist einklappbar, das Rad unter dem Zwillingsschwanz nicht. Aus dem rundum gläsernen niedrigen Cockpit kann das Rotieren der Propeller beobachtet werden. Sie fliegen jede Nacht, für Dunkelangriffe sind sie ausgelegt, zunehmend erfolgen die Einsätze auch tags. Die durchgehende Ladebay der Lancaster fasst mehrere der großen Luftminen, cookies genannt, sowie zwölf Behälter mit je 20 Brandbomben INC 4 LB. Detonation, Druckwelle, Feuer. Ihren Staffeln voraus ziehen die Mosquitos der Pathfinder Force. Bei schlechter Sicht werfen sie bengalische Fackeln. In ihrem Licht erkennen die Piloten der Bomber das Ziel, lösen die Hebel. Die Kleinen stehen fertig am Rand des Airfields, selbst die Tanks sind befüllt. Kommt der Befehl, sind sie in der Luft, ehe ein Lämmchen zwei Mal mit dem Schwanz gewackelt hat.

Die Mechanik der schweren Maschinen wird nach jedem Flug kontrolliert. Sind die Leitungen für Strom und Wasser unbeschädigt, die Verriegelungen und Klappmechanismen der Schächte perfekt geölt? Wohin sie heute fliegen werden, weiß niemand, auf den Namen des Ziels kommt es nicht an. Morgen Nacht stehen sie wieder startklar bereit. Nicht alle von ihnen. Die eine oder andere Maschine wird fehlen. Allen Verlusten zum Trotz ist es eine gute Zeit. Sie, die Mechaniker, bleiben am Boden. Sie sind das Beständige hier. Sie sehen die Sonne kommen und gehen, Tag um Tag, sehen den Himmel kommen und gehen, Nacht für Nacht. Einzig die Fischer fahren zur selben Zeit auf Schicht wie sie. Ihnen ist das Schwarze über ihren Köpfen, der Sternenhimmel, zu weit entfernt, ihnen reicht die Bodenhöhe einer Lancaster, wenn sie über ihren am Ende doch zarten Körper kriechen, Muttern drehen und es zu guter Letzt beschwörend blank wischen, das Auge auf jedem Flügel, die Zielscheibe, die Kennung »Wir«.

Das dunkelgraue Tuch, das das Airfield begrenzt, hat einen hellen Streifen angesetzt. Er wächst, ein zweiter und dritter kommen hinzu. Die Bänder bewegen sich wie Farbe unter einem sehr dünnen Wasserfilm, drücken einander nach oben. Die Piloten schlafen oder spielen. Das Weiß, das sich unter dem Grau hervorschiebt, gleicht einem Stück Meer. Langsam dehnt es sich zu jenem Silberstreifen auf, den man Horizont nennt. Als es ihn ausfüllt, ist die Welt da, der Norden und Osten glänzen im ersten Morgenschein. Wasser umschließt das Stück Land hier von drei Seiten. Sie sind Britanniens Rand, sein Schelf, sein Anfang und Ende. Es ist gut, auf einer Insel zu leben in Zeiten wie dieser. Waagrecht brechen die Strahlen der nun als Ball erkennbaren Sonne durch die Wolken. Makrelenhimmel heute, schönwetterlich. Hier, am Airfield, stehen keine Bäume, zwischen deren Ästen the Sun hängen bleiben könnte. Lautlos steigt der Stern in den meerschnellen Himmel. Vögel zwitschern in den niedrigen Büschen an der Offiziersmesse, hinter den Hecken weiden Schafe. Die Wiesen sind karg. Englands Ende, Englands Beginn. Man fliegt und fliegt. Es gibt viel zu tun.

Die drei Müllerjungen erobern die Straße mit ihren Rädern, Tornistern und Mündern. Es ist nach halb acht, wie üblich sind sie spät dran. Der mittlere zieht dem jüngsten die Mütze vom Kopf, als er ihn überholt.

»Ich friere.«

»Memme.«

Familie Müller wohnt seit bald drei Jahren in der Villa der Tossionis, nur wissen sie nicht, wie ihre Vorgänger hießen, und wollen auch nicht gefragt haben, und die Jungen, der Älteste geht schon in die Unterprima, wissen es ebenfalls nicht, aber finden es richtig. Der Himmel hat sich gespalten, der Morgen reicht nicht zur Gänze hinauf, es ist, als käme die Farbe in der milchigen Flüssigkeit nicht gegen die Schwerkraft an. Am Boden klebt etwas Zuckriges, Oktoberhaftes, das doch nur Wespen anzieht, es ist rot wie die kandierten Früchte, die bald auf dem Weihnachtsmarkt liegen, daran denkt man lieber. Gestern noch hat es fast durchgehend geregnet. Heute ist alles anders, das Barometer in Döhren zeigt bereits 1017,20 hPA, das Thermometer 8,1 Grad, und es klettert. Vier Tiefdruckkerne, heißt es im Radio, ziehen nach Norden, Richtung Barentssee oder Island. Die Lufttemperatur steht in einem durchschnittlichen Verhältnis zum Jahresmittel. In den Alpen ist der erste Schnee gefallen, in der deutschen Ebene hingegen werden im Wetterbereich keine aperiodischen Temperaturschwankungen verzeichnet. Nach dem Wetter spricht Robert Ley, Leiter der Deutschen Arbeitsfront, über die Errichtung von Unterkünften für Bombengeschädigte.

Der Auf- und Abgang der Sonne wie des Mondes, die Lichtwechsel, ja Explosionen der Sterne, entfalten die übliche Beruhigungskraft, also so gut wie nichts. Die kommenden Stunden indes werden wirklich schön, eine erwartbare Besonderheit, mit einem

Wort: ein kleines Paradox und eine gelungene Überraschung, ein perfekter Herbsttag in dem nicht so perfekten Jahr 1943.

Um zwei Uhr nachmittags ist das natürliche Temperaturmaximum erreicht. Fast könnte man schwitzen. Es lohnt sich, kurzärmelige Pullover anzuziehen, den Twinset aus dem Schrank zu holen. Ein Paar Eichelhäher mit dem Federband an den Flügeln, so unverschämt hellblau wie ein herbeistibitztes Stück Himmel, sammelt Samen und inspiziert den vollgestellten Balkon, auf dem zuverlässig Futter für es liegt. Als Helma die Wäsche im Garten aufhängt, wischen ein paar Wolken über den Himmel, flach und schlierig wie Nebel. Doch Nebel steigt an einem Tag wie diesem nicht einmal in den Abendstunden auf. Auch morgen soll es warm sein, die Hochdruckfront hält, diese Wörter sagt und hört man gern so zusammen, »Front« und »hält«.

In der Hauptpost am Bahnhof herrscht hoher Betrieb. Der Reichsverkehr wird garantiert, dennoch steht man an. Wer sichergehen will, schreibt den Brief zwei Mal und schickt ihn von zwei verschiedenen Kästen aus ab. Auch Posttransporte werden getroffen oder warten lange auf Abstellgleisen. Im Hauptbahnhof wartet man ebenfalls, Züge fallen aus Sicherheitsgründen aus, werden für andere Zwecke gebraucht: Soldaten nach Hause, Soldaten in den Westen, Soldaten vom Westen in den Osten, Güter vom Osten nach Afrika, alles aus Afrika zurück ins Reich. Man löst ein Bahnsteigbillett, um jemanden zu verabschieden, das hält man kaum aus, oder abzuholen, was meist misslingt, dann kommt man wieder für den nächsten Zug von der Front. Unter den hohen Bögen der Halle gehen Männer mit Verbrennungen, Wundverbänden auf Krücken umher. Niemand hebt den Blick. Man hebt die Hand.

Dann steht man an der Schwelle in die Stadt hinaus. Sie glänzt von Apfel- und Ahorngold. Die roten Flecken des Vormittags haben sich aufgelöst, vielleicht fantasiert man sie auch nur als Nachbilder einer der vergangenen Nächte herbei. Man sollte sich in ein Café setzen, die natürliche Wärme genießen.

Minuten nur nach dem langsamen, schweren Start breitet sich die Glitzerplatte unter ihnen aus. Anfangs fliegen sie so niedrig, dass sie die Deckaufbauten jedes Schiffes im Ärmelkanal sehen können, sie müssen dringend Luft unterm Bauch gewinnen. 5025 Meter Flughöhe heute, lockere Formation. Das Brummen der Motoren ist im Steigflug so laut und nah, dass man ins Funkgerät schreien muss. 14.20 Uhr, der wahre und der nautische Mittag sind vorbei. Die Sonne steht in ihrem Rücken. Bei voller Reisegeschwindigkeit zerfasert die Luft vor ihnen über der fein gekräuselten lichtbrechenden See. Sie nennen das Phänomen Zone Zero, kurz Zone Z. Für eine gute Minute fliegen sie über der Mitte des Kanals durch Transparenz, durch Nichts. Hinter dem schmalen Korridor füllt sich die Atmosphäre mit neuen, erdigeren Farben, Beige, Gelb und Grün. Der Wind dreht allmählich von Nordwest auf Nord, nimmt an Stärke zu. Die europäische Seite des Kanals flackert und flammt, der Horizont, das Festland, zeigt sich als Dunst. Tief in ihm liegt ihr Ziel, weiß und geborgen in seinem Nest. Es trägt keinen Namen, nur eine Folge von Ziffern, mehr erfahren sie nicht, es schützt sie, nicht zu wissen, wen sie zerstören. Also raten sie. Wer hat die Landkarte am besten im Kopf? Die Inselfinger der niederländischen Küste erkennt jeder, rechts, das muss Amsterdam sein, auch dort regieren die Deutschen. Sie queren das IJsselmeer, sind schon über die Weser. Vor ihnen liegt Bremen, sie halten darauf zu. Sie sind die kleine Schwadron. Das Tagesgeschütz. We're making your day. Die Reichdeutschen dort unten lernen, was das heißt. You're making my day, zuhause sagt man es aus Freude, aus Begeisterung. Auf dem Kontinent ist die Welt verkehrt. Unter ihnen lernt man Englisch nun in Luftlektionen, bis man kaum mehr atmen kann.

Schwenk nach Süden, tiefer ins Reich. Die Flugabwehren haben sie noch nicht entdeckt, sie sind auch nicht mehr, was sie waren. Man spart da am Boden mit Munition oder setzt Kinder an die Kanonen. Nach Osten wird der Horizont weit und klar, fast meint man, über Land bis nach Russland zu blicken. Sie gehen tiefer, die erste Ladung Metallstreifen zur Radarablenkung treidelt bereits abwärts. Dunkle Striche sind Wälder, auch Orte, das kleine Glitzern ein See. Es reicht, langgestreckt, an eine Ansammlung von Häusern, das andere Ende liegt zwischen Bäumen. Bogen nach rechts. Ein Licht zuckt auf, als sie sich senken und drehen, vielleicht sind es auch die roten Augen der Maschine nebenan. Die eigenen Augen sieht man nicht. Für Sekunden scheint in rötlichen und gelben Fasern ein rauchendes Feuer aufzulodern, doch dann springt eine Million hellblauer Atome in den Himmel zurück.

Noch nicht.

Das Kröpcke ist voll besetzt. Das kann einen ärgern, wie immer, oder man wartet, wie immer, oder hat Glück wie heute, denn die Außenterrasse wird geöffnet. Mittags hat man Stühle hinausgetragen, nun folgen die Tische, die schon für den Winter weggeräumt waren. Ab fünf Uhr wird es kühl und feucht, dann wird man nach Hause gehen, das ist zwei goldene Stunden entfernt. Ein stabiles Hochdruckgebiet sitzt mitten im Atlantik, seine Ausläufer erstrecken sich über Mitteleuropa, ziehen bis Oslo hinauf. Der Gau Südhannover schwimmt in 17 Grad warmem Sonnenschein. Der große Zeiger der Uhr vor dem Café, eine Säule mit allerlei Zierrat aus dem letzten Jahrhundert und einem Zifferblatt von heute, dicke schwarze Striche auf klarem Weiß, ruckt mit leichtem Zittern minutenweise voran. Leute stehen um die Uhr, an ihrem Fuß verabredet man sich. Kinder, alle noch in Röcken oder kurzen Hosen, fahren auf Rollern vorbei, zwei Mädchen lassen eine Holzspindel an einem dünnen Band auf und ab schweben. Das Spiel heißt Schuhschuh, die dritte, die hinzukommt, nennt es Emigrant. Wie naseweis sie ist, was für Wörter sie benutzt.

Hat man einen Platz im Café ergattert, zeigt sich, wer man ist: Apfel oder Pflaume? Nur einer der Kuchen ist braun. Pflaume gibt es in drei Varianten: nackt – für die schlanke Linie; mit Butterstreusel – normal; mit Doppelstreusel – für den Herren. Sahne muss in jedem Fall dabei sein, sonst kann man Pflaumen nicht verdauen. Die Sahnefräulein sind hübsch angezogen, man feiert Geburtstage, Hochzeitstage, Taufen, den Kaffeekranz. Die große Bohnenmühle surrt, einen Gestreckten will man bestellen, einen Einspänner, einen mit Schlag, einen mit Schuss, auch das Wiener Caféhaus ist nun Deutsches Reich. Dazu lacht man, wie man jetzt am besten lacht, bereitwillig, schnell. Die Stadt hat Schäden, auf dem Weg zum Kröpcke musste man an ein paar Ruinen vorbei. Einen Sommer voller Sirenengeräusch hat man hinter sich. Dem Alarmheulen zum Trotz ist man baden gegangen, der Maschsee bewährt sich Jahr um Jahr mehr. Dieser Tage hört man an seinem Ufer die Gänse aus dem Norden rufen, sie wassern, haben ihre Route der neuen Wirklichkeit angepasst. Die Innenstadt prunkt mit leuchtenden Bäumen, warmen Steinen. Hier versammeln die Vögel sich in Büschen, unruhig drehen sie nicht mehr nur die Hälse, sondern den gesamten Körper Richtung Süden. Reiher ziehen über den Himmel, manchmal werden sie von Flugzeugen gestört. Alles, was fortwill, drängt sich der Beobachtung auf. Dafür kann man nichts.

Die Regenschauer zuletzt waren weder besonders heftig noch von starken Winden begleitet. Einmal, nachts, hat alles sich bewegt und ein Sturmwind ist durch die Wipfel gefegt, gefolgt von einem nahezu waagrecht peitschenden Wolkenbruch. Im Kröpcke hat man heute Morgen die Spuren der Tropfen von den Fenstern und ihren orientalischen Bögen geputzt, die Troddeln gebürstet, die dunkelbraune Theke poliert. Das niedergeschlagene Laub ist zu Haufen zusammengefegt, die sich, ein wenig glitschig, dafür ortsfest, am Straßenrand sammeln. Durch die Kronen der Bäume, lichter als üblich um diese Jahreszeit, sieht man, durchaus wieder wohlgemut, zwischen den bunten Blättern unmittelbar in den herrlich blauen Himmel.

Soeben wechseln die Bedienungen die Schicht. Übergabe der Kasse, schwarz mit goldenen Knöpfen aus guter, glänzender Zeit.

»Der Himmel ist leer.«

»Dann setz ich mich noch raus, bringst du mir ein Stück Herren-torte?«

»Das nimm dir schön selbst mit.«

Über der Rechenmaschine hängt der Führer an der Wand, aus Begeisterung hat man Goebbels ebenfalls gerahmt, obgleich er ver-boten aussieht, der Mann. Auch die Schuhe der feinen Gäste be-trachtet man besser nicht genau, sie sind schäbiger als die Kleider, aber man mahlt, gegen Aufpreis, echte Bohnen, das ist die Ehre des Hauses.

Die Uhr springt auf 15.17 Uhr. Die Sirenen heulen. Daran ist man gewöhnt. Die Akribiker unter den Hannoveranern, es gibt nicht wenige von ihnen, zählen mit. Alarm Nummer 428. Andere sagen 429. Oder träumt man Alarme jetzt schon? Oder hat Schwierig-keiten mit dem Zählen, denn wann hört der eine Alarm auf, fängt der andere an. Angriffe erfolgen in Wellen, so spricht man sich das zurecht, Luftwellen, Meereswellen, Wellen von Sahne auf Teig. Das ist fast schön. Man bleibt sitzen, nichts blitzt vom Himmel, kein Flügelchen, kein Bomberchen. Als sie sich dann doch zeigen, die Maschinen, nun gut, zehn von ihnen, nun gut, mehr als zehn, ist man beruhigt. Es sind die Briten. Wieder einmal haben sie Pro-bleme damit, Hannover zu finden. Als wäre die Stadt, wie sie in dem hellen Licht der Sonne liegt und nicht davonlaufen kann, so klein. Müsste dieses britische Nichtfinden nicht als so nützlich gel-ten, könnte man fast beleidigt sein. Man lacht sich ins Fäustchen, das soll man nicht machen, man soll die Hand strecken zum Gruß, aber Fäuste machen ist nun auch gefragt, auf den SS-Plakaten sieht man es. Man ballt die Hand und lacht in sie hinein und die dunk-len Vögel ziehen vorbei.

Der nächste Alarm, Nummer 429, erfolgt eine gute Stunde später. Sonnenaufgang 06.34 Uhr, Sonnenuntergang 17.42 Uhr, der Mond ist eben über die Hälfte hinaus, er nimmt zu. Blut fließt in dieser Phase besonders reichlich, der lunare Kalender rät: »Vermeiden Sie eine Verletzung oder Operation.« Die Kinder, längst aus der Schule zurück, beenden die Spiele im Hof, ein letztes Mal abzählen, hüpfen, suchen gehen:

In einer Bude
saß ein Jude
Kopf voller Läuse
dill, dall, däuse.

Das Jüngste der Spielenden weiß nicht, was ein Jude ist, es hat nie einen gesehen. Das Auf und Ab der Alarmtüten will nicht aufhören. Die Mütter, die eben schrien »kommt hoch«, rufen »bleibt gleich unten« aus Küchenfenstern, die immer Hoffenster sind. So ist es auch in der Waldhausenstraße. Widerstrebend sucht man den nächsten Keller auf, nebenan oder im eigenen Haus. Dort unten ist es ebenfalls wie immer. Längst hat man sich eingerichtet, Liegen mit Decken und Kissen sind aufgestellt, heizen muss man noch nicht, es ist nicht kalt, nur kühl. Dann sitzt man bei den Wurzeln, sprich den für die Schneezeit eingelagerten Rüben und Kartoffeln. Fast will man sich Augen wachsen lassen wie sie. Das wäre wenigstens etwas Neues. Die Öllampe rußt, man brennt ein Hindenburglicht ab. Das Klappern der Stricknadeln beruhigt. Fiederallala, Henny und Helma arbeiten an Schals für die Front. Die Kisten in Fiederallalas Höhle sind leer, alles aus Wolle ist gespendet, ausgeräumt. Auch das Blockwartamt musste Fiederallala abgeben. Seit neuerem braucht man dafür gesunde Gelenke und Kraft: Sand schaufeln, Kübel tragen, Steine räumen. 17- und 18-jährige Jungen stehen an der Flak, die Mädchen im gleichen Alter bedienen neben ihnen den fahrbaren Schweinwerfer. Es dämmert.

Kunst zerbricht wie alles andere, splittert, birst, liegt zwischen zermahlenen Ziegeln, Dachplatten, Holzbalken, Nägeln, steckt fest, reißt ein, wird aufgewirbelt, zerreißt. War sie ein Bau, gibt sie nach, verliert ihre Form. Das sieht wie eine Küche aus? Das ist eine Küche, durch zwei Stockwerke gefallen. Unter der Küche eine Säule, eine zweite, Scherben, Splitter und Bruch. Ein Stück Wand mit gelber Ecke ist übrig, viel bröckelnder Gips. Die hintere Seite der Villa stürzt zur Gänze ein, in Teilen rutscht die vordere nach. Eine Wolke Staub, eine weitere. Das geborstene Fachwerk erweist sich als trocken, ebenso die Aktenordner aus Fiederallalas Traumhöhle. Vielleicht loderte Feuer im Herd oder eine Leitung hat Funken geschlagen. Brennende Papierfetzen treiben durch die Luft.

Sie kauern darunter. Sie hören die Einschläge. Sie ahnen, was geschieht. Den Treffer spüren sie. Die Erde bebt. Sie müssen sterben. Sie beten. Sie schwitzen. Sie sind nicht mehr da.

Als sie ihr Haus sehen, es wird eine Minute, eine Stunde, einen Tag später sein – es war ja nicht viel, nur ein Schwenk einer Lancaster, ein Dreh, ein Irrläufer nur, ein einziges Cookie –, als sie es sehen, ist es nicht besser oder schlimmer als erwartet. Es ist wie nicht real. Obwohl es vor ihnen steht. Besser liegt. Obwohl man es riecht. Obwohl man sogar hört, dass das Haus fort ist. Die Eilenriede ist nun so nahe. Auch sie ist stiller als sonst. Die Eulen rufen nicht. Der Mond ist nicht erschienen. Die Dunkelheit ist nicht dunkel. Sie ist Rauch. Staubiger Rauch.

Eine Brandbombe wurde nicht mehr geworfen. Lediglich der Wind fährt umher. Er facht das Feuer an. Das Feuer wiederum facht den Wind an. Jemand ruft nach Wasser. Ein Löschzug steht da.

Es brennt nicht sehr. Doch die Bomber sind nicht weg. Sie hören sie, sehen nichts. Ohren und Augen haben sich voneinander getrennt. Wie kann es sein, dass links und rechts die Häuser der Nachbarn unversehrt in den dämmrigen Himmel ragen. Und von ihrem Haus steht eine Hälfte, aufgerissen, kaputt, nass, der die andere Hälfte fehlt.

Die Zeit spaltet sich. Wie soll sie es ihm sagen? Helma will Kurt weder schreiben noch telegrafieren. Daran ist auch praktisch nicht zu denken. Kurt in London geht es gut. Er ahnt nichts, was soll sie ihm das Nichtwissen zerstören. Sie wird ihn schlafen lassen, auch morgen noch, und übermorgen. Vielleicht arbeitet er, dann liest er nicht einmal in den englischen Zeitungen von dem Angriff auf seine Stadt.

Auch Henny sagt: »Sag es ihm nicht.«

Fiederallala sagt: »Ich. Ich schreib's ihm!« Alles ist untergegangen, sie jedoch hat ihren Triumph. Schwitters' Rest-Werk ist zerstört, wo im Haus Helma es auch versteckt gehalten hat. Und ihre eigene Villa in der Güntherstraße? Tipptopp. Nun ja, fast. Sie ist hingerannt, schon ist sie wieder da. Sie ist gut, sie ist die Retterin. Nun brauchen sie sie: »Ihr zieht bei mir ein.«

Bengalen liegt in Indien. Das kennen die Krauts nicht. Nun wird ihnen eine indische Reise frei Haus geliefert, ihr indisch-arisches Licht. Es schwimmt zwischen den Staffeln, sie sind viele, eine Lancaster neben der anderen und den höchsten Gebäuden der Stadt. Der Bahnhof in der Mitte ist leicht zu finden, man bombt sich die Gleise entlang. Unten schlagen Brände auf. Die Herde breiten sich wie die Augen auf den Flügeln der Maschinen in Kreisen aus. Die Hitze drückt die Flugzeuge mit sich nach oben. Ihre Tanks sind fast leer, alles wurde aufs Genaueste berechnet, nun drehen sie ab. Feuer verstärkt sich aus sich heraus, erzeugt seinen eigenen Wind, der es zuverlässig tiefer in sein Futter treibt. Für Sekunden sind helle Streifen zu sehen, die durch Straßen rinnen wie Zuckerguss durch einen Pudding. Weißer Phosphor, 1300 Grad. Menschliche Körper verdampfen, Häuser stehen lichterloh, in the wink of an eye.

Sie drehen ab. Manston wird ihnen die exakte Flughöhe durchgeben. Sie werden sich entlang der Druckflächen bewegen, die einmal höher, einmal tiefer liegen. Die leichte Brise aus Nordost hilft, sie stärkt ihnen den Rücken. Über dem Kanal werden sie sich freuen. Kein Feuer. Für Bruchteile von Sekunden wollen sie über dem Meer die Augen schließen. Die Dunkelheit wird ihr Vergessen sein.

Nach der Zeit spaltet sich das Herz. Sie wird ihm schreiben. Uns geht es gut, wird sie ihm schreiben. Henny hat sich den Knöchel verstaucht, wird sie ihm schreiben. Sie haben die fürchterlichste

Stunde ihres Lebens verbracht. Sie haben Blut und Wasser geschwitzt. Sie sind taub geworden. Sie haben aufgehört zu atmen. Sie haben weitergeatmet. Darüber haben sie gestaunt. Der Keller hat sich zerlegt. Dann war es still. Es war, als säße man mitten in einem Kamin. Diese Art von Stille. Eine knisternde Stille. Sie haben sich wieder bewegt. Sie haben erwartet, dass der Keller weiter auf sie herabfällt. Sie haben Staub geatmet. Sie haben einander angesehen, ohne etwas zu sehen. Sie haben den Ort gehasst. Sie haben jede Sekunde gehasst. Sie haben einander gehasst. Sie haben nicht gewusst, dass man sich selbst verlorengeht, wenn man ein Haus verliert. Da haben die Kartoffeln sich bewegt. Sie sind geschrumpft. Es wurde zu heiß. Sie haben sich gegen die Kellertür geworfen. Sie ging nicht auf. Sie drückten. Griffen durch den Spalt nach draußen. Versuchten zu räumen. Helma war die biegsamste. Sie riss sich die Hand auf, beide Knie, schürfte sich die Hüfte, passte durch den Spalt. Sie war dünn geworden. Die Versorgungslage war nicht schlecht. Das Dünnwerden geschah automatisch. Sie rannte nur mehr. Die Nazis spannten sie ein. Sie arbeitete zu viel.

Staubig stehen sie auf der Straße. Sie sind wie geschüttelt.

Ihre Augen brennen rot. Die Jungen von der Flak wühlen in einem Haufen. Sie graben Mädchenstücke aus.

»Das ist nicht schön«, sagt der älteste Müllersohn, sagt es wieder und wieder: »Nicht schön. Wo ich Mädchen so mag.«

Die Mädchenreste spiegeln sich in seinen Augen. Er ist ein deutscher Junge. Ein Junge mit einem abgerissenen Mädchenarm und einem blutigen Kopf mit zu viel verklebtem Haar im Gesicht. Gut, dass er das nicht weiß. Helma hält ihm ihr Tuch hin. »Bind dir das vor die Nase.« Man bekommt kaum Luft.

Als sie geht, um mit Henny ihr Lager im Haus ihrer Mutter aufzuschlagen, findet sie im Gras am Zaun ein bauchiges Glas. Der unsinnige Zaun steht noch. Das Glas ist doppelt geblasen, hat eine Außen– und eine Innenwand. Eine Figur ist in Wasser zwischen den Wänden eingeschlossen, so dass sie darin auf- und absteigt, je nachdem, wie man das Gefäß hält. Es ist einer Schneekugel nachempfunden, nur als Trinkglas, Kurt hat es vom Trödel gebracht und in eine der MERZ-Nischen verbaut. Es scheint gedrückt, nicht gebrochen. Die Figur, ein Mann, steht aufrecht zwischen den Wänden und lacht. Stieg er in die Höhe, zeigte er ein Gesicht, kehrte er sich um und stieg hinab, verwandelte der Kopf sich in einen Totenschädel. Nun grinst der Mann, auch wenn es abwärts geht. Der Totenschädel ist verschwunden. Hat er das Glas verlassen, treibt draußen herum?

Ihre Finger lassen das Glas fallen. Es kommt auf den Pflastersteinen auf. Es zerspringt nicht. Es macht auch kein Geräusch. Da erst bemerkt sie, dass die Luft um sie her braust. Die Luft weit vor ihr, nach Norden und Nordwesten. Dort, wo Hannover liegt. Von Bränden. Von zusammenstürzenden Häusern. Von Schreien.

7 14. Dezember 1944, London

> Da stürzte ich mich, ehe Caruso kommen konnte (das war eine
> Katze, die so hieß), auf die kleine Fledermaus (etwas lief mit
> Flatterschritten über die Erde), warf mein Taschentuch darüber,
> wickelte sie ein und trug sie hinaus in die finstere Nacht.
>
> K. S., *Die Geschichte von der Fledermaus*

Um Himmels willen. Deutsche Grüße. Dein V-V-Volk und wie es
dir folgt.

Was für ein bombiges Volk aber auch. Schon die V1-Raketen
waren beeindruckend, man hörte sie kommen. Jetzt schickten die
Nazis V2, Überschall. Die platzten aus dem Nichts, ohne Geräusch.
Erst am Boden holte das Pfeifen ihres Falls sie ein.

In London sorgte das für eine neue Art Witz: »Du hast eine
V2 gehört? Ah, du bist tot.«

Dasselbe für Akademiker: »V2 gehört? Gratuliere, du bist Ein-
stein, du hast die Zeit umgedreht.«

London erschreckt ihn. Es ist Kino. Ein dunkles Kino, nachts,
unter einer weit entfernten Sternendecke. Wer vor die Tür geht,
trägt ein Taschenlämpchen wie einst die Platzanweiserinnen im
Apollo Filmpalast zu Hannover. Hinter dem kurzen suchenden
Licht schwankt man die Reihen der Hauseingänge entlang. Kein
Wagen mehr, kein Taxi, kein Bus. Allein unter der Erde, in der
U-Bahn, ist es hell, dort weist man sich mit seinem Lämpchen
selbst in die Gänge, knipst es aus. Jeder ist als sein eigenes Glüh-
würmchen unterwegs. Fireflies nennt man die hier, und Feuerflie-
gen fallen vom Himmel. Dass, wer die V2 auf sich zustürzen hört,
tot ist, dass das Geräusch ankündigt, was bereits geschehen ist, regt
ihn nicht mehr auf. Die Zeit, zu einer Parabel gebogen? Lose wir-
beln beide Enden, Anfang und Gegenseite, im U-Bahnwind. Die

Mauern verfallen, über die Gleise huschen Mäuse und Ratten. Regelmäßig finden sich Lücken in der Decke der Tunnel. Dort ließen die alten Loks Dampf ab. Heute dreht sich Staub in den Durchbrüchen. Tanzt ein Flammenball, ist oben wieder ein Gebäude eingestürzt. Wieder sind Holz, Ziegel, Tapeten, Menschen zermahlen. Fast ist man daran gewöhnt. Er, Kurt, fast an den Mahlstrom der Zeit gewöhnt. Es ist – von neuem wehrt er sich dagegen, von neuem denkt er es – zu spät für ein Jetzt.

Unvermittelt war es vorbei. Man hörte Geräusche, ohne gleich über den Jordan, sprich die Themse zu fliegen. Die V2? Ein Scherz. Hitlers englischer Blitz ausgeblitzt.

Kurt stand neben einem Haufen, der vor Stunden noch ein Haus gewesen war. Jetzt lag da rubble. Er dachte fast nur noch auf Englisch. In rubble steckte rub, reiben. Zerrieben sein. Auf Deutsch wäre das Schutt? Von Schütten? Schutt Schrott Schrat. Die deutschen Wörter verpackten sich vor ihm in Watte. Mit jedem Monat rückten sie weiter fort. Ab und an trieb ihm eines durch den Kopf, schwamm ihm übers Gesicht, legte sich von hinten um seinen Nacken, kühlte oder wärmte oder würgte ihn.

Ausgeblitzt? Etwas Lautloses blieb zurück. Blood, toil, tears and sweat. Churchill hatte im Mai 1940 kein Blatt vor den Mund genommen: Blut, Mühsal, Tränen, Schweiß. Nun, endlich, entwickelte sich der Krieg in die richtige Richtung. Die Londoner sangen, blitzerfahren und wohlgemut:

We just rub along without a care!
We're gonna hang out the washing on the Siegfried Line,
If the Siegfried Line's still there!

Er presste die Hand auf die Wunde in seinem Oberarm: V-Form, aber ja. Kaum stand eine Metallnase aus einer Wand, fehlte einem ein Stück Fleisch. Kaum rannte man aus einem Haus, riss man sich die Jacke auf und ein Stück Arm weg. Nur weil das Haus eine halbe Ruine war. Eine Ruine, die drohte, jeden Augenblick in sich zusammenzurutschen.

Ein Mann in lächerlich karierten Knickerbockern führte ihn zur Seite. An seinem anderen Arm.

Die Knickerbocker fielen ihm auf.

Das nächste, was er bemerkte, war, dass er saß.

Er hörte nun auch, wie der Mann neben ihm sagte: »Nicht der Rede wert, das Kratzerchen.«

Eine Welle Wärme durchflutete Kurt. Schmerz oder Stolz? Man behandelte ihn auf englische Weise. Also sah er wie ein echter Engländer aus?

»Not worthwhile the pain«, sagte er.

Der andere nickte und lächelte.

Das Lächeln war zu viel. An dem Lächeln erkannte Kurt, dass er nun nicht mehr als Engländer galt. Er hatte sich falsch ausgedrückt.

He had given it away. Dass er ein Germane war. Hang you on the washing line.

Peinlich war es zudem. Deutscher Kurt saut englischen Campingstuhl mit edlem Paisleypolster ein. Das war unnötig und aufs Dämlichste falsch. Das Dritte Reich ging unter. Hier fehlte der deutschen Sprache, bitte schön, die Verlaufsform des Verbs: perishing perishing perishing. Im April waren die Angriffe auf London ein weiteres Mal aufgeflammt; gelassen hatten die Engländer die planlosen Attacken »Hitlers Baby Blitz« getauft. Lose Enden, zu viele Vs. Sprechen Sie folgende Wörter aus: Ferse – deutsch, verse – englisch, Fessel und vessel, vertigo.

He had given it away. War auch von Deutschland etwas Lautloses in ihm zurückgeblieben? Etwas, was, selbst stumm, ihm auf alle Zeit die Zunge so verdrehte, dass sie deutsch klang? Ein Stück alter Identität, die eine Hälfte eines entzweigeschnittenen Wurms, noch immer wiggling, sich kringelnd, in ihm unterwegs?

But he had a musical ear, sagte man. Es fiel ihm leicht, Stimmen zu imitieren.

Also war es nicht nur die Anatomie, nicht nur Ungeschick. Ein englisches Wort, darunter ein deutsches. Jedes Wort atmete zweifach.

Ein stummer Kurt saß im englischen Körrt und atmete mit.

Still hatte die Bombe seit Hitlers erstem Blitz vor vier Jahren in dem Garten des Hauses gelegen, vor dessen schiefer Front er nun verarztet wurde. Heute Morgen war der deutsche Blindgänger explodiert, zur Frühstückszeit, als die meisten Anwohner sich in ihrer Wohnung auf den neuen Tag vorbereiteten. Ein zu scharfes Bremsen der U-Bahn 20 unterirdische Meter entfernt? Der englische Kurt war kurz darauf zufällig vorbeigekommen. Jeden Tag lief er durch die Stadt auf der Suche nach seinen Schätzen, genannt Müll.

Collagen, Zeichnungen, Skulpturen aus Stein. Die alte Ordnung war lost, burst, futsch. Letzteres klang immerhin beinahe wie fudge. In das süße Zeug aus Butter, Zucker und Milch hatte er sich beim ersten Bissen verliebt. Es klebte an den wenigen Zähnen, die ihm noch im Kiefer steckten, schlicht wwwwounderboa. Das halbgesprengte Anwesen heute Morgen hatte ihn an den tief gefurchten Backenzahn eines Dinosauriers erinnert. Drei Männer schaufelten in den Trümmern, er zog sich zurück, um nicht im Weg zu stehen. Wenn man ihn fragte, wer er war, sagte er: »I'm a painter from Oslo. Kann ich Sie porträtieren? I'm as hungry as a wolf.« Das sagte man aber nicht. Das war man nur.

Vor einer halben Stunde war er an die Unglücksstelle zurückgekommen in dem Wissen, dass sie in der Zwischenzeit geräumt und jeder gerettet wäre, der zu retten gewesen war. AFS und Hilfskräfte hätten die Leichen fortgebracht. Gemeinhin hielt er sich von zerbombten Häusern fern.

»Big Ben läutet zu Mittag«, sagte der Mann, der sich seiner angenommen hatte. Sich jemandes annehmen war, als Ausdruck, ein sanfter deutscher Wurm. Läuten hörte Kurt nichts, der Verkehr rauschte. Ein Londoner trug das Big-Ben-Läuten im Blut oder tat wenigstens so.

Vorsichtig war Kurt durch den teilweise verschütteten Eingang in den Hausflur vorgedrungen, den Brocken von Mauerwerk, aufgerissene Leitungen und geborstene Balken blockierten. Ein Großteil der Decke war heruntergekommen, er hatte in eine Küche im ersten Stock geblickt. Ein meergrünes Kleid, der Rock mit einem leichten Voilestoff in hellerem Türkis besetzt, hing von einem unwahrscheinlichen Stahlhaken, der aus einer von Rissen durchzogenen Wand ragte. Henriettes Sohn nahm automatisch wahr, um welche Art von Kleiderstoff es sich handelte. Auf dem Boden, unmittelbar vor seinen Füßen, lag ein blecherner Kochtopf.

Nicht lange war er so gestanden, als ein entferntes, wenngleich deutliches Knacken im Gebälk ihn erschreckte. Er hatte beobachtet, wie wachsam andere sich Häusern dieser Art näherten, und Geschichten von den Rettungskommandos aus der Zeit des ersten Blitz gehört. Nichts wie raus. Als er nach oben blickte, hatte sich das Kleid an seinem Haken gedreht. Also hatte die Ruine sich tatsächlich verschoben. Es war nicht nur ein Kleid. Die Beine und der Kopf der Frau, die es getragen hatte, mussten von der Explosion weggerissen worden sein. Ihre Arme, jung und unverletzt, hingen an den Seiten herab. Zwei zarte weiße Stangen einer neuartigen Sorte Spargel, die in bloßer Luft wuchs. Er rannte und riss sich Jacke und Arm an einem aus der Wand ragenden Metallhaken auf.

Die Wunde übertrieb das Bluten aber auch.

»From which part of Germany do you come?«

»Did«, sagte er. »Did come.«

Bin kein Feind. Nur der Flüchtling eines Flüchtlings, sagte er zu dem Helfer, der soeben zwei sauber gebügelte, karierte Herrentaschentücher für ihn opferte. Das war großherzig. Kurts Satz hingegen war auf Kurtweise präzise. Also verwirrend.

»Ich versuche, von meinem Exil ins Exil zu gehen.«

Der Mann lächelte erneut, wobei ein Netz von Falten um seinen Mund spross, das Kurt an das Galgenmann-Spiel in der Schule erinnerte. Konnte sein Helfer verstanden haben, was er meinte?

Das Leben in London hatte sich als um vieles schwieriger erwiesen als jenes in Hutchinson. Keine Hilfe durch das Rote Kreuz, kaum Briefe, keine Gemeinschaft, keinerlei Versorgung, allemal nicht frei Haus. Man kaufte auf Marken, stellte sich an, schleppte heim, was man ergattert hatte, oft genug so gut wie nichts.

Ernsts 2500 Negative (Subjekt) hatten die Schwittersmänner (Objekt) gerettet. Im Februar 1942 organisierte Norwegens Exilregierung im Kaufhaus Harrods eine Ausstellung über die Bewohner und Bräuche des besetzten Landes. Ernst konnte den Hauptteil des Fotomaterials aus seinen Beständen liefern, prompt wurde er im Propagandaministerium der Exilregierung angestellt. Kurt machte den Haushalt. Esther war nach Norwegen zurückgekehrt. Kurt dachte an den Offizier der Fridtjof Nansen, sagte aber nichts, weil er nicht wusste, was Ernst wusste und was er vielleicht seinerseits lieber nicht sagte.

»Bitte? Entschuldigung ...«

Sein aufrechter Retter geleitete ihn nordwärts Richtung St. Marylebone. Mit etwas Glück finde er eine Krankenschwester am Fuß des weißen Zuckerturms, da, wo das Kirchenfenster von dem Gitter eingeschlagen sei. Malerisch rage das Eisen aus dem Glas. Das könne er gar nicht verfehlen.

Kurts Laune hob sich schlagartig. Eine Krankenschwester. Mit einem Verband schaffte er es später noch in den Regent's Park. Noble Gegend, dort mochte ein Ladeninhaber eitel genug sein, sich in Öl malen zu lassen: »Ihr stattlicher Kopf und wie er über der Tür jeden Kunden grüßt. Ganz wie bei Twinings am Strand.« Schließlich wusste jeder, wie das Teegeschäft florierte. Und auch Kurt kannte sich inzwischen in Holborn, Blackfriars und der City einigermaßen aus.

Der Park war ihm ans Herz gewachsen. Abfall und Grunzen. Hatte man Glück, umsäuselte einen das Brüllen eines Löwen oder der Trompetenstoß eines Elefanten aus Londons unterschätztem Zoo. Die Tiere, ebenfalls im Exil, gaben nicht auf. Ihre Laute – ein

Wutschrei, ein sehnsuchtsvolles Krächzen, das Meckern einer Bergziege von einem künstlichen Felsen – erinnerten ihn an Leben jenseits des Krieges, Leben, die von Kriegen, allemal diesem, nichts wussten und nichts zu tun hatten mit ihm.

Blut, Plackerei, Tränen, Schweiß. Naum Gabo, Wirbel und wit, hatte sich aus Cornwall gemeldet und es auf den Punkt gebracht: In den letzten drei Jahren ist ein Leben vergangen. 70 Jahre in drei Jahren. Demnach hatte Kurt Hannover vor mehr als 150 Jahren verlassen. Blood, toil etc. – bluten, schuften, heulen, schwitzen. Sie waren durch alles durch. Er stellte sich ein Leben in London vor ohne Bomben, ohne washing line.

So also dachte er jetzt: Krieg vorbei, Hannover vorbei? Dachte nicht: Krieg vorbei, nach Hannover fahren? Im Oktober vor einem Jahr hatte eine britische Bombe die Villa in der Waldhausenstraße getroffen. Helma und Henny waren unverletzt. Der MERZbau zerstört. Ist der Krieg vorbei, bleibe ich hier.

Oder hielte er es aus, sich die Ruine »zuhause« anzusehen?

Ist der Krieg vorbei, fahre ich … nicht.

Schwankekurt. Zaudermensch. Seine Vergangenheit war Ausland geworden. Früher war London Ausland gewesen. Was war es jetzt? Auch die Zeiten schwankten: Das Jetzt wollte nicht bleiben, die Gedanken kreisten sorgenvoll um die Zukunft, Erinnerungen drängten herbei. Kurt, altes Boot in löchrigen boots. Denken war sinnlos. Ernst stellte gern Fragen, auf die es keine Antwort gab. Er nicht. Gut, unter Umständen war Denken sinnvoll. Jetzt allerdings musste er gehen. Möglichst ohne Erschütterung. Denken verschob er. Man musste, was er tat, Möglichstnichtdenken nennen. Er brauchte sowohl Vergangenheits- wie auch Zukunftsruhe. Damit meinte er Ruhe vor beidem. Er suchte ein neues Gleichgewicht.

London had taken him by surprise. In Deutschland nahm man etwas im Sturm, hier, indem man überraschte. Erobert war er unbedingt: Er lebte in der herrlichsten Müllhalde ever. Einwickelpapiere, Waschpulverkartons, Blechgabeln, Puderdöschen, Lippenstifte, Haarbänder, Theaterbilletts, Buchseiten, After-Eight-Tütchen, Zeitungspapier, das nach Fisch roch, Milchflaschen, Deckel von Milchflaschen, Schuhe, Regenmäntel, bislang leider kein Regenschirm, dafür Gummistiefel und Saucenflaschen jeder Größe und Art. Und das überall: an der Themse, in der Themse, hinter Pubs und Gaststätten, in den U-Bahnhöfen. Er wusste sogar, wie man Worcester aussprach. Wer ihn kannte, hätte es allein daran bemerkt: Kurt hatte eine neue, eine englische Frau. Edith, genannt Wantee, war seine Lebens- wie Sprachlehrerin. Eine Beatrice war sie nicht. Diese Aussage hätte sie auch gar nicht verstanden. Sie war kostbarer als jede Beatrice, sie war hier. Gemeinsam kletterten sie in der Oberwelt herum. Auch Kurt tauchte mehr und mehr darin auf.

Mit der Unterwelt, Deutschland, verbanden ihn nur mehr Sorgen. Der Briefverkehr war zum Erliegen gekommen, die Telefonleitungen blockiert. Das war auch eine Erleichterung. So musste er Helma nicht anlügen. Helma: »Geht es dir gut?« Er: »Bestens. Sie ist keine 30, hat als Modell gearbeitet und macht alles wie du.« Was hätte er tun sollen? Wenn er log, hörte Helma es an seiner Stimme. Wenn er schwieg, fand sie die Stille verdächtig. Zukunftsruhe sah anders aus.

Die Freunde lebten über den Globus verstreut, postalisch war das kein Gewinn. Mitunter, nachts, meinte er, einen von ihnen zu sich sprechen zu hören. Sie fehlten ihm. Auch von seiner eigenen Kunst hatte er nichts mehr um sich, zumindest nicht materiell. Wantee versuchte, ihm mit John Lackland abzulenken, dem englischen König ohne Land. Verlor das ererbte angevinische Reich und musste kurz vor seinem Tod die Magna Carta unterzeichnen. Der größte Fortschritt ever (Wantee mochte das nachgestellte ever, Papagei Kurt sprach es freudig nach), der weit über alles damals Vorstellbare hinausführte. Offensichtlich glaubte sie, es bestehe zumindest langfristig Hoffnung für ihn, Körrt, Prince of Lackart. Anerkennung in 400 Jahren oder so.

Er lebte auf Englisch. Alles Alltägliche, Körperliche, Lebendige war englisch. Wantee fütterte ihn mit Wörtern und Gefühlen, emotions and feelings and sentiments, words and letters and signs. Er fiel in den größten Wortschatz der Welt wie Alice in den Kaninchenbau. Nur fluchte er lauter. Warum sprach man owl anders als bowl? Warum habt ihr alle Pflanzen umbenannt (ah, da war sie wieder, die Erstsprachennaivität)? In Wahrheit war der erste Name, Liguster zum Beispiel, nicht passender als der zweite, privet. Das deutsche Wort klang an Languste an, das englische an privat. Das war beide Male unsinnig und wild, wenn auch auf je andere Weise. Eben das mochte er. Wörter waren keine Namen mehr, sondern Knotenpunkte in einem Netz. Es vibrierte bei jedem Gebrauch; wurde in jeder Sprache anders geknüpft. Er collagierte, zeichnete, strich Farben auf. Geometrie dahin, Ordnung gelöst. In Hannover hatte er gebaut, weitergebaut, verändert, umsortiert. Er hatte geschichtet, korrigiert.

Nun war das Ende der Korrekturen erreicht.

Auf der Marylebone High Street reihte sich Laden an Laden. Die Kleinhändler hier waren ihm am liebsten, sie vertrieben Radios, Handtaschen, Bänder, Knöpfe, knicknack and bric-a-brac, sie sorgten für den besten Müll. Die Pubs hatten über Mittag geöffnet, Tafeln mit den Angeboten des Tages blockierten den halben Gehweg, die andere Hälfte gehörte einem Blumenhändler und einer Zeitungsverkäuferin: »German occupiers forbid use of electricity in parts of Holland.« Ein Fahrradbote drängte sich an Kurt vorbei, der sich schützend die linke Hand auf den Arm legte.

Im Frühjahr hatten die Schwittersmänner ihre Wohnungen in St Stephen's Crescent, Bayswater, aufgegeben. Dort war Kurt Edith Thomas, einer Mitmieterin, über den Flurweg gelaufen. Zwei Wohnungen, ein Haus. Was für ein Geschenk. Schwitters senior lebte in London nicht nur ohne Ehefrau, sondern auch ohne eine Vertraute wie einst Käthe. Bald füllte Edith beide Rollen aus. Vor einem Jahr, als er in den englischen Zeitungen die Fotos des zerstörten Hannover gesehen hatte, war sie es gewesen, die ihn in den Wochen danach zwang, jeden Morgen aufzustehen. Auf den Bildern hatte er ihr den Kröpcke gezeigt, Hannovers Mitte, eine Kreuzung, groß wie ein Platz, die nach dem hannover-, also weltberühmten Café an der Ecke hieß. Von dem gusseisernen, orientalischen Weltausstellungsbau war nichts übrig als Schutt und Staub. Man konnte vom Kröpcke zum Anzeigerhochhaus schauen. Kurt spürte, dass er sich, was er auf dem Zeitungsfoto sah, nicht vorstellen konnte. Kein Stein lag mehr auf dem anderen. Einzig die Uhrensäule in der Mitte des Platzes war stehen geblieben, wie eh und je zeigte sie jedermann die Normalzeit und barg die altgediente Wetterstation mit Thermometer, Barometer und Hygrometer. Am Abend des 8. Oktober war, so die *Times*, die Temperatur in der Stadt innerhalb zweier Stunden von 10 auf 35 Grad gestiegen.

Kröpcke, flüsterte Kurt. Kröpcke, Krüppel, Kurt.

Da zwang Wantee ihn durch die neue Stadt. An die Themse und in ihren Wind. Sie zeigte ihm London, wie sie es kannte. St Paul's, das fand jeder, aber wusste er von dem Garten hinter der Kathedrale? Trafalgar Square? Nein, die Nelsonsäule gehe ihn nichts an, sagte er. Sie meine das Häuschen am Rand, sagte sie. Brannte das Licht auf dem Dach, saß ein Polizist darin, versteckt auf die englische Art, sogar als Bobby wollte man keinesfalls aufdringlich sein. Lächelte Kurt? Ah, und die Gemälde der National Portrait Gallery – man konnte hineingehen, ohne zu bezahlen, nur für Minuten –, beruhigten ihn, solange er weder von Königen, Königinnen oder Ministern stehen blieb. Sie führte ihn zu dem schmalen weißen Gebäude aus dem 18. Jahrhundert in Mayfair, in dem aus Herrn Händel Mister Handel geworden war. Der Komponist war damals, »exactly, my dear«, für kurze Zeit aus Hannover angereist, um mit großer Freude für den Rest seines Lebens an der Themse zu bleiben, wo er seine wichtigsten Werke schrieb. Überall in London wurde seine Musik gespielt, auch bei dem Weihnachtsgottesdienst

in St Bartholomew-the-Great. Gegenüber lag Londons Fleisch-
markt. Die Kirche mit ihren normannischen Bögen und dem mit-
telalterlichen Maßwerk gehörte den Zünften, den Schlachtern und
Schmieden, den Pfeilmachern und Herrenausstattern. Allmählich
nahm die Stadt Kurt bei sich auf. Oder er sie bei sich. London war
ein Raum von einer ihm unbekannten Größe, ein Gewebe, das sich
ihm unterschob. Nie zuvor hatte er in einer Ansammlung von solcher Tiefe und Vielfalt gelebt. Er trauerte, doch etwas in ihm löste
sich aus diesem Zustand und öffnete sich. Immer öfter während
der Gänge mit Wantee bückte Kurt sich. Das Kleine, Weggeworfene funkte ihn wieder an. Wenn auch anders als früher.

Er sagte, in jeder Scherbe, die er mitnehme, in jedem auffälligen
Stein, in den Rinderknochen, die er abschleife, um sie zum Kern
einer Skulptur zu machen, stecke, gerade weil er sie hier finde, für
ihn ein Stück Hannover. Ein Stück verlorenes, doch wandelbares
MERZ.

Da ließ Ernst sich von Esther scheiden. Oder andersherum.
Weil Esthers Beitrag zur Miete entfiel, konnten Kurt & Sohn sich
Bayswater nicht mehr leisten. Sie zogen mit einem von Ernsts
Freunden, Gert Strindberg, Großneffe des Dramatikers Strindberg,
zusammen, der eine möblierte Doppelhaushälfte mit Garten, Vor-
garten sowie Zugang zum Telefon- und Telegrafennetz im Westen
Londons gefunden hatte, ebendort, wo die Stadt sich in den ers-
ten nördlichen Bogen der Themse hinter Kew Gardens schmiegte.
Alle Aufgaben in Haushalt und Garten fielen Kurt zu. »Lassen Sie
Kürtchens rt und n weg und nehmen Sie Platz in der Person, die
übrigbleibt.« Er kochte Rippchen aus, um Suppe zu gewinnen. Den
Sud würzte er mit Schokolade als Ersatz für Saucenbräuner, statt
Salat pflanzte er Rosen. Küchenkurt!

Der Umzug war geschafft, es wurde April. Durchaus munter
war Kurt die Walworth Road hinunter seinem neuen Zuhause ent-
gegengestrebt. Die hohen, scheckigen Platanen, zahlreiche Rosen-
vorgärten und die Brücke von Hammersmith mit ihren goldenen

Türmchen entzückten ihn jeden Tag aufs Neue. Er hielt inne, um Luft zu schöpfen, und fand sich den Bruchteil einer Sekunde später auf dem Rücken liegend auf dem Gehweg, außerstande, seine rechte Körperseite zu regieren. Ein Mini-Blitzschlag im Gehirn, nicht so dramatisch oder lang andauernd wie die epileptischen Anfälle seiner Jugend, nachhaltiger in den Folgen. Langsam, sehr langsam war die feinere Steuerung der Arme und Hände, aller zehn Finger und beider Augen zurückgekehrt.

Wantee hatte ihn gerettet.

Dabei war sie keineswegs der mütterliche Typ. Hübsch. Mehr noch, racy. Angesichts der nationalen Zurückhaltung handelte es sich bei diesem Adjektiv um ein atemberaubendes Kompliment. Kurt und sein Londoner Mädchen picknickten in ihrem handtuchgroßen Garten, zogen gemeinsam los, um Lumpen, Kartons, Metallschrott, Gläser, Schwemmholz zu suchen, hörten Grieg und Beethoven und am liebsten Strawinskys Feuervogel, die Suite von 1919: as-Moll, sieben bs, glasartige Obertöne in den hohen Streichern, Überlagerung unterschiedlicher Rhythmen, in dem einen Takt Auflösung, Strenge im nächsten. Die überkommene Ordnung und ihr Bruch. Auch hier war die alte Welt dahin.

Jeden Tag war Feuervogel Wantee nach Kurts Sturz aus Bayswater in die Westmoreland 39 gefahren und hatte mit ihm Sprechen geübt. Sag squirrel, sag gobbledygook. Die Unterschiede zwischen den Konsonanten fielen ihm leicht. Längen und Kürzen ebenso. Can you can a can as a canner can can a can? An Seth at Sainsbury's sells thick socks scheiterte er gern.

Sie lachte und er brauchte sie – und schob alle weiteren Gedanken weit von sich. Gleichgewicht? Wantee wusste von Helma, Helma nicht von Wantee. Manche Fehler musste man nicht wiederholen. Und nicht jede Wahrheit war gnädig. Erst einmal überleben. Er und Helma, das war seine Existenz als Künstler, als Vater, als Familienmensch. Das Nest. Truk hätte das genügt, Kurt nicht. Das hatte sich nicht geändert. Damn it. Zugleich freute er sich. Kurt war noch da. Der brauchte erotisches Feuer und Versorgung, Freiraum und Nest. Neu war, dass ihm eine Frau alles gab.

Das war unerhört. Das war … englisch.

Wie sollte er da wissen, was tun?

Wenn der Krieg vorbei ist, ist die Ausnahme England vorbei. Alles davon.

Wenn der Krieg vorbei ist, nimmst du Wantee nach Hannover mit.

Wenn der Krieg vorbei ist, bleibst du hier.

Hier hast du neu angefangen. Von Deutschland bist du enttäuscht. Du bleibst. Du wechselst die Frau.

Nein. Das kann er sich nicht vorstellen.

Oder soll er denken »noch nicht«?

So sieht das also aus. Zaudermensch? Schwankekurt? Viel harmloser (hätte er gern), dabei schleichend radikal: Schieber Kurt, auf der Suche nach Glück.

Ein paar Wochen nach seinem Schlaganfall war Wantee bei ihm eingezogen und hatte das Großunternehmen »Mach einen Engländer aus ihm« gestartet.

Da hatte mit einem Mal Ernst gemeint, sich aufregen zu müssen. »Und Mama?«

Seit über fünf Jahren hatten sie »Mama« nicht gesehen. Der Sohn hatte nicht einmal mit ihr telefoniert, als es noch möglich war. Und jetzt dieser Widerstand? Ernsts plötzliche Empörung zeitigte den sonderbarsten Effekt. Sie half Kurt. Kam von hinten, überrollte ihn und setzte eine frappierende Klarheit frei: Sein Herz schlug für – seine englische Frau.

Zu den ausgefallensten Zeiten, *vor* dem Frühstück und *nach* dem Abendessen, lehnte die neue Gefährtin im Türrahmen: »Möchtest du einen Tee?« Sein Vögelchen (Hühnchen), seine einfache Wahrheit »Wantee«. To want hieß etwas wollen, begehren, nach etwas verlangen. Daran hatte er sich aus Schulzeiten erinnert. Edith Wantee Thomas brachte ihm bei, dass want auch fehlen bedeutete.

Logisch: Man brauchte etwas, weil es fehlte. Wenn auch nicht vollkommen logisch. Englisch-logisch: Wantee hatte ihm gefehlt. Er gab es zu, jeder konnte es hören, wenn Kurt sie bei ihrem Kosenamen rief. Also dauernd. Sie las ihm *Hamlet* vor, einschließlich der Mausefalle, und *Macbeth*. Den *Mittsommernachtstraum* hoben sie sich für die nächste Sonnenwende auf (Geburtstag Körrt). Mit ihrer Hilfe, etwas Sonne, mehr Geld, rollte er in die Zukunft, als gehörte er dorthin.

Kaum lebten sie zusammen, wurde Wantee auf dem Heimweg aus dem Büro, einer Dependance des Ministeriums für Zensur in Whitehall, knapp von einer V2 verfehlt. »Zwei Sekunden früher, tot«, murmelte sie eine Woche lang. Man stellte sie dauerhaft von der Arbeit für den Staat frei. Shell-shocked bedeutete »in der eigenen Schale verletzt«. Kurt und sie erhielten den größten Raum des neuen Häuschens, Gert Strindberg und Ernst schliefen in den Kinderzimmern. Das Wohnzimmer, das Bad und die Küche im Erdgeschoss teilten sie. Klaus, ein Bekannter von Ernst aus Hutchinson, erschien regelmäßig zu Besuch. Kurt war sich sicher, dass er etwas mit Gert angefangen hatte. Ernst litt (die Scheidung, die Frauen, die Freunde). Zum Ausgleich ließen sie ihn bestimmen, welche Möbel wohin gestellt wurden. Bloß keinen Anlass schaffen für einen Ernstschen Zornesausbruch. Wantee erholte sich, Kurt kümmerte sich um sie. Was für ein munteres Pärchen sie abgaben, die junge Frau von der Themse, schlafbedürftig, nervös, und er, Germane Tatterich.

Endlich, er stand vor der Kirche. Kräftige Eisenstangen, zersplittertes Glas. Die Lady, die unter dem Dach residierte, das reichlich Blick in den Himmel freigab, bewachte einen gewaltigen wollenen, schwarz-weißen Teekannenwärmer. Eine gleichermaßen schwarz-weiße Katze lag auf dem Tisch und leckte sich die Pfoten. Vermutlich trank sie ebenfalls Tee.

Wo steckten die Medikamente, die Binden und Pflaster? Kurt verstand nicht, was die menschliche Hüterin des kirchlichen Bombenschadens sagte. Käfer in den Bänken, Fledermäuse hinterm Altarbild? Die Frau, die alles war, nur keine nurse, führte ihn hinaus. »Könnten Sie den anderen Arm nehmen, BITTE!«

Die Wunde brannte, also ließ der Schock nach. Das Wesen neben ihm zeigte auf ein etwa 50 Meter entferntes Häuschen in einer Ecke des nächsten Square. Zusammengenagelt aus akanthusgrünen Latten, versehen mit einer hohen Reihe von Fenstern.

Dort?

»Just know your onions, dear.«

Seine Zwiebeln sollte er kennen? Oder wollte die Nicht-Nurse ihm an die Zwiebeln? Eilends verabschiedete er sich.

Rohre liefen an rissigen Wänden entlang, Kabelenden baumelten im Wind. Baukunst, britisch. Mit dem nicht zu unterschätzenden Vorteil, dass die Unmenge lediglich behelfsmäßig durchgeführter Reparaturen von Bomben- und Brandschäden kaum auffiel. Sogar das noble Institut Français in South Kensington, in das er vor kurzem zu einem mittäglichen Vortrag eingeladen gewesen war, hatte sich in zugiger Verfassung präsentiert. Zwei Stunden zuvor war eine Bombe auf das benachbarte Gebäude aus der Zeit von King George gefallen. Die weißen Säulen des Instituts, frisch abgestaubt, strahlten friedliche Makellosigkeit aus, und der Himmel, sichtbar dank der chirurgisch präzisen Entfernung der oberen Gebäudehälfte durch die Bombe nebenan, blinkte, während ein gewisser Mr Forster gelehrt über ein Werk des Dichters Milton sprach, dessen Titel – er klang nach etwas wie »Flugzeug«, also airplane – Kurt beim besten Willen nicht verstand. Es handelte sich um künstlerische Enden: gute und schlechte, notwendige (alle), auf den Anfang rückbezogene (nett für die Spannung) und solche, die neue Anfänge darstellten.

War das nicht zwangsläufig so? Nein. Und das Ende war der Tod? Nein. Der Lesende atmete weiter und erfreute sich am Tod der Figur, auch wenn er mitlitt. Sie gab seinem vergänglichen Körper etwas von ihrer Wärme ab. Manche Figur allerdings, die in einem Buch starb, lebte in der Erzählung des Buches selbst über den eigenen Tod hinaus. Das war extra-wundersam, ein Wunder der wirklichen, ins Buch gekippten Welt, das im Lesen beglaubigt und bewiesen wurde. Kurt bog ein Stück Draht, während Herr Forster sprach. Die Zeit zeigte ihr wahres Gesicht: Sie ruckte voran und stand zugleich. Er bemühte sich, die Form nicht zu einer erkennbaren Figur werden zu lassen. Am Draht konnte er dies erzwingen, für sich persönlich nicht. Figur Kurt. Dauernd setzte er sich zu etwas zusammen. Im Augenblick hielt man ihn vermutlich für den Hauselektriker, der sich eine Pause außer der Reihe gönnte, so schaute man ihn jedenfalls an, nämlich überhaupt nicht. Im Englischen hieß end Ende, Ziel und Zweck, als wäre all dies naturgemäß eins. Er nannte das einen optimistischen Blick auf die Welt.

Drei dampfbeschlagene Fenster hoch oben in der Holzwand der überdimensionierten Kiste, davor eine Schlange schwarzer Wagen. Eine Hütte als Tankstelle für Taxifahrer. Kurt verstand, dass jemand, der stundenlang Londoner Verkehr bewältigte, es verdiente, Tee durch ein Fenster in den Wagen gereicht zu bekommen oder im Inneren einer erhöhten Kiste preiswert zu essen. Die Krankenschwester residierte in der offenen Tür auf der Schmalseite. Ihr schwerer, vor Kurts Nase wogender Busen (einer der Laib-Sorte, also eine durchgängige Busenbank, gegen die Vierpfund-Brote und Köpfe wie Kurts gedrückt werden mussten) lenkte von dem Wundbrennen ab, das ihr generöser Einsatz von Jod verursachte. Auf seine Widerworte gab sie nichts, sie sprach im Modus »wir«, verband das Fleisch-V und befal ihm, nach Hause zu fahren und sich hinzulegen. Sofort!

»Tee?«, krächzte er.

»Nein«, sagte sie.

Und bugsierte ihn hinaus, ganz Lächeln, ganz Mummy – mörderisch effizient.

Es freute ihn, wie schnell das Pochen in seinem Arm nachließ, als er die Marylebone Road zum Regent's Park Square hinunterlief.

Nach Hause? Wantee würde dösen, er wollte sie nicht beunruhigen und konnte etwas frische Luft vertragen. Frisch, of course, war relativ. Mehrspuriger Verkehr in jede Richtung, Lieferwagen, Taxis, Limousinen und Busse, Busse und noch einmal Busse schoben sich an Kurt vorbei. Hektisches, tuckerndes, röhrendes Blech, das sich staute, dahinschoss, wieder stockte. Bobbies auf Rössern ritten quer dazwischen. Oh, wie das half. Man glitschte dann auch auf Pferdeäpfeln aus. Das geschäftige London! Es stank.

Betteln gelehrt hatte es ihn zudem. Brief um Brief rang er sich ab, sogar auf Deutsch, obwohl er diese Sprache nicht mehr benutzen wollte: »Bist du noch mein Freund, seit ich dich um eine Bestellung bat ...?« »Viele sagen, man verliert seine Freunde, wenn man in Not ist ...« »Ich sage mir, wenn du mein Freund geblieben bist, ist es gleichgültig, ob ich noch einmal frage, dann wirst du schon auch eine freundliche Antwort finden. Wenn du aber mein Freund nicht mehr bist, so kann eine zweite Frage dich nicht mehr verärgern, als es die erste tat, und ich kann, wenn ich ein Mann bin, ruhig noch einmal fragen.«

Ein Exil erlebte man auf verschiedenen Höhen: oben, wo die Augen waren. Im Sitzen, zwischen den Stühlen. Auf den Knien. Stolpern, fallen, der Länge nach hingeschlagen. Wenn man Pech hatte, biss man ins Gras. Dann lag man weit unten, dort, wo die Wurzeln saugten.

Der Kritiker Herbert Read hatte in einem Aufsatz jüngst etwas Mystisches in Kurts Werk entdeckt. Das hatte ihn ungemein gefreut. Endlich ein Mensch mit Kunstgehirn. Anders als Ben Nicholson, der britische Avantgardist. London war nicht Lysaker, wahrlich nicht, nur manchmal, genauer ziemlich häufig, kam es ihm so vor. Museen, Galerien, Vorträge, Universitäten. Und wo steckten die Künstler? Auf Landgütern! Die Emigranten waren weitergezogen, die Briten genossen die Countryside. Unfasslich, über wie viele Landschlösschen die englische Insel verfügte. Ein britischer Künstler nannte selbst eines sein eigen (Erbe) oder verfügte über mindestens einen Freund, der eines besaß (Erbe) und ihn dorthin einlud (die richtige Schule besucht).

Er schrieb nicht mehr. Nicht literarisch. Es war wie mit dem Satz: »Denk nicht an einen rosa Elefanten.« Zack, hatte man an ihn gedacht. Sein Elefant war rosagestreift, halb englisch, halb deutsch. Er dachte dauernd daran. Deutsch schreiben wollte er nicht, Englisch beherrschte er nicht, da musste er bei jedem dritten Wort Wantee fragen, verlor den Ton.

Einen Galeristen hatte er gefunden, Hugo Cyrill Kulp Baruch, in Groß-London als »Bilbo, die Bestie« bekannt. Bilbo, der einzige waschechte Kunstgangster, dem Kurt je begegnet war, ein Hexenmeister fürs Grobe, vierschrötig, verschlagen, laut, dessen englische Mutter von den Nazis ermordet worden war und dessen Vater in Spanien Selbstmord begangen hatte, war Kurt in Hutchinson aufgefallen. Beide hatten den Nutzen des jeweils anderen für das eigene Werk sofort erkannt. Seit ein paar Wochen zeigte »die Bestie«, die sich in London auch Jack nannte, eine Schwitters-Einzelausstellung. Kurts Kunst war wieder größer geworden als auf der Nansen. Skulpturen, Collagen, weniger Holz, englisches Papier, er ließ sich auf sein neues Leben ein. Das alte war irgendwo zwischen Norwegen und Schottland auf Grund gelaufen, auch die Scharnhorst lag inzwischen im nordischen Meer, die Briten hatten das unsinkbare Schlachtschiff Weihnachten 1943 versenkt. Unerschütterlich boten sie dem braunen Vernichtungsreich die Stirn. Dass sie ihn zudem hier leben ließen und niemand davon sprach, ihn auszuweisen, glich einem Wunder.

Der Rest fiel in seine Verantwortung. Er ging auf seine Gastgeber zu. An seiner Liebe zu Tee mit Milch arbeitete er, doch er schätzte quasi auf natürliche Art alle Arten von Pie, jeden Pudding, womit man in England jegliche Art von Dessert meinte, den Wolkenhimmel, den Dauerwind, sogar die dauerhaft winterlichen Raumtemperaturen. Der Ausstellung nützte das leider nichts. Die Briten liebten Spleens, DADA mochten sie nicht. Kunstverstand?

»Können die überhaupt in Farbe sehen?« Sie waren stocksteif, wollten DADAS Witz nicht wahrhaben, nicht seine prophetische Kraft – die alten Reiche schon 1919 zersprengt. Das fanden sie »zu europäisch«, also unnötig, peinlich laut obendrein. Ihre Haltung erinnerte ihn an seine ersten Wochen in London, als er regelmäßig zum Bahnhof Paddington gefahren war. Englische Menschen kamen in die Hölle für Rempeln. Er rempelte sie absichtlich an, Männer wie Frauen, Alte wie Junge und jeder, buchstäblich jeder entschuldigte sich bei ihm dafür. Damals in der bösen Einsamkeit nach Camp Hutchinson hatte es ihn getröstet, einen anderen Menschen zu fühlen. Nun begegnete er derselben Entschuldigungshaltung vor seinen Bildern. Die Besucher von Bilbos Galerie spürten etwas, fanden exakt dies unangenehm, »so sorry«, und kauften nichts.

Die BBC wollte Kurt nicht anstellen. Das Modehaus Selfridges hielt ihn nicht für geeignet, seine Schaufenster zu dekorieren. Kunstguru Nicholson bezeichnete Schwitters als langweiligen Esel und brach den Kontakt ab, nicht ohne vorher Kurts Idee zu stehlen, eine Collage aus Busfahrkarten herzustellen. Der Direktor der National Gallery, Kenneth Clark, weigerte sich, den deutschen Künstler überhaupt zu treffen, und auch die Begegnungen mit den einstigen Mitgefangenen von Camp Hutchinson verliefen nicht in jedem Fall glücklich. Fred Uhlman empfing Kurt und Kurts Freundin in seinem eleganten Mansion, im Vorraum bot er ihnen Tee an, den sie auf den Knien zu balancieren hatten, seine Frau, the Honourable Diana Croft, war zu adelig, um zu erscheinen. E. L. T. Mesens, belgischer Surrealist, übertrieb in die andere Richtung: lag vor Wantee auf den Knien, stand gar nicht mehr auf. Kurt besuchte Arthur Segal, er kannte den Rumänen aus Berlin, traf den Bildhauer Kurt Epstein, trug Gedichte vor, war unermüdlich und von neuem »charming«, bellte, schnaubte, schrie, die Zuhörer erschraken, lächelnd wollte Kurt sie begrüßen, da waren sie schon fort. Vor einem Jahr hatte er Edith Tschichold in Basel gebeten, ihm eines seiner eigenen Bücher zu senden, er besaß kein einziges mehr. Vor ein paar Wochen war es endlich eingetroffen, *Kurt Schwitters, Gedichte*. Fremd, nein, »bewildert« hatte er darauf gestarrt. Wantee versuchte, ihn aufzumuntern, sie übersetzten gemeinsam, *Anna Blume* erstand als *Eve Blossom* neu. Aber nur halb. Er erkannte, dass es sinnlos war. Ein deutscher Witz würde in England niemals lustig sein.

Er wartete auf eine Lücke zwischen all den schwarzen Wagen und schief-hohen roten Bussen, um die Marylebone zu überqueren. Druces Depository versteckte sich seit Monaten hinter einem Bauzaun. Die rote Telefonzelle daneben mit ihren sanften Metallrastern munterte ihn auf. 19. Jahrhundert, ein kleiner Gruß. Längst schaute er nicht mehr auf die falsche Straßenseite. Es gab keine falsche Seite mehr. Er musste sich Döhren vorstellen, die Abbiegung von der Waldhausen auf die Hildesheimer, um sich daran zu erinnern, auf welcher Seite man in Deutschland fuhr. Hier war es dann andersherum.

Dichter Verkehr, jeder kurvte um Trichter im Asphalt, auch als Fußgänger sprang man mal links, mal rechts. Und dann spürte man es doch, aller Geschäftigkeit zum Trotz: Lücken trieben durch die Straßen. Da eine Frau, die nicht in den Bus um 8.10 Uhr an Marble Arch stieg wie seit Jahrzehnten, dort ein Mann und sein Sohn, marineblaue Schuluniform, das blonde Haar glatt zur Seite gekämmt, die nicht die Treppe aus der U-Bahn heraufeilten. Niemand schien noch darüber verwundert. Außer Atem sprang Kurt auf den Gehweg der anderen Straßenseite, lehnte sich an den ebenfalls roten, fest auf der Erde verankerten Postkasten. Sein Arm pochte.

Der Krieg hatte das Leben jedes Einzelnen grundlegend verändert. Mit materiellen Verlusten, Alpträumen und Ängsten, Leiden, Trauer und Not hatte man gerechnet, inzwischen griffen die Auswirkungen tiefer: Dieser Krieg verstümmelte und verdarb die Wirklichkeit nicht nur, er veränderte die Kategorie des Wirklichen selbst. Die unruhigen Gespenster von Kindern, Frauen und Männern, tot oder so zugerichtet, dass keiner sie wiedererkannte, begleiteten die Lebenden auf Schritt und Tritt.

DADA hatte sich überholt. In Zeiten wie diesen brauchte man eine Kunst, die komisch war. Vor allem aber musste sie etwas anderes sein: gespensterkundig und erinnerungswahr.

Münzgroße, hellgelbe Rosen, fast kein Blatt mehr an den Stängeln, blühten unverdrossen neben Taxuspyramiden und Kugelbäumchen in Töpfen. Er suchte sich eine Bank, von der er den Teich und seinen auf einem Granitfelsen knienden Bronzeknaben sah, dessen linke Hand griffbereit in der Luft schwebte. Neben der Statue saß ein verwirrt aus dem Wasser gesprungener, bronzener Frosch.

Saftiger Rasen auch im Dezember. An den Platanen hingen braune Blätter, andere Bäume hingegen trugen eine Art ausgebleichtes Grün. Die unnatürliche Wärme der Stadt, die an so vielen Stellen in Bränden aufgegangen war, hatte auch das Leben der Pflanzen verändert. Hie und da brachte einer der schräg fallenden Sonnenstrahlen einen Stamm zum Leuchten. Schwelendes Umbra, Siena, entrücktes Blau. Das Prunktor, das in Queen Mary's Rose Garden führte, glänzte golden und schwarz.

A bench stood in a beautiful park. Außerordentlich, Kurt! Über Subjekt-Prädikat-Objekt gelangte er auf Englisch nicht hinaus. *There was a broad path with plenty of passers-by …*

Vorbeigänger.

Vorbeigänger auch er.

Es war Mittag, Mittage machten ihn nervös. Mittags trafen sich die Enden der vergangenen und der aufkommenden Nacht am Himmel, der einen, die man überstanden hatte, und der nächsten, in der es einen vielleicht erwischte. Zwei langgestreckte, fadendünne Tentakel berührten sich, unpersönlich, fühllos. Die neuen Arme, die ab diesem Augenblick wuchsen, indem sie die alten fraßen, würden sich, ehe man sich versah, zu einem weiteren schwarzen Riesenkraken zusammensetzen, dessen zahllose Glieder deutsche Bomber von Osten hereinschaufelten.

Da war er in den Park geflohen, wollte ausruhen und Tiere rufen hören, doch sie schwiegen, weil man sie vermutlich gar nicht erst aus ihren Häusern ließ an einem Tag wie diesem, und mit aplomb, was Gelassenheit hieß, aber für ihn nach »Bombe« klang, holten ihn seine persönlichen Gespenster ein. Ein Brief von Nelly van Doesburg war durchgekommen aus Paris. Sie schrieb, wie sie Theo, gestorben 1931, noch immer vermisste. Kurt hatte ihre Zeilen gelesen und sich Helmas Einsamkeit vorgestellt. Das hieß: Er stellte sich Helmas Leben vor, wie er es kannte, bloß ohne Kurt.

Von der realen Situation in Hannover wusste er so gut wie nichts. Helma und Henny hatten die Zerstörung der Waldhausenstraße Nummer 5 unverletzt im Keller überstanden. Diese dürren Worte hatten ihn über Edith erreicht. Seit dem 8. Oktober 1943 wohnten seine Frau und seine Mutter mit anderen Einquartierten in Fiederallalas Villa. Bei diesem arischen Habicht, dieser Ohne-Nazis-will-ich-nicht-leben-Dummheit. Die Schwitterinen befänden sich den Umständen entsprechend, schrieb Edith. Sie fungierte als Briefkamel.

Er nahm an, dass Helma schwer beschäftigt war. Mit einem Korb Wäsche stieg sie die saubergefegten Treppen der Waldhausenstraße hinauf. Ja, die Villa stand nicht mehr. In seine inneren Bilder übersetzte sich dies nicht. Helma beugte sich über einen der Schränke mit seinen Collagen, lächelte ihn an. Shell-shocked mussten Henny und sie mindestens sein, entsetzt im Wortsinn. Die Deutschen hatten davon keinen Begriff. Sie taten, als durchlebte man den Lebensangriff, die Zerbombung wie … wie ein Roboter. So ein Volk hätte dem Gröfaz gepasst. Es fehlte nicht mehr viel.

Seine Frau steckte in Hannover fest, es schmerzte ihn und er zögerte, ob er ihr das schreiben konnte oder ob sie dadurch, falls der Brief durchkäme, nur trauriger würde, als sie bereits sein musste. Auch dass es Wantee gab, tat ihm ihr gegenüber leid. Diese Sache hatte allerdings … mehrere Richtungen. Wantee und sich selbst gegenüber tat ihm nichts leid.

Krieg war Krieg.

Seit knapp drei Jahren war er mit Edith Thomas zusammen. Nun lebten sie sogar in einem Haus. Frisch, frei, ohne Ehescheins. Er wiederholte es für sich: Es ist unsinnig, dass du dir jetzt einen Kopf darüber machst, ob diese Frau eine Zwischenstation ist, Teil der Ausnahme »Krieg«, oder Teil deines Lebens überhaupt.

Deiner Zukunft. Die Nazis hatten den Maschsee mit Planen abgedeckt, um der Airforce die Orientierung über Hannover zu erschweren. Es hatte gewirkt. Die Bomber hatten ihre Last überall abgeladen. Hannover war Stunden nach dem ersten Angriff komplett zerstört worden, Kurts Zuhause sofort. Was für ein Pech. Er fluchte auf jede Bombe, auf den Wind, auf die Villa seiner Eltern, die einfach so in sich zusammengefallen war.

Dabei spürte er, wie er auch auf Helma wütend wurde. Dass sie in Deutschland zurückbliebe, hatten sie gemeinsam ausgemacht. Nicht wahr? Nichtsdestotrotz rechnete etwas in ihm es ihr an. Er schämte sich dessen, leider ging davon der Groll nicht weg. Ebenso beschämend: der Gedanke, dass seine Gattin ihm Wantee verzeihen würde, wenn sie davon wüsste. Weil sie ihn nun einmal liebte.

Kurt! Wahr daran war: Helma kannte ihn. Sie musste mit einer neuen Frau rechnen. Es war himmelschreiend ungerecht, das sah er. Erstaunlicherweise hieß die einzige Person, die seine Bitternis verstand, Ernst. Das Kind war extrem kühl geworden oder extrem klug. Lebenserfahren? Kriegslebenserfahren gewiss.

Pech, viel zu viel Pech hatten sie beide zuletzt gehabt. Er, Kurt, fand in der Wirklichkeit, die London hieß, keinen Ort für einen neuen Bau. Ständig jagten Hitzen durch sein Gehirn, die Trauerhitze, die Brandhitze, die Verlusthitze, die Schlaflosigkeitshitze, die Erinnerungshitze, die Spaltungshitze. Wantee stand ihm zur Seite. Ernst hingegen hatte niemanden mehr, der ihm die Traurigkeitslöcher zustopfte, die Zweifel wegsprach, die Hand hielt oder einfach neben ihm saß und ihm einen Marmeladentoast schmierte. Niemanden außer seinem Vater. In den Wochen nach dem Hirnschlag im Frühjahr hatte dieser Gedanke Kurt am schlimmsten zugesetzt. Er durfte seinen Sohn nicht allein lassen, nicht nach der Trennung von Esther, nicht, nachdem Ernsts Antrag auf die norwegische Staatsbürgerschaft abschlägig beschieden war, und nicht jetzt, im Winter 1944, nach der Ablehnung des zweiten Antrags. Als wäre das nicht genug, war jüngst auch noch das Flugzeug, das Ernsts restliche norwegische Negative nach England bringen sollte, über der Nordsee verschollen. 5000 Fotos. Was für eine Vernichtung.

Wenigstens träumen musste sein Sohn da dürfen, der Villa an der Eilenriede nachträumen, Döhrens waldigem Grün und der gemeinsamen Zeit dort, die im Rückblick so unwirklich glücklich und so unwirklich unwissend, so verantwortungslos gutgläubig schien.

Nachträumen wie er, Kurt, es tat. Darüber verlor er kein Wort, Wantee hätte sich ausgeschlossen gefühlt. Und er wollte es auch nicht teilen. Hannover war seins – als Erinnerungsglück wie als Kümmernis. Tags entdeckte er das Waldhausen-Schlösschen in Hausschatten auf dem Gehweg, eine Ruine schien der vertrauten Silhouette zu gleichen. Deswegen war er heute Vormittag in das zerstörte Gebäude gekrochen. Es hatte ihn an das verlorene Zuhause erinnert. Nachts kehrte die Villa in der Waldhausenstraße zurück als Halluzination. Ein frohes Bild. Von dem er, noch während er es genoss, wusste, dass es ihn betrog.

Unter jedem Wort schwamm ein anderes. Unter jeder Wirklichkeit strudelte eine andere dahin, flüsterte, rührte ihn an. Deswegen saß er reglos eine Stunde lang auf einer Bank in Queen Mary's Rose Garden, umschlossen von Regent's Park, umschlossen von einem winterlich windigen Tag. Seine Füße, nackt in den mit Klebeband umwickelten Stiefeln, waren so kalt, dass er sie nicht mehr spürte. Eine Frau, das Kopftuch weit ins Gesicht gezogen, schlich mit einer Schere zwischen den Sarcococcabüschen umher, die er erkannte, weil auch Wantee bisweilen einen Zweig davon ins Haus brachte. Sie dufteten. Auf Deutsch hießen sie Fleischbeeren. Leider konnte man diese Beeren nicht essen. Abschneiden war verboten.

An hellen Tagen wanderte er, Fleischbeere Kurt – viel Fleisch, kein Duft, viel -losigkeit: Auftragslosigkeit, Fassungslosigkeit, Mutlosigkeit, Aussichtslosigkeit, Wort- und Wertlosigkeit, Heimatlosigkeit – die Themse entlang. Rechtsseitig bis Greenwich hinab, und wenn er es schaffte durch den Fußtunnel unter dem Strom über die Isle of Dogs auf der anderen Flussseite zurück. Ingenieure des 19. Jahrhunderts, die Treppentiefe auf Reifröcke abgestellt, hatten sich gratuliert zu ihrer vermessenen, hellgekachelten Welt. Unten in der Röhre, einer hinter dem anderen, sah jeder Passant gleich aus, jeder ein Flüchtling, verschluckt, für Minuten von der Erde genommen, unterwegs in einem langen weißen Nirgendwo.

Und dann, tauchte man auf, der weite Himmel der Stadt. Wolkentheater, Türme, Gerüste, Stellagen, Lager- und Speicherhäuser, hölzerne Schaluppen, das an der Isle of Dogs schlappernde Wasser, Fischgeruch, Tang. Hier witterte man das Meer. Hier wurden die Schiffe aus dem Empire geleichtert, neu beladen, liefen aus. Welch Ziel für die deutschen Generäle. Ausgedehnte Teile der Docks lagen in Staub und Asche, zum Trotz mochte Kurt den Ort umso mehr. Exakt gegenüber, am andern Ufer der Themse, funkelten die Wassertore von Greenwich, verfiel das Royal Naval College, ein langgestrecktes, imposantes Gebäude, grün von Moos und mit verwitternden Fenstern. Hier führte man Krieg, und wie man es tat, erfüllte ihn mit Zuversicht. An klaren Tagen konnte man erkennen, wie die erdbeerfarbene Stahlkugel auf dem Turmdach des Observatoriums kurz vor 13.00 Uhr an ihrem Mast hinaufkletterte, eine verborgene Hydraulik musste sie regieren, um exakt zur vollen Stunde mit beeindruckendem Knall von neuem in ihrem Bett am Boden zu landen. Seit über einem Jahrhundert kündete der fallende »time ball« den Schiffern auf der Themse die Zeit. Und nichts daran würde sich ändern. Man war absonderlich hier, war es mit Stolz. Eben das verteidigte man. A British way of life. Das Recht auf Andersheit.

Kurt sammelte, was angeschwemmt wurde, pickte in Treibgut nach Plastik, Gummi, Holz, Metall. Der Fluss floss vom Land Richtung Meer wie jeder ordentliche Fluss, allerdings konnte es eine Stunde später andersherum gehen, dann schob sich die See hinauf in die Stadt. Kurt fand dies angemessen. Ihm schob die Stadt Energie die Blutbahnen hinauf. London kreiste um Geld, aber hatte einen Himmel voller Seemöwen und Seelicht. Kraft kostete es ebenfalls. Auf seinem Lieblingsplatz, den Stufen von St Paul's, genoss er, wie kunstfertig der hohe Busverkehr um die Röcke der Statue von Königin Anne schwankte. In der vollkommensten Kuppel der Welt wiederholte sich diese Strömung. Die Luft floss so natürlich um sich selbst, dass sich noch das Leiseste erhielt. Leider wurde ihm auf den Kirchenstufen regelmäßig nach einer Weile von den Abgasen schwindelig, dann musste er gehen.

Bilbo lachte darüber. Bilbo, der deutsche Bär. Witzig, massig, 1,94 Meter groß. Über Mallorca und Barcelona, wo ihm eine der stadtbekannten Hochburgen gegen den Faschismus, die Bar SOS, gehört hatte, war er nach London gelangt. Baruch Bilbo Jack, das brutale Herz fremder moderner Kunst in Großbritannien, bereits vor dem Krieg ein Tausendsassa, Tänzer auf jeder Hochzeit von money & art, ließ sich abgesehen von Bären ausschließlich mit Pistolen ablichten und vergaß niemals, seine eigenen schrecklichen Gemälde in die Ausstellungen aufzunehmen, die er in seiner Galerie präsentierte. Auch wenn er kaum einer freundlichen Märchenfee glich – in London war er zu Kurts Rettung herbeigeeilt. Heute noch hatte er einen Termin mit ihm in der Galerie. Bilbo würde ihm die Leviten lesen: nichts, nichts und abermals nichts verkauft. Bis dahin blieb glücklicherweise etwas Zeit. Ein Bärenwesen wie Bilbo wühlte sich im Winter frühestens mit der Abenddämmerung aus dem Bett.

Kurt stand tief in dem königlichen Garten an der ovalen Bodensenke, die die Londoner The Mould nannten. Die natürliche Mulde diente als eine Art Amphitheater, auf dessen Grasbänken man im Sommer den Orchestern lauschte, die jeden Sonntagabend um sechs Uhr gratis Konzerte gaben. Die meisten der Musiker stammten aus Mittel- und Osteuropa, Flüchtlinge, die lange vor dem offiziellen Beginn die Saiten stimmten. Es war der ihm liebste Augenblick: Man lag auf dem feuchten Rasen, wobei Kurt der einzige zu sein schien, der die Nässe bemerkte, und schloss die Augen. Einzelne Takte, Liedanfänge und Pizzikati schwebten durch die Luft. Sie umsäuselten das Ohr, brachen ab.

Nach einem dieser Konzerte hatte Wantee ihm erzählt, wie sich in London auch die körperliche Liebe verändert hatte, als die Deutschen angriffen. Bombennächte waren Kellernächte, nur dass englische Häuser in der Regel nicht über einen Keller verfügten. Man kauerte im viktorianischen Küchen-Souterrain oder in der eigenen Wohnung unterm Esstisch. Wantee hatte mit 16 geheiratet, war ein paar Jahre später zu ihrer Londoner Familie zurückgekehrt und lebte, als The Blitz begann, in ihrer ersten eigenen Wohnung, einem Zimmerchen mit Bad im dritten Stock eines Hauses in Clapham. Hugenottisch, sagte sie, also mit einem *sous-sol*. Da kauerte man und fror und lauschte und manchmal wackelte eine Mauer oder der Boden und jemand sang und die Zeit wollte nicht verstreichen. Man hielt den Koffer und den Sandkübel, hörte die Ratten huschen oder die U-Bahn rumpeln. Am besten hörte man nichts, dann lief alles am Schnürchen, bloß die eigenen Gedanken, Gedanken wie »wofür sich aufheben?«, die liefen kreuz und quer, die wurden lauter mit jeder Nacht, und schon nach der ersten Woche war etwas verwandelt im Fluidum der Stadt, unwahrscheinliche Gelegenheiten boten sich, man machte, den Einflüsterungen des Augenblicks folgend, bis spät in den Morgen, wenn man wieder hinaufdurfte in Wärme und Licht, das Beste daraus. Sex, nicht Liebe, hatte sie gesagt, und dass es mit ihm anders war.

Um nicht ohne zu zwinkern ein »apropos« hinzuzufügen. Die alte (alte!) Keckheit habe damals einer echten Zugewandtheit Platz gemacht, man sei sich der eigenen Vergänglichkeit ebenso wie der des anderen bewusst geworden und habe genossen, dass einem ein lebendiger, unverletzter Körper so nahekam. Jedes Mal habe es sich angefühlt, als mache man sie zum ersten Mal, diese Love. Jedes Mal mochte es das letzte Mal sein.

Ihre Augen hatten sich verändert, während sie davon erzählte. Schwammgrün, dunkle Splitter darin. Er entdeckte eine aufrechte Frau, die nichts vortäuschte und trotz aller Schüchternheit nichts darauf gab, worüber die Leute sich das Maul zerrissen. Diese Freiheit hatte sie, sagte sie nahezu fröhlich, aus dem Krieg gewonnen. Kurt sog das Mädchen aus London in sich auf, als könnte er sie einatmen, er roch und schmeckte sie, und was er wahrnahm, drang in seinen Körper, wo es sich verteilte. Er hatte gewusst, wusste nun in einem vollständigeren Sinn, dass sie nicht allein begriff, worum er kämpfte. Sie entsprach ihm.

Wantee war keine Suus. Keine Affäre. Wantee war ein Ereignis. Kategorie Wantee.

Sie nannte ihn Jumbo. Weil er groß war wie ein Elefant. Blimey, Wantee, nimm das Rosa weg! Und des gleichnamigen amerikanischen Musicals wegen, das vor etwa zehn Jahren in London gastiert hatte. Eine Romeo-und-Julia Geschichte, die in einem Zirkus spielte, der kurz vor dem Bankrott stand und in einem Zelt mit echten Akrobaten und echten Tieren aufgeführt wurde, einschließlich des die Welt rettenden, sanften Elefanten Jumbo und einer märchenhaften Versöhnung der sich bekämpfenden Familien zum immerherrlichen Ende.

Seit seiner Kindheit kannte er das Kopfglück, das Mundglück, das Brustglück. Neu waren das Angstglück, das Vergessensglück, die Tiefe des Glücks Voller-Magen. Die losen Enden des Exilglücks flatterten im Wind.

Er musste los. Seine Uhr besaß er noch, Helmas Geschenk. Halb vier englische Zeit. In Deutschland wäre es ebenfalls halb vier. Früher hatte man die Stunde nicht geteilt, inzwischen lebte man in England in Dauersommerzeit. Mehr Helligkeit am Abend, um vor der Verdunkelung nach Hause zu kommen. Links schloss sich ein hübscher schmiedeeiserner Zaun an die Senke an, gegenüber wuchs ein Wäldchen von Birken und Buchen. Zwischen den Stämmen schichteten die Vorboten des Abends eine Wand aus Glasbausteinen in milchig schimmerndem, bald durchsichtigem Dezemberblau auf.

Was tat er sich so schwer, jagte sich so zwischen Vergangenheit und Zukunft hin und her? Zweierlei stand fest: Wantees Jumbo musste in England bleiben, solange die bösartige Dreifaltigkeit der Vernichtung, Hitler, Göring, Goebbels, Deutschland beherrschte. Und: Niemand konnte sagen, was oder wer danach an die Macht geriet.

Das aber hieß: Er durfte warten.

Noch war Krieg. Und auch er hatte nun einen Gewinn davon. Das war nur gerecht. Solange das Dritte Reich zuckte, war es ihm erlaubt, die heikelste seiner Menschenangelegenheiten (zwei Frauen, zwei Städte) zu vertagen.

Kurt, Denkvermeider am Morgen, Halbdenker in St. Marylebone, unerschrockener Paradoxdenker und Gegenwartsverbreiterer ab sofort.

Er steckte die Uhr weg, schritt leichtfüßig aus. Der Arm pochte nicht mehr, auch innerlich wurde der gesamte Mann still, auf eine gute Art.

Summend still. Teestill. Bleibestill. Kurt im Verschiebeglück.

In den Lichtkegeln der niedrigen Laternen, die auf den Parkwegen lagen, leuchteten Steine und Moose. Im Vergleich zu dem, was Kurt als fantasiebegabter Hypochonder in seinem früheren Leben sogar auf den kürzesten Ausflug mitgeschleppt hatte, war der Sack leer. Er enthielt ein Broschurheft, ein paar Fundstücke von unterwegs

und eine Pappkladde mit dem Antragsformular für eine Einreise-
genehmigung in die USA. Ernst hatte ihm den Vordruck gestern in
die Hand gepresst. Erneut wurde diskutiert, zumindest von Ernsts
Seite aus. Käthe warnte seit Monaten: Amerika sei kunstfern, ma-
terialistisch, streng. Ihr Mann durfte seinen Beruf nicht mehr ausüben, »das kommt uns bekannt vor«, ihr hatte man den Besitz einer
Kamera untersagt. Bleib weg! In seinen deutschen Ohren klang das
Affidavit, das man für ein Visum brauchte – eine eidesstattliche
Versicherung, die bestätigte, dass der Einwanderungswillige rund-
um ein good character war –, ohnehin, als riefe man nach einem
Affen namens David. Über den Affen hatte Wantee sich amüsiert.
Er trank ihren Tee, hielt ihre Hand. England verlassen? Mit sanf-
tem Plopp fiel der Antrag in den Mülleimer am Ausgang des Parks.

Angefangen hatte das Verhältnis mit Mrs Thomas wie jede andere seiner Feuer-und-Flamme-, Brenn-und-vergiss-Verliebthei-
ten. Kurt, reimender Kater in ritterlichen Stiefeln, behände auch
strumpfsockig unterwegs im Reich des ewigen Flirts, verstand es,
sich den Weg auf galantere Weise zu bahnen, als es den besten
Mäusejägern deutscher Märchen je gelungen war. Fast eineinhalb
Jahre Haft auf der Isle of Man, eineinhalb Jahre kein weibliches
Wesen außer der ein oder anderen Manxerin, und die nur von
fern. Und dann in London im Dezember 1941 diese Nachbarin. Er
hatte Stunden gründlichen Nachdenkens investiert, bevor er sie
ansprach. Sie war jung, er nicht. Seine Nase hatte eine eigenartige
Neigung entwickelt zu wachsen. Oder schrumpfte sein Gesicht?
Die Jochbeine standen hervor.

We're gonna hang out the washing on the Siegfried line.
'Cause the washing day is here.

Ob sie ihm mit seinem Boiler helfen könne, please?

Sie war ihm in seine Wohnung gefolgt. Englische Höflichkeit,
thank you. Er achtete darauf, die Tür hinter sich nicht zuzuziehen.
Das Heizungsproblem war nach einer halben Minute behoben.
Liebenswürdig verbeugte er sich. Seine tadellose Erziehung nach

den Regeln des 19. Jahrhunderts milderte die Wirkung seiner hohen Statur, flößte Vertrauen ein.

Das war der übliche Gang. Und diesmal? Hatte sie ihm an der Nasenspitze abgelesen, dass das Boilerunglück kein Zufall war? Schon vor der Morgendämmerung hatte er zwei Schrauben an dem Maschinchen gelöst. Hatte sie gelacht?

Nein: mehrdeutiger und kantiger, schräg um die Ecke, einmal durchs Herz.

Kennenlernen wurde überschätzt. Sein Leben floss über von Herkunftsgeschichten, er brauchte keine einzige mehr. Kausalität griff prinzipiell zu kurz, denn wo fing die Kette an? Bei Adam und Eva, das wusste jedes Kind. Wer klug war, ließ die Vorgeschichte also aus.

Er hatte bei Mrs Thomas geklingelt und sie gefragt, ob sie eine Ahnung habe von englischen Wasserdurchlauferhitzern. Sie hatte den Kopf geschüttelt.

Es war sein vierter oder fünfter Versuch, sich ihr zu nähern. Stunden gründlichen Frierens hatte er investiert. Was um Himmels willen trieb dieses Mädchen den ganzen Tag? Es war kaum jemals zuhause. Und jetzt, elf Uhr morgens, stand sie derartig schlaftrunken und zerrauft in der Tür. Kein Gas in seiner Wohnung, sagte er, er zittere. Positively? Hieß das so? Er zittere nicht positiv, sondern negativ! Aus dem Nichts heraus. Out of the blue.

»Ich zittere nach innen und außen«, sagte er, »blau.«

Whether the weather may be wet or fine.

We'll just rub along without a care.

Ihr Blick flackerte. Warum sollte sie auf ein paar Worte hin in die Wohnung eines Fremden treten? Er erklärte, entwickelte Charme, umgarnte sie. Schmoozed her? Das hatte Mitbewohner Gert jüngst gesagt. Kurt beschmuste sie nicht (hätte er gern, knuddeln, drücken, mehr), er schmierte den Boden mit Worten fußglatt. Mit einem Mal, mitten in seinem ausgedachten Satz, schämte er sich. Und verstummte.

Mrs Thomas reparierte den Boiler im Handumdrehen. Er bot ihr Tee an. Sie lehnte ab. Als er sie durch den Flur zurückbegleitete, sprach er von Sohn und Schwiegertochter und lächelte sie schüchtern an, berührt von den dunklen Flecken in ihrer Iris. So jung, so ernst. Ein paar Tage später schickte er ihr eine Karte mit einem Strauß Schneeglöckchen, die er im Regent's Park abgerupft hatte, und lud sie formell auf einen deutschen Kaffee&Kuchen für den nächsten Sonntag zu sich.

Die Butter, das Mehl und die Eier hatte er zu diesem Zeitpunkt so gut wie gekauft.

Das eine Leben holte das andere ein.

Es war ein allmählicher Prozess. Er betrieb ihn, wenngleich er ihn zunächst nicht bemerkte und dann noch eine Weile nicht beachtete.

»Kaufen« war ein Euphemismus. Man benutzte das Wort aus Nostalgie. Der kurze, klare Vorgang, auf den es sich bezogen hatte, war verschwunden. Er hatte echten Kaffee aufgetrieben, beim Verhandeln selbst gehört, wie deutsch seine Worte klangen, und wehrlos hinnehmen müssen, dass mit jeder Silbe aus seinem Mund der Preis stieg. Er hatte zwei Silbergabeln investiert.

Edith Thomas, oh wie freute er sich, als er es hörte, lebte allein. Als sie seine Schellackplatten entdeckte, drei stolze Stück (Weihnachtsgeschenke von Esther, Ernst und Kurt an Kurt), erzählte sie ihm von den Sonntagskonzerten im Regent's Park. Leider, sagte sie, fange die Saison erst nach Ostern wieder an. Er müsse hin. Um sechs Uhr abends, so dass es langsam dämmere, während man Sonaten und Walzern lausche. Die Instrumente der Orchester seien weitgereist, wie wohl auch er, ihr … ihr verblüffender Nachbar? Bruchstücke von Melodien sänken auf einen zu, zarte Fäden von Dunkelheit hinter sich herziehend. Die Eingeweihten brächten ihre Klappstühle mit. »Ach«, sagte sie, er sah, wie sie sich umblickte und entdeckte, dass sein Zimmer nichts als die vom Vermieter gestellten Möbelstücke enthielt, »legen Sie sich einfach ins Gras.«

Nein, so hatte es sich nicht zugetragen. Er hatte gezögert, fast sich gefürchtet. Ungewollt, unverhofft stand etwas, worum er nicht gebeten hatte, auf dem Spiel.

Kaffee&Kuchen um vier.

Er, very deutsch, lud sie in seine Mansarde ein. Das Haus in St Stephen's Crescent glich einer Schwarzwälder Kirschtorte: Ernst und Esther unten im Schokoteig, Mrs Thomas die Cremeschicht in der Mitte, Kirsche Kurt obenauf.

Als sie in einem grün-braun karierten Rock und flachen Schuhen vor ihm stand, sank ihm das Herz. Besuch bei Opa Schwitters. Wenigstens Lippenstift hatte sie aufgelegt.

Ihr dunkles Haar war zu einem Knoten geschlungen, aus dem sich einzelne Strähnen lösten. Er, der unwahrscheinliche Nahwohner, der Fremde, ein möglicher Feind, hatte prächtig eingedeckt: Porzellan, Besteck, Papierservietten. Eine Rose in einem Eierbecher. Es entging ihm nicht, wie sie erschrak, als er zum Bett tänzelte (tänzelte? Kurt!) und den Bezug zurückschlug. Trara, zauberte er die Kanne hervor, heiß und dampfend, warm gehalten unter den Federn. Schokoladenkuchen, selbstgemacht.

Nach deutschem Rezept. Für einen Londoner Frauenmund.

Sie erzählte, dass sie vor dem Krieg als Modell für Barkers in Kensington gearbeitet hatte, einberufen wurde und nun im Ministerium für Zensur oft bis spätabends, sieben Tage pro Woche, fremde Briefe las. Sie lachten viel, fanden die gleichen Dinge komisch. Dass sie über sein Englisch stöhnte, kitzelte seinen Ehrgeiz, niemand sonst kümmerte sich darum oder traute ihm zu, sich zu verbessern. Man konnte keinem Menschen in den Kopf blicken; zuweilen, selten, sah man tiefer. Er wurde sich in der Stunde mit ihr bewusst, wie es um ihn stand. Er war zwei Männer, Kurt und Körrt. Da durfte es auch zwei Lieben geben.

Auf sein Hauptwerk war eine englische Bombe gefallen. Ein englisches Paar Augen hatte den Wasserturm auf der Döhrener gesehen, die Wipfel der Erlen, den Graben am Haus, das Dach, ein Funkspruch war gekommen, der Befehl umzudrehen, Angriff Hannover zentral, da hatte eine englische Hand im letzten Augenblick den Hebel gelöst. England und Deutschland, seine beiden Heimaten, zielten darauf, einander auszulöschen. Er klebte Collagen aus Hälften, oft zerfielen sie in weitere Teile, die er mit schwachen Brücken, mit Hölzchen, Schnüren, Drähten verband.

Was Edith betraf, verzichtete er auf allen Widerstand. Nein. Alle Widerstandkraft verließ ihn. Sie verdampfte. Er warb nicht um diese Frau, nicht mehr. Er ließ geschehen, was geschah.

Doch so war es noch immer nicht gewesen. Es passierte rasend schnell, zugleich langsam und gedehnt, wenn auch in einem Augenblick. Mrs Thomas hantierte sinnlos mit dem Schraubenzieher an dem Boiler, bis er ihr zeigte, welche Schrauben er gelockert hatte. Sie brach in Lachen aus. So einer war er also! Verliebte er sich da in sie? Nein. Ihre Reaktion machte sie und ihn augenblicklich zu Komplizen. Verliebt war er bereits. Nun ergriff sie, sie beide, er spürte, dass sie es teilten, ein unerwartetes, tiefes Zusammengehörigkeitsgefühl.

Die Szene, so unsichtbar und wortlos sie sich abgespielt hatte, lief wie eine Welle durch das Haus. Ernst hatte zunächst nicht sonderlich auf die junge Nachbarin geachtet. Nach einer Woche äußerte er Verwunderung, sagte kurz darauf, er sei verwirrt, und ging zu Warnungen über – die ist geschieden, die will dir nur dein Geld aus der Tasche ziehen. Kurts Sohn regte sich auf, wurde ärgerlich (um Helmas oder um seiner selbst willen?) und gab schließlich nach. Kurt entdeckte in seinem deutschen Leben nichts, was er mit dieser englischen Beziehung hätte vergleichen können. Löschten Wantee und er abends das Licht, wurden sie zu zwei einander neuvertrauten Körpern, die mühelos einen Rhythmus fanden, der ihrer Jugend Raum ließ und seinem Alter Zeit. Kurt verlor sich, auf glückliche, zu glückliche Weise vielleicht.

Am BBC Broadcasting House, dem hellen Steinschiff, dessen mächtiger Bug sich am Zusammenfluss von Portland Place und

Langham Street in die elegante runde Kirche von John Nash schob, Tempel an Tempel, Fernkommunikation an Fernkommunikation, wühlte er in seinen Marteltaschen. Hatte er die abgestempelten Bustickets dabei? Er sprang in den nächsten Doppeldecker Richtung Piccadilly, von dort wären es ein paar Schritte zu Bilbos Modern Art Gallery. Flugs die Treppe hinauf. Zeigte sich ein Kontrolleur, wies Kurt all seine Fahrkarten vor, die gesamte Handvoll, und bat mit schwerem deutschem Akzent, ihm die gültige herauszusuchen, er finde sie nicht. In der Regel winkte man ab. Wantee und er drehten jeden Penny um. Wenigstens damit waren sie in London nicht allein.

»Hi-Tschäk!«

Tsch statt des korrekten, weichen dsch. Am tsch erkannte man jeden Deutschen. Tsch schien alles, was von Deutschland übrig war – tsch, wie man es benutzte, um Leute zum Schweigen zu bringen, tsch fast wie in washing line. Kurt sagte »Tschäck«, weil er bei Bilbo an Deutschland dachte und weil »haitschäck« auf Englisch »entführen« hieß. So etwas war exakt nach Bilbos Geschmack.

Der wie erwartet im Morgenmantel in der Tür stand und rief: »Frau, Sandwiches. Mit was Echtem drauf!«

»Seh ich so erbärmlich aus?«, sagte Kurt.

»Schlimmer.« Baruch-Bilbo-Tschäk bugsierte seinen Künstler in die Mitte des unteren Ausstellungssaals. »Frau!«

Das Haus wackelte. Die Frau schrie zurück. Schon länger. Tatsächlich hatte Kurt sie schon vor der Tür gehört.

Ein zweiter Begrüßungsdonnerschlag auf die Schulter (zum Glück die linke, die Verletzung saß rechts): »Never mind, Farty-Arty!«

Kurt war in eine heimische Schlacht geplatzt. Bevor er dazu kam, den Mantel auszuziehen, fing er einen Besen, der durch die Galerie flog und beinahe ein Fenster zerschmettert hätte.

Bilbo, der sprudelnde, hatte mit vier Mädchen im Nebenzimmer des Ausstellungsraumes geschlafen und von seiner Frau verlangt, ihnen allen Frühstück zu servieren. Vor kurzem, um drei Uhr. Die Uhrzeit musste Bilbos Gattin in besondere Rage versetzt haben. »Drei Uhr nachmittags«, schrie sie zum x-ten Mal.

Der Besucher fragte sich, ob ihr drei Uhr nachts besser gefallen hätte, und deutete Bilbo an, dass hier das ein oder andere Argument für die Ehefrau sprechen könnte, verkniff sich allerdings jeden weiteren Kommentar, als er den Ausdruck auf dem tellerartigen Gesicht des Galeristen bemerkte. Bilbo war nun einmal »a very colourful character« wie Wantee das in perfekt britischer Zurückhaltung auszudrücken pflegte.

Bilbo verschwand. Das Geschrei wurde lauter, leiser, laut. Der Galerist stand wieder da, stopfte sich einen Zettel in die Hemdtasche und zerfloss zu einem gewaltigen Lächeln. Irgendetwas war hier ganz und gar nicht in Ordnung. Kurt wurde in den ersten Stock geführt und auf eine Bank mitten im Bildersaal bugsiert. Vor ihm schwebte eine beträchtliche Platte Gurkenscheiben mit Salz. Bilbo kaute bereits. Sorry, Brot habe er nicht gefunden. Vermutlich sitze seine Frau darauf. Aber …, sehe die Galerie nicht fabelhaft aus mit ihrer beider Werk?

Kurt nickte. Für ihn sah die Galerie bunt aus. Bilbos Werke bestanden aus geworfener Farbe. Sicherheitshalber wechselte er den Platz mit dem Gastgeber. Verletzten Arm aus der Knufflinie bringen. Seine Füße spürte er nicht, obgleich sie in dieser Wärme auftauen mussten.

Er zog die Stiefel aus.

Bilbo sagte nichts dazu.

Nicht die kleinste Stinkegeste kam. Nun rechnete Kurt mit dem Schlimmsten. Seine Ausstellung – neueste Arbeiten, fast 40 Stück, professionell gemacht, ordentlich beworben, ersonnen als Rettungsaktion – hatte sich in seinen Sargnagel verwandelt? Der Zettel in Bilbos Brusttasche war eine Rechnung für die Unkosten der Ausstellung?

Exakt eine Chance, gut Wetter zu machen, hatte er noch. Kurt zog die Broschüre aus dem Rucksack. Ein Freund hatte sie Wantee für ein paar Tage überlassen, obwohl sie nicht herumgezeigt werden durfte: *Instructions for British Servicemen in Germany 1944*, herausgegeben vom Außenministerium. Man bereitete sich auf den Einmarsch in Hitlers elendes Reich vor.

Die Broschüre war fabelhaft. Das germanische Volk galt als potentiell gefährlich. Es würde versuchen, die siegreiche Armee zu bestechen, in die Irre zu führen oder mit Sex auf die eigene Seite zu ziehen. Auf den braungrauen, weichen Seiten wurde dagegen angeübt mit deutschen Sätzen, notiert in einer der englischen Zunge angepassten Lautschrift: Shtayen dee boyma dish in deezem vahlt?

Stehen die Bäume dicht in diesem Wald? Es klang wie: Schtarren die Böima dich in diesigem Wolle? Klarer Fall von DADA. Gipst ess eine Keller in der Naht? Ah, ob eine Quelle in der Nähe sei. Jeder Deutsche würde vor allem das »ess« hören und dem durstigen Fragenden in Erwartung milder Gaben freudig ins Gesicht shtayen. Es hatte etwas Rührendes. Im Verdeckten sprachen die Seiten der Broschüre von Gefahr, davon, wie allein man wäre, wie ausgesetzt. Wie sollte es gelingen, den Deutschen gegenüber weder zu aggressiv noch zu freundlich aufzutreten. Die Städte des Reichs lagen, wie jedermann aus der Zeitung wusste, in Trümmern.

Kurt steckte sich vier Gurkenscheiben auf einmal in den Mund. Das Zeug war Wasser. Man wurde hungriger davon.

Sie lachten, blätterten weiter. Kahn ish freeshtich hahben?

Auf Deutsch: Kann ich Freistech haben? Dem Angesprochenen würde der englische Bittsteller aufs Infamste höflich vorkommen. Fragte einen um Erlaubnis, bevor er einen abmurkste, und verlangte einen Freistech, also dass man sich nicht wehrte.

Der Ausstellungsraum war warm, die Gurke kam allmählich im Magen an, der Tee im Gehirn. Zum ersten Mal an diesem Tag fühlte Kurt sich wohl.

Dass das Leben nicht einfach werden würde, hatte er Anfang Januar 1937 auf der Fähre von Hamburg nach Oslo gewusst. Dass er auf dem Weg ein Kind verlieren würde, obgleich es bei ihm blieb, hatte er nicht geahnt. Dass der Länderwechsel die Poesie zerschlagen würde, hatte er befürchtet. Dass gleich die gesamte Prosa mitversank, war, was passiert war. Dass die neue Sprache ihm Spaß machte, kam als Überraschung. Dass alles langsam und schnell auf einmal geschah, war nicht überraschend, wenn man darüber nachdachte, aber das tat man erst, nachdem man überrascht worden war. Dass er mehr als die Hälfte seiner Zähne verloren hatte, zählte zu den Nebeneffekten, die wirklich störten. Dass er hungerte, war normal. Dass er lebte, sich frei bewegen durfte, war ein Geschenk. Dass er eine Ausstellung in London hatte, beeindruckte ihn nun fast selbst.

Im Erdgeschoss hingen Picasso, Renoir, Courbet, Klee, Van Gogh. Hier oben zehn Skulpturen, elf Collagen und 18 Ölgemälde Schwitters. Vorsichtiger Seitenblick. Der Galerist war verstummt. Seine Schläfe wölbte sich mächtig aus, mächtig ein, so kräftig kaute er.

Hatte Bilbo eine schlechte Nachricht erhalten? Jemand seiner Familie auf dem »Kontinent«? Erst im Sommer hatte die BBC einen Bericht veröffentlicht, demzufolge das NS-Regime 700 000 Juden in Konzentrationslagern in Polen getötet hatte. Durch Vergasung.

Gerüchte dieser Art hatte man schon früher gehört: Juden seien in Tunneln und Zügen mit Gas ums Leben gebracht worden. Man hatte angenommen, es handelte sich um Pogrome, begangen von der aus Russland fliehenden deutschen Armee. Gewaltexzesse, die inmitten eines grausamen Krieges aufflammten. Und erloschen. Bilbo glaubte das nicht.

Seit der BBC-Sendung war er verändert. Er sagte, der gesamte Osten habe sich in ein Blutland verwandelt. Hitler und Stalin befänden sich in einem Tötungswettstreit. Den der deutsche Faschist dank der Juden gewinnen werde. Er, Kurt, werde schon sehen.

Er, Kurt, sah in Baruchs Augen. Jede Nacht wankte die Welt. Sie wankte auch tags, da drückte es sich weg. Er verstand, warum sein

Galerist vier Mädchen benötigte im Bett, den Alkohol, die Bären, die Pistolen. Bilbo hatte den Jetzt-Schock, sagte Bilbo über sich selbst. Hi-Tschäk hijackte alles Leben, dessen er habhaft werden konnte. Exzessiv, wütend, rücksichtslos. Er schaufelte Vergessen in sich hinein.

Zum ersten Mal saß Kurt so lange zu zweit mit dem Mann zusammen, der seit Jahren die Namen wechselte, als bedeuteten sie nichts. Seine eigene Skulptur *Opening Blossom* glich dem Kopf eines weißen, augenlosen Kükens, das Schnabel und Gaumen weiter aufriss als möglich. Bildende Kunst: Ein Mensch betrachtet ein Objekt, das er kennt. Es ist stumm. Es ist mit fremden Zeichen bedeckt. Stimmte das? Der Gaumen des Drachenbabys, das sich als Blüte tarnte, war feuerrot. Kurt hätte die Hand nicht hineingesteckt.

Seine Werke hatten eine andere innere Kraft als früher.

Es reichte noch nicht.

Ein gemaltes Gesicht war ein Feld weitergespielter Veränderungen. Eine Collage ein Feld, in dem weggeworfene zerrissene Dinge lebten. Das Ziel: durch die Arbeit eine Stelle in dem Werk so zu öffnen, dass schwarzes Licht auf den Betrachter strahlte. Kurt verwendete Hüllen, zielte auf Seele. Lange war er vor diesem Wort zurückgescheut. Jetzt neben Bilbo dachte er es. Neben Bilbo brauchte er es.

Seine Füße fingen zu kribbeln an. Er wackelte mit den Zehen.

»Hast du keine anderen Schuhe?«, fragte Baruch und gab ihm die Broschüre zurück. Kurt steckte sie ein. Sie war ein Unterpfand: Die Guten werden den Krieg gewinnen. Unvermittelt war er voller Zuversicht. Er würde Wantee nach Hannover mitnehmen. Er würde es versuchen. Was einmal schiefgelaufen war, bei Suus, konnte beim zweiten Mal nur besser werden.

Rasch nahm er den neuen Mut ein zweites Mal zusammen. »Und, bist du was losgeworden?«

Pause.

»Sollen wir die Preise senken, Tschäk?«

»Ach Farty ...«

»Ich kann dir ein Werk schenken, eine Collage, für die Heizung. Und das Licht.«

»Das ... das mit dem Geld«, sagte Bilbo, »das lass mal. Hier herrscht schon so viel, äh Unfrieden.«

Keine Frage, irgendetwas war hier ganz und gar nicht in Ordnung. Normalerweise badete jemand wie Baruch in der warmen hormonalen Zufriedenheit, die Nächten als Hahn im Korb zu folgen pflegt. Ein Mann seines Schlages zerbrach sich nicht den Kopf über die Wut seiner Frau.

»Die Ehefrauen«, murmelte der Galerist und hielt Kurt den Papierstreifen aus der Hemdtasche hin.

Er war verknittert.

»Gestern«, sagte Tschäk, »für dich.«

Kurt musste sich den schmalen Streifen näher ans Gesicht halten, bevor er ihn lesen konnte. Ein Telegramm. Aus Basel, von Edith Tschichold.

Helma.

Stumm sitzt Kurt da.

Sein Arm pocht, biegt sich nach außen, hält einen Eisbärenkopf. Unten, wo einst der Hals auf dem Rumpf saß, fasst die Hand in die Höhle. Der Fellring ist eng. Schwarzes Licht.

Das englische Leben

1: Schaf(f)en

hallo!

sweat

schwitzen

halo of sheep

Schwitters'

(ap)posite

(positive?

Positz?)

withering

weiter

Der Nebel streckte seine gespinstigen Finger und kroch wenige
Zentimeter über die Wiese voran, die er mit jedem seiner Atemzüge sowohl sichtbarer zu machen als auch zu verstecken schien.
»Gespinstig« war vermutlich nicht das richtige Wort, er richtete
seinen Verdacht gegen sich selbst, vermutlich war nicht einmal
»vermutlich« richtig, er traute sich in keiner Sprache mehr über
den Weg. Gespinstig war wahrscheinlich eine Folge, ein Schluss,
erzeugt von einem koboldhaften Gespenst, das Wörter herumwür-
felte in seinem Kopf. Die Mischung der englischen und deutschen
Laute stieß ihm zu, und er mochte sie, mochte die »formidable
Fingerhaftigkeit« des englischen Nebels, dieses Hundes (dog) auf
f (fog), wie er hechelte über der englischen Wiese und gleichzeitig
festhing, kriechen&kleben, schweben&schleichen, die Gestalt stets
neu verzerrt. Nicht ganz wie ein Lebewesen, nur fast, nicht ganz
verrückt, nur fast, und fraglos jenseits dessen, was Kurt, genannt
Körrt, fasste oder begriff. Der Nebel verwandelte die Schafe in
schafförmige Vorsprünge, ihre Gliedmaßen und sogar einige der
schmutzig-weißen Löckchen standen einzeln hervor, während die
halbdurchsichtige Feuchtigkeit die Tiere als solche nicht einmal

berührte, sondern sich um ihre Körper wölbte und Schafsumriss um Schafsumriss in die haarsträubend knisternde Luft dieses frühen Oktobermorgens stellte.

Und da saß er, der Umriss eines Mannes, und beobachtete sich dabei, wie er Nebel mochte. Sich in Nebel verliebte.

Er, der ein gespinstiges Leben führte, der sich nach dem Ende des Krieges hier nach Ambleside geflüchtet hatte. Seit einem guten Jahr waren sie nun da. Endstation Lake District. Lake Destruction schien ihm etwas zuzuflüstern, hechelnd hing es über ihm, er ließ nicht zu, dass es ihn gefangennahm. Auch wenn es heruntersprach auf die hohle Form seines Körpers, seinen Umriss, gebogen und grau, klobig und groß, Kurt in seinem Schober, irgendeinem Schober, schäfchenstill.

Die Lokalzeitung hatte eine kurze Meldung über seine Ankunft gebracht: German writer and artist A. Schweitter, exiled from Oslo. Sie hatten sich Mühe gegeben und sogar ein Foto mitabgedruckt. Es war so verzerrt, dass er sich zunächst nicht erkannt hatte. Sekundenlang hatte er an einen anderen Künstler geglaubt, hier, dann sich gefreut, weil er meinte, das Bild zeige den Bauern, dem die Schafe gehörten, einen Nachbarn. In der weiten Kargheit der Berge kamen Menschen so selten vor, dass jeder jedes Nachbar war.

Eine Weile hatte er das Foto aufs Genaueste betrachtet, ohne sich daran erinnern zu können, wo es aufgenommen worden war.

Scrutinize nannte man solches Schauen, es klang wie screw-tineyes. Zinnaugen schraubten sich in etwas und untersuchten es, bohrten nach. Er fühlte, wie es ihn veränderte, sogar körperlich, dass er auf Englisch dachte statt auf Deutsch, seinem eingeborenen, verlorenen, sich windenden, schwindelnden Deutsch.

Er genoss dieses Gefühl. Er, der Umriss von Kurt aus Hannover-Hinüber. Starrte er mit deutschem Blick auf Revonnah (wann hatte er angefangen, Namen rückwärts zu sagen?), starrte ihm ein »renn« daraus zurück, »renn-von-nah«, und der englische Kurt zerriss den Namen endgültig in ein laut gesagtes »Ha?«, »no!«, »over«.

Hallo Nachbar! Nun saß er hier, er wunderte sich selbst noch, auf einer englischen Weide. Und keine Spur von Zerstörung, nur Schafe und ihre Hohlformen. Ihm war gleichgültig, dass sein Gesicht morgens in dem schmalen Spiegel über dem Küchenbecken einer Portion Haferschleim glich. Zum ersten Mal seit zehn Jahren hatte er einen Ort, London, verlassen, weil er wollte, und als Ziel einen Ort gewählt, den er ebenfalls wollte. Zum ersten Mal seit zehn Jahren war er umgezogen, statt zu fliehen. Diesmal hatte er die Frau, mit der er zusammenlebte, mitnehmen können. Ambleside war das Dorf seiner Wahl. Ein Nest von einem Ort zwischen Gipfeln mit Namen wie Loughrigg Tarn, Old Man of Coniston, mit den Fells Heron Pike und Crinkle Crags, dessen langgestreckter Höhengrat aus fünf Erhebungen und den tiefen Faltungen zwischen ihnen bestand. Das Wort »fell« hatte er hier erst gelernt. Es bedeutete Hügel oder Fels über der Baumgrenze, gletschergeformt, karg, zerschrammt. Die Schafe des Districts fraßen noch das härteste Gras, Butler Fog kredenzte seiner Lady Meadow, Bestbottom of Autumn, jede Stunde frischen Herbstsuppendampf.

Er erholte sich hier. Ein alter Mann, der nach Luft schnappte, wenn er zehn Minuten einen der Hügel hinaufstapfte in der einzigartigen Nichttrockenheit von Lake Destruction.

Erregt von der lebendigen Vielfalt ihrer Grautöne.

Windhundgrau, granitgrau, himmelsgrau, schiefergrau, nacktschneckensilberschleimgrau, flintflimmergrau, zwielichtgrau, morgendämmerungsgrau, nordgrau, schafzungengrau.

Er hatte auf das Zeitungsbild gestarrt, angezogen, ja angetan davon, wie wahrhaftig ihm ausgerechnet seine Verzerrungen erschienen. Schweitters, der sich danach sehnte, ein Schaf zu werden, das der weise englische Nebel verstecken&zeigen würde, indem er jedes Ding in Gestalt und Riss verdoppelte. Wäre er als Schaf schwarz? A. Schweitters. Könnte mich genauso Ash nennen oder Asche oder Wash, fröhlicher Laune sein und den Leuten ein wenig angenehmer haferschleimig aus dem Mund spazieren.

Um seine Nachbarn an sich zu binden. Es war vertrackt. Ein track war ein Gleis. Wenn man jemanden »trackte«, verfolgte man ihn. Halt, das war das Norwegengefühl: Pass auf, sie kommen und werfen dich raus. Da war ihm England gleich noch einmal so lieb: Meldepflicht? Man pfiff darauf.

Er hatte sich an London gewöhnt gehabt, sich ein weiteres Mal losgerissen. Wantee riss er mit. Niemand sagte ihm, dass er in Ambleside etwas zu suchen hätte. London konnten sie sich nicht mehr leisten, wenngleich das nicht den Ausschlag gegeben hatte. Ihn trieb seine Kunst. Take your life into your hand. Nein, sagte Wantee, it's take charge of your life. Hier lud man sein Leben auf wie eine Batterie oder verstand es als Fracht. Im Deutschen wollte es ein Tier sein, Puls auf Puls, gehalten in der Hand. Er spürte, wie es da kauerte. Es zitterte.

Ein Morgen auf einer Wiese in gnädigem Nebel. Mitunter schwankte der Boden. Das galt als natürlich. Eine englische Wiese war mehr Wasser als Grund, Wiese in einem Aggregatzustand, der sich bloß in Graden von Meerwasser unterschied.

Der Krieg hatte ausgekriegt. Sein Land lag in Schutt und Asche. Die halbe Welt lag in Schutt und Asche auf Rechnung seines Landes. So schritt, so lief, so eilte die Geschichte. Sie eilte ihm hinterher. Tief gruben die Bäche ihre Muster in die Wiesen, das Wasser rannte zum Meer. Nichts zerstört hier in den Lakes, gleichwohl nichts vom Krieg unberührt. Man sah es auf den zweiten Blick. In vielen Häusern fehlte der Mann. Doktor Johnston war aus dem Ruhestand in seine alte Praxis zurückgekehrt. Auf dem Weg zum nächsten Dorf Richtung Westen erstreckte sich ein bemerkenswertes Stück Land, über dessen Boden Streifen von Pulverstaub zogen. Die Munitionsfabrik, die dort gestanden hatte, war abgerissen. Nie wieder wollte er einen Fuß nach Deutschland setzen. Er hatte überlebt, aber die Menschen, die ihn umgaben, sprachen eine fremde Sprache und kannten nichts aus seiner Vergangenheit. Selbst den Vertrautesten blieb, was er gewesen war, unsichtbar, ja unvorstellbar. Das stand ihm nun, nach über sechs Jahren im Vereinigten Königreich und fünf Jahren Zusammenleben mit Wantee überdeutlich vor Augen. Die Wurzeln waren gekappt, das Vermögen verloren, er war ein mittelloser Schlucker bei miserabler Gesundheit. Frühzeitig krochen sie abends nach einer Tasse Tee ins Bett, Heizung – was für eine Idee, Brot – welch Traum. Auf die Dörfler wirkte er wie ein Penner. Die Kinder zeigten mit dem Finger auf ihn, der Wind der Fells zerrte an der Lunge, zerriss die Luft. Er ging auf die 60 zu. Manchmal tat ihm der Wind wohl, dann wieder kam er nicht gegen die Böen an. Seine Arterien waren 95, die linke Hüfte 82, er hatte Schmerzen, er hatte Erinnerungen, er wollte vergessen, was »haben« hieß, da »hatte es ihn«. Hitler war tot, der ununterbrochene Nachtschlaf zerstört, das Träumen von Mehltau belegt.

Im Mai 1945 hatten die Engländer gesungen. Ihr Wort für Sieg, victory, reimte auf Geschichte, history. Leider ebenso auf misery, Elend. Der deutsche Führer und sein russischer Widerpart hatten die Welt so bösartig in Brand gesteckt, dass die Feuer auch nun, eineinhalb Jahre nach dem Fall Berlins, nach den Bomben auf Hiroshima und Nagasaki, weiterloderten. Der Krieg mochte zu Ende sein. Wann hörte er auf? Wollte Kurt die Feuer sehen, musste er nur in der Dämmerung auf den schmalen Gehweg vor der Haustür treten, da züngelten sie, nicht hoch, einem Kartoffelfeuer zuhause, in Hannover, gleich. Back home. Einst-Daheim.

Passanten schritten durch den Brand, ohne dass die Hitze ihnen etwas antat, sie sahen ihn auch nicht. Seine Augen hingegen folgten Abend um Abend dem Lecken der Flammen und den Silhouetten der in ihnen zuckenden Figuren, die ihm, Kurt von Rückhause, trocken und gespensterhaft bis hierher nachgeeilt sein wollten.

An guten Tagen sang das Rinnsal vor der Tür eine andere Melodie, das Gras der Wiesen wucherte fett und grün. Krieg in Kunst verwandeln, Stroh zu Gold, und es gelänge ihm doch. Die Landschaft war herrlich, so zerklüftet und frisch, Tiere rundum, es roch nach Torf und Meer, der Menschenschlag freundlich, man ließ sich von Körrt porträtieren, entlohnte ihn und servierte Bitter, sein Lieblingsbier. Unbeschadet hatte er den Bombenblitz überstanden. Sein Sohn lebte in Sicherheit in Norwegen, seine Hände hämmerten, kneteten, schnitten oder schrieben ohne wehzutun, er konnte gehen und sich bücken, hatte einen Arzt, der furchtbare Geschichten erzählte, zum Ausgleich mittelmäßig Schach spielte, und dass die Feuer loderten, half ihm, Kraft zu sammeln für seinen Kampf.

Und an schlechten? Nein, die ließ er aus. Die erlebte man, das reichte. Der Wind pfiff. Schafsköpfe ragten aus dem Nebel wie getrennt vom Rumpf. Prächtige Wollbälle, zwei oder drei Beine fest gegen den Erdboden gestemmt, verwurzelt im Grund. Hie und da erschien ein einzelnes Schafsauge, blinzelnd gegen die Sonne gestellt.

Drei Jahre sollten reichen. Er bat um drei Jahre.

Als er den Blick hob, hatten die Schafe sich weitergeschoben. Wandelnde Köpfe über dem Nebel, kein Rückgrat, kein Bauch, keinerlei Bein. Wandelnde schafige Gestalten, die Felle verkrumpelt, gelockt wie in einer Schüssel getrockneten Haferbreis. Schaf eins auf Position drei, Schaf zwei in der Ecke des Spielfeldes. Schaf drei und vier sannen Seite an Seite über die Vorzüge absoluter Ortstreue nach. Nebel und Kälte und Wind spielten ein Lied: K. Schweitters, K. Weiter-Schwitzer. Seine Schuhe, man hatte sie ihm in einer Londoner Kleiderkammer geschenkt, waren hart wie seine Knochen.

Zwei Jahre, wenn er konzentriert arbeitete. All seine Kräfte aufbot. Aufbrachte. Nein, aufmachte. Oje, sein Deutsch. Da er keine der MERZbauten retten konnte, wollte er anfangen mit einem neuen Bau.

Die Alliierten hatten den Sieg erklärt, der Sieg war in Siege zerfallen. Diese Siege trugen gegensätzliche Bedeutungen. Hitler hatte den Weltkrieg verloren.

Den Familienzerschlagungskrieg, den Beschädigungskrieg, den Menschenverderbungskrieg, den Vernichtungskrieg hatte er gewonnen. Stalin hatte obendrein den Weltkrieg gewonnen. Der gesamte Kontinent roch nach Blut. Viel zu viele jener, die überlebt hatten, lebten wie tot. Das Gewinnen hörte für manche gar nicht mehr auf.

Folgerichtig schrieb Käthe Steinitz aus den USA von einem neuen Krieg. Sie war nach dem Tod ihres Mannes nach Los Angeles gezogen, schickte Kaffee, Shampoos und Erdnussbutter, eingewickelt in Zeitungspapier mit Comicstrips. Kurt schnitt Superman aus, Popeye, Mickey Mouse, Bugs Bunny, kombinierte, klebte, das waren Miniaturen, das entwickelte sich, das kopierte sich, davon wollte er mehr. Im Übrigen teilte die einstige Freundin mit, wie man sie schurigelte, die Ex-Deutsche, die Wieder-Deutsche, »die Kommunistin« oder »kommunistisch Miteingereiste«. They call it a cold war. Ihre Briefe wurden zensiert.

Er hingegen, Kurt, saß in der friedlichen englischen Morgensonne auf einem friedlichen Stein. Guten Tag! Ein einziges Rädchen in der Lakelands-Maschine lief nicht rund. Fehleranfällig und weich, eine unberechenbare Masse aus Venen, Bronchien, Blut – Kurt. Doch sie sollten ihn nicht kleingekriegt haben.

Your last shot.

Er ahnte, was das hieß, und schreckte davor zurück. Keiner sah, welche Anstrengung jede künstlerische Arbeit bedeutete. Was sollte auch zu sehen sein: Ein stattlicher Mann über einen Klumpen Gips gebeugt, dem zwei Hände, bisweilen unter Zuhilfenahme eines Spachtels, meist mit den bloßen Fingern, bald also ihrerseits über und über mit weißem Sulfat bedeckt, das Wesen eines Huhns beizubringen suchten.

In seiner Kindheit war sein Vater regelmäßig verreist. Die Abschiede hatte er als schrecklich empfunden bis auf die paar Sekunden, nachdem Eduard Schwitters durch die Absperrung auf den Perron getreten war. Die beiden Holzflügel, die wie Stalltüren

Zentimeter über dem Boden endeten, schwangen nach dem Durchgang einer Person eine Weile frei vor und zurück. Im oberen Drittel trugen sie Fenster, so dass jene, die zuhause blieben, die Köpfe der Menschen, die sie liebten, weggehen sehen konnten. Als Kind blickte man gegen Holz oder in den Himmel; war man Kind Kurt, kniete man vor dem Schlitz auf dem Boden und linste hindurch. Er liebte es bis heute, das Ballett der Türschatten über den Fugen. Jedes Mal, wenn er seine Hand durch die Schatten gestreckt hatte, war ihm die Hand des Vaters von der anderen Seite entgegengekommen und hatte seine Finger umschlossen.

Es mochte seltsam scheinen, dass ihm dies nun einfiel. Erinnerungen folgten eigenen Gesetzen, er hatte gelernt, sich ihnen anzupassen. Oft genug zog man nur hervor, was angenehm war. Vieles drückte das Gedächtnis dauerhaft weg. Alle Erinnerung verwirrte die Zeit. Es war dies vielleicht einer ihrer besten, zumindest kühnsten Aspekte: Sie, die tat, als hütete sie die Folge der Stunden, verquirlte deren innerste Ordnung. Diesmal war nicht schwer zu erraten, warum ihm der Perron eingefallen war. Er war darauf angewiesen, dass sich ihm eine Hand, über die er nicht bestimmen konnte, aus einem Bereich entgegenstreckte, den er nicht erkennen konnte. Zuerst musste er sich mit sich selbst verbinden, mit all seinen früheren und zukünftigen Selbst, um einen Stein zu bearbeiten, Gips zu formen, ein Stück Draht zu biegen. War dies gelungen, brauchte er ein weiteres Mal Glück. Nichts half, als auf die Hand von der anderen Seite zu warten, dieser ewig anderen Seite. Dass sie ihn traf, umfasste, ihn führte und ihn erhielt über den huschenden Schatten all dessen, was er je verstanden hatte, je gewesen war.

Er bat um drei Jahre. Drei Jahre für einen Bau.

Kurt, nun Körrt.

Körrt, kurzum: ein paar Kringel Schaffell, ein paar Löffel Nebeldunst.

2: Das A und B der Fortdauerform

<pre>
            yss
       softes s – summm den
              saum   ab
                          yss
         auf sicht: zibbe
      sippe   sipping
           my
                beer
</pre>

Sie brauchten Geld. Kurt, im Schlackermantel unterwegs durch den Steinbruch, gesenkten Kopfes zwischen Mergel, Schiefer, Kalk und Wind, Kurt, Amblesides beste Vogelscheuche, brauchte Zeit. Poking, continuous form. Seit Jahren wurde der Dorfmüll in den Bruch gekippt. Kurt stocherte, in Fortdauerform. Er bückte sich, wühlte, drehte, stopfte Weggeworfenes in die Tasche, schleppte es heim, Geraffel, Plunder, Nippes, Ramsch, schlichtweg alles, was auf der Straße oder im Rinnstein lag, jeden Schnick wie Schnack, allen Klimbim. Beute-heute: ein Stück Kupferdraht, zwei Knöpfe, einer aus cremeweißem Perlmutt, ein halber Unterteller aus Porzellan, mit zarten Frühlingsblumen bemalt. Grau, vergilbt, kaputt nannte die Welt Dinge dieser Art, Kurt erlebte Farbe, Form, Zusammenspiel.

Geld machte er damit nicht. Er lebte nur davon. Innerlich. »Innerlich« war, was schrumpfte, wenn man nicht darauf achtete. Bis es so gebeutelt war, dass es in die Erwartung der anderen passte. Wantee sagte, das mit dem Innerlichen sei bedenkenswert, zugleich sei es 1947, und da der vierte Monat, Geld brauchten sie, albatross! Albatross stand für das englische alas: leider, ach, Mist, doch, ah, du heilige Sch…! Die Londoner Vorräte waren dahin. Außerdem mussten sie sich in Ambleside beliebt machen, sprich die Nachbarn einladen auf ein Bier. Er war ein Germane, also extra viel Bier. Sie brauchten Informationen über den Schwarzmarkt, so Wantee, Nachbarn, Quellen unter der Hand. Und er, er brauche Kunden, sagte sie. 25 Guineen verlangte er pro Porträt. Er brauchte Hilfe, dachte er. Dachte er an die Auftragslage, brauchte er ein Bier. Der Dorfpub brauchte keine Verbesserung (rauchig, niedrig, Gläser voll bis zum Rand). Jeder brauchte Touristen. Er, Kurt, wollte Wantee ernähren. Dachte er daran, malte er Blumen. Wozu wurde es schon wieder Frühling? Er verließ sich auf seinen Charme. Die sagenhafte Mrs Osman, Warzengesicht, Kröte im Steinhäuschen auf der Steinbrücke, bot im Halbdämmer zweier übereinandergebauter Kammern, jede so winzig, dass man sich kaum umdrehen konnte darin, Antiquitäten feil und war bereit, ein paar seiner Landschaftsbilder auf den Stufen draußen (im Wind, in den ersten Regentropfen) mitauszustellen. Unter den Steinen der Brücke wirbelte das Flüsschen, Stock Ghyll. Er liebte seine Nachbarn: loved. Er liebte Bier. Das hatte er jetzt nicht nur verdient, das brauchte er.

Rabenkrähen schrien zwischen den Felsen im Steinbruch. Die sammelten Abfall wie er, nur schneller. Kurt arbeitete mit Dingen. Dinge, die nicht mehr darstellten als sich selbst, fand er in Amblesides Müll.

Sie glichen ihm: hatten eine Geschichte und lebten noch.

Es erstaunte ihn, dass niemand das wahrnehmen wollte. Dass die anderen staunten, dass er Weggeworfenes benutzte für seine Kunst.

Glich er diesem Weggeworfenen auch sonst: beschädigt, abgerieben, ein wenig frei? An Krischan Spengemann in Hannover schrieb er: Körrt malt gegen Geld, Truk starrt Krähen und Schafe an, ich teile dir mit: Gefrorene Seele hält länger. Natürlich muss sie tauen. Pass auf, das kann unter Umständen Überschwemmung geben. Hier ist es so nass, da fällt das nicht auf.

Letzte Woche hatte er statt der Krähen ein Flugzeug über der Halde gehört, hatte nach oben geschaut und war in etwas Weiches gerannt. Frauhoch stand es mitten im Bruch und starrte ebenfalls in die Luft.

»Haben Sie zufällig was zu essen dabei?«

»Jo Clarke, Kampfpilotin«, sagte sie.

Frisch aus der Royal Air Force entlassen. Sie musterte ihn. Auf dem Ärmel ihrer Jacke saß das rote Auge in seinem weißen und blauen Ring.

»Schwarzmarkt?«, sagte er.

Sie: »Dear me!« Er sei wohl einer von den ganz Schnellen.

Doch sie überlegte. Cafés mussten jedes Stück Brot, das sie servierten, nachweisen. Das wisse jedes Kind, also wohl auch er. Well … Was glaube er, was mit den Rinden geschehe? Ja, da müsse man draufkommen.

»Ich liebe Brot«, sagte er. Love! Love auf jeden Fall.

Einer wie er habe offenkundig viel Körper zu versorgen, sagte Jo und schob den langen, dünnen Hals ein Stück weiter aus dem Kragen der Bluse. Er starrte sie an. Das war viel Hals. Sie sagte, sie besorge jede Woche eine Tüte Rinden für ihre Mutter. Mehr Sonderarbeit bei der Essensbeschaffung brauche sie nicht. Nun gut, eine Tüte Rinden, wenn er die brauche, besorge sie mit.

Seither steckte er sich jeden Abend zwei Stücke Rindenbruch in die Jackentasche, um sie morgens um elf zu essen. Kauend erreichte er das Salutation. Wurde die Fassade des Hotels einmal von einem Lichtstrahl getroffen, schoss einem ihr Weiß die Augen aus dem Schädel. Das Innere war Balken, Plüsch, Staub. Wenn Porträtkunden irgendwo aus dem Boden wuchsen, dann hier. Marken für Bettelbriefe brauchte er nicht. Er schrieb keine mehr. Der Dichter Wordsworth hatte Briefmarken in Ambleside verkauft. Er selbst brauchte einen glücklicheren Gesichtsausdruck, bitte schön. Das Central Café, dem Bahnhof gegenüber, brauchte Kunden so dringend wie er. Der Vorraum stank nach Benzin, die Pfiffe der Dampfloks klangen wie Krähen. Er brauchte eine einfache Sprache: Subjekt, Prädikat, Objekt. Ding-dong-dang. Er mochte die Seen, den Wind. Loved. Er brauchte Wantee. Sie brauchten Geld. Da war er wieder, das Leben trottete im Kreis.

Von Woche zu Woche hangelten sie sich voran. Ration pro Person: 8 Unzen Zucker, 2 Unzen Butter, 2 Unzen Margarine, 2 Unzen Schmalz, 2 Unzen Speck, 1 Ei, 1 Unze Käse. Süßigkeiten: 2 Unzen. Das war wenig, bezahlen musste man es zudem. Anfangs hatte er gerechnet. Eine Unze, 28,35 Gramm. Die Engländer sprachen von naturalize. Auf Deutsch sagte man einbürgern. In England war Englischsein der einzig denkbare Naturzustand. Na, dann gehörte er inzwischen dazu. Er spürte körperlich, was ein Inch war, was eine Meile, was ein englisches Pfund.

Der Hunger trieb ihn aus dem Bett. Lerche Kurt stand bei Sonnenaufgang in Mrs Bowsefields Küche und säbelte mit dem Federmesser zwei allerdünnste Scheiben Brot von einem stets zu kurzen Laib. Etwas Schmalz, selbsteingemachte Marmelade. Dank des Messers schmeckte die Mahlzeit nach Farbe und Terpentin. Wantee sagte, dass sie exakt das brauche, nichts sonst. Es schmecke nach ihm.

Für Kräuter, Holunder, wilde Früchte wanderten sie zum Loughrigg Tarn. Tarn bedeutete See, lediglich in Schottland sagte man loch. Schade. Kurt übte l-l-och. Nicht Loch. Ein lock war ein Schloss. Das andere Schloss hieß castle. My home is my castle ging im Station Café runter wie Bier. Mary Meed, die Fell- und Lederhändlerin, winkte durchs Fenster. Sie hatte eines dieser Gesichter, die unter den Augen flach abfließen, keine Wangenknochen, kein Kinn, und der Mund sitzt wie eingeschnitten in der Haut. Kurt malte den nächsten Blumenkorb wie ihr Gesicht. Der Zug Windermere – London/King's Cross, acht Stunden Gerüttel für drei Pfund, fuhr in zwei Stunden. Bis dahin war das Bild fertig. Abwechselnd pfiff Kurt vor sich hin, als wäre er eine Lok oder eine Krähe. Sein Zuhause war ein Schloss. Nur auf Deutsch dachte er dabei an das letzte Loch. Die Krähen schossen ins Licht, stiegen in den Himmel. Schwelend hingen die vergrößerten Feuerkämme der Hähne von den Wolken.

Er wollte nicht zurück. Das war weder Frage noch Entscheidung. Wo hätte »zurück« denn gelegen?

»Ich habe ein Rezept, a recipe«, sagte er zu Mr Bell, »für eine Creme.«

Keine Reaktion.

»A cream.«

Der Apotheker schaute. Mit taktvollstem englischem Zögern fragte er: »Kochen Sie diese ... äh, diese Sahne?« Weiterhin unüberzeugt, womit Körrt meinte: vor seinen Augen ratlos in Teilchen zerfallend, fragte der Mann vorsichtig, ob, was Körrt erhalten hatte, eine prescription sei?

Rezepte, recipes, gehörten in die Küche; ärztliche Verordnungen, prescriptions, in die Küche mit Giften. Rezept war ein falscher Freund. Indeed, and thank you so much.

Beschämt trottete Kurt im Kreis. Kurt, komischer Kauz. Der Kreis hieß Dorf. Die Krähen schliefen, der Pub brauchte Kunden, endlich machte er auf.

»I'm a funny little owl.«

Sie lachten: »You're a funny old stick!«

Als Unterhalter war er noch etwas wert. Als Bierausgeber ebenfalls.

»Na Sweaty, dein Sweetie nicht dabei?«

Alter Schwitzer, alter Scheißer. Did he ken John Peel with his coat so grey?

John Peel of Caldbeck. Fuchsjäger, Hornbläser, Hundeführer. 13 Stone schwer der historisch-mythische Mann, die Augen durchdringend blau. Das alte englische Wort »ken« für kennen kannte Kurt. Ha, da konnten sie ihn angoggeln, die alten Äugler, und Libby-Stupsnase, eben erst 15 geworden, setzte ihm das Glas auf den Tresen, dass das Bitter über den Rand schwappte, perfekt englisch, perfekt ohne Schaum.

12.05 Uhr, Pub voll. Die eine Sorte Mann war aus dem Krieg zurück, ohne zurück zu sein, die andere erschien erst gar nicht mehr, die dritte ließ sich vertreten. Da konnten die Frauen aus dem Dorf nicht Mal um Mal auf Ringe schauen, englische Männer trugen ohnehin keine, wenn das nicht britisch-schön-praktisch war, und die Europäer, schnell wie der Blitz, zogen die ihren ab. Ein italienisches prisoner-of-war-Gesicht war eindeutig mehr wert als Johnny Peel. 13 Stone waren 82,5 Kilo, beeindruckend fand Körrt das nicht. Touristen wurden begrüßt, mit oder ohne Stein, es musste Richtung Sommer gehen. Lämmchen kollerten die Weiden hinauf, Mister Switters wühlte im Müll: das Rad eines Kinderwagens, ein roter Gummiball, ein angebrochener, runder Bilderrahmen ohne Bild. Man lachte, er war so funny, auch wenn etwas Trauriges von ihm herunterhing, wie Zotteln vom Schafsbauch hängen, huhu. Sie klopften ihm auf die Schulter, old fellow, seine Freundin musste hart an ihm gearbeitet haben, seine Stimme klang nicht mehr wie eine Deutschenstimme, nur fast. Da könne er so viele Märchen von norwegischen Bergen und Bären erzählen, wie er wolle, sein Englisch sei hunnig, »nimm's locker, ol' chap«, »kipp noch n Bier, bevor sie dich nach Hause schleppt«.

Brauchte er das?

Er brauchte es. Sie, sagten sie, wüssten Bescheid: Seine Frau hieß Wantee wegen des Dauertees. Eigentlich also Wantea. Könne er überhaupt schreiben? Er sagte nein, das brauche er nicht. Englische Frauen und der englische Tee, sagte Schäfer Shoggy, verbündeten sich zu einer Liebesgeschichte, wie sie im schlimmsten Buche stand: tragische Missverständnisse, Tag um Tag neu aufgelegt. Tee um fünf Uhr nachmittags, um acht Uhr abends, um zehn Uhr abends vor dem Bett, um halb elf im Bett, »very hot, indeed«, sagte Lehrer Bickerstaff, im Pub als Bicky bekannt. Alas, wozu brauchte er, Hunne Körrt, das blanke Stück Blech, das da vor ihm lag? Libby, 15-Jahre-schnell, schwappte drei volle Gläser darauf: »It's on Körrt now.« Körrt leerte sein Bier auf einen Zug. Das freute alle, das brauchte er.

Zwei Uhr. Bitter-Körrt saß in der Sonne, hielt sich den Kopf. Ausdampfen, continuous form. Diese Pappenheimer, diese Panscher. Jedes Bier wurde mit Wasser verlängert, bis es englisches

Schwachbier war, jedes Verb gestreckt, indem man es in jeder Zeit in zwei Formen zwang. Dauernd musste man sich nach der Dauer fragen. Hielt der Vorgang an? Oder war die Sache fertig, erledigt, vorbei? Ergebnis oder Prozess? Dauer Öffnungszeit Pub: zu kurz. Ergebnis: schnellsaufen. Ergebnis: Wantee würde schimpfen. Er hatte gearbeitet, er hatte ihre Schulden erhöht.

Change! Er brauchte Münzen, Kröten, dosh. Ging er oder war er dabei zu gehen? Ein Bein vor das andere, Hauptstraße, Bach, Brückenhaus, leicht nach links. Nicht husten. Murmelndes Wasser, vorbei an den drei Buchen, die eine blutrot. Einfach der Nase genannt Straße nach. Er zählte seine Schritte. Er wollte zu den Dörflern zählen. Er ging so dauerhaft er konnte.

Wurzeln wuchsen hier nicht in die Erde, sie ballten sich auf den Felsen zu Nestern, trocken, bedrohlich, obszön. Er hatte ein rebellisches Talent zu »mehr« (Mehrdeutigkeit, Mehr-als-eine Frau, mehr als gerade, also schief). Der Loughrigg Tarn lag knapp eine Stunde von Ambleside entfernt. Nicht nah, wenn man sich eine Leinwand auf den Rücken geschnallt hatte und einen Koffer mit Farben und Futter, Meech's Mintschokoladen und Malutensilien schleppte. Jede Woche stiegen sie hinauf. War es kalt, ruhten sie in einer Felshöhle auf der Ostseite aus, entfachten ein Feuer aus trockenen Ästen und blickten durch die Flammen auf den See. Im März hatten Felder von Osterglocken im Wind geschwankt, weichgelbe Freude-Rotoren, die den Luftströmen mit einem seidig zischenden Laut antworteten, den er nie zuvor gehört hatte. Wantee döste gern am Ufer des Tarn; wärmte die Sonne, trieben ihre Sommersprossen an die Oberfläche ihres Gesichtes, als erwachten Miniatur-Unterwasserpflanzen zu Leben, erpicht darauf, die tiefsten Geheimnisse der Träumerin preiszugeben. Aufmerksam hörte er ihnen zu.

Geschafft: In seiner hübschesten Fortdauerform, ohne Biergeruch, Hände gewaschen, Gesicht gewaschen, Mantel abgelegt, saß er neben einem Haufen Touristengepäck im besten, also ältesten, also authentisch abgewetztesten Sessel des Salutation, *hingegossen*, eine glaubwürdige Verkörperung der UNBESCHREIBLICHEN, UN-HEIMLICHEN VERRÜCKTHEIT der KUNST. Kurt, malerkittelbunt. Schauen Sie nur: unser lokaler Artist. Füttern, unbedingt.

Bloß nicht schnarchen jetzt. Drei Stunden, der übliche Mix: Häppchen von Bewunderung, Häme, Demütigung. Er sagte jedem, dass er es genoss.

Es stimmte. Er fand hier etwas wieder für seine Kunst. War es Ausdruck?

Ausdruck, der leuchtende Schatten, der den Körper begleitete?

Der der durchsichtigen Seele Kontur gab?

Ausdruck hatte mit Ähnlichkeit nichts zu tun. Blumen malte er ähnlich. Arbeitete er frei, malte er Ausdruck, der eine Äußerung der Wahrheit war.

Etwas, was vom Körper zur Seele führte.

Jeder dieser Sätze war ein Tasten in transparentem Stoff. Er warf die Wörter aus wie Lassos, sie flogen, wickelten sich um Luft. Sie fingen nichts. Sie zeigten ein Loch. Besser noch: Sie schufen es. Das brauchte er.

Um 16.45 Uhr packte er. Auftrag: keiner. Sein Magen knurrte, ungebraucht. Fortdauerlich stapfte Kurt zwischen den Häuschen bergauf. Die Schieferplatten der Zäune und Dächer glänzten bier-farben. Die Herdwick-Lämmer, die schwarz zur Welt kamen und mit zunehmendem Alter grau, braun und torffarben wurden, ku-gelten als dunkle Bälle Umbra über die Flanken der Fells. Jüngst war er der Königin begegnet. Mit frisch beschnittenen Hörnern, das Gesicht makellos weiß, war sie neben einem bemoosten Stamm gestanden, geschützt und gekrönt von einer Armada lebendiger, graugrüner Äste, die kraftvoll über ihr in der Luft schwebten. Lan-ge und reglos hatte die Zippe ihn angeblickt.

Wörter wie diese brauchte er: Zippe. Herdwick. Kugel aus Um-bra. Beständigkeitsform, Fortdauerkurt. Es ging aufwärts. Also war er hier der Germane. Seinetwegen. War er das jeden Augenblick?

Oder: Da er ein Germane war, versuchte er, nicht jeden Augenblick einer zu sein?

Aufwärts. Es ging. Ihre Wohnung, der oberste Stock von Mrs Bowsefields Reihenhaus, lag am Ende eines der steilsten Anstiege des Dorfes.

Es ging, er ging, es wurde geschafft.

Was sie hinter seinem Rücken sagten, hörte er auch: Heute sieht er richtig fertig aus. Wohl nicht gut über den Winter gekommen. Das passiert. Bicky: Ich seh später mal nach ihm.

Endlich: Hügelkuppe, Tür Nummer 2. Vorsichtig stieß er sie auf. Niemand da?

Er zog die Schuhe aus, eilte die Treppe hinauf. Wantee und er hatten keine Küche, nur eine Ecke im Wohnzimmer mit Herdplatte und Wasserkocher. Er riss den Schrank über der Platte auf: leer. Die Keksdose: leer.

Wo hatte sein rosiges Röschen die Vorräte diesmal versteckt? Er war ein wandelnder, steinbruchstinkender, biersaufender, eichenschwerer, Pubfreunde erzeugender, komischer, sonniger, schiefer, brauchend-brauchbarer Dauerhunne in englischer Form. Er malte helle Schatten und unsichtbare Ausdrücke, er malte mit Bieratem und Müllfindeblick und dem allerletzten Rest Kurtgenie. Er brauchte etwas Süßes. Mehr brauchte er nicht. Ihm gefiel es hier. Ihm, dem nicht zu bedauernden Kurt, in seinem fortdauerlichen Ambleside.

3: Der glücklichste Tag

Moorhuhn

Mulde

Muschel

des flüsternden   Tals

(flammend)

·

endlich

der Erde

(Fl·egen)

Wantee zwang ihn, an der Klingelschnur zu ziehen. Kein Mensch konnte sich ununterbrochen entwurzelt fühlen, von jeder Empfindung brauchte man Pausen, und da Wurzeln nicht einfach zurückkehrten (schwupp durch die Luft) oder nachwuchsen und die Landschaft sich partout weder in das norwegische Molde noch ein heimisches, über den Zaun lehnendes Han-not-over verzaubern ließ, zumindest nicht für länger als zwei Minuten, war er es, der die Pause herstellen musste.

Dabei brauchten Wantee und er Geld etc. Das ständige Gebrauche raste durch ihn wie eine von einem verrückt gewordenen Wind über den Himmel gescheuchte Wolke. Sie franste aus, verdichtete sich von neuem, übergoss sein Inneres mit fantastischen Farben wie dem tiefschwarzen Edellack der Tür, hinter der, »nun klingle«, ein potentieller Kunde davon überzeugt werden musste, ein Schwittersporträt exakt jetzt zu brauchen. Wofür er, Kurt, so Wantee, exakt jetzt dringend etwas mehr Haltung brauchte.

Er unterdrückte ein Keuchen (Hügel, *brauchen*, Luft), stellte die Staffelei ab. Seine Lady Winterbottom sollte ihm auf keinen Fall auf die Schliche kommen. Tierischer Instinkt, »Schwäche verstecken, koste es, was es wolle«. »Fall niemandem zur Last« schien nur die zivilisierte Version desselben Triebs zu sein.

Frau Pierce führte sie, wie sie waren (Straßenkleidung, Gepäck, feste Schuhe), zu zwei Stühlen neben dem Kamin. Kurt trug seinen besten Mantel: Kammgarn, Farbspritzer, Straßenstaub. Wantee war mit von der Partie, um ihn und den zu Porträtierenden bei Laune zu halten. Der Herr des Hauses empfing sie fünf vornehme Minuten später im Salon, wobei er, englischer Anstand, mit keinem Zeichen verriet, dass er ihre Ankunft erwartet hatte. Die hohen Glasscheiben des Wintergartens tröpfelten schwammiges Licht auf überreich gemusterte Teppiche und tapezierte Wände. Kurt musste an den grünen Salon der Waldhausenstraße denken und kurz traurig sein. Um es zu verbergen, kniff er abwechselnd das linke oder rechte Auge zu. Was für ein Gastgeberpaar. Die über jeden Zweifel erhabenen Stammbäume fügten Gatten wie Gattin bruchlos in ihr Land, ihre Nation, das Empire ein. Für jedes Kapitel der britischen Geschichte wussten sie ein einflussreiches Familienmitglied zu benennen, fraglos verbanden sie Orts- und Straßennamen mit Vorfahren und lebten leichthin in einem Domizil wie diesem, in dem jedes Detail, eine Porzellanschale auf dem Kaminsims, ein gehäkeltes Platzdeckchen, ein Silberlöffel mit Monogramm, ja, noch der Tisch und die Stühle – Mrs Pierce reichte ihnen soeben den Tee – von überlieferter Ordnung sprach. Ordnung, wo in Kurts Leben Tumult herrschte; Tradition, wo sich bei ihm Leere ausbreitete; Sicherheit, wo er Fragezeichen in Steine kratzte.

Wantee brachte die Konversation in Gang. Bis auf ein kurzes Gespräch in Ambleside, damals hatte Pierce Kurts Porträt von Doktor Johnston in dessen Wartezimmer entdeckt und sofort den Maler aufgesucht, trafen er und sein potentieller Kunde zum ersten Mal zusammen. Ein Motorrad bremste lautstark auf den Kieseln vor der Villa und ein hochgewachsener, blondlockiger Bursche trat, noch ganz Geschwindigkeit, in den Raum. Pierce, der Jüngere (»call me Bill«), war der Meinung, das Porträt seines Vaters müsse sofort in Angriff genommen werden. »Bleib dabei, Dad. Wenn du tot bist, werd ich mich freuen, dass du an der Wand hängst und ich mit dem Kopf gegen dich rennen kann.«

Kurts Gefährtin lächelte: »Dabei bleibt's.«

Kurt blieb beim Keksessen. Sein Magen war ein einfach strukturiertes, der Fortdauerform verpflichtetes Wesen. Kurts private Enthusiastin der englischen Sprache nutzte inzwischen sogar ihre gemeinsamen Busfahrten dazu, an Kurts sprachlichen Fortdauerformen zu arbeiten, sprich ihn geduldig weiter zu »naturalisieren«. Nächste Lektion: zählen. Singular: sheep. Plural: sheep. Schaf blieb Schaf. Grundlegend: Schau nicht schafig. Man konnte das Wort allerdings nicht schafen. So wenig, wie man das Verb im Englischen von seiner Präposition trennen durfte. Körrt, nicht bellen-hinauf den falschen Baum. Er bediene sich bei den Keksen, ja? »Please, help yourself, on all accounts.« Das fühlte sich besser an als auf Deutsch: Er half sich auf allen Konten, schüttete Hilfe in sich hinein, Zucker, my dear, Milchtee, knackte den vierten Ingwerkeks aus der Küche von Mrs Pierce, wobei er Mr Pierce kontenhaft (sozusagen für alle Fälle) anlächelte. Die englische Sprache kroch ihm in den Kopf und half ihm auf die Sprünge. Deutsch: Ich verpasse mir einen (Nach-)Schlag. Englisch: Ich helfe mir selbst. Darauf Keks Nummer fünf für Kurt, angemietet, um ein Abbild zu malen, das es wert war, dass man den Kopf dagegenschlug. Freudig zugreifen indes schlug bei jeder Ehefrau ein. Genauer: verfing. Verfing auch er bei jeder Ehefrau (Gattenporträt, Preisnachlass)?

»Ziehen Sie Ihre Setzlinge in Töpfen vor?«, fragte Wantee, als sie in den Wintergarten umsiedelten. Kurt hatte sie als Mrs Thomas vorgestellt, die Gastgeber nannten sie Mrs Schwitters. Wantee sagte »call me Edith«.

Pierce, ehemaliger Landschaftsarchitekt, kannte sich mit Pflanzen aus. Vorziehen? Er lachte. Es war schon Mai, »my dear«. Vorziehen dann nächstes Jahr.

Kurt stellte die Staffelei in das grüne Sonnenlicht. Die Luft roch nach den Leuchtstoffen der Pflanzen. Frauen wurden nicht in Töpfen vorgezogen und wurzelten nicht zuverlässig am Fleck. Ein Fleck war, was sich auf seinem Mantel fand oder ein Stück Land.

»Fertig für den Kochtopf«, sagte jemand auf dem Fleckchen Erde neben ihm. Eine Schar panischer Hühner zwängte sich durch viel zu enge Spalten zwischen Mörtel und Balken, flatterte aus einem halbverschütteten Hinterhof hinaus in frisches Morgenlicht. Die Vögel waren unverletzt, wenn auch sehr rosafarben, sprich vollkommen nackt: Die Druckwelle der Explosion hatte ihnen alle Federn ausgerissen. Kurt blickte auf seine ansehnlichen Arme, weiße Haut, ein paar Ascheflocken darauf.

»Hörst du?« Ihre vertraute Stimme, dicht an seinem Ohr.

Mit einem Zucken der Hand versuchte er, auch den Rest der Blitz-Vision wegzuschieben. Splitter unheilvollen Lichts tanzten durch den Raum. Mitunter half Wantees Stimme gegen diese Art von Erinnerung. Er meinte Überwältigung. Dann wieder schlug er wie ein Bergsteiger einen Haken an einem Stück Vergangenheit ein und ließ sich herab zu Truk, zu Kurt-von-einst oder Kürtchen oder MERZ. Mit Wantees Hilfe gelangte er zurück, hinauf in jene Wirklichkeit, in der Busse über enge Straßen in einer malerischen Landschaft fuhren, Menschen freundlich redeten, Tee tranken und sich dabei in die Augen sahen.

»So, you are the tramp?«, sagte Harry Pierce. Wantee gab sich entsetzt: War ihr Jumbo nicht ein gepflegter, rundum gebügelter Mann! Für heute stimmte das. Wantee hatte selbst Hand angelegt. Körrt blickte seinem Auftraggeber in die Augen. Regel eins: Mach das erst, wenn das Modell etwas Interessantes sagt. Die Regel war hervorragend, in der Praxis nicht durchhaltbar.

Wantee las Walter Scott vor, um für Spannung zu sorgen. Gebranntes Siena, Karminrot, ein Hauch Kadmiumgelb. Mischen, den Farbklecks teilen, Viridiangrün hinzugeben. Kurt setzte im Winkel zwischen dem linken Auge und dem Anstieg zu Pierces Nase an. Sprung des Pinsels an das andere Ende des Lids, der Übergang zur Schläfe entstand. Erinnerung, Übersteigerung. Überwältigung auch hier, bitte. Das geschwinde Hin und Her zwischen Auge und Hand. Nicht die festen Formen Lid oder Nase entschieden später über die Ähnlichkeit des Porträts, sondern die Zwischenräume. Die einfach strukturierte Sprache, die ihm allmählich ans Herz wuchs, die Bauernsprache Englisch, auf Grund ihrer Geschichte und der Vokabel-Manie ihrer Leute überreich an Namen, hatte ihn auch hierfür mit einem Wort versorgt: negative spaces.

Kippräume. Formen, die es materiell oder in der Wortwelt nicht gab.

Er mischte mehr Grün bei und versuchte, sein Ich aus sich herauszuschieben. Ein Landstreicher, er? »Sie strichen weit über Land und nahmen auf, wie Wolken und Wälder sich hoben, als atmeten sie.« Im Deutschen strich man, worauf man trat, indem man darüber wanderte. Ein Landstreicher war einer, der als Pinsel durch die Landschaft marschierte. Das wünschte er sich. Zuvor musste Kurt schrumpfen, damit das Modell sich in der Leere spiegeln konnte, die entstand. Er nannte sie I-loch. See? Psyche? Loch? Komm, du flinke Liebe Auge-Hand. Männerporträts gelangen ihm in der Regel besser als Frauen, die Chancen heute standen also gut.

Die Jahre an der Kunstakademie in Dresden hatten Körrt gelehrt, dass es keinen Unterschied machte, ob man Braue, Busch oder Baustein malte. Schattieren und verbinden, mehr stand einem nicht zur Verfügung, um einen Körper zu schaffen. Die Hand führte den Pinsel, irgendwann dachte sie selbst, der Impuls lief vom Finger über den Pinsel durch Farbe auf Grund.

Eine Schicht heißen Dunstes flackerte auf der Leinwand zwischen dem unteren Bogen farbgesättigten Öls, genannt Boden, und dem oberen, genannt Luft. Ein Halbrund von hellem, dünnem Haar deutete den Umriss von Pierces Schädel an. Kurt würde die festen Begrenzungen des Zimmers für die Pflanzen öffnen. Für das Milchlicht der Fensterscheiben. Als Student hatte er nachgemalt und kopiert und trotz aller Anstrengung war es ihm nie gelungen, ein Gesicht so zu zeigen, dass es seine Vergangenheit, Gegenwart und Zukunft enthielt. Auch ein Exil war ein negative space. Abdruckraum. Vielleicht half das nun.

Durch Farbe – auf Grund.

Wantees gesenkter Kopf, schmal und arglos, hielt ihn auf Kurs. Großer Troll, rosige Helferin. Troll heiße auch Rad, hatte Dorflehrer Bickerstaff gesagt. Bisweilen, wenn Kurt aus dem Bus spähte, rollten die verstümmelten Geister der Toten zwischen den Ästen der Kiefern und Buchen am Straßenrand und winkten ihm mit ihren winzigen Taschentüchern zu. Troll. Er lauschte Wantees Stimme, sank tiefer in seine Hand, schmolz durch den Pinsel, ließ sich davongetragen sein.

Ah, sie lachte sich halbtot mit ihm, sagte sie. Was habe er sich da nur gedacht?

Von moderner Kunst hatte sie keine Ahnung, niemand in seiner Umgebung hatte Ahnung von Kunst, das war seit Norwegen so, das fiel ihm kaum mehr auf. Darum ging es nun aber nicht.

Sie saßen im Bus zurück nach Ambleside. Das halbfertige Porträt stand zum Trocknen bei Pierce. Nach drei Stunden hatte Kurt die erste Pause eingelegt. Endlich war er mit Wantee zwischen Blumentöpfen, Leinwand und Schwaden von Zwiebelgeruch aus der Küche allein. Cylinders! Unfasslich! Der Kerl hatte ihnen vom Paradies erzählt. Das ihm gehörte. Ein Pierceparadies. Das ein Kurtparadies werden wollte.

Sie musste es Pierce vorschlagen. Ihn bereden.

Die Scheune. Die brauchte er, Körrt. Das Stück Land, auf dem die Pulverhütte stand, war ja riesig. Der stolze Eigentümer hatte es ihnen ausführlichst gezeigt: jedes Stück Wiese, jeder Hügel, jeder Baum südöstlich der Villa – seins. Von den 31 Gebäuden, die auf dem Grund gestanden waren, hatte Pierce einzig dieses Wohnhaus, Walthwaite, am Fuß des Abhangs hinter den beiden unbestellten Feldern behalten, zudem einen Gartenbungalow, in dem er sein Büro und eine Küche für sich und seinen Helfer eingerichtet hatte, und besagte sonnige Scheune, den barn. Baumstümpfe entfernt, Blumen und Büsche gepflanzt. Sie waren bestenfalls zur

Hälfte angegangen, was das Gärtnerherz naturgemäß bekümmerte. Stoppeliges Brachland, Dickicht, zwei Wasserläufe. Pierce hatte gar nicht mehr aufgehört, sein Land zu preisen. Cylinders, heute eine Brache, wäre in ein paar Jahren ein Garten der Grazie und des Gewinns. Apfelbäume wollte er pflanzen, Rhododendren und ein Café eröffnen in – exakt, in der Wunderscheune. In der einst Schießpulver gelagert worden war. Die sich verwandeln musste. Die nach Kunst schrie. Sah sie es jetzt? Scheune Körrt!

Sie hatte gelacht und den Kopf geschüttelt. Es war ihr peinlich. Kurt wollte Pierce nicht nach einer Möglichkeit fragen, sich zu beteiligen, er wollte ihn überrennen. Höflichkeit, englische Zurückhaltung, ade. Das konnte sie nicht.

»I need to help myself, you need to help me.«

Seit Monaten entwarf Kurt einen neuen MERZbau. Der erste in Hannover, Säulen und Nischen in einer Höhle in einer weiteren Höhle auf dem Rücken einer Höhle, in jahrelanger Arbeit von einer Verwandlung in die nächste getrieben, zusammengehämmert, herbeifantasiert, ein Schatzlabyrinth der Objekte und Skulpturen für Augen, Gliedmaßen und Gedächtnis gleichermaßen – stop it, Kurt. Der Minibau auf Hjertøya, dem Wetter der norwegischen Insel ausgesetzt, verrottete; ebenso jener am Bakken in Lysaker. Er hoffte, einen vierten in den USA anzufangen, das Geld dafür war ihm vom MoMA in New York so gut wie zugesagt, eine Einreiseerlaubnis nicht ausgeschlossen. Nur: Wie lange würde er darauf warten müssen? Pierces Scheune stand vor seiner Nase. Barn statt Bau. Perfekt: ein Verschlag hier, wohin es ihn verschlagen hatte. Wenn das nicht passte.

»Wantee«, flüsterte er, »don't let me down.«

Da kannte er den Menschen, an dessen Tisch er saß, kaum und wollte eine lebenslange Beziehung eingehen mit ihm: Miete auf 99 Jahre. Also bis 2046. Das klang beeindruckend, auch für ihn. Oder wenigstens 50 Jahre, ein halbes Jahrhundert? Pierce äußerte Zweifel: Der Verschlag war bei der Räumung des Geländes 1943 abgebrannt bis aufs Fundament. Den Schober hatte man auf den alten Steinen wiedererrichtet, 11,5 Meter lang, 6,8 Meter hoch, aus dem im District üblichen Trockenmauerwerk mit einem behelfsmäßigen Dach. Kurt wollte nicken und nicken. Die Maße passten, der Rest war ihm piep-schnurz-kurtegal.

Er redete und redete. Wie konnte man höflich sein, wenn alles, man selbst eingeschlossen, sich in der Schwebe befand?

Harry Pierce, frisch halbporträtiert, frisch halbzufrieden, erklärte, er würde darüber nachdenken, ob der Künstler den Barn »skulpturisieren« dürfe. Wantee hatte das Wort soeben benutzt. Frisch erfunden für Kurts Dringlichkeit? »She's your best asset«, sagte Pierce. Im Übrigen hatte der Mann durchaus feinsinnig angefügt: Lassen Sie uns den Handel falten, let's ply the trade. Man könne alles arrangieren, wie Kurt es wünsche, gegen einen, verstehe sich, entsprechenden Zins.

An diesem Abend gönnten sie sich Frikadellen, Wein sowie bubble-and-squeak – Kartoffel- und Gemüsestampf, auf britische Weise gerührt, sprich: bis es quietschte. Die Engländer entpuppten sich als viel sympathischer, als man sie sich auf dem Kontinent gemeinhin vorstellte.

»Merkst du es endlich«, sagte Wantee. Ein kleines Stück Petersilie klebte auf ihrer Unterlippe. Es sah reizend aus.

Er war so stolz auf sie. Beim Mittagessen mit den Pierces hatte sie das Thema zögernd, doch charmant aufgebracht. Wie ideal das Schießpulverkabuff liege. Nicht einmal fünf Meilen von Ambleside entfernt. Kurt hatte es nicht lange ausgehalten, still zu bleiben, und sich eingemischt. Wantee hatte zunehmend zu Bill gesprochen. Das wiederum hatte Harry Pierce nicht ausgehalten – er war der Vater, ihm gehörte das Land – und noch vor dem Dessert die Karte geholt. Allerdings, schob er nach, sei die Tür der Scheune ein wenig schachhaft. Manche behaupteten, Feuchtigkeit sickere aus den Hügeln in den Raum. Kurt hörte kaum mehr zu, überließ Wantee die Details. Was machte er sich aus Orchideen und Azaleen, aus Baumkronen und Halbschatten, aus den echten Schlüsselblumen, die blühen würden, Hundsveilchen, Steinbrech, Sumpf-Vergissmeinnicht. Bill lehnte stumm im Türrahmen, er wirkte amüsiert und Wantees Erklärungen äußerst zugeneigt. Zum Abschied schüttelte Kurt jedem Mitglied der Familie die Hand. Das war nicht englisch, sondern kontinental. Verbindlich war das. Vor zwei Jahren, sofort mit dem Ende des Krieges, war Ernst nach Lysaker zurückgekehrt. Nun drängte er, Kurt müsse ihm folgen, um in der norwegischen Hütte am Hang weiterzuarbeiten. Wantee wollte England nicht verlassen. Er wollte Wantee nicht verlassen. Das war einfach.

Er konnte hierbleiben, wenn er den Barn bekam.

4: Nicht alle Tassen und kein Schrank

Härkchen

Häkchen

(Geld aufm

im Mädchen)

Feld, Häkchen

Flause

F-f-f-usel

Kurt

auf der HUT

wü… wüs…

wünsch wild

Es hatte die ganze Nacht geregnet, alle Wurzeln und Würzelchen Amblesides waren glücklich, Schwimmen war ihnen vertraut. Sogar die Schafe, die hinter der Kirche auf der Allmende standen, sahen heller aus. Kurt war unglücklich und sah dunkel aus: imminent, hatte Pierce am Telefon gemurmelt, die Rechtsanwälte in London kümmerten sich darum. Ob es denn so eilig sei? Kurt in Johnstons Arztpraxis (eine Praxis hatte ein Recht auf einen Fernsprechanschluss) fluchte unhörbar. Das Kalenderblatt zeigte bereits August. Nur gut, dass niemand seinen Blutdruck messen wollte, als er ging.

Schwarze Striche, schwitzen in Schüben. Verteufeltes, triefendes Grün. Sonne wurde nur in Päckchen heruntergeworfen. Das MoMA-Geld überhaupt nicht. Wenn es nicht bald eintraf, überlegte Pierce es sich vielleicht anders mit seiner Scheune. Internationale Banküberweisungen. Sie lebten zu weit ab vom Schuss, das war ja fast so kompliziert wie im Krieg ... Nachts wurde es bereits kalt, bis weit in den Morgen krakten Nebelfinger über die Tarns.

Bowsies Wohnturm thronte nicht über den Hügeln, er stand mitten darin. Schäbig, wenngleich mit Aussicht: Wolken und Schleier von Wolken. Die Berge drückten ihre Schatten auf die Dächer, der Wind fuhr an die Fundamente, Wantee rührte Kurt einen Löffel Aufheiterungszucker in den Tee. August. Er musste es sich wiederholen, sonst glaubte er es nicht. Harry Pierce, der langsamste Vermieter auf Erden. He, Körrt, would take poison on that. Ha, ja, das war deutsch, nicht wahr?

Auch darauf nehme er Gift.

»Apropos Lernen«, sagte sie, »call me Rosy Lee.«

Er schüttelte den Kopf.

»Cockney, my dear«, sagte Rosy Lee.

Rosy Lee bedeutete tea. Tea, der englische Tee, exakt so ausgesprochen wie -tee. Ob er versteh? Hahn und Huhn hätten zu tun.

Cockney? Das war Reimen hoch zwei. Reimen mit Lücke. Er staunte Bauklötze. Gut, auf Englisch wurde anders gestaunt. Er wusste nicht, wie. Dafür lernte er jetzt, dass man einen Hund Telefon nannte. Das war höheres DADA. Man sagte phone, fand den Reim bone, dachte an die Fügung dog and bone, strich die Reimwörter gegeneinander aus – und hing an der Hunde-Strippe, in die man munter parlierte.

Kurt war begeistert. Obskur, komisch, ein Muss. Her mit dem nächsten Um-die-Ecke-Reim. Einzige Zutat: Wörter, die sich gern miteinander verbanden. Auf Cockney, Variante Deutsch, hieß alt ab sofort Krach. Das musste er Krischan Spengemann schreiben, der sollte raten, wie Kurt darauf gekommen war. Alt und schwach? Ha. Er würde hinzusetzen, dass er, Kurt, keineswegs fiebrig und krank im Bett lag. Auch dies würde er Kurt-Cockneysch verpacken als »ich bin doch kein Schrank«.

Es stimmte. Er war kein Schrank. Zumindest nicht mehr.

Mitte Juli hatte er Blut gehustet. Zehn lange Stunden lang. Doktor Johnston vermied jeden Blickkontakt, Wantee schwieg, jemand murmelte etwas von einem Lungenerguss, von dergleichen hatte Kurt nie gehört, es musste eine englische Krankheit sein. Drei Wochen später, Anfang August, war das Wunder perfekt. Der Patient sprang heiter im Wohnzimmer herum. 60 Jahre alt? Bitte, das war nichts!

Zugegeben, seinen 60. Geburtstag hatte er horizontal verbracht. Lungenblut? Damit war der Traum von einem MERZbau in Amerika vom Tisch. Das war auch eine Erleichterung. Ebenso dahin: Ernsts Idee, Kurt könne mit ein paar Monaten Arbeit die Hütte in Lysaker instand setzen.

Das Ergebnis hieß Pierce. In spätestens einer Woche würde er abermals in Pierces Büro The Sipphon anrufen. Oder ihm »zufällig« über den Weg laufen. Nur wo?

Die meiste Zeit lag Kurt weiterhin im Bett. Dort war es warm, dort konnte er nachdenken, nicht selten schlüpfte Wantee zu ihm unter die Decke. Kuscheln beglückte auch bei Tageslicht. Die Nächte hier überlebte man ohnehin nur zu zweit. Allein deswegen würden die Engländer nie aussterben. Ab in die Eishöhle namens bedroom. Laken und Wolle klamm seit Heinrich dem Achten (auch Kurts kulturelle Fähigkeiten hatten sich gesteigert, er wurde tatsächlich aufgemöbelt, Wantee nannte es möbliert). Sein englisches Leben – Wantee, Möbel – quälte und tröstete ihn. Trost: sich eng aneinanderdrücken. Dagegen war gewiss nichts einzuwenden, allemal, da man nach 22.30 Uhr auch keinen Strom mehr verbrauchen durfte. Qual: Wantee wollte im Bett über all das sprechen, was sie nicht zu essen gehabt hatten. Sein hartnäckiger englischer Engel setzte auf etwas wie Wortessen. Mitunter, mit einem nur als »whiff« zu fassenden Laut, schrieb die Rosige zum Glück die eigenen Regeln in den Wind, zeigte jeglicher Rationierung den imaginären Finger und erlaubte, dass ihr Jumbo und sie alle Vorräte auf einen Satz hinunterschlangen. Eigenhändig schleppte sie das herrliche Futter auf die Matratze; eine durchaus krautige, beharrliche Zärtlichkeit ging dabei von ihr aus. Die helle Haut bedeckte sie wie eine eigene Farbschicht. Zu festlichen Anlässen trug das einstige Modell Blusen, die sie mit auffälligen Knöpfen verschönerte, wohl fühlte sie sich in schlammverkrusteten Wanderschuhen und wollenen, knielangen Röcken mit erdfarbenen Mustern. Wantee, das Wunder seiner alten Tage.

Love, das Fliegengewichtswort aus Cupidos Köcher, flutschte herbei. Der alte Mann und das Mädchen. Dear me!

»I also love food.« (KS oder ET)

»So do I.« (ET oder KS)

Das spätsommerliche Licht teilte sich am Rahmen des Fensters und traf mit zwei bösartigen Strahlen exakt Kurts Pupillen. Rosy Lee stand an der Herdplatte und kochte ihr Einmal-die-Woche-englisches-Frühstück. Rosy? Das war nicht mehr nur Cockney, das war nun auch Körrtsch. Also zärtlich. Aus Schaden klug geworden (ah, sie konnte unausstehlich sein), pfuschte er beim englischen Frühstücksritus nicht dazwischen (mit seinen deutschen Pratzen), sondern wartete brav am Tisch. Er konnte sich zusammenreißen, der alte Schürzenjäger, Menschenfresser, Narzisst, Zwangsscherzer, Geldjäger, konnte seine lobenswerten Seiten leuchten lassen, seine Treue, seine Offenheit, seine Loyalität, Menschenfreundlichkeit, Tierfreundlichkeit, Müllfreundlichkeit, seine Sanftheit, seinen Humor. Angeblich hatte Napoleon die Engländer als eine »nation of shopkeepers« bezeichnet, man ärgerte sich bis zum heutigen Tag darüber, was man hinter Ironie versteckte, also dauernd erwähnte. Genau, wieder dachte er an Pierce. Wie auch nicht. Inbrünstig wünschte er seinem Lieblingsgärtner eine kräftige Portion Shop-keeper-Instinkt. Dabei entging ihm die höhere Ironie der Situation keineswegs: Jahrzehntelang war er als Vermieter aufgetreten, es war durchaus gerecht, dass es ihn nun auf die Seite der Abhängigen verschlagen hatte.

Ah, und wie man da hoffte.

Sie hatten keinen Speck, aber Wantee briet ein Ei für jeden und dicke weiße Bohnen. Im Nachthemd sprang sie zwischen Tisch und Kochplatte hin und her wie ein Küchenelf. Wuschelhaare über den Ohren, Spindelwaden, lange Zehen. Auf der Leinwand vertrug ihre Haut einen extra Tropfen Grün. Rosenschattierungen als frische Tritte oder Energieschübe: Wantee, errötend, Wantee, über die Pfanne gebeugt.

Unauffällig (nun ja) zog er sich den schwarzen Nerzmantel über die Knie, den Walter Spengemann, Krischans und Luises Sohn, ihm letztes Jahr in London überreicht hatte. Von der aus dem Küchenboden steigenden Kälte spürte Lady Winterbottom als »natürliche« Engländerin naturgemäß nichts. Vorm Fenster flatterten die üblichen Spatzen und Meisen umher, Bowsies Garten war ein Dornenverhau aus Stechpalmen, Ginster und Brombeerranken mit etwas nassem Rasengrün, auf dem seit neuestem regelmäßig ein junges Kiebitzweibchen spazierenging.

»Reddest tape«, sagte sie, »du bleibst hier.«

Also beobachtete sie ihn doch?

Absolutes Arbeitsverbot, verhängt von Dr. Lancaster, soeben aus dem Krieg nach Ambleside zurückgekehrt. Doktor Johnston hatte ihn vertreten und half mitunter weiterhin in der Praxis aus. Leider war Lancaster alleiniger Herr über den Rezeptblock geworden. »I don't need a recipe how to go about my life«, hatte Kurt ihm versichert, »and I don't cook it, to be sure.« Ergebnis: Er ließ sich eine Kapsel Digitalis fürs Herz aus der Schachtel in die Hand fallen. Digitalis, Fingerhut, gab es ohne Rezept.

Hilde Goldschmidt, Künstlerin in Langdale, Deutsche, 1939 nach

England emigriert, lachte ihn aus. Was stritt er auch mit dem jungen Arzt? Ah, und ihr wollte er, ganz alte Schule, partout die Tür aufhalten? In den Mantel helfen, Handkuss – all der Gwadderadaddsch. Sie amüsierte sich, nannte verlogen, was er als »verehren« verteidigte. Beinahe wäre er beleidigt gewesen. Er hatte es weggelächelt. »Nu guck nich so bedröbbelt aus der Wäsche«, hatte sie dazu gesagt und ihm die Tür aufgehalten. Beim Arzt!

Die Frauen hatten sich verändert. Darüber hätte er gern mit Ernst gesprochen, aber er nahm an, dass Eve, Ernsts neue Frau, die Briefe mitlas. Wie Edith hier. Kauend saß sie Kurt gegenüber, die Lokalzeitung vom Vortag fest im Blick (aus Mrs Bowsefields Eimer gefischt). Er stand auf (adonishaft, nur der dumme Mantel rutschte auf den Boden) und holte sich einen Löffel aus der Schublade neben der Kochplatte. Eine Schublade war ein drawer. Also etwas, woran man zog. Eine Kommode hieß chest of drawers. Diese Engländer. Stellten sich Zugbrüste neben den Tisch. Das war eindeutig ältere Schule als er. Und gefiel allen, auch ihm.

Nicht so der Porridge. Lauwarm, ohne Zucker. Da schmeckte ja englische Wiese besser. Das sagte er selbstverständlich nicht. Flirten hatte er aus dem Effeff beherrscht. Nun musste er mit Wantee über das Foto reden. Er wollte über Bill Pierce reden, und da er sich nicht sicher war, wie sie das aufnehmen würde, wollte er mit ihr über das Foto reden und das Thema Bill einfließen lassen, was nicht schwer sein würde, denn Bill lümmelte mitten in dem Bild auf einem Stuhl, oder vielleicht nicht exakt in der Mitte, dafür umso näher bei Wantee. Sehr nah. Bill, halbnackt.

Vielleicht freute die Geliebte seiner 27 Sinne sich, wenn sie merkte, dass er eifersüchtig war. Eigentlich wollte er weiser wirken, freizügiger. Oder war er souverän genug, seine Eifersucht zuzugeben?

Alte Schule, neue Schule, keine? Denk nach, sagte er sich. Vielleicht halfen Listen nicht allein bei der Kunst, sondern auch in dem schwierigen Fall, dass einer erst im Alter lernte, wie man sich fühlte als Nummer drei.

Wantee war sein Wanderkompagnon (er fing mal mit dem harmlosesten an).

Frühlingshaft »sprünglich«. Ein Geistchen wie Puck (durchaus problematisch. Reaktion auf das Foto: Sie schmiss Kurt raus, verlobte sich mit Bill).

Englisch. Sprich: Sie kochte Stile und Strünke jeder Art. Jeder.

Konnte mindestens 20 Arten Nacktschnecken auseinanderhalten (solange sie die nicht kochte, war es ihm recht).

Mochte mittelgroße Hunde mit viereckigen Körpern, die sich ständig auf die Ohren traten (schafften sie sich nicht an, das war ausgemacht).

Bemerkte leichtere Formen von Regen erst gar nicht. Das Wort »leichter« bot reichlich Stoff für liebende, interkulturelle Auseinandersetzung.

Überprüfte regelmäßig, ob der Feuerlöscher im Flur vertrauenswürdig aussah.

Konnte die Hand unter den Hot-water-Hahn im Salutation halten, ohne sich zu verbrennen (ja, er, Kurt, vermisste Mischbatterien).

Sagte »well« statt »nein«. Nach einer Weile würde er ein Nein in der Luft fühlen, ohne zu verstehen, woher es gekommen war. Dieses bewundernswerte Talent teilte sie mit all ihren Nachbarn.

Er hatte gelernt, was immer sie während des Blitz erlebt haben mochte, nicht zu erwähnen, nachdem er einmal zu Anfang ihrer Bekanntschaft nach der Geschichte der Parfumflakons auf ihrem Kaminsims in Bayswater gefragt hatte. Leuchtendes Glas, wässriggrün hier, dort von dichterer, moosiger Art. Erbstücke, hatte Wantee kurz angebunden gesagt. Darüber rede sie nicht.

Die Fläschchen waren bei ihrer Freundin Sylvie in London geblieben. Sicher eingelagert? Wie dachte die Frau an seiner Seite über ihren Aufenthalt hier? Für wie lange war sie da?

Er flirtete – mit ihr. Das Drängen von einer Anna zum nächsten Blümchen war vorbei. Nicht das Träumen, nicht die Lust. Wantee war er treu. Nicht aus Mangel an Gelegenheit. Nun gut, so viele Gelegenheiten gab es nicht. Treu aus Konzentration. Herr Dr. Gustav Pfitzer, von Käthe Steinitz und ihren Töchtern zum höchsten Hoflehrer Hannovers ernannt, Professor für Perspektive, Plunder und Pfusch, hatte nachzugeben gelernt. Das englische Wasser machte ihn weich, kroch ihm unter die Haut, rann zwischen die Gelenke, lullte ihn ein. Er saß zwischen allen Stühlen, was man nur auf Deutsch sagen konnte, zum Ausgleich fühlte er es mit jedem Knochen: die eine Hälfte des Bobbos (so erneut Hilde, ursprüngliche und erhaltene Sächsin) da, die andere dort.

»Rosy, schau mal.«

Hilde hatte den Abzug letzte Woche vorbeigebracht, als Genesungsgeschenk. Schwarz-weiß mit schmalem weißem Rand. Tadellos scharf. Das Foto hatte Kraft. Zu deuteln gab es nichts.

»Hmm?«, machte Wantee.

Er hatte sich schon einmal neu erfunden. 1918 war ihm die Kunst in tausend Richtungen aus dem Leben gesprungen und zerpflückt, wenngleich munter, als MERZ zurückgekehrt. Alles hatte dazugehört, der schwarze Ofen in der Mitte der Wohnung, der Topf mit dem kochenden Klebstoff auf dem Herd, Ernst auf dem Boden, Fiederallala über den Völkischen Beobachter gebeugt, der zu ihrer Freude seit 1923 täglich erschien. Dazu das Quieken der Meerschweinchen (und das Quieken Helmas, als er eines briet. Es schmeckte exzellent). Kurt, Kcütstsim etla sad, Truk. Was konnte er dafür. Er konnte lächeln da oben in seiner eigenen einsachtundachtziger Luft, konnte nach Rasierwasser duften, charmant sein, Madame! Alles hatte sich bewegt als Wort und Klang, vom Mund in die Finger, in den Hammer, den Meißel, in Kleber und Gips.

Geist floss in die Hand, von der Hand zurück ins Gehirn. Direkter Verkehr.

Seine Kunst zeigte nicht die Welt. Sie zeigte die Weltlichkeit der Welt.

»Den Hinndan?«, fragte Hilde.

Den auch.

Fazit 1: Er brauchte die Scheune. Er brauchte viel Wantee, sehr viel, und möglichst wenig Bill. Die Rosige. Um seiner Kunst willen hatte er sie hierhergeschleppt. She kept him going, Bein eins, zwei, drei. Ah, zählen konnte er noch. Das mit den Beinen auch (mauer Witz). Er schätzte sich glücklich, unterwegs zu sein, worstward. Hausmann behauptete, ein Ire namens Becker, der im Widerstand gegen die Deutschen gekämpft hatte, mische Paris auf. Wenig geschrieben, der Mann, was Teil seines Schreibens sei, dabei ständig diese Vokabel (wurstwärts?) auf den Lippen. Deutsch könne er auch, im Übrigen schreibe Herr Becker oder Buckett, das Gegenteil eines Dadaisten, ein Absurdist, auf Englisch und Französisch und übersetze sich selbst.

Worstward? Das Englische hielt mit schönster Regelmäßigkeit Vokabeln bereit, die nie jemand gehört hatte, aber jeder sofort verstand. Der Ire lebte in Paris in einem französischen Exil, in dem er die Sprache leichter wechselte als das Hemd, das er nicht hatte, weil auch Englisch für ihn eine Art Exil war. Das verstand Kurt. Dass ihm dieses Wechseln gefiel, brauchte Raoul, der weiterhin von DADA träumte, nicht zu erfahren.

Fazit 2: bestward. Liebte er Wantee? Himmelherrgott, was denn sonst? Er ist raus, raus aus dem alten Leben, ein anderer Truk, ein anderes Ich.

»Ich will es nachmachen lassen, an Ernst schicken, Spengemanns, Hausmann. Die Feier meines Sechzigsten.«

Ah, da hob sie den Kopf. Sie wusste so gut wie er, dass er den 20. Juni 1947 im Bett verbracht hatte (werd 60, leg dich flach).

Ein Geburtstagsfoto, das kein Geburtstagsfoto war, passe ideal, sagte er, an irgendetwas müsse man schließlich glauben, viele happy returns zum Beispiel.

Sie tätschelte seine Hand: »Jumbee, kann ich den Rest von deinem Porridge haben?«

Aufgenommen worden war das Bild Anfang des Monats. Der permanent lustige Schwitters, seit ein paar Tagen verlässlich aufrecht (auf den Beinen), zum Tee geladen nach Cylinders in Pierces Büro- und Arbeitsräume. Von der Terrasse konnte man den Barn sehen (fast). Kurt hatte dem Landeigentümer das fertige Porträt übergeben. Kuchen und Sandwiches wurden aufgetischt. Wantee, Pierces Hilfskraft Cook, ein paar Leute aus Elterwater und Bill griffen zu, Hilde, die einzige im Dorf, die eine Kamera besaß, took some shots.

Harry Pierce war in den Pavillon verschwunden, um seine Rechtsanwälte telefonisch anzuweisen, den Pachtvertrag für den Barn s-o-f-o-r-t in die Post zu geben. Wantee hatte behauptet, die erste Rate aus New York, ein fetter Batzen, liege auf dem Konto, was die Wahrheit und nichts als die Wahrheit war, wenn auch erst zehn Tage später. Lady Leichtherz und Sörr Körrt, stolz auf das amerikanische Holz. Das gesamte Jahr über hatte er gerade so viel verdient, dass es zum Leben reichte. Pierces Vorschlag, das Honorar für das Gemälde gegen die ersten Mietraten aufzurechnen, kam ihm entgegen. Trockenes Brot zum Nachmittagstee schmeckte, wenn man es sich oft genug vorsagte. Traf ein Carepaket von Käthe ein, war Feiertag. Dann schrieb Kurt einen Plan wie einst. Zoofütterung für E und K, W und J. Sie fütterten sich. Und das Liebespaar. Dem gaben sie die besten Bissen ab. Es war nur mehr ein kleines Karussell, im Vergleich zu früher. Es war sein innigstes.

Im Vordergrund des Fotos lümmelte ein glücklicher Kurt auf einem viel zu schmalen Stuhl. Das Fest hatte sich wie sein wahrer Geburtstag angefühlt. Gedichte waren rezitiert worden, Sherry wurde getrunken. Wantee, sommersprossiger denn je, hatte Wörter benutzt, die er nicht verstand, sie hatten sich umarmt, gierig hatte er den Rauch ihrer Zigarette eingesogen (beide Ärzte: absolutes Rauchverbot für Körrt) und sich den Stuhl geschnappt.

»Du hattest ganz schön einen sitzen«, murmelte sie.

Der Umschlag mit dem Brief, der ihm die Überweisung von 500 Dollar aus New York ankündigte, spitzte (ah, so unauffällig) aus seiner linken Jackentasche. Trotz der Hitze des späten Nachmittags, die im Glanz des Fotopapiers nachflackerte, hatte er eine Krawatte, Socken, perfekt polierte Halbschuhe getragen.

Er erinnerte sich überdeutlich an den Tag. Eine demütige, heiße Auferstehung nach drei Wochen im Bett. Die Luft hatte über den Steinen gestanden. Aus der trockenen Grasnarbe brachen kleine runde Torfmoore wie aus dem Erdkern an die Oberfläche steigende Inseln. Die Schafe rieben ihre Rücken an den frischen Buckeln, als wären sie dafür angeheuert, jedes Stückchen Boden persönlich zu begrüßen. Die Felsen zeigten sich dicht mit Erika bewachsen. An anderen Stellen sahen Flanken und Zacken aus wie frisch geschrubbt und waren nur eines, felsig und steil.

Zu Beginn des Nachmittags hatte er mit Pierce den Barn inspiziert. Singend stiegen Feldlerchen aus den Mulden der Wiesen. Ihre Laute folgten dem Gesetz alter Männer: schwach bei Gegenwind, seidenglatt auf warmer Luft. Die Felder streckten sich nach der Heuernte unter grünem Nebel, so nannte man hier das letzte, süße Sommergras. Aus den Dachnischen schossen ein paar Schwalben, spitz und schwarz wie Raketen, als Pierce den Schlüssel im Schloss drehte. Das Innere der Scheune war dunkel. Sie gingen umher, inspizierten die Ecken, Kurt prüfte das Mauerwerk. In Gedanken überzog er ein erstes Stück der westlichen Wand mit Gips.

Auf dem Foto befanden sich schräg links von ihm Pierces eben freigewordener Korbsessel, ein wackliger Klapptisch mit Teepott und Tassen und, wie ihm an dem Nachmittag völlig entgangen war, Wantee, die nicht nur hinter ihm, sondern insbesondere hinter einem lässig auf seinem Stuhl ausgestreckten, entspannten Bill Pierce stand, der sich, nackte Arme, nackter Oberkörper, mit offenem Mund weit nach hinten lehnte und sich von Kurts Mädchen mit einer prallen, glänzenden Kirsche füttern ließ.

Seine fantastische Pulverhütte, seine brillante Bude, seine zauberhafte Zuflucht. Und er, halb aus dem Bildrahmen gekippt?

Gegen wen kämpfte er? Nicht gegen Iad Bill (beladen war der Kerl in der Tat, mit Testosteron). Sollte der sich räkeln in seinem Ich-bin-hier-zuhause-Stuhl, sich in aller Pracht und Länge zeigen und es sich (und Wantee) erlauben (es gnadenlos genießen), dass sie ihn mit süßen Früchten fütterte (und er, Kurt, saß dabei wie ein Narr und alle sahen es jetzt).

So sein deutsches Gefühl. Umso energischer versuchte er, englisch zu sein. Wenn er das richtig auslegte, unterhielt Mrs Thomas blendende Beziehungen zur Familie Pierce. Wantee war beim Toast. Sie hatten sogar einen Rest echte Marmelade, thick cut.

Switters, come on. You can do this. Switters ist der Mann, der ausschließlich Englisch spricht, englisches Wasser trinkt, englische Luft atmet. Kurts Gehirn benützt inzwischen beide Sprachen wie Schlitten. Sitzt auf dem einen, dem anderen. Bergab geht es jedes Mal.

»Sag mal, würdest du in Walthwaite anrufen?«

»Rosy« (stachliges Blümchen), »Rosinchen, bring Bill dazu, dich auf einen Tee zu sich nach Hause einzuladen. Mach ihnen klar, dass du den unterschriebenen Vertrag gleich mitnimmst! Das spart ihnen Porto.«

Kumpel-Kurt erhält die rechtlich bindende Erlaubnis, für 99 Jahre den Würfel der Wunder zu nutzen. Im Herzen dessen, was bald Harrys persönliches, pfiffiges, profitables Paradies sein wird.

»Erklär ihnen, dass du ohne die Unterschrift nicht gehst.«

Sein Blick fiel auf seine Hand. Der Ehering lag in einer Zugbrust in der Küche, in einem im Steinbruch von Elterwater gefundenen Spankästchen. Auf Herdwick-Wolle. Hatte man Helmas Ehering mit ihr begraben? Fiederallala hatte mit Mitte 70 drei Wochen vor Helma das Zeitliche gesegnet. Wie man so schön sagte. Über den Jordan, das auch. In dem gleichen Krankenhaus wie Helma. Ernst hatte um sie getrauert und vergebens versucht, die genaueren

Umstände in Erfahrung zu bringen. Eine Entzündung? Ein Sturz? Wurden alte Menschen im nationalsozialistischen Reich des Krieges überhaupt behandelt? Mit Kräutern, ja?

Kurt nahm an, dass seine Schwiegermutter an gebrochenem Herzen gestorben war: Ihrem Hitler und seinen Jungs ging es an den Kragen. Er freute sich, dass ihr der Triumph, die Tochter zu überleben, nicht gegönnt gewesen war. Ja, das war kein christlicher Gedanke. Es war ein ehrlicher.

»Jumbo? It's alright. I'll do it.«

Er sah sie an. Verstand erst nicht.

Sie redete mit vollem Mund, seine Nachthemdprinzessin, tatsächlich rosig jetzt: »Es ist in Ordnung, ich wollte da sowieso mal hin.«

Aha.

Das edle Geschirr, der ausgesuchte Tee. Bill habe sie bereits mehrfach eingeladen. »Du siehst: kein Problem.« Vielleicht finde sie heraus, wo sie den herhatten. Und dürfe mit Bill auf dem Motorrad fahren. Sie nähme eine dicke Jacke mit und ziehe eine Hose an. Glaubst du, der rosa Lippenstift …

Sie redete zu viel, zu schnell. Wie jedes Mal, wenn sie ihn ablenken wollte.

Wantee, dear.

»Du kommst zu mir zurück?«, flüsterte er.

Charmant sein war leicht gewesen. Erst die vergangenen Jahre hatten ihn bitten gelehrt. Alte Schule. Das 19. Jahrhundert rauschte ihm durch die Adern. Seine Unzeitigkeit. Alle seine E-Menschen (Ernst, Esther, Eve und Edith) waren Gestalten des 20. Jahrhunderts.

»Wenn du ohne Jungpierce und sein Motorrad hier eintriffst, bleib ich freiwillig eine Woche länger im Bett. Versprochen.«

Sie lächelte und stand auf: »Das möcht ich sehen.«

»Und bring auch gleich den Schlüssel mit«, rief er ihr leise nach.

5: Der Glitz

Szepter
Klepper
Rezept:
Hunne auf Huhn
hu- hu-
hurtig (im Saum)
Spurt, Kurt!
auf deiner
HUT

Und jetzt ließ sie ihn nicht ins Haus.

Mrs Bowsefield, Landlady, Herrscherin, Vermieterin von Gottes Gnaden.

Er stand in dem halbdämmrigen Windfang, dessen Dielen so abgetreten waren, dass man meinte, Bowsie halte hier nächtens heimliche Tanzfeste ab. Ihre Taschenbäckchen, in jede Himmelsrichtung von Runzeln durchzogen, knüllten sich um einen eng gefalteten Sterntüllenmund. Die von Krähenfüßen umgebenen Pfützchen von Augen blitzten. Keine Frage, Bow-Bowsie verfügte trotz ihres fortgeschrittenen Alters über genug Adleräugigkeit, um das Benehmen noch des letzten Mieteratoms in den Spiegeln zu kontrollieren, die sie an strategisch gewählten Punkten vor und in ihrem Haus angebracht hatte. Sie hatte Kurt gestellt. Er war soeben ein zweites Mal draußen gewesen! Und das auch noch an einem Sonntag.

Er bettelte. Der die Wohnhöhle regierende Drache, Scheitelhöhe einsfünfzig, gewickelt in die grauen Wollstücke der Kahlberge rundum, las ihm die Leviten: »Nutzung der Treppe dreimal pro Tag!«

Einmal raus, einmal morgens aufs Klo, einmal abends.

»Nehmen Sie sich ein Beispiel an mir, Mister Kööörrt!«

Schief ragte das Haus aus dem Felsen. Leitungsrohre liefen

vom Dach über die Fassade in einen Vorgarten voller Ginster und Brennnesseln. Das Klohäuschen befand sich auf der Rückseite. Mrs Browse, die Edle, hatte die Pässe von Frau E. Thomas und Herrn K. Schwitters inspiziert und nicht nach dem Eheschein gefragt. Er fühlte sich ihr und ihrem Pragmatismus zu gebirgshohem Dank verpflichtet, der jeden Freitagmittag auf eine harte Probe gestellt wurde, wenn sie ihren mageren Arm ausstreckte, dass die lose nach unten hängende Haut wabbelte wie die Kehllappen eines Truthahns, und den Zaster einstrich mit Händen aus der Requisitenkiste des nächstbesten Draculafilms.

Hinter der ersten Gipfellinie stieg eine zweite auf, hinter der zweiten eine dritte. Wolken stockten daran wie englische clotted cream (Butterklumpen in Fettsahne). Nebel zog Schleier, Zäune verrotteten, kippten um. Dunst verschmierte die Felsbrüche zu weichen Linien. Noch die härteste Wirklichkeit zerrann einem hier unter den Fingern.

»Wo steckt Ihre Freundin?«

Nichts zerrann.

»Die besucht einen jungen Burschen.«

»Kennen Sie ihn?«

»Ja.«

»Ist der auch aus Norwegen?«

»Aus dem Nachbardorf.«

Bowsie brauchte keine Sekunde: »Rauf mit Ihnen. Dann sind Sie aus dem Weg, wenn er sie zurückbringt.«

Er hatte sich noch nicht für die zusätzliche Treppennutzung bedankt, da rief sie schon: »Sch-u-h-e in die Hand.«

Die waren tatsächlich dreckig.

»Sie muss zurück sein, bevor es dunkel wird. Das ist Ihrer Freundin klar?«

Erhobenen Hauptes hobbelte Bowsie in ihr Wohnzimmer zurück. Die Tür fiel ins Schloss.

Also sagte er danke zu der Tür. Frau Drachenklein erinnerte ihn an Schwiegermutter Fiederallala. Ohne es zu bemerken, versorgte sie ihn mit Widerstandswillen und unfreiwilliger Komik. Ohne es zu bemerken, ermutigte sie ihn: Sie war absonderlicher als er, und niemand störte sich daran.

Das an sie vermietete dwelling – das Wort klang, als käme es von anschwellen, was falscher nicht hätte sein können, in Bowsies vier Wänden schrumpfte man vor Kälte –, ihr abode also – und erneut musste er sich gegen seinen inneren Deutschflüsterer wehren, nichts da Abort, ein hoher Raum mit Kochnische, kammergroßes Schlafzimmer, Flur –, hatte nach Katzen und Feuchtigkeit gerochen, als sie einzogen. Wantee war mit selbstgesammelter Akelei, Dufterbsen und Echtem Johanniskraut dagegen vorgegangen. Das Kraut blutete, wenn man es rieb, St. John's Worth hieß es hier. Die Namen von Pflanzen und Nahrungsmitteln machten beim Englischlernen Mühe, auf dem Weg über eine Sprachgrenze wollte offensichtlich kein Stück Natur bleiben, was es war. Aus Schlüsselblumen wurden Kuhlippen, Primeln hießen Sauerrosen und die unschuldige Schafgarbe stand als Blutwert auf englischen Wiesen herum. Auch sein Körper musste umlernen. Körrt, saug die Erbsen von der Gabelkrümmung. Seine Lippen sollten dabei die ewig gekochten, salzlosen Kügelchen nicht berühren. Zum geschmacklichen Ausgleich aß man aus Schlachtblut und Haferflocken gebackene Puddings und trank auch dazu Tee mit Milch. Britische Staatsbürger erhielten derzeit vier Unzen Schwarzblatt pro Woche, was bei britischen Brühgewohnheiten (dunkel) etwa zwölf Tassen ergab. Der Nachkrieg herrschte. Kurts Alien-Ration fiel deutlich schmaler aus. Stets glaubte er von neuem, er träume, dabei fremdelte er nur. Er, versehen mit dem abgelaufenen Pass eines abgelaufenen Reichs. Wantee streckte ihre Tee- und seine Spülwasserration mit Kräutern, Wurzeln, Pilzen, Blüten, Eckern, Beeren. Um 14.30 Uhr war sie zu den Pierces aufgebrochen. Drei Stunden würde sie mindestens brauchen. Allein schon der Weg. Dann die Höflichkeit. Vielleicht konnte er dennoch schon jetzt etwas zu essen vorbereiten für ihre Rückkehr. Es würde ihn ablenken.

Sie besaßen einen Topf, zwei Tassen, die Herdplatte und, Luxus, Bickys ausrangierten Wasserkocher. Er warf seine Jacke über das Gerät, damit Bowsie das Blubbern nicht hörte. Regel 5a, Mietvertrag: Sonntags bleibt die Küche kalt. Garantiert saß die liebe Vermieterin unmittelbar unter ihm, die Dielen knarzten so laut, dass sie noch mit Ohrstöpseln jedem seiner Schritte hätte folgen können. Kurtchen, lass die Lichter aus, koch nie wieder Gips im Topf, atme auf den Treppenstufen nicht, nicht, nicht! Am Morgen war er zu einer Sammelrunde durchs Dorf aufgebrochen, sonntags war der Parkplatz hinter der Kirche ein Muss. Freier Zugriff auf die Samstagnacht dargebrachten Opfer: Bierflaschen, Zigarettenstummel, ab und an ein Kondom. Heute war er über den Ausguss einer Spielzeugkanne gestolpert. »Ah, eine Rose«, hatte Rosy gerufen, als er sie auf den Esstisch legte. Die Engländer erblickten Rosen in Wolken, in Dosen, im Bierschaum und noch die bescheidensten Bäche des Districts murmelten rr-rrr-ross. Fast hörte er es schon selbst.

Für seine Lysakercollage hatte er gepresste Schneeglöckchen verwendet. Sie waren ihm von zuhause geschickt worden, aus dem Henriette-Helma-Hannover-Heim. Die Stängel glichen Streichholzbeinchen, die versuchten, soldatisch oder wenigstens tapfer über die Seite zu marschieren. Seine Antwort auf Ambleside würde üppiger ausfallen. Sogar in Bowsies Dornengarten duftete der Jelängerjelieber. Borkige Nachtfalter suckelten Honig daran – it's honeysuckle, Jumbo, what the hell is a the-longer-the-dearer? Eine Art Unterwäsche? Hinter dem Turm von St Mary's stiegen Laubbäume und ungewöhnlich hellgrüne, feinnadelige Fichten die Hügelflanken der Langdales hinauf und rauschten im Wind. Der August war so heiß gewesen, dass die Spitzahorne an Miller's Bridge die Hälfte ihrer Blätter abgeworfen hatten. Nun sammelte der Sommer seine letzte Kraft, wütete in den Mulden, trocknete Pfützen aus. Morgens lösten sich die Dunst- und Nebelschleier über den Wiesen nur mehr zögerlich auf und von den Höhen im Westen hatte vor einigen Tagen Schnee geglänzt.

Er liebte diesen Augenblick. Zum dritten Mal erlebte er ihn hier. Verwandlung der Welt ohne Geräusch, der erste Schnee auf den Gipfeln. Der Glitz.

Glitz der Flocken, Hirnglitz in Kurt, Widerschein der Bergspitzen rundum. Steinbrüche und Mauern, Hecken und Gräben, die tiefer liegenden Flanken der Berge mit weißverputzten Katen bestreut, geschmiegt gegen kalten Stein. Seine Ausflüge in den Dorfpub hatten ihn mit den Regeln des District vertraut gemacht. Sie stammten so sehr von Immerschon, dass man sie kaum mehr zu fassen bekam – sie waren verschmolzen zu Wirklichkeit. Die erste hieß: Der Mensch lebt vom Tier. Im Pub nagte man an Lammkoteletts, trank Bitter, Lager oder Ale, erzählte Vergangenheit. Angesichts des Umstandes, dass seine eigene, kaum brauchte er sie, so tat, als wäre sie weg, und sich aufdrängte, wenn er nichts von ihr wissen wollte, kam ihm das mehr als gelegen.

Ohne Wantee wirkte die Wohnung unerträglich leer.

Also war er mitten am Tag ein weiteres Mal die Treppe hinabgeschlichen, sich sehr wohl des Verstoßes gegen die Regeln der Feldwebelin bewusst. Lautlos hatte er die Haustür hinter sich ins Schloss gezogen. Pub? Immer doch. Leider war es zu spät. Der Pub war zu, der Hügel eine natürliche Richtung: bergab. Haushaltswaren, Reinigung, Fish 'n' Chips, das Salutation. Zwei Touristen warteten an der Bushaltestelle. Er stellte sich zu ihnen. Was konnte er dafür, dass sonntags nichts weiter passierte, als dass Busse fuhren? Der Bus nach Elterwater traf tatsächlich nach schlappen 47 Minuten Wartezeit ein. Viereinhalb Meilen, schepperndes Blech. Kurt stand im offenen Heck, hielt sich fest. Gleich hinter Ambleside bog die Straße nach Westen in einen schmalen Wald, links floss der Brothay, rechts erhob sich der Loughrigg Tarn, die Luft roch nicht mehr nach Mensch. An der Skelwith Bridge bogen sie ins Longdale Valley, ein langgezogenes U. Der Weg wurde einspurig,

Buchen, Erlen, Birken rückten zu dicht von Vögeln bevölkerten Straßenwänden zusammen, vereinzelte Baumgruppen sprenkelten das sich anschließende Weideland, durch das, durchaus malerisch, niedrige, vielfach gekrümmte Steinmauern zogen. Brombeeren, Brennnesseln und Stechginster wucherten über die Böschungen. Ein Stück vor den ersten Häusern von Elterwater ließ der Busfahrer Kurt aussteigen. Hier begann Pierces Land, hier stand der Barn.

Ein Trupp Kohlmeisen durchhüpfte den Strauch am Zaun. Kurt knipste einen trockenen Zweig ab, roch Wacholder. Die Vögel in der Lärche nebenan schimpften, eine wickenartige Schlingpflanze liebte den Zaun, der Boden gurgelte. Es hatte aufgeklart, der Himmel leuchtete in einem hellen, wässrigen Schieferblau. Von der Scheune aus westlich, tief hinten im Tal, grüßte ein Schneegipfel. Mit den Namen der Fells hier vor Cylinders kannte er sich bestenfalls ansatzweise aus, die Berge waren schlecht voneinander zu unterscheiden, hohe Steinplateaus verbanden sie. Hinter den Langdales vermeinte er, drei weitere Erhöhungen zu erkennen, Rossett Pike, Buck Pike und den langgezogenen Grat namens Black Crags? Den halben Mittag hatte er die Lakeland Tourist Map studiert aus Sehnsucht nach seiner Pulverhütte. Die Realität aber verwirrte das gezeichnete Bild. Die Langdales: drei Felsspitzen wie Steinmusik, ein g, ein h, ein a? Oder doch eine Einheit? Er sah ein Wesen, das mit seinen sich weit ausstreckenden, dünnen Schneetentakeln über dem Tal zu schweben schien.

Die Munitionsfabrik, die bei Wantees und seiner Ankunft im Juni '45 noch in Betrieb gewesen war, hatte so vollkommen in die Landschaft gepasst wie der silbrige Widerschein der bei Kriegsende auf einem Feld abgestellten Bomber. Stillstehende Rotoren, flache leere Glaskanzeln, über die der Regen rann. Sie waren verschwunden. Der Himmel hing zwischen den Crags, dünne Bäumchen kratzten ihm mit ihren Ästen die Tiefe aus. Shoggy, Schnurrbart, gelbe Zähne, ein kräftiges, in ein Tuch gewickeltes Lamm auf dem Rücken, schlenderte die sonnige Straße herauf.

»Wird n rauer Winter«, sagte der Schäfer. Er schwitzte.

Die Scheißer keine Stunde zu früh vom Berg treiben?

»You're getting it, chum.«

Sie kannten sich aus dem Pub. Das Gelände unmittelbar vor ihnen wirkte steinig und brach bis auf einen kümmerlichen Rest des Waldes, der vor den Pulverzeiten hier gewachsen war. Mitten in der Wüstenei stand die Hütte.

»Feuriges Örtchen«, sagte Shoggy. Cylinders trug seinen Namen von den Öfen, in denen die Schießpulverleute Holzkohle gebrannt hatten. Arbeitslos sei sein Großvater geworden, als die zwei mächtigen Zylinder stillgelegt wurden. Den Rest habe man vor 20 Jahren dichtgemacht. Schluss mit Pulver. Damals habe sein Vater mit den Schafen angefangen. Alle, auch die Kinder, hatten staunend zugesehen, wie die Anlage abgefackelt wurde. Dutzende von Gebäuden, die man auf die Sockel runterbrennen ließ. Shoggy bückte sich und kratzte etwas Erde auf: Asche, Stein. Der neue Garten hier? Lächerlich. Das mickerte nur. Hare-brained, sagte Shoggy, eine Idee aus einem Hasengehirn.

Das Lamm auf seinem Rücken drehte den Kopf, als hörte es zu. Ein schwarzes Gesicht und ein Stück weißer Nacken schauten aus dem Tuch. Also ein Swaledale, Kurt erkannte das jetzt. Auch der Rest des Körpers wäre weiß; die Kleinen wirkten, als trügen sie Masken über den Köpfen oder versteckten die Schnauze in einer zu langen dunklen Mütze. Waren sie erwachsen, schritten sie prächtig einher auf hellen, wie von Raureif überzogenen Beinen mit graublauem Gesicht über einem Mund von Schnee. Er bewunderte die Vliesträger. Selbstbewusst gaben sie den Verwandlungen nach, die die Zeit für sie in petto hielt, während die Menschen in den Fells in zwei Gruppen zerfielen: die Angehefteten. Und die Angeschwemmten.

Fressen, wiederkäuen, atmen, und im Handumdrehen waren die Lämmer an den Boden ihres ersten Sommers gewöhnt. Heften nannte man das hier, hefted. Zäune gab es nicht, die Schafe blieben aus eigenem Willen, verwurzelt, zuhause. Hefted: Er stellte sich vor, wie die Schäfer Nacht um Nacht in liebevoller Sisyphusarbeit mit langen Stichen unsichtbare Fäden durch die Hufe ihrer Herde zogen und so jedes Tier an den Grund banden. Nur zu bereitwillig hätte er ihnen die eigenen Gliedmaßen zur Ausführung derselben Operation hingestreckt.

Er und die italienischen Kriegsgefangenen, die sich weiterhin in der Gegend aufhielten, gehörten zum Schwemmgut. Blauschwärzliche Gesichter, magere Körper, untergeschlüpft in stallartigen Kemenaten auf der einen oder anderen Farm, in der sie aushalfen.

»Die taugen zum Frieren«, sagte Shoggy. »Kriegsgespenster halt.«

Das sagte jeder.

Und er, Körrt? Taugte wozu? Kriegsgespenst auch? Das fragte er lieber nicht. Ein Zuhause wurde in Scheibchen von einem abgeschnitten. War das vorbei, suchte man ein Auskommen. Ein Auskommen war, wie das Wort überdeutlich anzeigte, eine Form von Bleiben und eine Form von weiterer Flucht, beides zugleich. Umgeben von den eigenen Tischen, Kommoden, Teppichen, Laken, Töpfen und Pfannen hatte er in Hannover gelebt. Nun war alles gemietet. Nichts da Hab&Gut, flüsterte die deutsche Stimme in ihm. Haben und Besitzen beruhigten, sie versorgten einen mit einer festen, wunderbar greifbaren Wirklichkeit, weil man die Nähe, die es einem ermöglichte, ein Ding zu berühren, gern als »wirklich« empfand. Objekte hefteten einen an, banden an einen Ort. Man besaß sie, um solider fassen zu können, wer man war. Das wusste er jetzt.

Glitz! Er sah den Schäfer an. Der Schäfer sah ihn an.

Ein paar Sekunden, nun ja, zwei Minuten, und sie waren über den Zaun. Aus dem gefällten Holz auf dem Weg spross Reisig. Rutschiges langes Gras. Der Barn lehnte am Ende eines gewundenen, zwischen jungen Bäumen angelegten Pfades gegen eine steil aufragende Felswand. Fünf Steinstufen führten auf ein angenehm ebenes Plateau vor seinem Eingang. An der östlichen Scheunenseite waren Schotter und Felsbrocken abgekippt, die Fläche vor der Tür lag voller Laub. Moos wuchs über die Wand, in der der Eingang und ein Fenster saßen. Zur Linken überließen einige Eukalyptusbäume, Weideneichen und eine farnblättrige Buche ihre Blätter dem Wind. Pierce hatte die Öffnungen im Mauerwerk des Schobers, durch die man Heu einwerfen sollte, mit Pappen verstopft.

Shoggy drückte gegen die Holztür, mit etwas Gewalt sprang sie auf. Eine Steinmauer teilte das Innere des Verschlags in zwei ungleiche Kammern. Draußen jagten die Wolken über den Himmel, im Hauptraum schwebte eine zitronengelbe Wolke aus stillem, unbeweglichem Licht. Ein Fenster, auf der Türseite, fand sich auf der üblichen Höhe in der Wand, ein anderes weit oben rechts im Mauerwerk, gleich unter dem Dach. Strohhalme hingen aus den Spalten zwischen den Steinen. Der gesamte Barn war kühl und leicht modrig; sie ließen die Tür offen, um zu lüften.

»Du kriegst die Hütte, ich spür's in den Knochen.«

»Besser als in Ätherwellen«, sagte Kurt. Seine Mutter Henriette schickte ihm bei Vollmond Gedanken auf Ätherwellen. Dabei war sie tot.

Shoggy lachte, »strange Körrt«, und stellte den Habersack ab. Das Lamm, dem die Augen zufielen, wirkte in der Hütte natürlich. Keine Bedeutung, kein Bild. Der Schäfer zog einen Flachmann aus der Tasche, nahm einen kräftigen Schluck, einen zweiten, reichte ihn weiter. Schweigend saßen sie am Boden, das Tier zu Füßen. Kurt empfand Shoggys Körperwärme als wohltuend. Der Raum verlangte nach einem weiteren Fenster. Das würde auch Gästen gefallen, die sich in einen ehemaligen Pulverpalast setzten, um Tee zu trinken. Ihn wunderte, dass niemand bemerken wollte, wie absurd Pierces Café-Idee war. Warum einen Garten anlegen, alle Sinne der Besucher mit atemberaubenden Ausblicken, großartigen Blumengerüchen und den Schönheiten des Sommers verwöhnen und dann die Erfrischungen in einer keineswegs trockenen Hütte servieren?

Das musste etwas Englisches sein.

Shoggy fummelte an der Schnur, mit der er seinen Sack zugezogen hatte.

»You nover don't see this.«

Braune, graue und elfenbeinfarbene Locken fielen auf den irdenen Boden. Ineinander, übereinander, leicht.

Das Lamm hatte trotz seiner Jugend bereits sehr genaue Vorstellungen davon, was in einem Lammleben interessant war. Ein Haufen abgeschnittener Schafhaare gehörte nicht dazu.

Das hätte auch Kurt gedacht. Über Schaflocken (uninteressant). Über das Kurtleben (damit kannte er sich aus).

You nover don't see this.

Die Hütte war halbdunkel, allein unter dem Fenster zur Hangseite hing ein Ballen Licht. Leer bis auf die unregelmäßigen Wände und den natürlichen Grund, den Rinnspuren von Wasser durchzogen. Die Wandsteine wölbten sich unregelmäßig nach vorn, die Luft roch nach Erde und kleinen Leben (Moos, Käfer, Spinnen). Shoggy wartete, Kurt wusste nicht, worauf. Fast wäre er eingedöst.

Die Veränderung war lautlos, kam aus dem Nirgendwo. Der Haufen schafiger Locken begann zu leuchten. Ein kleines Licht, blass, strahlte aus ihrer Mitte, wuchs und hob die Wolle in einer Bewegung, die wie keine war, von der Erde. You nover don't see this. Der Haufen Schaf schwebte. Kurt schloss die Augen.

Bitte nicht. Nicht jetzt.

6: Mond auf Glas, Öl

Just in the middle of her knee
There I observed the fact that she
Possessed a little reddish mole.
It was alone, just one and sole.

And even if there had – may be –
Been two, which were just on her knee,
Just in the middle would be one,
(in fact it does.)
A fact that I would ask you to discuss.

Die Bucht, gerade einmal zwei Handtücher breit, liegt keine 50 Fuß
von einer halb ins Wasser gebauten, verfallenen Holzhütte entfernt.
Der Platz ist versteckt, man sieht ihn weder vom Weg noch vom
See, nur Vogelspuren säumen das Ufer und das Stück Sand hinauf ins hohe, wilde Gras. Nach Minuten schwimmt man in Grün,
Grün in immer zahlreicheren Nuancen. Es hängt in den See, ver-
doppelt sich in ihm und wächst aus ihm an den schmalen Strand
zurück. Das Gleiten der Farben wirkt wahrhaft entzückend (ein
Augenentzücken) und wie von alten Gemälden in die Landschaft
geholt. Rydal Water liegt so still, dass noch der zarteste Halm gestochen scharf als sein eigenes Bild in ihm erscheint, gleichermaßen real unter wie über dem Spiegel des nahezu ovalen Weihers.
Neben dem sich vielfach brechenden Grün verblassen die Blüten
eines Ginsterstrauches zu Papiergelb. Altweiberfäden werden hier
nicht gesponnen, englische Spinnen fliegen nicht, nicht jetzt, aber
die Buche, hoch wie der Kirchturm von Ambleside, bewirft Wantee und Kurt, als sie sich ausziehen, mit Eckern, und die silberne Erle ragt schiefer als im Vorjahr in den See hinaus. Krickenten
ziehen über den wässrigen Glanz, Fischreiher, Kraniche. Ein Hau-
bentaucherpärchen paddelt durch die Binsen, die sich als seich-
ter Rand zwischen Wasser und Land zu der Holzhütte strecken.

Um die Kolben rotieren Libellen. Die Wasserläufer nennt Kurt Jesus. Mitunter raschelt etwas im Gebüsch, dafür muss man still sein, sie sind laut, nicht einmal für einen Kuss ist Zeit, Wantee, nassgeschwitzt (diesmal hat sie die Picknicktasche getragen), platscht in den See. Jumbo erlaubt sie, bis zu den Knien hineinzustaksen. Das Wasser ist so kühl und der Grund so schlammig-weich, dass er nach Luft schnappt und sein Gleichgewicht sucht, doch nach einer Weile vergisst er seine schmerzenden Füße und steht einfach da. Als er sich bückt und die Hand durch das Wasser gleiten lässt, beginnen die Berge zu wackeln. Unter seinen Fingern schwimmen sie auf.

Ohne Scham zieht Wantee, die nach einer kleinen Ewigkeit vom Schwimmen zurückkommt, den Badeanzug aus und hängt ihn sorgfältig an beiden Trägern an einen Erlenast zum Trocknen. Da schwankt er im Wind vor und zurück, ein tropfendes Busenwunder, Kurt hat ihn bei Harrods gekauft, perfekter Luxus mit Schaumpolstern im Bustier, sonst hätte man die Nippel gesehen, als sie aus dem Gletscherloch stapfte. Mitternachtsblau mit drei schneeweißen Schleifchen, der Beinansatz wagemutig hoch geschnitten, die reinste Verschwendung vor einem alten Dackel wie ihm mit miserablem Gebiss und zartem Blitz-Blick.

Ein 60-jähriger Mann und seine halb so alte Frau. Das Beste zwischen ihnen ist die ruhige Zuneigung füreinander. Kein Besitzergreifen. Er bemüht sich. Sie sind zusammen, auf Zeit. Er sagt es sich vor. Über zwölf Monate denkt keiner von ihnen hinaus. Kriegsgewinn: Sie haben das Hier und Jetzt schätzen gelernt.

Er fragt sich, was er für sie ist: ein Kraftzentrum, eine Quelle der Fremdheit und Komik? Einer, der ihrer bedarf, dem sie also nützlich ist. Einer, der ihr die Füße massiert, ihrem Körper Schutz gibt, nichts weiter von ihr verlangt. »Jumbo«, sagt sie, Kurt als Elefant, ist er derart tollpatschig?, »my Jumbo-love«, mit einem Lachen stößt sie ihn vor die Brust und springt ins Wasser zurück, diesmal nackt. In Gesellschaft des Badeanzuges, der perfekten Form einer schwebenden Frau ohne Beine, Arme oder Kopf, ganz wie einst die Schneiderpuppen im Laden seiner Mutter, bleibt er am Ufer zurück. Alles scheint leicht und miteinander verbunden, Wantee ist nach drei Schwimmzügen wieder da, liegt auf dem Handtuch, Blattschatten drehen sich über ihr. Er zählt die Muttermale auf ihrer Haut, ein enger Kranz über dem Po, ein Mal, größer, in der rechten Kniebeuge. Als er blinzelt, scheint die Sonne doppelt über ihnen zu stehen. Auch ohne Wasserspiegelung. Sonnenhund, hat Hilde zu diesem zweifachen Himmelsglühen jüngst gesagt. Sie, so deutsch wie er, hat nach dem Studium schon in den 20er-Jahren in den USA gelebt. Sonnenhund also, sundog, oder sollte er Hundesonne sagen? Auf Deutsch kennen weder er noch Hilde ein Wort für das Phänomen. Sie blicken nach oben, zwei Zentralgestirne an einem Himmel, zu verdanken der besonderen Tröpfchendichte in den Luftschichten über den Gewässern des District, den Spiegelungen darin. Hilde mit Hut, stark eingedrehten braunen Locken, klimpert mit jeder Menge Armbändern, raucht ihm ins Gesicht und sagt leise – oh, sie weiß, was vernichtend wirkt: »Du hast sie ausgenutzt.«

Wantee hat ihr von Kurts deutschem Leben erzählt. Von Helma.

Hilde Goldschmidt flirtet nicht mit ihm. Hilde durchschaut ihn. Sie erweist sich als Freundin: Sie sagt, was sie denkt.

Er gibt ihr Recht. Das könnte sie beruhigen, Menschen sind zufrieden, wenn sie glauben, etwas verstanden zu haben, gleichwohl stimmt er ihr nicht deswegen zu. Hilde ergreift Helmas Partei, das berührt ihn. Jemand muss die Frauen verteidigen. Gerade gegen jemanden wie ihn. Er erscheint und verschwindet, er ist eine Hundesonne, einer, der spiegelt, der ein zweites Auge an den Himmel malt. Sein Denken ist das eine, Handeln das andere, das Ganze ist der Dichter des Anna-Blume-Gedichtes, der es mit dem Blumendichter Baudelaire hält: Das Recht, sich zu widersprechen, sollte zu den Menschenrechten zählen. Wantee schnarcht leise, er legt sich neben sie und beginnt, die kurzen Muskeln links und rechts ihrer Wirbelsäule zu streicheln. Zuhause, auf ihrem Bett (ja: zuhause) überkommt ihn während der Liebkosungen allzu häufig der Schlaf, auf ihrem Körper ausgestreckt vergisst er, wer er ist oder was er will, und wenn er Stunden später erwacht, liegt sie, ebenfalls schlafend, unter ihm. Sie sagt, dass er ihr nicht zu schwer wird, im Gegenteil, dass sie sich gern zudeckt mit ihm, dass das Liegen auf diese Weise um vieles köstlicher als mit einer Decke ist. Dinge auf ihrem Körper machen ihr Angst, seit die Häuser eingestürzt sind, er hingegen ist lebendig und warm. Oft sind sie in diesen Momenten beide verwirrt, jeder auf seine Art.

Hier am Ufer streichelt er sie ohne Müdigkeit. Nur zusammen, nur im Freien fallen sie – sie nennen es ihr Glück – in traumlose Abschnitte, in denen sie zur Ruhe kommen. Der Krieg ist in die Träume gefahren, bis an den See indes reicht er nicht. Kurt lässt Wantee schlafen, obgleich es zu dämmern beginnt, und weckt sie erst, als, es ist eine Art Verzauberung – still und außerhalb der Zeit –, der tieforange und riesig aus dem Erdboden aufgehende Mond wie eine Münze auf einer mit Öl beschmierten dunklen Glasplatte über den Himmel nach oben steigt.

7: Die Mausefalle

in Klause
gesaust

Schlund
und
(Kunde von   Kurt
»zu
hause«

Hau (hug)

———

Bau

»Aber hallo, eine Maus im Haus einer Bowse?«

Nicht ein einziger dieser ulkigen, unnützen, unermüdlichen
Amblesider Nager grub seine Zähne in Mieterkäse. Miss Mouse-
field, 2 Gale Crescent, die Gütige, hatte Wantee am Eingang auf-
gelauert, sie nach einem »Rondäh-Wu« gefragt und ihr die Falle in
die Hand gedrückt.

Die ihm nun vor den Augen baumelte, wie jüngst die Kirschen
gebaumelt hatten vor Bills Mund.

Tierlieb? Er? Wantee lachte: »Du hast ein Meerschweinchen ge-
grillt.«

Da wusste sie wenig aus seinem Leben vor England, aber das.
Weil er redete und redete, um sie zu unterhalten, weil er es nicht
lassen konnte und, wie er in Hutchinson begriffen hatte, typische
Flüchtlingsanekdoten erzählte. Die spielten »zuhause«, waren
nicht unbedingt wahr, lediglich so gut wie und hatten sich Jahre, wenn nicht Jahrzehnte bevor sich das geringste Zeichen einer
Bedrohung am Horizont zeigte, zugetragen. Es war paradox und
funktionierte: Man tauchte möglichst tief in die Vergangenheit,
um jede Erinnerung abzuwehren. Zu. Zu. Zu.

»… meinen Käse selbst essen.«

Unbeugsam setzte Rosy, die liebe Lee, sich durch. Nahm, noch im Mantel, einen ersten Schluck Tee: Die Falle werde aufgestellt. Bereits heute Nacht. Er legte ihr den frisch gebackenen Pfannkuchen auf, unterdrückte das Zittern seiner Hand. Sie hatte Victoria Sponge gespeist bei den Pierces, zwei höfliche Stück. Hungrig? Was für eine Frage. Er hatte all ihre Rosinen verwendet, acht und eine halbe, sie teilten die Portion.

Und?

Ein stoisches Gesicht. Unentzifferbar. Die Falle? Sie fühle sich mit Mrs Bowse-Browse aufs Beste vereint. Sagte es und tauchte ab Richtung Handtasche, die auf dem Boden stand.

»Have a look.«

Neben der Falle lagen zwei dicht betippte Blätter auf dem Tisch. Letzte Seite, unterzeichnet von Pierce. Der Eigentümer hatte den Zins im letzten Augenblick auf Wantees Bitten hin um zehn Pence gesenkt.

Zitronenlicht, englische Sonne, ein Ort für seine Kunst. War das wahr? Eine Art Freude, sie schnitt wie ein Schrecken, griff nach seinem Herzen. Er blickte auf den Vertrag, sah nichts als Paragrafenzeichen und hatte für Augenblicke das Gefühl, kein Englisch mehr zu verstehen. Der Barn! Seins. Wenn er unterschrieb. Eine neue Flucht, falsch, ein neuer Flug.

Als er den Blick hob, fing Wantee zu lächeln an. Es wirkte absichtlich. Irgendetwas stimmte nicht. Er kannte sie. Drängen durfte er jetzt auf keinen Fall.

Wantee schwieg. Lange Abendschatten fielen auf ihre Teebecher und die Krümel auf den Tellern. Sie fi-fi-fischten sie mit den Fingerspitzen auf. Er dachte an Fatty und Stomper, seine norwegischen Mäuse, und seine drei relativ friedlichen Jahre in dem Osloer Exil. Wie ein Echo spürte er den Abdruck ihrer festen winzigen Pfoten in seiner Hand. Mitunter hatte er das Gefühl, sie huschten zwischen den Seiten seines Gedächtnisses umher, kleine weiße Schatten, und blätterten für ihn die Seiten um. In Hutchinson hatte er die beiden in die Freiheit entlassen. Vielleicht war er nicht sonderlich frauentreu. Tiertreu umso mehr. Eine Falle in seiner Wohnung, nein.

Wantee hob die Handtasche vom Boden auf den Schoß und wühlte darin. Es war ein altes braunes Ding mit goldenem Klickverschluss, das sie aus einem ihm unerfindlichen Grund liebte. Ihre Hand strich ein zerkrumpeltes, aus einem Notizblock gerissenes Blatt auf dem Tisch glatt. Schwarze Mittellinie, links ihre festen monatlichen Ausgaben. Die unfesten monatlichen Einkünfte rechts.

Nun ja, sie sei bei den Pierces aufs Klo gegangen, »sehr bequem, Jumbo«, und habe dort nachgerechnet. »Weiter runter brachte ich ihn nicht.«

Der Preisnachlass übertreffe alles, was er erwartet habe, sagte Kurt. Er hatte gar nichts erwartet.

Zehn Pence im Monat. »Und noch immer ...«, flüsterte sie.

Sie sah elend aus, elender, als er sich fühlte.

»Zu knapp also«, sagte er, »sogar mit dem MoMA-Geld?«

Die nächste Frage musste er gar nicht erst stellen. Dank des amerikanischen Segens kämen sie eine Weile hin. Das hatte er ebenfalls ausgerechnet. Alas: Was wäre danach?

»Was möchtest du?«, sagte er. Und, als sie schwieg, leiser: »Was soll ich tun?«

Er sah sie an. Seinetwegen machte sie das alles mit. Er hatte sie hierhergezerrt. Was hätte er darum gegeben, jünger zu sein, vermögender, in einer vollständig anderen Lebenslage.

Seine Stimme klang rauer als gewollt: »Entscheid du.«

Das vordere Drittel des alten, zerkratzten Tisches zwischen ihnen war von einem türkis gepunkteten hellen Stoff bedeckt (ein alter Schal Wantees), sein »Müll« lag auf dem bloßen Holz dahinter. An der Wand befand sich ein gelblicher Fleck, der Schatten eines Bildes aus Mrs Bowsefields Leben, das entfernt worden war.

Wantee war sehr wohl eine Runde Motorrad gefahren mit Bill. In der Herbstbrise. Das sei gorgeous gewesen. Kurt hatte dieses

Wort öfters gehört, jetzt verstand er es. Gorge, die Kehle. Die seine war eng geworden. Er goss Wantee den Rest Tee ein.

»Elender Shopkeeper, elender«, sagte sie.

Der klamme, dunkle Schober, in dem es nicht einmal Strom gab, ohne Heizung, ohne Wasseranschluss, ohne Toilette, ohne Fußboden, mit einem Dach, durch das es regnete, kostete fast so viel wie ihre Wohnung.

Sie habe sich entschieden, da auf Bills Motorrad.

»Hergebracht hat er dich also auch noch«, sagte Kurt leise.

Sie stand auf, umarmte ihn von hinten. Er spürte die Wärme ihrer Schultern, die obere Hälfte ihrer Brüste.

»Wir nehmen es.«

Das meine sie, wie sie es sage. »Adamant!« Ah, er wisse nicht, was das sei. Das könne er erfahren. Wenn er nicht unterschrieb, wenn er seine Kunst aufgab, weil er daran dachte, was sie essen sollte, oder weil er eifersüchtig war, fuhr sie morgen nach London zurück.

Der Blick aus dem Fenster flackerte ihm vor Augen. Eine der zahlreichen niedrigen, aus Steinen gefügten Grenzwände schlängelte sich eine Felsflanke hinauf, steile Anstiege wiesen himmelwärts. Eine Welle trockener Erschöpfung spülte durch seinen Körper. Der Pachtvertrag war unvernünftig. Und sie, albatross, albatross, schrieben die Vernunft in den Wind.

Jetzt: Nachdem man ihn eingesperrt, sein Werk ins Nichts gebombt, ihn der Armut in die Arme gestoßen hatte.

Jetzt gab es das: diese Seligkeit. Selig dank eines Verschlags.

Es war schwierig geworden, etwas nicht Schlimmes zu glauben. Seit der Flucht aus Norwegen glaubte sich das Schlimmste von selbst. Glaubte sich: Unsinn. Früher wären Sätze dieser Art einfach falsch gewesen. Der Krieg hatte die Grammatik verschoben. Oder sah das nur so aus, war selbst das nur eine beruhigende Version? Der Krieg hatte verschoben, wer oder was als Subjekt auftreten durfte oder sollte in einem Menschenleben.

Wer handeln konnte.

Wantees »wir nehmen es«, »wir unterschreiben« eröffnete eine andere Dimension.

Sie war keine Kunstexpertin. Sie war viel mehr. Sie spürte, was in seiner Arbeit gespeichert war, nannte es Freiheit oder Geist. Oft genug sagte sie ihm, wenn er ihr ein neues Werk zeigte: Das reicht nicht, du kannst mehr. Gründe konnte sie nicht angeben, dafür war er ihr besonders dankbar. Den Weg fand er selbst. Aber seine Gefährtin verlangte ihm jede Anstrengung ab. Die Kunst war sein Kern, sagte sie. Den liebte sie, was denn sonst? Das Ziel blieb namenlos. Es hatte mit Wahrhaftigkeit zu tun. Schaute er Wantee an, wie sie eine seiner Skulpturen in der Hand drehte oder das Huhn begutachtete, sein seit Monaten misslingendes Huhn, reichte das Wort Wahrhaftigkeit nicht aus. Heiterkeit kam ins Spiel, etwas wie Glück. Körperliches Glück aus dem Gewicht des Huhns in der Hand, aus dem Blick.

Wantee schob ihren Stuhl neben seinen, gemeinsam prüften sie das Dokument Wort für Wort. Die Miete war das eine. Eine weitere harte Klausel fand sich auf Seite zwei: Kurts Werk, im Vertrag das Wandrelief genannt, fiel an den Eigentümer der Scheune, falls Schwitters oder seine Erben die wöchentliche Miete zwei Mal hintereinander nicht beglichen.

Obwohl Pierce sich in etwa in Kurts Alter befand, ging der Gärtner aller Gärtner augenscheinlich davon aus, dass er seinen »Scheunenmann« überleben und dessen Erben begegnen würde.

»Nett«, sagte Wantee. Und grinste. Es war so absurd, so juristisch wasserdicht, so hingeklügelt, so shopkeeperisch. Kurt lachte ebenfalls. Es gab ein Lachen, das reichte tiefer als jedes Denken. *Jetzt.*

Hellsichtige Hütte, verblüffender Verschlag. Er sah sich auf dem Boden hocken und die Hände strecken, um Gips und Stein zu berühren. Lass die Leere ein. Konzentrier dich auf eine Locke, die nächste, finde die Gestalt zwischen ihnen, eine Form aus eigenem

Recht. Der Barn würde Fundstücke enthalten, einige versunken in Gips, während andere weit hervorstehen sollten, Schatten werfen, Farben tragen; auch eigenständige Kunstwerke, die sich über die Scheune verteilt auf die Rückwand bezögen. Ein in sich mobiler, sich selbst zerlegender, sich reparierender Raum, der sich, während man ihn betrachtete, um einen drehte – ein bildhauerisches Gemälde. Fahles Feuer, entfacht in der Mitte des Verschlags. Bis der Boden schwebte.

»Du solltest einmal die Woche ein Lamm auf dem Rücken tragen«, hatte der Schäfer beim Aufsammeln der Wolle gemurmelt.

Gab es denn so viele Lämmer, die man retten musste?

»Die doch nicht«, sagte Shoggy, »es geht um dich. Deine Rettung.«

Mrs Edith Thomas bezeugte mit ihrer Unterschrift, dass Kurt persönlich und bei klarem Verstand den Vertrag gezeichnet hatte. Morgen konnte er anfangen. Man hatte ihr keinen Schlüssel überreicht? Wie praktisch, dass er herausgefunden hatte, dass die Tür nachgab, wenn man sich entschieden gegen sie warf.

Bevor sie sich schlafen legten, stellte Wantee die Falle auf. Kurt beobachtete sie aus den Augenwinkeln. Er musste das Ding heute Nacht im Dunkeln finden und den Käseköder herausziehen. Da schlug er zwei Fliegen mit einer Klappe, traf zwei Vögel mit einem Stein, wie es hier hieß: fütterte einen zukünftigen Scheunenkünstler mit Käse und rettete einen Vertreter der Amblesider Nagerpopulation vor dem unzeitigen Tod.

Als sie sich auszogen, fiel ihm ein, wie er seine weißen Fluchtmäuse einst darum beneidet hatte, dass sie ein Paar waren. Nun teilte er seine Zeit mit Wantee.

Was er findet, wenn er sie sucht? Weiß. Wer er dann ist? Zärtlich? Fordernd? Weder noch. Sie riecht nach Jasmin, Schafgarbe, Birke. Weiß wie nackte Birken im April, nach heftigem Regen von der Sonne beschienen. Sie? Er? Er schwimmt in einem träumenden Schädel, schwimmt nackt und neu einen Felsbach hinauf, treibt über einen Grund von so klarem Wasser, dass er schärfer sieht als in Luft. Er ist der Schädel, durch den er als Körper schwimmt, der Körper, den er träumt, oder kein Unterschied, nur Ausdehnung, eine paradox helle Schwere, überwältigend stimmig, dabei laut, mechanisch sogar, die Glieder bewegt, die Knochen gebogen, leicht von Intensität. Die Dichte Wantees betäubt und beschleunigt ihn, außen glatt, innen das Gegenteil, aufladend entladend aufladend: craving, Rabe – Schwinge – Schlag, existent nur mehr in dem Auf Ab, mit dem der Flügel von den großen Muskeln der Brust bewegt wird, ungehalten gehalten.

Nass voneinander liegen sie auf dem Rücken. Ihre Glieder berühren sich noch, Kurt spürt es kaum, benommen davon, wie stark diese Frau an ihm zieht. Stets ist, was er in ihr sucht, kleiner und größer als das, was er findet. Eine kahle Birke wird gegen die Sonne gesehen schwarz; mit ihr gesehen verwandelt sie sich in eine rötliche Wolke aus Zweigen, das Weiß des Stammes so lebhaft, dass die Wolke hinter ihn zu gleiten scheint, ein minimaler Bruch, eine Biegsamkeit, die auf eine zweite trifft. Erst nach einer Weile zieht die helle Leiblichkeit zwischen ihnen sich geisterhaft wieder zurück.

Wantee raucht, er atmet mit, sie bläst ihm ins Gesicht und lacht. Abstand brauchen sie auch. Zum Schlafen dreht sie sich auf ihre Seite des Betts, er sich auf seine. Wie jede Nacht erlauben sie ihren Träumen und Erinnerungen, in verschiedene Richtungen auseinanderzutreiben. Durch diese Dunkelheit muss und will man allein, doch ihre Füße, Beine oder Arme berühren sich.

Nadeldünn bohrte sich eine nicht unvertraute Drachenstimme in Kurts Ohr. Es war nicht einfach, das Leben am Ende der Nacht jedes Mal erneut aufzunehmen, das rätselhafte Puzzle der einzelnen Träume zu einem Ich zusammenzusetzen. Vor dem Fenster dämmerte der Morgen, doch neben seinem Bett stand Mrs Bowsefield, nicht anders als leibhaftig, sprich tatsächlich all die zu schonenden Stufen heraufgeklettert. Welche Überbenutzung auch des Treppenteppichs. Es musste sich um einen ausgesprochenen Notfall handeln.

Ort des Notfalls: der Garten. Gestalt des Notfalls: ein Blumenkohl.

»Kann man ihn essen«, fragte Kurt.

Ein Blumenkohl in einem Garten Ende August. Höllisch, Mrs Bowsefield, aber ja.

Wantees Mundwinkel zuckten. Sie gab ihr Bestes, sie gab sich besorgt. Englische Vergehen waren im Spiel (trespassing). Jemand war unbefugt in den Garten getreten, wenn nicht gesprungen, und hatte – Mr Switters hatte endlich seine langen germanischen Glieder zusammengesammelt und sah es nun mit eigenen Augen vom Fenster aus – einen *pole*, sprich Masten (eine nicht unbeträchtliche Eisenstange) mitten im Bowsefieldschen Rasen errichtet, Kurt sagte »eingerammt, meine Beste«. Auf der Stange luftigem Ende hatte der Gartenverbrecher eine offensichtlich kompakte, sprich knackig-frische Kohlblume von beeindruckendem Weiß zum Erblühen gebracht.

»Ich war das nicht«, sagte Körrt.

Absolut: Körrt war es nicht gewesen. Vielleicht Truk?

Körrt, stets entgegenkommend, half und legte zehn Minuten später fachmännisch die Stange um. Wantee pflückte dem Eisen, als es halb gesenkt war, den Kohl von der Spitze und legte die kräftige Blume in kochendes Wasser. Bowsie wollte nichts davon (mit dem Loch in der Mitte wirkte das Ding auf wahrlich übertriebene Weise eindeutig zweideutig). So kam es, dass Kurt nach dem nächtlichen Fallenkäse zum Frühstück den größeren und Wantee den bescheideneren Teil eines folgenlos (schmeckte nicht nach Metall) penetrierten Blumenstraußes verspeiste.

Ob das Kunst war? Mindestens.

8: Der Sog

```
                    stammt
                  Kurt
                                stemmt
        er's                  kämmt
              das            will-will
                            fährige        Pony
                         wie's zieht

                    was
                      klemmt
```

Blätter tanzten von den Bäumen, tags schmiegte sich müder Sonnenschein in die Mulden, in denen die Dörfer lagen. Er traf den
Boden nicht mehr. Danach regnete es zwei Wochen hindurch.
Schwarze Wolkenwände, am oberen Rand eingerollt, als veranstal-
te die Innung der himmlischen Friseure einen Lockenwicklerwett-
kampf, brachen herab. Das Wasser schlug waagrecht an jedes ihrer
Fenster, obwohl die in verschiedene Himmelsrichtungen schauten.
So lachten Berggeister, nämlich aus allen Ecken zugleich, sagte
man im Dorf. Pierce hatte das Dach der Scheune reparieren lassen,
bevor Kurt sie übernahm, es regnete nicht hinein, zum Ausgleich
waren die beiden Wasserfäden, die durch die heilige Hütte flossen, zu Bächen geschwollen. Mister Patel, der Gemüsehändler, lieh
Kurt ein altes Paar Wellingtons. Alles war dafür gemacht, nach der
Arbeit in ein dickes Handtuch gewickelt an einem offenen Kamin
gründlich, sprich bis auf die durchweichten Knochen, zu trocknen
und die Nacht über, unter einem dicken Laken liegend, herrliches
wärmendes Zeug zu träumen, während der nächste Sturm an den
Fenstern rüttelte.

Er träumte wie erstickt. Stand auf einem Feld mit Crickettoren,
es lag auf einem kargen Hochplateau, alle Anwesenden, Frauen,
Männer und Kinder, trugen Trikots. Sie glichen einfachen Baum-
wollunterhemden. Aus einem kinderkopfgroßen Lautsprecher,

der mühelos das gesamte Feld bestrich, tönten deutsche Nachrichten, eine leise Nachkriegsstimme, auch dort also schrie man jetzt nicht mehr. Er war sich sicher, er war ein Stück weit tot. Sagte man das so? Somewhat dead. Niemand sprach, man fand sich ein, wanderte kreuz und quer über das Feld. Es mochte sich um eine Aufwärmübung handeln. Die Stimme im Lautsprecher sprach weiter, ganze Sätze, ein einzelnes Wort klang wie »halt«, »halt«. Sollte es ein Befehl sein? Der Befehl hatte ein Echo, das sagte »aus«, »aus«, »aus«. Er bückte sich, griff in das dichte, feuchte Gras und steckte sich einen der dort herumliegenden Knochen in den Mund.

An dieser Stelle wachte er regelmäßig auf.

Er lag an der Außenseite des Bettes, Wantee an der Wand. Die Straßenlampen brannten von zehn Uhr abends bis eine Stunde nach Mitternacht sowie von halb sechs Uhr bis acht Uhr morgens. Seit der Flucht über das Nordmeer konnte er nicht mehr allein schlafen. Er musste den Atem eines anderen Menschen hören, nur dann glaubte er, dass die Zeit nicht einfach stehenblieb, wenn er die Augen schloss. Der Kurtkörper reichte für diese Versicherung nicht mehr aus.

Wantees Wecker – seine eigene Uhr hatte ein Schwan verschluckt – zeigte 5.42 Uhr. Kurt setzte sich auf. Im Fenster standen ein Stück Himmel und die hölzerne Gabel des auch ihre Wohnung versorgenden Strommasten, in der drei durchhängende Kabel zusammenliefen.

Vorsichtig, um Wantee nicht zu wecken, rückte er zur Bettkante und stand auf. Stechen in der rechten Hüfte, im Bein. Eindeutig: auf zu vielen Schiffen gesessen in den vergangenen Jahren. Und nun dies: eine relationship. Kamen Engländer einander nahe, bildeten sie ein Beziehungsschiff. Das nannte er eine ausgewachsene Schiffsobsession: Seid einander verbunden, lasst Fregatten durch die Bettlaken pflügen. Er stahl sich aus ihrer winzigen Privatsee (die Schlafkajüte war so eng, dass man ein Besen hätte sein müssen, um sich darin wohl zu fühlen). Mit einem reizenden Schnarcher drehte Wantee sich zur Wand.

Das Fenster der Speisekammer, wo in Ermangelung von Vorräten seine gesammelten Koffer lagerten, ging auf Bowsies Garten. Silbriger Widerschein flackerte um die Birke des Nachbarn. Seine Mutter hatte gesagt, dass sie bei Vollmond an ihn denke. Sie war tot; er blickte zum Mond (präsenile Schlaflosigkeit) und dachte an sie. Nacht, aus der hie und da ein gelber Strahl blitzte. Nacht, aus der da und hie ein blaues Rändchen (Rindchen?) fiel.

Man konnte die Isle of Man von hier oben nicht einmal an klarsten Sonnentagen sehen, westwärts über die Irische See hinweg. Er sah sie trotzdem. Allemal nachts. 2000 Gefangene, eine Menschen-, nein Männerinsel auf der Insel des Menschen. Mittlere-Exil-Schlaflosigkeit. Hacken, backen, Schoten knacken. Dreh mit dem Wind, zieh ein, zieh aus (den Atem, den Bauch). Alle Fenster mit einer Farbe eingestrichen, die die Engländer (immer humorbereit) Abgrundblau nannten, alle Glühbirnen rot. Man träumte von Freudenhäusern, gnadenlos wurde die Sehnsucht angeheizt, während man tagsüber in ozeanischem Dunkel vor sich selbst verschwamm. Er erinnerte sich. Man hatte ihn gehalten wie einen Fisch im Glas. Er war für eine Zeit fast blind geworden. Zu viele Erinnerungen, die nahezu körperhaft in ihm lebten: seine Eltern, die Villa in der Waldhausenstraße mit ihren Proportionen und Ausblicken, den Windungen der Treppen, dem MERZbau darin.

Längst war er nicht mehr gefangen und saß doch in einem Käfig, den sah man nur nicht. Bislang hatte er nicht riskiert, Großbritannien zu verlassen. Ernst in Lysaker besuchen? Nach Frankreich fahren? Belgien, die Niederlande, alte, vertraute Orte, zuhauf fielen sie ihm ein. Wie mochte es Suus und ihrer Familie ergangen sein? Er wagte sich nicht über die Grenze. Möglicherweise ließ man ihn, war er erst einmal fort, nicht auf die englische Insel zurück. Kurt Schwitters, staatenlos.

Auch der Freunde wegen zögerte er. Jene von früher waren verändert. Heimatlos oder neu verwurzelt, depressiv oder dankbar, er wusste es nicht und wollte es nicht in jedem Fall herausfinden. Die unwahrscheinlichsten Menschen waren ihm seit 1937 über den Weg gelaufen. In Hutchinson hatte man alles miteinander geteilt, dann trennten sich die Pfade, man sah sich niemals wieder. Vielleicht schrieb man sich eine Weile. Das schnelle englische Wort Freundschaft, beschworen, mit Handschlag bekräftigt, war leicht wie ein Ballon. Schon schwebten es, sie, der oder die andere davon. Überbewegliche Intensität stach Verbindlichkeit aus.

Er wollte leben können ohne Furcht und ohne Erinnerung. Tagsüber gelang es, für Stunden. Die Nächte waren zerschossen. Falsch. Er war zerschossen. Es war einfacher, es auf die Nächte zu schieben. Das verstand jeder. Das hatten andere auch. Er machte bloß noch Notizen, kritzelte vereinzelte Sätze. Ein Gedicht pro Jahr, eine Prosaskizze. Meist auf Englisch. Schlecht. Auf Deutsch war vorbei. Er lebte in Wollland. Die Fasern waren kurz, sie mussten zusammengezwirbelt werden. Es kratzte. Er sammelte. Er rieb die Fingerkuppen seiner Rechten gegeneinander, ohne dass sie etwas hielten. Er dachte sich zu etwas hin. Er dachte an Kunst, die nicht einfach Müll verwendete, sondern immer den gleichen Müll. Ein Zahnrad und ein Zahnrad und ein drittes. Oder die Kopie der Kopie der Kopie eines Bildes. Superman wollte er auf Superman auf Superman kleben: identisch, gesichtslos, flüchtig-intensiv.

Eine neue Zeit hatte begonnen. Er flog mit ihr dahin. Entschieden schob er das Fenster auf, beugte sich hinaus und setzte einen Heuler ab.

Steigender Ton zum Ende.

So hatte er es in Camp Hutchinson gemacht. Eine Verbindung nach Hannover. Ins Alte zurück. Er war kein Wolf, wollte keiner sein. Laut geben wollte er.

Es misslang. Sechs denkwürdige, so beängstigende wie beglückende Jahre waren seit dem Ende der Gefangenschaft vergangen.

Nervös hatten seine Pferchgenossen in den Betten unter ihm gelegen und auf das nächste Jaulen gewartet, das er quer über den Platz schickte. Nach einem Dutzend Nächten hatte ihm ein ebenso lautes, möglicherweise brillanteres Heulen aus den Tiefen des Lagers geantwortet.

Den gesamten Sommer 1941 hindurch hatten er und der andere Gefangene ihr Lied fortgesetzt. Wer der Mann war, brachte er nicht in Erfahrung. Er wollte es nicht wissen. Eine anonyme, sehnsüchtige Stimme bahnte sich ihren Weg zu ihm.

Wenn es etwas wie Einsamkeit in Gemeinschaft gab, in diesen Stunden hatte er sie erlebt. Zuverlässig riss sie ihm Nacht für Nacht das Herz in Stücke, wirbelte die getrennten Elemente durch die Luft, ließ sie fallen. Zitternd von Spannkraft und Wut sausten die Heuler an den Ohren der Männer vorbei, um den Sternen zu verkünden, dass sie, verleumdete Aliens, ohne Richter in ein Lager gesperrt, aufs Trotzigste lebendig waren.

Sehnte er sich danach zurück? Jaulen Nummer zwei. Der Wind riss es mit, die Birke raschelte mit den Blättern. Die Wiederkäuer auf dem Hügel gegenüber scherten sich um nichts. Erste, vorsichtige Lichtschleier hingen zwischen den Gipfeln, die einem hier die Sicht beschnitten. Lake District, leben vor kurzem Horizont.

Umschlossen sein, gehalten von der Enge. Darauf hatte die Schwittersfamilie sich von jeher verstanden.

Entschieden zog er die Fensterhälfte herab und drehte sich zu seinem Schreibtisch. Die Sperrholzplatte war unter einem Haufen Blätter verschwunden, Namen und Adressen, erste Zeilen, nie zu Ende geführt. Entwürfe von Briefen, Forderungen, Suchgängen, Sendschreiben, Berichten, Ankündigungen, Mitteilungen, Notizen. »Mein Arzt redet eine Menge über meine Gesundheit«, hatte er gestern an Ernst in Lysaker geschrieben. »Also ist sie hervorragend. Wirklich beeindruckend: Dir bleibt der Mund offenstehen. Eine ausführlich untersuchte und abgesprochene (verzeih, ich meine besprochene) Angelegenheit: Kurt-Gesund. Doktor

Johnston meint, ich packe die nächsten zehn Jahre, wenn ich schön folgsam bin.«

Weich wie ein englischer Shepherd's Pie war er bereits.

Er trat an den Tisch. Da lag er, der deutsche Schlamassel.

Das Schlimmglück.

Das er versteckte. Das ihn einholte, anzog, zurücksog. An Ernst schrieb er nur mehr auf Englisch, auf Englisch an den Hannoveraner Walter Dux, der nach England ausgewandert war und in einem seiner Lagerhäuser in St Margarets on Thames Schwitterskunst aufbewahrte, auf Englisch an Kate-Käthe Steinitz, die Dreyers oder den Vermieter in Bayswater, der verlangte, dass er – finally – seine Bilder aus dem Speicher seines Hauses räumte. Manchmal indessen musste er zurück in sein erstes Idiom, er benutzte es für Freunde von früher wie die Spengemanns, Theos Witwe Nelly van Doesburg oder Raoul Hausmann in Limoges. Mitunter war ihm in diesen Fällen die Adresse der Empfänger bekannt, nur die rechten Worte stellten sich nicht ein, dann wieder kritzelte er mit Bleistift ein Bild auf die Seite, statt Buchstaben zu benutzen, bisweilen tastete er im Dunkeln danach, was er überhaupt mitteilen könnte, eine Versicherung, ein Stück Verbindung, war es zu schwach, machte es umso fühlbarer, was fehlte, was wiederum er als eine besondere Bösartigkeit der Erinnerung empfand. An anderen Tagen flossen ihm die Sätze mit Leichtigkeit aus der Feder, während er wusste, dass er das Notierte nie abschicken würde, ab und an versuchte er Halbsätze oder Redewendungen und schrieb an verlorene Freunde, auch Tote, wobei er darauf achtete, jedes dieser Blätter unverzüglich zu verbrennen, Wantee sollte nichts davon finden, allemal nicht, wenn er nichts mehr erklären konnte.

Das deutsche Leben war vorbei, oft genug war er froh darum. Dann, in Nächten wie dieser, zupfte es am Zipfel seines Pyjamas und schaute ihn an wie ein Kind, kletterte auf seinen Schoß und tat ihm schön. Da hatte es ihn von neuem an der Angel, da stand er hier und fragte sich, wie es ihnen ging, den Freunden von einst, den Kollegen, Erich, dem Hausfaktotum, Fischhändler Marx aus der Hildesheimer. Suchgänge, Rufe in die Wüste, Beschwörungen. Seine deutsche Vergangenheit benahm sich übel, erst tat sie klein und ihm schön und bettelte ihn an, dann pumpte sie sich auf zu einem ganzen Planeten. Der hatte Gravitation. Frühere Leben, von denen man abgerissen wurde, starben nicht, frühere Leben wurden verschüttet, erstickt und überdauerten allem zum Trotz; irgendwann versuchten sie, sich unter der neuen Existenz, die sie begraben hatte, hervorzukämpfen. Dem Tageslicht wich die Vergangenheit aus. Sie zog die halbbeleuchtete Bühne des Zauberers vor, aus dessen Zylinder sie als weißes Kaninchen sprang. Huhu, Kurt, schau mal, da war noch was … Und dann ging es so: Nichts wartete mehr auf den Hut, alles drängte herbei. Der Zauberer, das mit Vergnügen unzuverlässige Gedächtnis, entlarvte sich als halbe Portion, ungreifbar, windig, und auch die Kaninchen misslangen, dunkel statt weiß sprangen sie hervor, das Fell stellenweise verbrannt oder blutig gefleckt.

Aus Angst hatte er es sich jede Nacht in Hutchinson unter seinem Bett unbequem gemacht. Seine Kunst auf seiner Matratze zu einer Kurt-Gestalt drapiert, zugedeckt, und sich selbst auf dem Boden unter dem Gestell versteckt. Kurt auf den Dielen, wie er sich über das Meer schipperte in der Dunkelheit. Körrt damals, Körrt jetzt.

Er fiel in einen Graben, kroch unter der englischen Sprachhaut dahin und nahm die Welt wie aus dem Inneren eines aufgeblasenen Ballons wahr. Kreativ? Ach, ihr Träumer, ihr lieben Narren mit den Billigwörtern, die ihr glauben wollt an die einfache, gegebene Kunst, für die niemand einen Preis zu zahlen hat. Dahin sein Netzwerk, Briefwerk, die Nähe; er lebt in einer Art Ausdünnung, sucht, was verloren ist. Seine Freundin versteht kein Deutsch, seine Gedichte sind für sie unzugänglich, seine Briefe, seine Lieben, Freunde und Eltern, die Bücher, die er gelesen und verehrt hat, nahezu alles, was er jemals war. Es ist ein grotesker Webfehler seines

Lebens, dass seine eigene Geschichte und die Geschichte seines Heimatlandes sich voneinander gelöst haben. An Raoul muss er dringend schreiben und ihm absagen. Der glaubt blind daran, dass sie beide eine Zeitschrift gründen könnten, auf Deutsch. Der träumt um vieles nostalgischer als er selbst. Das Projekt ist tot, überholt, bevor es auch nur begonnen hat.

Erst im März in London waren die BBC-Männer, die die *Ursonate* aufnehmen sollten, mitten in Kurts Rezitation aus dem Saal marschiert. Begründung? Keine. Telefonisch hatte er in den Tagen darauf nichts ausgerichtet. »There was an emergency.« Man bedaure das sehr und werde sich später melden. »Mr Schwitters, it's wonderful to have you here.« Wantee war zu verdanken, dass er diesen einfachen Satz in seiner vollständigen englischen Bedeutung verstand: »Belästigen Sie uns nicht weiter.« Es tat weh. Gerade auch, weil er sich ziemlich genau zusammenreimen konnte, was geschehen war. Die *Ursonate* war trotz ihrer Auflösung von Sinnsprache deutsch. Sie war unübersetzbar, er hatte es versucht. DADA hatte den Krieg nicht überlebt, auf den Britischen Inseln war die Bewegung ohnehin nie stark gewesen. Hinzu kam, dass das alles 30 Jahre zurücklag. Deutsch und tot. Eine neue Generation Redakteure hatte in den Rundfunkhäusern und Zeitschriften das Sagen. Raoul war stehen geblieben. Er nicht.

Sein Deutsch war nicht tot. Es hatte sich in eine tiefe Höhle zurückgezogen. Dort rief es nach ihm.

Er nannte dieses Gefühl The German Pull. Den Sog. Regelmäßig sehnte er sich nach seinem einstigen Leben, den Reisen, dem Ruhm, dem Aufbruchsgefühl der 20er-Jahre zurück. Um zu sein, wer er jetzt war, sperrte er diese Sehnsucht aus. Sie machte ihm Angst. Es erinnerte ihn daran, jung und gesund gewesen zu sein. Auch das war dahin. Bisweilen war ein Früher gefährlich. Bisweilen war es zu angenehm.

In einer Nacht wie dieser umschlang es ihn. Es sang ihm in den Ohren.

Es erschienen gelochte und geweinte Bruchstücke. Es erschien Baby Ernst. Der junge Kurt. Die jüngere Helma. Der Garn- und Frauengeruch der Korsettage. Der Duft an Henriettes Hals. Der zwischen Helmas Brüsten. Kurt lag in einem Haufen von Freunden beim Zinnoberfest, warf sich eine Handvoll Bahlsenbruch in den weit aufgesperrten Mund. War zuhause. Bei sich.

Jeden, dem er schrieb, fragte er nach anderen: Was ist aus Dr. Dorner geworden, wie geht es Hans Richter, kannst du mir die Adresse von Mrs Paule Vézelay mitteilen, wo ungefähr liegt Limoges? Auch nach den Sammlern und allgemeinen Kunstbegeisterten der Hannoveraner Zeit fragte er. Kurt, Spinne einst in einem durch Europa gespannten Netz. Sein berühmtes Adressbuch, abgegriffen, mit Zetteln vollgestopft, war verloren. Antworten erhielt er nicht unbedingt. Briefe kosteten Geld, auch das musste bedacht sein. Liebe Frau Gleichmann, ich habe mich sehr gefreut über Ihren Vorschlag, Zeichnungen von den Trümmern meines Studios machen zu wollen. Sie finden es schade, dass die Waldhausenstraße 5 getroffen wurde? Lassen Sie mich Ihnen eines sagen: Schade ist schon 1933 gestorben.

Karl Valentin, natürlicher Dadaist, ein Mann, der kaum Bücher besaß, wie mehrere Freunde Kurt erzählt hatten, aber Kurts *Anna Blume* im Schrank stehen hatte, lebte in einem Dorf in der Nähe von München an einem Fluss namens Würm, wo er angelte und schwieg. Krischan Spengemann schrieb, Gottfried Benn in Berlin rede umso mehr und passe sich den Amis mit ironisch-traurigen Gedichten an, die weiterhin die Benn-üblichen Rosen enthielten. Es sei schön, nämlich schön fürchterlich, wie tief ihre Generation im 19. Jahrhundert wurzele.

Benn. Ausgerechnet diesem Pfarrerssohn waren gelegentlich Verse gelungen, mit denen der Dichter einen hintenherum, im Parlando, in eine visionäre Tiefe katapultierte, die ihm, Kurt, selten offenstand. Von »visionären Tiefen« allerdings hatte er vorerst genug. Herr Doktor Benn saß auf deutschem Boden mit dem x-ten

Eheweib, einer Zahnärztin diesmal (schlau), und behauptete, die Jahre des Dritten Reichs in stillem Widerstand verlebt zu haben. In seinem und der Deutschen innerem Exil.

Das regte Kurt auf. Inmitten einer zerstörerischen, lächerlich dummen, in dieser Dummheit unvorstellbar grausamen, Menschen vernichtenden staatlichen Macht sollte es eine geschützte Innerlichkeit des Künstlers gegeben haben? Heil, so heil!

Es war bodenlos.

Sein deutsches Leben: Papiere, Klebstoffflasche, Schnipsel auf seinem Tisch? In einer Stunde wie dieser sah er Trümmer. Reparaturversuche. Rohen Stoff. Nicht unblutig, kompliziert.

Und ihm machten sie Vorwürfe! Sogar Krischan: Was wisse schließlich er, Kurt, davon, wie es den Deutschen ergangen war. Wie es gewesen sei.

Die Frage brachte unausgesprochen auf den Punkt, dass er, Kurt, kein Deutscher mehr war.

Auch Krischans Brief lag in dem deutschen Pulk. Er hatte Kurt traurig gemacht, auf eine schlechte, lähmende Art. Was glaubte er, Kuh-Witters denn – er, in seiner Fremdensicherheit. Seiner Flüchtlingsarroganz. So Krischans Worte.

Und die beiden Spengemanns in Hannover, in ihrer Inlandsblindheit. So er.

Am Ende hatte er den Vorwurf, nichts zu verstehen, niemals unter Verhaftungs- oder Bombendruck gelebt zu haben, zumindest nicht so wie sie, den Vorwurf, nicht durch bloßes Zusehen zum Mittäter geworden zu sein – wobei seine deutschen Freunde dieses Wort nie benutzt hätten –, am Ende hatte er diesen Tadel doch gespürt. Helma war damals seit einigen Monaten krank gewesen. Das allerdings wusste er erst heute. Ihren Briefen hatte er nichts angemerkt, allein die Distanz zwischen ihnen war ihm aufgefallen, eine zunehmend andere Art des Denkens. Was sie erlebten, ließ sich nicht mehr miteinander vergleichen, schrieb schließlich Helma. Er befürchtete es längst. Sie schwiegen aus Rücksicht.

Oder weil es einfacher war? Helma erwähnte keinen Arztbesuch. Er schrieb kein Wort über Wantee. Das Lügen durch Schweigen, dachte er, fast wäre es ausgeglichen gewesen. Nur dass Helma sich tiefer gequält hatte als er. Das zerstörte Hannover und seine zerstörten Menschen griffen ihre Nerven an. Seit der Vernichtung der Villa war ihr Lebensmut gesunken, es hatte Tage gegeben, an denen sie verzweifelt war. Erst in diesen Wochen erfuhr er davon aus den Briefen, die sie damals an andere gesandt hatte und die ihm nun aus Gewogenheit, wie man versicherte, weitergeleitet wurden. Die Deutschen, »verstehst du, die, die noch aufrecht sind, grau und knochig und aufrecht und ein bisschen Blut darin«, hatten ihr zugesetzt. »Dieser Krieg ist zu schwer …«, »wie soll ich Haus halten«, und dann am 3. Oktober 1943, als die Villa noch stand: »Weißt du, lange hier zu leben hält man einfach, glaube ich, nicht aus, weil man schwermütig wird …« Wie musste es ihr erst nach dem Treffer ergangen sein.

The pull. Am Ende war er den Deutschen im Reich eben darin ähnlich gewesen: Er hatte durchschaut, wie Wegducken ging, und hatte sich selbst weggeduckt in seinem englischen Exil.

Der Pazifist Zweig hatte sich umgebracht. Mehring empfahl den Emigranten, ein Nest zu bauen, wohin es sie auch verschlug: *Die ganze Heimat und das bisschen Vaterland, die trägt der Emigrant von Mensch zu Mensch, von Ort zu Ort, an seinen Sohl'n, in seinem Sacktuch mit sich fort.*

Wahr war das nicht. Und elend gereimt.

An den Sohlen klebte *die ganze Heimat* gleichwohl.

Auf dem nächsten Zettel stand: »Demoliertes Land, dito Existenz. Leider ist meine auch sozusagen demoliert. Ich lasse mich über die Zerstörung von Nr. 5 nicht täuschen und weiß, dass es weiter durch Regen, Frost, Wind zerstört ist.«

An wen er das schrieb? An sich?

Der neue MERZbau soll eine Wand für die Gesichter werden, die er verloren hat. Und gewonnen. Mit ihnen will er beginnen.

Scheingebilde gestützt auf Scheingründe, die sich unvermittelt erheben, wieder versinken; ein Zuhause, verzerrt, erfunden, verschönt. Nur auf eines kann er setzen: die berückende Fähigkeit der Kunst, einen sehenden Auges dazu zu bringen, leblose Materie für lebende eintreten zu lassen. Bowsies schmales Haus knackt, der Wind zerrt an den Fenstern. Es ist dunkel wie zuvor, die Fells sieht er nicht, er spürt sie. Schwarz, kalt, glorios. Die Dörfler erzählen einander von Hausgeistern, geben sich Tipps für die Käserei, wischen Schafen den Po und träumen von Johnny Peels ewiger Jagd. Der streift mit den Winden. Er, Kurt, hingegen muss hinein in den Topf, den man Herkunft nennt, und rühren darin.

Weil Herkunft meint, wie man darüber spricht, wer man wird,
indem man erfindet, wer man war,
um zu werden, was man nicht sein muss,
sondern sein kann.

Das ist kein Gedicht. Das ist eine Erkenntnis.

Der deutsche Sog. Manchmal drückt der Strudel etwas ans Tageslicht.

Kurt hört Geräusche, erste Laute, Figuren, beweglich und hübsch, manche scheu, andere kühn bis zur Tollheit, schwankend wie Weidenäste, die lange unter Wasser hingen, schweben auf ihn zu.

9: Der Pulverpalast

```
        gebr
        gebro
        gebracht
Fussel        Wolle
            (»fass«?)
        miniert              illu
            br br
            brüten
            brust            br
                gebr
```

Schnee war gefallen und getaut und nun, Mitte Oktober, hatte die
Luft sich wider Erwarten erwärmt. Das Kupferrot der Ahornbäu-
me und Eichen leuchtete wie Kandisglasur zwischen den Braun-
und Grüntönen zäh glänzender Bergpflanzen; mit mächtigen
Schüben warfen die alten, ehrwürdigen Bäume ihr Laub ab, als
stiegen sie aus dem Rock, und bedeckten den Grund in dicken
Stofffalten von nachsichtigem Purpur und Ocker sowie einem bei-
ßend orangefarbenen Siena. Noch die Farben rochen nach Herbst.
Eifrig drillte man im neuen Steinbruch, einer Schatzgrube voller
Fossilien und verlorener Maschinenteile; mit schwerer Beute be-
ladene Lastwagen polterten die Dorfstraße hinab und zuweilen
trug der Klang der hämmernden Maschinen bis zu Kurts einst so
feurig-kriegerischem Koben.

Die beiden Stickles und den Bowfell schmückten weiße, weit
über die Felsenstirn nach unten gezogene Kappen. Die Anmut
der Landschaft erwuchs aus ihren schimmernden Steinen und
gluckernden Wasserläufen, die Luft, gesättigt von Feuchtigkeit,
brach das Licht in ungewöhnliche Spektren. Jeden Morgen und
Abend verwandelte sich das Tal von Great Langdale in eine flüs-
ternde Muschel; unter dem Schritt knirschte raureifüberzogenes
Gras. Die Heide, die sich über nicht wenige der Hügelflanken zog,

war bereits in ihr Winterbraun versunken, und wenn der Wind bei Sonnenuntergang durch die an den Bäumen verbliebenen Blätter griff, flimmerten sie schwarz, eine glänzende, bewegte Masse beredter Verlassenheit.

Die Schafe waren von den Bergweiden gebracht. Zibben, fett vor Wolle, Lämmer, bald so groß wie die Mütter. Sie hatten etwas von hypermobilen Teddys in ihren braunen Winterfellen mit den stämmigen weißen Beinen; die Mutterschafe testeten die Wetter in dicken, windabweisenden, lila-beigen und torffarbenen Mänteln. Im Vergleich zu diesen regenfesten Körpern wirkten ihre durchgehend weißen Gesichter ephemer und überirdisch rein. Blökend hatten die Herden sich aus ihrer Sommerfreiheit vom Berg an den Abstieg gemacht, jedes Tier ein dichter, heißer Lebensapparat für sich, aus dessen Rücken Dampf und Eigensinn stiegen, und Kurt hatte es intensiv körperlich empfunden: Sie wurden nach Hause geholt.

Er hatte den ganzen Tag gearbeitet, nun saß er vor seiner Scheune auf einem schmalen Brett, das er in die Ritzen zwischen den Fundamentblöcken und den ersten, handlicheren Steinen der Westwand geklemmt und mit Stütznägeln befestigt hatte, und rauchte. Beide Ärzte hatten ihm selbst die kleinste Zigarette verboten. Es war also besonders schön.

Englische Trockenmauern bestanden nicht aus zwei Seiten, sondern aus zwei Gesichtern, die Füllung dazwischen hieß hearting, ein Herz mit dem angehängten »ing« der Fortdauerform. Wolken schifften als langhalsige, stolze Wikingerboote über den Himmel, der Zenit schien mit Öl bestrichen, die Sonne strebte hinauf, rutschte ab. Cylinders wurde nur mehr von schrägen, durch die wenigen Lücken zwischen den Wolken dringenden Strahlen beleuchtet. Er bearbeitete das innere Wandgesicht, zweifellos fortdauerlich, wenn auch mit Pausen, und benutzte das äußere, um in Pierces herbstlichen, sprich zunehmend grafischen Garten zu schauen.

Er steckte sich die Fluppe zwischen die Lippen und schlug die halbe Zwiebel aus der Zeitung. Es war ein amerikanisches Blatt, Käthe wickelte die Seife, Tees und Schokoladen, die sie weiterhin unverdrossen schickte, regelmäßig darin ein. Die Comicstrips schnitt er ab, diesen hatte er übersehen, Superman war nun ein Supermann mit Zwiebelsaft. Mitunter fragte er sich, was er heute machen würde, wäre er 1937 in die USA statt nach Norwegen emigriert. Er hätte Wantee nicht kennengelernt. Schon deswegen wäre es falsch gewesen. Er spräche Englisch mit US-Akzent und klebte Collagen exklusiv aus Comicbildchen zusammen? Wenn man die vergrößerte, übermalte und vervielfältigte: Was passierte dann mit »der Kunst«? Käthe berichtete, dass man nun in manchen Büros einfache Papierkopien mit Hilfe von lauten Xeroxmaschinen herstellen konnte. Nach zwei Minuten wurde ein weiches, tintig blau verlaufendes Blatt aus dem Apparat gespuckt. Warm. Lebendige Schrift, dachte er, die hätte er gern einmal gesehen.

Er drückte seine Zigarette aus. Die Zufälle des Lebensweges konnte der Mensch weder vorab erfinden noch jemals durchdringen. Das war nicht in jedem Fall lustig, insgesamt aber beruhigend. In der Kunst ging es analog: entwerfen, anfangen, eisenhart durchziehen und dabei alles loslassen – diszipliniert und anarchisch. Wie angenehm, zur Abwechslung lediglich Schuhe putzen zu müssen. Er legte sich die Zwiebelhälfte in die Hand und drückte zu. Kleinste Tropfen Saft erschienen auf der Schnittfläche. Die Flüssigkeit würde den Rauchgeruch an seinen Fingern neutralisieren (Wantees empfindliche Nase) und nebenher seine Schuhe zum Glänzen bringen.

Gräser und Moose wucherten um den Barn. Seit Jahrhunderten schütteten Stürme über dem Lakeland zerbrochene Felsbrocken aus, die die Flüsse sodann in die Täler rollten. Pierce hatte einen dieser rundgeschliffenen Blöcke zehn Fuß von der Hütte entfernt am Ende des Stufenaufgangs auf das schmale Plateau legen lassen und einen Adlerfarn neben ihn gepflanzt. Im Dorf hießen die eingerollten Wedel fiddleheads wie die Holzschnecken, mit denen man Schiffsbuge verzierte. Sogar Farne schifften in England über ein unsichtbares Meer.

Sorgfältig legte er die Kippe unter einen Stein (auf dem Nachhauseweg im Abfallkorb an der Bushaltestelle entsorgen), schabte eine Nuss Wachs aus der mitgebrachten Blechdose und fing an, das zäh-steife Material auf dem Oberleder zu verteilen. Fünf Minuten pro Schuh. Er mochte das Geräusch des Lappens über dem Leder, die sich entwickelnde Wärme. Was sich nicht verändern wollte, wurde zerrieben.

Zweiter Schuh.

Er war müde, die Arbeit in seinem Bau laugte ihn aus. Ah, Kurt, was für ein scheuniger Satz. Es ging noch bescheunerter: »Verzehr dich für deine Kunst.« Zuhause, womit er die Villa in Hannover meinte, jedenfalls in diesem Augenblick, hätte er jetzt eine Platte aufs Grammofon gelegt. Hier lehnte er sich stattdessen gegen eine kalte Wand und lauschte der Luftmusik. Zuhause zwei. Gwyneth Davis, seine neueste Nachbarin, sie hatte einen Wohnwagen auf dem Gelände aufgestellt, hatte vorhin vorbeigeschaut. Namen gab es hier. Unaussprechbar. Er nannte sie kurzerhand Guinness, wie das Bier.

Schlaffe Lederzungen, kein Glanz. Das letzte Mal hatte er eine Kerze entzündet und an das Obermaterial gehalten, um das bereits aufgetragene Wachs so geschmeidig zu machen, dass er polieren konnte. Die Stelle, wo er den rechten Schuh knapp über der Rahmennaht angekokelt hatte, ließ sich deutlich fühlen. Der Plan für heute, Zwiebelsaft in das gesäuberte Leder zu reiben, war sicherer.

Guinness, Jungkünstlerin, malte konventionell. Er fand es bizarr.

»Aha«, hatte sie gesagt, »und du mit deinem Müll wirst berühmt? Auch Schweine können fliegen.«

Das hatte er verstanden. Pigs might fly. In *National Velvet*, seinem Lieblingsfilm, wurde ebenfalls von fliegenden Schweinen gesprochen. Dreimal war er in diesem Herbst ins Kino nach Windermere gefahren, um die sensationelle junge Hauptdarstellerin Elizabeth Taylor sowie den nicht minder sagenhaften Wallach namens Pie anzustarren, dem man die Chance gab zu beweisen, dass ein wahrer Champion in ihm steckte. Körrt, dem alten Vorkämpfer aller Ps (Parfum, Performanz, Prosa, Poesie, Plödelei), konnte dies nur gefallen. Ebenso wie flying pigs.

Erste Rhythmen aus Linien und Rundungen traten aus seiner Wand. Er nutzte den Widerstand ihrer horizontal geschichteten Steine für die Gipsschuppen, die er mit Händen und Spachtel herstellte. Ein reichlich mitgenommenes Porzellanei (in Hannover hatte jahrelang ein riesiges dieser Art auf dem Küchenregal geprunkt, und Käthe Steinitz hatte gar nicht mehr aufgehört, sich über diesen weiteren Beweis seiner Spießigkeit zu amüsieren) steckte links außen, vielleicht 50 Zentimeter über dem Boden in den Gipsfluken. Es war von der gleichen Farbe wie die verputzte Mauer, fiel also kaum auf. Die Packung Zigaretten versteckte er unter Schuppe drei-hoch-vier-links über dem Ei in der Wand.

Er dachte darüber nach, wie etwas etwas anderes enthielt. Seine verwünschte Huhnskulptur. Wie konnte ein derartig gemeiner Vogel so schwer zu fassen sein. Ein Huhn mit Ei. Ganz einfach. Das Ei sollte allerdings noch im Bauch liegen. Es war, auch wenn man es nicht sah, nicht nicht da. Er drückte Zwiebelsaft über dem linken Schuh aus, stellte den Schuh auf den Boden, steckte die rechte Hand in den Schlupf und rieb. Wie barg ein Wesen ein anderes?

Pierce hatte einen schmalen Steinweg um die Pulverhütte gelegt, so dass man auch bei matschigem Wetter zum Rauchersockel gelangte oder halbwegs trockenen Fußes ins Gebüsch austreten konnte. Zweiter Schuh. Kurt wechselte die Hände. Nun steckte die linke im Leder. Manchmal zeichnete er auch mit links. Ein Wesen in einem anderen. Rund um den Barn saß ein Hügel auf dem nächsten. Flügel spreizten sich, Schweine flogen.

Sollten sie. Berühmt?

Ach. Er ging so gern durch die triefenden Wiesen.

Der Boden schwamm von unten, wenn es nicht regnete. Regnete es, schwamm er auch von oben. Alles eine Folge der Berge, Teil ihrer Natur. Sie waren nicht nur Fels und Gras, Moos, Kraut oder Besenheide (die die Hänge im August in Amethyst hüllte), nicht nur Schiefer, Granit, nicht nur Fundort prähistorischer Keile aus grünlichem Vulkangestein, nicht nur Erfrischer der Luft, Windbrecher, Schneeerzeuger, Schattenwerfer, Farbwandler. Wasser rann überall an ihnen herab. In ihrem Inneren, sagte man, floss es aufwärts, das glaubte er gern. Man trat auf einen Stein und ein Faden Nässe sickerte hervor, auch nebenan gluckerte es, man ahnte nicht woher, zehn Schritte weiter bog man um einen Vorsprung und blickte in einen Tarn, perfekt in die Steinhaut geschnitten wie ein Auge in ein asiatisches Gesicht. Fläche, Öffnung, Augenspiel. Über schwarze Felsen schoss Wasser, so transparent, dass es in seinen oberen Schichten weißlich wirkte. Lösten sich im Frühjahr die Eistatzen, die sich um die Steine in den Bächen krallten, und die Zapfen, die von den Steinstufen hingen, trieb eine Armada eisiger Seerosen abwärts. Mitunter auch ein Haufen kristallenen Blumenkohls. Er freute sich darauf. Nun im späten Herbst ging es andersherum. Die letzten Tage über hatte er morgens eine allerdünnste Eisschicht auf dem Eimer mit Wasser bemerkt, das er sich zum Anrühren seines Gipses aus den Zwillingsbächen auf Cylinders holte und über Nacht in der Hütte stehen ließ. Es war nicht tatsächlich eine Schicht, eher eine Stockung oder Verdichtung der Materie, wie sie zwischen zwei Zuständen schwankte, sich selbst und sich selbst.

Die Fells zogen Wolken an, brachen sie, verwitterten unter ihrem Regen, stürzten, Stück um Stück, in sich zusammen. Eis sprengte Stein, Licht warf sich durch Spalten. Die Vogelbeeren der Eberesche leuchteten überrot, während die abgewehten Blätter auf dem feuchten Grund zu schwarzbraunen Klumpen verbuken. Wie zum Ausgleich eilten flockig weiße Wölkchen von den verschneiten Bergkuppen herab. Der Himmel war wie Seidenpapier, dünn, zum Zerreißen gespannt. Kurt betrachtete sein Putzwerk: Beide Schuhe, merklich schiefgetreten, glänzten. Schwarz, tiefschwarz.

Er zog sich die Socken aus und massierte sich die Zehen. Sie bildeten eine Hügelei für sich. Die Leute hier nannten seine Arbeit relief. Relief hieß auf Englisch auch Erleichterung. Tatsächlich war seine Arbeit nicht erleichternd. Sie war auch kein Relief.

Die Pierces kamen regelmäßig vorbei, um nach ihm und dem Fortschritt zu sehen. Pierce hatte seinen jüngeren Sohn im Krieg verloren, eine Woche, nachdem der Knabe zur Royal Air Force eingezogen worden war. Der ältere, Bill, tröstete den Vater. Gesund und kräftig lebte er im Elternhaus und ging Harry zur Hand. Sah Kurt zu, vermisste er Ernst, wenn er sich auch eher den Knaben als den jungen Mann zurückwünschte. Den hatte er sogar dazu ermuntert aufzubrechen. Die zweite Ehe, glücklich diesmal, wie Kurt hoffte. Er, der Schwittersmagnet für Frauen, hatte Ernst im Frühjahr 1943 mit Lola Mehrgut, die sich inzwischen Eve rufen ließ, bekannt gemacht. Auch sie, eine deutsche Jüdin, hatte es an die Themse verschlagen.

Im Rückblick schien es, als hätte Schwitters senior sich in Camp Hutchinson nicht nur mit Frauensehnsucht, sondern auch mit einer weiblichen Kraft aufgeladen. Bewusst war ihm das nicht gewesen. Buddha-Kurt hatten sie ihn gerufen, sich köstlich amüsiert über ihn. An dem glitt wohl alles ab. Die letzten vier Monate waren die besten gewesen. Ernst in Freiheit. Stundenlang hatte er am Entlassungstag seines Sohnes am Lagerzaun gesessen, um mitzuerleben, wie das Kind abfuhr. Er hatte es mit eigenen Augen sehen müssen, um es zu glauben.

»See you in London, Dad.«

See you, dear.

Wenn der Stock Ghyll von einem Ufer zum anderen fest überfroren war, hörte man in Ambleside mitunter ein lautes Klopfen unter dem Eis. Oh, it's Johnny Peel, sagten die Dörfler im Pub. Das war die Erklärung, die allen Freude machte: ein Geist. Die prosaische:

Oben am Berg fror der sprudelige, flache Bach ein. So führte er bald unten im Dorf weniger Wasser als vor der Kältezeit. Schlug man ein Loch ins Eis, erkannte man, wie ungebunden das Flüsschen ein paar Zentimeter unter der Decke voranschnellte. Manchmal in diesem Rauschen warf es einen Stein gegen sein eisiges Dach. Wie solch ein Kiesel kam Ernst seinem Vater oft genug vor. Schoss in seinem Leben dahin und klopfte mitunter an. Dear, dear.

Es war kühl geworden. Kurt schüttelte jeden Strumpf aus, bevor er ihn anzog, schlüpfte in die Schuhe, band sie zu. Genug gegipst für heute. Er wusste ohnehin nicht weiter.

Kurt, alter Glitz.

Die Silhouetten weißer Mäuse huschten umher.

Seit der Fahrt auf der Nansen erschien ihm die Vergangenheit als ein Kästchen, in das all ihre Bewohner eingeschlossen waren wie in einen zauberischen Tank. Man musste nur darauf blicken, sogleich begannen die Figürchen – durchaus zarter als im Leben – sich zu rühren und zu sprechen. Dabei durfte man sie zu allen möglichen Mustern zusammenfügen, von denen sie nichts bemerkten, meinten sie doch, gehen zu können, wohin sie wollten. Wenn sie sprachen, legte Kurt Bedeutungen in ihre Worte, die ihnen nicht einmal im Traum in den Sinn gekommen wären, denn als er mit ihnen zusammenlebte, glaubten sie, dass sie nichts anderes sagten als das, was ihnen höchstpersönlich einfiel, aber steckte man als Figur erst einmal in der Erinnerung eines anderen, galt das nicht mehr.

Seine neue Arbeit soll nichts mehr davon enthalten. Ausschließlich aus Materialien will er sie zusammensetzen, die aus der Erde, von den Pflanzen, Schafen oder Menschen des District stammen. Er überträgt das Funkeln der Wiesen, die Durchsichtigkeiten der Luft. Jedes Stück Abfall, jede Anekdote, jedes sprechende, jedes stumme Gesicht sind ihm willkommen. Kunst handelt nicht von ihrem Künstler. Sie handelt nicht von sich. Nicht einmal von ihrem Gegenstand. Sie erzeugt ihn.

Er übersetzt: die Herzlinie der Fells. Die Bruchlinie des Himmels, von Schafen gepunktet. Die Heiterkeit. Das tollherzige Singen der Dämmerung. Die tiefen, violetten Rinnen der Felsflanken, ihre Schattierungen von Enzian und Rittersporn. Die Spiegelung eines schneegrünen Himmels in dem tieferen Grün eines der Seeaugen. Den glitzerbedeckten Berg davor, gegen diesen Himmel purpurn, wie mit Heidelbeersaft getüncht. Er malt, er mischt: eine Bergkette, kurz bevor es erneut schneit, in goldgrünem Licht. Nur ein Hügel bricht aus diesem Glasleuchten aus, ein loser Saum Tannen umfasst ihn, hinter ihnen glänzt eine Schneedecke in lebhaftem elektrischem Blau. Milde, wenn auch hartnäckige Lichter werden von seiner Wand auf jeden zufließen, der vor ihr stehen bleibt. Das will sie können: eindringen in den Betrachter. Sich aufhalten in ihm. Ihn dazu bringen sich zu fragen, wer er ist.

Er packte das Wachs in seinen Beutel. Die Zwiebel ließ er hier, die taugte zum Färben. Mauern mit inneren und äußeren Gesichtern schlängelten sich über die Hügel vor ihm. Er tastete an seiner Jacke nach Zigaretten. Die Konturen der Crags und Pikes, in die Nervenzellen seiner Retina geprägt, flimmerten ihm vor Augen.

Zwei Stunden später, es dämmerte, stand ein Paar sichtlich hastig ausgezogener Schuhe vor einer Scheunentür. Unter dem Stein, der sie zu bewachen schien, versteckten sich zwei Kippen. Kurt, in Socken, arbeitete, einen Knopf zwischen den Zähnen, Pinsel und Farbtuben in jeder Hand. Die Bretter, die augenblicklich an den Gipsschuppen lehnten, sollten hervorragen, kein Mund, wenngleich rot, mehr die Geste »dies ist ein Berg« als ein Bild. Ein unter dem Sichtbaren dahinschießendes, klopfendes Sehen. Er stand vor und hinter der Wand zugleich. Sie war durchsichtig geworden, sie verwandelte sich. Auf die glänzenden Schuhe fiel Abendtau. Der Mond ging auf. Denken, nicht sehen. Dann sehen. Durchsichtige Wand. Riechen: Steinwasser, Moose, Farn, Schaf. Fühlen: Kiesel, Holz, Gips. Der Gips saugt alle Feuchtigkeit aus der Haut. Fühlen: die vor Trockenheit spannende weiße Hand, als gehörte sie nicht mehr zu ihm. Stehen, bewegen, aufgelöst sein. Wechsel in die linke, die rechte Hand hält. Sägen, hämmern. Der ganze Körper arbeitet, die Arme, Beine, der Mund. Trafo Kurt. Eingangsspannung in Ausgangsspannung übersetzt. Oszillierendes Blau. Rhythmus Herz – Stein – Herz. Draußen, ja, vor seinen Augen, wenn auch hinter der Wand, riechen und fühlen: den Fuchs. Drei Beine auf dem Grund, das vierte zögernd angehoben, verhält er vor dem schmalen Tannenschlag. Wittert. Quert die freie Grasfläche zwischen dem Straßenhügel und dem Wäldchen, das sich rechter Hand an die Hütte schließt. Bewegung: fließend. Der Scheitel, die Schultern, Hüften und die Schwanzspitze eine nahezu waagrechte Linie. Übersetzung der Linie: per Hand. Hüftbewegung, verhalten. Es ist eine Fähe, seidig, spurend. Auf Englisch fällt ihm der Name für die Weibchen nicht ein. Die Katze der Pierces, ein großes schwarzes Tier, drückt sich tief ins Gras. So schnell gibt man das Mausen nicht auf. Vixen, da ist das Wort. Die Rote schnürt Richtung Wäldchen, ein Haus auf dem Rücken, ein Haus, wie es in Hannover gestanden hat, wenngleich leichter, mit englischem Kamin, halb Schiff, ein Zuhause zwischen den Farnen, ein Bug, ein Licht.

10: No place like home

deep dee
-strict
dearstruc_
tion: long
-ing

Er steht auf einer alten Spur, einem Erdweg, krumm und gewunden, quer durch einen Kreis aufrechter und umgestürzter Steine gezogen. Köttel liegen in dem schafkurzen Gras, spärliche Bäume bewachsen das Rund. Den Rotdorn erkennt er an den Dornen und seinem dünnen, geraden Stämmchen, nichts mehr trägt Blätter, der Wind pfeift über das Plateau. Eine Folge von Wiesen mit ihren Steinmäuerchen, Hügel am Horizont, die Ferne satt von Dunst, Long Megs Welt. Long Meg heißt der zweifach übermenschhohe Sandstein außerhalb des Kreises. Er ist die Unruhe, das Gewicht. Die Mutter wollte nach Hause, ihre Mädchen walzten, der Teufel geigte dazu. Nun sind sie verwandelt, die eine aufrecht, alle anderen schief, teilweise gefallen, wie hingeworfen liegen sie da. Dünn und rund, verwittert und fest bilden sie ein löchriges, wenngleich deutliches Oval von 50 Geistern und einem, aus Mineralien geformt, bewachsen von Flechten und Moos. Wolfsgraue und grüne Schatten fließen über ihre grobporigen, von Steinbrech besiedelten Häute. Die Luft ist dick von Tröpfchen, der Tagmond dick und rund allein von sich selbst. Es gibt hier nichts, was nicht Landschaft wäre.

Kurt spürt, wie sie an ihm zerrt. Die Fells und die Täler mit ihren alten nordischen Namen führen ein eigenes Leben, karg, windbestimmt. In den Alpen wären 1200 Meter Höhe nichts; hier sind sie eine Welt, eine Welt zwischen den Welten, ein Übergang. Auf dem Plateau und in seiner Umgebung gibt es keine Kriegsruinen, die er anstarren müsste, alles, was verfällt, tut dies mit der Zeit, langsam, nach eigenem Recht und Gesetz.

Es ist früh am Morgen, ein warmer Novembertag. Durch eine Wolke ist er gewandert, nun verharrt er zwischen den Steinen und wirft einen Schatten wie sie, lang und dünn. Noch hat die Sonne die Kraft, Wasser aus dem Boden zu ziehen, bald ist die letzte Schwade in Luft gelöst und am Himmel steht nichts außer Licht. Er kann bis zu den Enden der Erde blicken und weit hinauf in die Atmosphäre. Wantee ist in Ambleside geblieben, er hat sie darum gebeten, er wollte allein fahren, einen Tag nur mit sich.

Hier draußen verwandeln die Fells sogar die Luft. Sie gehört zu ihnen wie die Bäche, wie Moose, Schafe, Schneehühner, Heidekraut, Wind. Ihre Feuchtigkeit verschiebt alle Nähe und jede Ferne. Die Spitzen der Berge lösen sich von den Fundamenten – mitunter für eine Stunde, mitunter für einen einzigen Blick hängen die Gipfel allein für sich in sonniger prachtvoller Höhe. Kurt pflückt ein fedriges Gras, rosabräunlich und unscheinbar, hält ein weißes Stückchen Papier hinter es und scharf wie eine Radierung zeichnet der Schatten sich ab, ein Wunder an Details.

Ein Detail an Long Meg, dem rötlichen Findling aus dem nahen Fluss Eden, und ihren Töchtern, Sandsteinen wie die Mutter oder Granit, überrascht ihn. Einige von ihnen tragen graue und rote, erstaunlich regelmäßig gemeißelte Spiralen. Kunstvoll gehen die Formen ineinander über, wechseln mit konzentrischen Kreisen. Sie zeigen Krümmungen wie der Weg, der zwischen den Steinen über die Höhe führt. Kurt legt den Finger in eine der Rillen. Steinzeitliche Hände haben die Muster durch Ausmeißeln der Gegenformen geschaffen. An einer Stelle sieht er, dass der Künstler mit dem Meißel abgerutscht ist. Er hat verbessert, übermalt. Es musste Gipsvorkommen in der Nähe geben, Megs Töchter trugen Spuren von Weiß.

In Gedanken ging er vor seiner Wand hin und her. Er wollte lernen – er wusste nicht, was. Die Hannoveraner Kunst hatte sich in ihm überlebt. Der englische MERZbau eröffnete eine neue Dimension, auch wenn er mit seiner Arbeit nicht so weit war, wie er hätte sein wollen. Die Zukunft war schmal geworden, was Kurts Leben betraf. An der Wand hingegen hatte etwas Unerhörtes begonnen. Es war, als hielte er die Gegensätze Moderne und Natur, Abstraktion und Abbild gleichermaßen in der Hand, mische neu. Bei den Steinen wollte sich so früh am Morgen kein Mensch aufhalten bis auf ihn. Megs Kreis war nicht so berühmt wie Stonehenge, aber mindestens ebenso eindrucksvoll. Wie alt diese Landschaft war. Woran erinnerte sie sich?

Wantee hatte gesagt, dass sie ein Kind von ihm wollte.

Die Polster von stängellosem Leimkraut, die zwischen den versteinerten Figuren wuchsen, als hätte man Sofakissen ausgestreut, waren verwelkt. Im Sommer leuchteten sie in tiefem Rosa, die Blüten dicht an dicht gesteckt wie in einem viktorianischen Bouquet. Die Wurzel stieß kräftig und tief zwischen die Steine. Jetzt strahlte Farbe allein von den Flechten. Sie, die nie blühten, schrieben in grellem Orange auf den Tochtersteinen eine eigene langsame Geschichte fort.

Er beschloss, den Kreis in einem weiten Bogen zu umrunden. Gegen den Uhrzeigersinn schritt er aus, das schien ihm richtig, wahrscheinlich zog ihn schlicht der junge weiße Hund an, der zu einem der nächsten Höfe gehören musste und mit Beinen, die schlackerten, als wollte er trommeln, über die buckelige Wiese rannte, die sich nördlich des Kreises streckte, Long Meg gegenüber. Als das Tier, das Kurt begeistert begrüßte, vor lauter Übermut eine schmale Böschung hinabrutschte, streckte es verblüfft die Zunge heraus. Unwillkürlich machte Kurt es nach: Es schaffte Erleichterung, die Zunge vors Maul zu schieben, wenn einem der Verstand überfloss.

Ein Kind. Mit ihm. Wantee wusste so gut wie er, dass es unmöglich war. Trotzdem hatte sie es gesagt.

Er schritt weiter über das morgenfeuchte Gras. Ob die Steine neben ihm etwas umschlossen? Jeder einzelne war eine Skulptur, 5000 Jahre alt.

Wantee. Sie wusste es doch.

Eben erst waren sie in die Mitte des Dorfes umgesiedelt. Niemand mit einem Blutdruck wie Kurt sollte jeden Tag den Hügel hinaufstapfen. Charles Creighton, dessen Frau im Sommer verstorben war, ein Mann, der gern trank und ebenso gern über Collagenteppiche trampelte, hatte ihnen preiswert Räume im Erdgeschoss und ersten Stock überlassen. Dass die Frau des neuen Mieters nicht dessen Ehefrau war, störte Amblesides Schmied nicht.

Lange hatte Kurt Wantee umarmt. Nun wollte er ihr auch etwas sagen. Bloß wie?

Im Februar 1946 hatte er eine Gehirnblutung gehabt, die zum Verlust des Augenlichtes führte. Die Blindheit war nach einigen Wochen einer Empfindlichkeit gegen Sonnenlicht gewichen, im vergangenen Dezember hatte sie ihn erneut eingeholt. Er hatte ihn kennengelernt, den Hund der Dunkelheit. Auch sein Jaulen vor Schmerz, wenn das Licht wiederkehrte.

Anfang des Jahres waren Eisberge an der Küste von Norfolk gesichtet worden. Aller Verkehr kam in den großflächigen Schneeverwehungen zum Erliegen. Die Kohle reichte hinten und vorne nicht, die Elektrizität noch weniger. Die Mangelwirtschaft war so mangelig, dass die Wirtschaft entfiel. Niemand in England verwechselte die Ökonomie (Wirtschaft) mit einem Gasthaus (Wirtschaft). In England war der Nachkrieg schlimmer als der Krieg. Butter und Fleisch waren nicht rationiert, es gab sie nicht mehr. Ein Kind? Sie konnten es nicht einmal ernähren.

Er atmete und versuchte, nichts zu denken. Die westliche Kurve seines Bogens dehnte er, bis sie auf einen Hügel führte. Langsam, Kurt. Das Hündchen drehte nach 100 Metern unvermittelt ab und lief zurück in sein allein ihm bekanntes Leben. Ihn begleitete der unermüdliche Wind. Ein Habicht schmolz in die Spirale der Luft, mit der er stieg, und Gegenstände, gemeinhin zu schmal oder winzig für das Auge, drangen in Kurts Bewusstsein. Wandern in den Fells fühlte sich an, als träte man auf eine riesige Schaufel und werde in die Luft gehoben.

Frier.

Sei erschöpft.

Schau.

Als er auf der Kuppe des Hügels ankam, dehnte sich rundum eine gewaltige Fläche gebuckelter, steiniger Wiesen. Die Hänge und Bodenwellen vor ihm leuchteten, nicht das geringste Detail verschwamm. Richtete ein Mensch das Auge auf Dinge, die sich nicht regten, vertiefte dies seinen Sinn für die äußere Realität. Der Brennpunkt lag überall. Nichts wies einen Bezug zu ihm, dem Schauenden, auf. Kurts Puls beruhigte sich kaum mehr. Hoher Blutdruck, schwaches Herz.

Steine bestanden aus Mineralien und Stoffen, die auch in menschlichen Körpern vorkamen. Und wenn er hier bliebe? Sich hinsetzte und ins Land blickte wie ein Stein, ganze Jahrhunderte lang, und aus Grasflächen würden Wälder und aus Dörfern Sümpfe und man würde Kurt als Mensch lediglich erkennen, wenn er sich regte, oder nicht einmal dann. Dann wäre es keine Frage mehr, wohin er gehörte.

Er ging die Langseite des Ovals zurück, unmittelbar auf Long Meg zu, die im Süden des Tochterkreises stand. Mit jedem Schritt verschob sich die Perspektive. Manche der Töchter verschwanden, andere wurden groß.

Ein Kind mit Wantee.

Er stellte sich Bilder vor, die aus lebenden Molekülen und lebendigem Licht bestanden, träumte von leuchtenden, in der Hand zu haltenden Maschinen, die, mit der Fingerspitze angetippt, ein Bild öffneten und es mit jeder neuen Berührung in ein anderes hinüberschmelzen ließen.

Erinnerungen umschwärmen ihn wie Bienen. Hier oben gibt es keine Bienen. Der Grund schüttelt seine steinigen Schultern, krümmt seine Schieferarme. Die von Gletschern geschürften, stillen Seen öffnen und schließen ihre Lider aus Reet mit den Jahreszeiten. Auch er ist weit geöffnet worden.

Er hat bereits ein Kind, Ernst.

Mit Ernst ist er über das Meer gekommen, sie haben es geschafft und es hat sie verwandelt. Etwas Neues hat angefangen.

Knochen lutschten sie aus auf der Suche nach Nahrung, kosteten giftig-bunte Pilze, bis die Zungen schwollen. Auf dem Weg nach England kotzte er sich die Seele aus dem Leib, am Ende hing sie so weit aus dem Körper, dass er sie fast verlor. In diesem Zustand lernte er Wantee kennen.

Und wenn es ein Mädchen würde? Das müsste nie in einen Krieg.

Zuhause kümmerte er sich um alle kalten Gerichte, da verdarb er nicht so viel, Wantee bereitete die warmen Speisen zu. Ihre Schönheit tat ihm gut, ihre Zähigkeit beeindruckte ihn, ihr Landeswissen war unersetzlich, sie war seine Brücke, seine Lebensversicherung, sein keineswegs heimlicher Trost.

Ein Kind. Er wusste, wie lang dieser Weg war. Wie viele Wendungen er nahm.

Doppelt waren seine Lebenslinien verlaufen: Spaß und Verzweiflung, Einsamkeit und Symbiose, beständige Liebe und Liebe in Schüben. Da die Sehnsucht zu komponieren, dort das Wühlen in Müll, da der Geizkragen, dort der Verschwender, da der frei schweifende Geist, im Übrigen die entzündeten Glieder, da und da und da der lustvolle Mann, nun dieses schwebend vergängliche, nahezu geschlechtslose Wesen. Er war beides gewesen, das Scheitern und die Musik.

Die Luft pfiff, als er von Long Meg aus weiterging. Der lange Stein tanzte mit dem Wind, wenn die Töchter nicht hinsahen. Wantee sollte den Weg mit ihrem Kind nicht allein gehen. Doch wenn er sich erholte …

Neben dem Stall, an dem er in einigem Abstand vorbeikam, warteten ein Pferd und ein leerer Heuwagen. Das hohe, aus hellgrauen Steinen gebaute Farmhaus passte perfekt vor den Himmel.

Die Böen verwandelten das Fell über dem dünnen Körper des Pferdes in ein Meer.

There is no place like home, hörte er Wantee sagen.

Seine Lungen knisterten, so kalt war die Luft. Feinste Disteldaunen aus Schnee segelten im Wind. Stets hatte er den »no place«-Satz als sentimental abgetan: Mein Zuhause ist das Beste. Da betonte Wantee das *is* und der Satz sagte das Gegenteil: Es gibt keinen Ort, der ein Zuhause ist. Man musste ein Zuhause immer erfinden. Man durfte es erfinden. Er spürte, wie sehr er ihr ein Kind wünschte. Seine Gesundheit glich dem Hund von vorhin, torkelig. Doch wenn er sich erholte und den Barn schaffte …

Ach, du lieber Albatros. Er dachte den Satz nicht weiter. Dafür war er zu abergläubisch – hier, zwischen den uralten, mächtigen Blöcken. Was sie bedeuteten, als die Menschen der Bronzezeit sie aufstellten, war längst vergessen. Als Zeichen standen sie da, zu einer Kraft geballte Materie, die ein Stück Grund verdeckte.

Er war zurück an seinem Ausgangspunkt, lehnte sich an eine der Töchter. Sie war warm. Von ihm. Oder von der Flechte. Oder von gespeicherter Sonne. Oder von nichts.

Ein Kind.

So lange schon arbeitete er mit Stein. Zum ersten Mal empfand er Ehrfurcht vor ihm. Wie alle tiefen Geheimnisse war auch das der Felsen so einfach, dass es unheimlich wurde, wenn man es erkannte.

Stein war schlafende Lebendigkeit.

11: Wantee, wie sie lacht

aus : auf : ver
teilt
Wutform   Wustform
(aus   kommen
(komischerer
-urt   -orm
Flakon
Flasche
Fl
-omm

Gerudert, flach (mit den Armen) (im Schlaf)

Sie flüsterte »genug« in sein Ohr, rüttelte ihn an der Schulter. Er hatte von einem Wort geträumt. Nun war es weg. Gekrümmt, misstrauisch war er am Boden nicht-ganz-seiner neuen Scheune herumgekrochen. Stein, Fels und er, das gesamte Schwitterswesen, schwitzten sehr.

Ich-er, him-me.

Das klang nach Himmel, fast.

»In den fahren allein die Gerechten auf«, sagte Wantee.

»Auch elend«, sagte er.

Seit London dachte er bei Himmel an The Blitz, Hitlers deutsche Bomben, Hitlers Eroberungswahn.

»Weißt du, dass nicht all unsere Organe schlafen müssen? Dass es genau genommen ein einziges ist?«, flüsterte er ins Halbdunkel. Das Zimmer trieb in körnigem Blau; kein Vogel zwitscherte, die erste Morgenrunde musste bereits gesungen sein. Wantee schlief schon wieder, sie sah zufrieden aus. Ihre Anwesenheit erquickte ihn, ihr fröhliches Wesen, nur übertroffen von der felligen Wärme der Katze, die sich zu seinen Füßen eingerollt hatte. Sie gehörte dem Schmied. Die Schwitters hatten immer Katzen gehalten, eigene und hereingestreunte. Agamemnon mochte Kurts Füße. An ihnen liebkoste er nicht Kurt, sondern sich selbst. Kurt diente als Anlehnknochen. Wachte Kurt auf, war Agamemnon jedes Mal bereits wach. Er schlief nie wie ein Mensch.

In Kurt kroch eine dichte kühle Angst herum. Er war zurück auf dem Fischtrawler, der sich eine nie endende Küste hinauf nach Norden mühte. Auch Norwegen blitzte nach durch seine Adern, seine Nerven, sein Gemüt (ah, so deutsch). Was geschehen war, wurde taghell und abermals zu Gegenwart, wurde heiß, grob, verlosch, kam zurück, bisweilen Nacht um Nacht, dann für Wochen nicht, blieb sich nur in einem gleich: Greifen ließ es sich nicht.

Die Wärme der Katze tat den Füßen gut. Er nahm an, dass Agamemnon das wusste. An Kurts Bauch legte er sich selten. Zu laut? Körrt, wie er kracht. Er sah sich besser, wenn er sich Überschriften gab. Reime halfen ebenfalls.

Früher hatte er sich so fraglos in Wörtern gespiegelt, dass er die Spiegelung nicht bemerkt hatte. Nun war er nackt. Er konnte nur mehr malen und zeichnen. Langsam griffen seine Hände über eine Wand.

Wie er facht

Er sucht ein Wort. Es soll einfach sein. Ein Wort, bei dem man den Mund abwechselnd weit auf- und zumachen muss. Ein Wort, in das er sich einräumen kann.

Er setzt sich auf, flüstert Richtung Agamemnon: banana. I'm banana Körrt, did you know?

Wie er, sacht

Creightons Mondgesicht ging regelmäßig erst am Nachmittag auf, gelbliche Haarsträhnen über die Glatze gekämmt. Die Augen funkelten wie schwarze Käfer. Kurt hatte die Sperrholz-platte auf neue Gemüsekisten aus der Markthalle genagelt. In eine steckte er Fundstücke, die andere enthielt MERZens,

Kürtchens, Kurts, Pfitzers und Daddys Korrespondenz. Wenn das aus Stein gemauerte, dunkelfarbige Reihenhaus aus der Zeit der Jahrhundertwende, Vorgarten, weiß gerahmte Fenster, auch nie als Schmiede gedient hatte, jetzt wurde es in eine COLLASCHMIEDE verwandelt. (»Ah, mein Bester, wenn du wüsstest, was alles sich unter dem Bett findet« – Wantee zu Creighton, ohne Ton.)

Einmal pro Woche durften die Mieter baden. Die 15-Inch-Linie der Kriegszeit war in der Wanne weiterhin das Maß aller Dinge. Wasser, wärmer als fünf Grad, musste Pint um mühsames Pint im Wasserkocher hochgetragen werden. Creightons Schwester, die zwei Häuser weiter die Straße hinab wohnte, weigerte sich, mit dem Deutschen auch nur ein Wort zu wechseln; auch einigen Kindern von Millans Park war eingeschärft worden, Abstand zu halten. Dem Haus gegenüber läuteten die Kirchenglocken auf die traditionelle englische Weise, musikalische Mitglieder der Gemeinde hängten sich an die Seile und zogen sie in streng mathematischen Wechseln. Stärkung und Demütigung lagen eng beieinander, das Leben wollte somit weitergehen wie bisher. Umso akribischer versuchte Kurt, in englische Gewohnheiten einzutauchen wie ein Teebeutel in dampfend heißes Wasser taucht, also zur Gänze.

Oben im Speicher (als es kracht)

Pflegeleicht ist hier nichts. Perfider Turmfalke frisst Maus im Flug. Permanent gewinnt Doktor Johnston beim Schach. Kurt, penibel: sich winden, schinden, Damenbinden. Patzer. Passender: zünden? Passabel: finden. Pluss jetzt! Pluss, äh Schluss mit dem Wortepanschen. Er will sich nur ablenken von seiner Entscheidung. Sie ist unangenehm, doch getroffen. Er will sein Testament ändern.

Als er auf der Suche nach einem nicht zu schäbigen Bogen Papier durch seine Schubladen wühlt, fällt ihm der Bericht vom Januar 1941 aus Hutchinson in die Hände. Dass er den noch hat.

Version Lagerleitung: EA Switters hat sein Atelier in Brand gesteckt.

Version KS, offiziell: Hat er nicht.

Version KS, für sich: Er erinnert sich nicht.

Einzig das weiß er: Um vier Uhr hatte er die Flammen im Kamin erstickt, bevor er zum Teetrinken in die Hausküche schlurfte. Nach seiner Rückkehr hatte er weitergearbeitet, ohne das Feuer erneut anzufachen, das Studio um fünf Uhr ausgekehrt, das Schutzblech vor den Kamin gestellt. Der Brand war etwa zwölf Stunden später entdeckt worden, gegen 3.30 Uhr am 6. Januar.

Die frühen Januartage schienen es nicht sonderlich gut zu meinen mit ihm. An einem Januartag war er von Hamburg nach Oslo aufgebrochen. Am 1. Januar 1940 hatte er begriffen, dass das norwegische Exil vorbei war. Am 2. Januar 1946 hatte er nach fünf Jahren mehr oder minder kriegsbedingten Schweigens seiner Mutter den ersten Brief geschickt. Sie war bereits tot gewesen, als er ihn schrieb. Januar: weiße Augen, bleckender Stein.

Wie er flucht

Wie.

Oder als?

Als ob.

Unter dem Horizont strömt (stört?) starkes Licht, frisst die Fells, das Fenster, ihn. Natürlich sollte er nicht in der kalten Klause arbeiten.

Natürlich sollte er sich schonen.

Führe Kürtchen zu Ende, beende Kurt. An die eingeschränkte Farbpalette des Lake District hat er sich gewöhnt. Rot ist ein Aufschrei, gelb ein Ausrutscher. Es herrschen Grau, Grün und erdiges Braun. Lässt man sich auf sie ein, beginnen sie nach einer Weile zu leuchten. Auch Silber begegnet er auf Schritt und Tritt – Schiefer, Glimmer, Tautropfen im Gras.

Hätte er gemacht?

Aus dem Klang ihrer Stimmen schloss er, dass sie auf seiner Raucherstufe saßen und sich die Rücken am Außengesicht der Wand wärmten, an deren Innenseite er arbeitete. Wantee war wie üblich zur Mittagszeit vorbeigekommen, um nach ihm zu sehen. Er stand auf der Leiter, musste die Hütte vermessen. »Ah, du hast die Nägel eingeschlagen«, da war ein zweiter Kopf in der Tür erschienen. Tiefe Stimme: »Hab schon mal die Extraziegel gebracht.«

Er hörte, wie ein Streichholz angestrichen wurde. Streichholz, a match. Match bedeutete auch Spiel. Oder dass etwas passte. Er hörte viel zu scharf. Er wollte nicht hören. Mehr als das Streichholz hörte er ohnehin nicht. Also: Wantee saß draußen, rauchte und betrachtete das charmant wüste Stück Land der Familie Pierce. Und der wüst charmante Jungpierce saß neben ihr und tat genau das Gleiche: rauchen, schauen, Abstand halten. Oder?

Er durfte sich nicht ablenken lassen. Um zurück in seine Arbeit zu finden, musste er in eine andere Art von Wirklichkeit springen, die Frequenzen seines Gehirns verändern. Es gab keinen kontinuierlichen Übergang von normal zu X – dem X vollkommener Konzentration bei gleichzeitiger Leere. Auf dem Weg dorthin riss das geringste Geräusch ihn zurück; er wurde seiner selbst gewahr, wie er auf einer schmalen Stufe balancierte, irgendwo weit oben, wo man erfand – ohne Seil, ohne Sicherung – und stürzte ab.

Es knirschte. Jemand musste auf den Kiesweg vor der Wand getreten sein, er hörte Tuscheln. Als er den Pinsel ablegte und zur Tür eilen wollte, um sich bei Bill dafür zu bedanken, dass er ein zweites Mal gekommen war, ließ etwas ihn mitten im Schritt innehalten. Es war unnatürlich still. Eine Luft, zum Schneiden dick. Wider jede Einsicht lehnte er sich gegen seine Mauer. Niemand konnte durch Steine schauen, namentlich nicht durch mehrere Schichten davon, und dann konnte man es doch.

Geriet das Leben der Kunst in den Weg? Oder war es andersherum? Stand er da an der Wand und hörte seine eigene Schand?

Unsinn. All diese Phrasen im Kopf. Fiederallalasprache, Gängelungsidiom.

Was er hörte, waren nicht Worte. Da waren nur er und seine Wand mit ihrem Geruch, den dunklen Steinen, Lücken, Füllungen. Die beiden auf der anderen Seite waren stumm. Zumindest sprachen sie nicht.

Ohne Wantee wäre er nicht hier. Nicht hier ohne die Pierces. Wollte er das eine, handelte er sich das andere mit ein. Nicht jedes Werk bezahlte man mit innerer Substanz. Die MERZwand schon.

Er wartete, bis er sich sicher war, nicht zu stören. Jumbo im Porzellanladen, das hätte noch gefehlt. Vorsichtig trat er aus der Tür, schritt, darauf bedacht, einigen Lärm zu erzeugen, die Südwand der Scheune entlang und bog um die Ecke. Neu gepflanzte Büsche, nichts als Azaleen, verstellten ihm den Blick, bis er Wantee nach ein paar weiteren Schritten entdeckte. Sie kam ihm durch das Gras über den Weg entgegen, der zur Nordwestgrenze des Grundstückes führte, hinüber nach Walthwaite. Sie war allein. Als sie ihn sah, winkte sie ihm leicht, er meinte verlegen. Sie hatte den Burschen also verabschiedet. Zögerlich schritt er auf sie zu. Falteringly, sagte sein englischer Kopf, wie ein Falter. Einer, der schwankte, einer, der fehlte, einer, der suchte. Das, all das, war zögern auf Englisch. Er hatte sich auch in die fremde Sprache verliebt.

Unter Dach und Fach

Mehrere Schichten ordinären Baugipses, Alabastergips konnte er sich dieser Tage nicht leisten, bedeckten die gesamte linke
Seite der Wand. Vergraben unter all dem Weiß war der einst
vergoldete, nun angebrochene runde Rahmen eine Art leuch-
tender Schatten geworden.

Geheime Schlacht

Jeden Freitagabend saß er bei den Dörflern im Pub. Vor-
stellung und Erfahrung stimmten hier aufs Lieblichste, nein
Leiblichste überein: Die Kunst förderte den Durst. Sprach man
über das Wetter, sagte jedes Wort »wir sind hier daheim«. Die
Landschaft saß den Menschen im Blut, in den Gliedmaßen, im
Herzen. Sie kannten alte Wikingerpfade für den Wollhandel,
jeden Hügel, jeden bröckelnden Felsen, jede Wolkenformation.
Vermutlich wurden schon im Mutterleib ihre Träume von den
Senken und Anstiegen geformt. Wie übersetzte sich ein Ort
in lebende Materie? Wie übersetzte sich ein Ort durch einen
lebendigen Körper in Kunst? Das ununterbrochene Murmeln
und Schießen der Bäche über Fels und Stein, die elektromag-
netischen Felder enormer Wolkensäulen, die matschigen
Wiesen, die unvergleichlich metallischen Augusthimmel, der
matte Grünspan, die Farbe von Kupfer oder Orange zwischen
Schleiern von Nebel, die Geräusche der Schafe, ihr Geruch
und ihr Geschmack.

Nicht Dinge nimm wahr, sondern Zwischenräume, nicht
Einheiten, sondern flüssige, zitternde Verbindungen.

Manchmal spürt er, wie dort, wo der Himmel auf seiner
Suche nach Vögeln, Haustieren und Menschen seine Wasser
herabschüttet, aus dem Boden eine unbändige Glückseligkeit
aufschießt, jäh und geheim.

Rita Hayworth badet *bubble* und sagt »ach«

Er riss Franz Defreggers *Mußestunden* aus einem gammligen Kunstband und klebte Rita Hayworth über die Bauernkinder. Das Mädchen strickte, Rita im Schaumbad, göttlich, sprich: farbig gedruckt, Rita mit einem weißen, zu zwei Hasenohren aufgezwirbelten Band im Haar, »bubbelte« und lachte. Gefühlskommerz das eine, Geldkommerz das andere, die Ecke eines Tisches, aus einer Illustrierten geschnitten, hatte er zwischengeschoben, ein Stück der Platte, eine gefaltete Decke, leer der Rest.

Auch sich selbst mochte er nur mehr wahrnehmen, wenn er sich überklebte. Zeitungsschriften kleisterte er sich so über das Gesicht, dass allein die Augen, der Nasenrücken, ein Stück der Stirn herausschauten. If you are blonde, pick perfume from flowers.

Schiefe Pracht

Es wird hell. Der Himmel blendet wie die Flagge einer Nation ohne Tadel, also irreal.

Die Landschaft der Lakes, gewitzt und alt, rollt sich darunter ein. Windböen fahren in die Bäume auf den Hügelflanken, als wollten sie sie gipfelwärts treiben. Wo in früheren Wintern Lawinen abgingen, spiegelt nackter Fels. Ein Schneesturm zieht auf.

Wantee kommt mit Tee

Er steht am Fenster. »I have an awning, ich hab ne Ahnung«, sagt er.

Sie lacht sich schief. Awning heißt Markise. And what the hell is »to laugh oneself askew«? Agamemnon springt auf das Fensterbrett, riecht an der Teetasse, drückt sich zwischen die beiden Menschen. Körrt stellt sich besonders schief hin. Die ersten Flocken fallen. Der Kater buckelt und schnurrt.

12: He---He---Heften

<pre>
                              Erd-
                              ruf
                    -kunde   : Borke
                              bark
</pre>

Als sein Schlüssel im Schloss drehte, flatterte ein dicker brauner Nachtfalter auf. Spät im Jahr, Kurt wunderte sich, dass das Tierchen noch lebte, am Ende war der Verschlag allem zum Trotz ein lebensfreundlicher Ort. Er wedelte die Motte mit sich nach innen, zog die Tür hinter sich zu und lauschte in die Dunkelheit. Nichts. Nur die vertrauten Gerüche von Gips, Farbe, Feuchtigkeit.

Eine Woche war er nicht hier gewesen. Guinness' Schuld. Guinness in ihrem völlig überheizten Wohnwagen, in dem die Luft von Zigarettenrauch so dick war, dass selbst Schweine abstürzten.

Gearbeitet hatte er und gearbeitet. War nach ruhelosen Nächten nach Elterwater gefahren, in der Scheune ohnmächtig geworden und hatte sich den Kopf an einem Stein aufgeschlagen. Drei blaue Augen jetzt, haha. Er taumelte zu Guinness' Wohnwagen, sie zwang ihn auf einen Stuhl. Während sie ihm Tee einflößte, sagte er, ernst sei es nicht. Sterben könne er nur in einem sich von hinten wie vorn gleichenden Lebensjahr: 66, 77, 88, er, Kurt, Schwur und Rutsch, Ritter der Tricks, Testkuh, stures Schwert. Guinness wickelte ihn in Schottenkaro und rannte davon. Verräterin! Von ein paar Anagrammen in die Flucht geschlagen. Mit Bill kehrte sie zurück. Sie keuchte, Bill nicht. Der hatte das Motorrad genommen. Kaum hatte der junge Pierce einen Blick in den Wagen geworfen, war Kurt für »unfit« für einen Transport erklärt.

Das ging beleidigend schnell. Nur weil er schwitzend unter dieser Decke saß. Leider klapperte er so mit den Zähnen, dass er sich gegen das Urteil nicht wehren konnte.

Bill nahm das Motorrad und holte Wantee. Mit roten Wangen, aufgeregtem Mütze-und-Schal-Gesicht kam sie in Elterwater an. Da stand Jumbo wieder. L-ä-n-g-s-t! Und ohne Stütze. Eine Stunde später fuhren sie mühelos mit dem Bus nach Ambleside. Creightons Haus lag nicht weit von der Haltestelle entfernt. Mühelos sei anders, sagte Wantee.

Der Eimer, in dem er den Gips anrührte, stand vor der Wand. Alles war, wie er es verlassen hatte, nur das Wasser hatte sich mit Eis überzogen. Er brach es mit dem Rührstock auf, rutschte ab, ein Großteil schwappte über den Rand. Nun musste er ein zweites Mal hinaus an den Bach.

Draußen war es nicht kälter als in der Scheune. Etwas trockener. Alle Vögel schienen vom Himmel gefegt. Der Ahorn am Ende von Cylinders, Richtung Walthwaite, trug einen Rest Laub, kleinste gelbe und scharlachrote Laternen, die in der steifen Brise flackerten.

Ende November, der Winter fast da. Ein Brief von Ernst war eingetroffen, eine echte Epistel, stolze 18 Seiten lang. Der Inhalt hatte Kurt zunächst verdutzt, dann zunehmend befremdet. Der junge Vater, seit fast zwei Jahren endlich das, was er hatte werden wollen, freier Bürger des freien Staates des stark steilwandigen Norwegen, forderte Schwitters senior auf, zu ihm und seiner Familie einschließlich Baby Bengt nach Oslo umzusiedeln. Buch die Reise, Daddy, und bleib. In unseren alten Zimmern in Lysaker. MERZbau zwei steht am Ende des Gartens und harrt der Vollendung.

Embark! Sein Sohn hatte auf Englisch geschrieben wie üblich. Mit dem Ruf »embark« hatte man sie und die anderen Gefangenen auf das Schiff zur Isle of Man getrieben. Damals war Kurt stolz gewesen, wenigstens bark zu verstehen. Bark hieß bellen. Und embark bedeutete einschiffen, weil die Hunde am Ufer zum Abschied jaulten?

Er hatte sich gewundert. Die Engländer waren gemeinhin nicht so offen emotional. Inzwischen hatte er gelernt, dass bark auch Rinde bedeutete. Embark, dachte er, weil man sich bei einem

Abschied aufs Meer hinaus fühlte, als würde einem die Haut abgezogen. Wie ein nackter Baum, schutzlos, kauerte man im Boot. Und die Hunde heulten.

Er war drei Abende lang über der Antwort an Ernst gesessen, der höchst befriedigt tatsächlich in die alte Wohnung im Fagerhøyveien gezogen war. Sowohl sein Sohn als auch er hatten sich ein neues Leben aufgebaut. Eine kluge Entscheidung, die einzige Möglichkeit. Ernst hatte seine Lola-Eve im Juni 1945 mit nach Norwegen genommen und ein paar Monate später geheiratet. »Den eigenen Weg nicht nur finden, ihn auch gehen«, so die Worte des Sohnes damals. Er würde sich nicht freuen, sie nun aus seinem, Kurts, Mund zu hören.

Er spürte seine Erschöpfung in der Schulter und beiden Beinen, als er den gefüllten Eimer zur Hütte zurücktrug. Vorsichtig, sonst schwappte es erneut über und das Wasser gefror auf dem Weg. Bis tief in die vergangene Nacht hatte er sich bemüht, sich darüber klarzuwerden, welche Gefühle Ernsts Umzugsvorschlag in ihm auslöste.

Da war, nicht zuletzt, die Frage nach dem Testament. Er hatte es noch nicht verfasst, weil er kein gutes Blatt Papier dafür fand. Nun ja. Eine feine Erklärung. Sie half ihm, auch wenn er sich durchschaute. Der Gedanke war nicht vom Tisch, und er hatte sich erkundigt. Er musste nicht nur das alte deutsche Testament ändern, sondern einen neuen Letzten Willen verfassen, im Ganzen per Hand auf Englisch geschrieben. Bezeugt musste das Dokument zudem werden. Jeder Bürger des United Kingdom durfte den Vorgang beobachten und bestätigen, dass er, Kurt, seine Regelungen bei klarem Verstand und ohne Zwang verfügte. Einiges war abzuwägen, nicht zuletzt Ernsts Jähzorn. Und seine Labilität. Nicht allein finanziell. Finanziell auch. Ernst Charakter war wie eine Schneepiste, auf den ersten Blick freundlich und verlockend, so dass man Schuss abfuhr. Bis man auf die Buckel stieß, die versteckten Gruben, das Eis unter dem lockeren Pulver. Kurt erinnerte sich.

In der Regel legte Ernst seinem Vater mit Hilfe stets neuer Namen angeblicher Unterstützer nahe, sich um Stipendien zu bewerben. Aus heiterem Himmel sollte nun seine Anwesenheit in der alten Tannenhütte gefragt sein? Zuhause hatte Kurt die Räume in Lysaker nie genannt. Dorthin zurück? In jedem Zimmer am Fagerhøyveien würde er seine erste Frau fühlen und sehen. Sie war so regelmäßig zu Besuch gekommen, hatte so viele Pakete dorthin geschickt. Schon vor dem April 1940 war ihr Schatten in jedem Winkel gesessen; nun könnte es nur bedrückender sein.

Bedachte Ernst das nicht? Oder war er so rücksichtslos?

Etwas Melancholisches und Nostalgisches, ein weiches »ich vermisse dich« entnahm Kurt den Seiten ebenfalls. Das wollte er jedenfalls hören, und zunächst hatte es ihn gefreut. Im Weiterlesen indes hatte er sich zunehmend unbehaglich gefühlt. Zwei Tage waren verstrichen, bis er benennen konnte, was an dem Brief nicht stimmte: Mit keiner Silbe erwähnte Ernst Wantee. Ja, er spielte nicht einmal darauf an, dass es sie gab. Gut, ein schmaler Gruß am Ende. 18 Seiten lang davor kein anerkennendes Wort dafür, wie unermüdlich sie den Amblesider Patienten umsorgte. Ihr verdankte Kurt, dass er noch lebte und nicht in einem Sozialheim für alte Männer vor sich hin hämmerte (dämmerte? kümmerte).

Auch in Lysaker war sie nicht vorgesehen.

Die Dringlichkeit, Ernsts unerwarteter Sinneswandel, was das zukünftige Schicksal seines Vaters anbelangte, fühlten sich wie ein Überfall an. Nicht zum ersten Mal bereitete Kurt die Spannung zwischen seinem Sohn und seiner eigenen Zweitfrau Sorgen. Die Missliebigkeit schien zugenommen zu haben. Kurt war Ernsts Eigentum gewesen. Ernsts persönliches, ihm von Helma vermachtes Erbe: ein Vater und das Werk dieses Vaters, eine Bürde und eine Möglichkeit, Ernsts Ein-und-alles-Papa, nie mit einem Geschwisterkind geteilt, und, bedenklicher, Ernsts einzige lebende Verbindung zurück in seine Kindheit und Jugend sowie zu den Grundlagen seiner eigenen Kunst.

Eben da lag der Hase im Pfeffer. Ernst. Und Ernsts Kunst. Die Fotografie. Besser als der Durchschnitt. Fraglos. Deutlich. Aber auch nicht mehr.

Nie würde Kurt das so sagen. Er versteckte es, überall. Und Ernst roch es, überall. Und versteckte das. Was sie beide bemerkten und ebenfalls versteckten. Was für ein Faltenwunder so ein Herz nun einmal war. Was nicht erstaunte, wenn man genauer hinsah. Die Anatomie des Organs sprach Bände: Vielfach wanden sich Außen- um Innenhäute, die zu den Außenhäuten weiterer Innenhäute wurden, um Kammern zu formen, in die Häute wuchsen, die Klappen bildeten, Höfe, Vorhöfe und Aortenbögen. Tief versteckt. Trefflich geheim. Dort tat es weh. Es tat Kurt leid, zu ändern war es nicht.

Zu dieser Anspannung kam die bedrückende äußere Lage. Helmas Tod hatte die Vater-Sohn-Beziehung zugespitzt. Ihr Zuhause war vernichtet. Die Nationalsozialisten hatten Gehirne und Herzen an sich gerissen, Familienleben auf Generationen hin vergiftet und neben den materiellen auch innerliche Orte zerstört. Orte, die man aus den feinen Stoffen Gefühl und Mitgefühl sponn. Deutschland war kein einheitlicher Staat mehr, es war überhaupt kein Staat. Für Kurt hatte es mit dem Tod seiner Frau im Oktober 1944 aufgehört zu existieren. Leer allerdings war sein Heimatland nicht. Leer setzte noch immer eine Form voraus. Eine Hülle konnte leer sein. Im Fall Deutschlands hatte man sogar die Hülle zu Staub zermahlen. Es war leer-leer. Keine Geräusche drangen mehr daraus hervor, nie wieder würde er die Villa in Hannover riechen, nie fühlen, wie sich die Räume der Waldhausenstraße 5 bergend um ihn legten, während er hinüberglitt in die Tiefen des Schlafs.

Die Bauten des Nachkrieges, von denen man ihm aus Hannover schrieb, schienen noch trostloser auszufallen als jene an der Themse (weniger Geld, mehr Schuld). Widersprüchliche Kräfte bestimmten die Gegenwart: zum einen, was man gewusst hatte, zum anderen, was man gewollt hatte, zum dritten, was man am Ende erreicht hatte.

Er stand vor der Tür seiner Scheune, den vollen Wassereimer in der Hand.

Der Bus aus Ambleside ratterte die Straße entlang. So war er bereits seit einer Stunde hier? Der Wind fetzte Sonnenstrahlen um das graugrüne Blech des bremsenden Wagens, schleuderte sie in alle Richtungen zurück in die Luft. Das Gesicht des Himmels glich einem Steinbruch, die Eiche am Zaun verteidigte allerletzte Blätter von der Farbe gehämmerten Kupfers gegen das Wetter. Die Böen heute Morgen hatten kräftig in die Felle der Schafe gefasst, ihnen die langen Zotteln als umbrabraune Flammen um Beine und Kopf geworfen. Während Kurt die Ruhe selbst gewesen war. Er hatte die Antwort an Ernst in Ambleside in den Briefkasten gesteckt, war zur Haltestelle weitergegangen, hierhergefahren.

Es war so weit. Der Kampf hatte begonnen. Er wurde um Kurts Zukunft ausgefochten. Er kannte seinen Sohn, kannte die Schwittersgene Vorsorge, Zukunftsangst, Kommerz. Was sich abspielte, betraf die letzte Trennung. Kurts Ende. Und es betraf das Geld, das in Zukunft mit Kurts bildnerischem Werk zu verdienen wäre. Und dieses Werk.

Im Sommer 1945 hatte der junge Schwitters, durchaus stolz auf sich, seinen Vater verlassen. Und jetzt hatte das alte Kurtgestell seine Widerstandskraft zusammengenommen und sich eine etwas andere Zukunft ausgedacht. Sie ging Ernst schwer gegen den Strich, oder wie sagte man auf Deutsch: Zum Kotzen würde er es finden. Dass Kurt sich mit einer Frau zusammengetan hatte, die kaum älter war als Ernst oder Ernsts Gattin, dafür hübscher, ärgerte Schwitters junior mit Nachhaltigkeit und erzeugte einen Trotz, den Kurt wiedererkannte, vergebens wegwünschte und nicht weiter berücksichtigen konnte. Wantee teilte sein Leben mit ihm, sie war ihm körperlich nah, ihr hatte er sein Herz geschenkt. Sie war Engländerin, wollte in England bleiben, er blieb bei ihr.

58 Jahre hatte Kurt alt werden müssen, um zum ersten Mal exklusiv mit einem Menschen zusammenzuleben, der nicht zu seiner Verwandtschaft zählte. Wie ein Sicherheitsgürtel hatte der Klan ihn auch als Erwachsenen umschlossen. Er hatte nicht die geringste Absicht, nach Oslo umzusiedeln, um sich dort frisch in Sippenhaft nehmen zu lassen.

Habe für mein Lebtag genug von Schiffen, mein Lieber, hatte er nach Lysaker geschrieben. Bin nun mal ein komischer Kauz, wie Du verdammt gut weißt. Verliebt in mein wollig-wuseliges englisches Dasein.

Er hatte hinzugesetzt: Die erste Höhle, die ich in die neue Wand schlage, wird für Dich sein, Ernst Lehmann. Mein Freund.

Und hätte gern ergänzt: Mein Kind.

Kind meiner Seele. Geschmolzener Kern im tiefsten Grund meines Herzens.

Bloß nicht!

Im Herbst 1936 hatte Ernst die Bezeichnung Freund zwischen ihnen eingeführt. Kurt, ganz der reife Vater, hielt es für eine spätpubertäre Anwandlung des Sohnes. Das verflog, das brauchte der Junge da oben im hohen Norden, allein mit sich, wo Kälte einen packte und die Sterne unmittelbar über dem Kopf flackerten. Jugendliche Überheblichkeit, ihm selbst nicht unbekannt, und das grausame Bedürfnis nach Unabhängigkeit trieben das Küken vor sich her.

Ernst hatte die Formel nie zurückgenommen, und Kurt hatte es nicht gewagt, von sich aus zu »Kind« oder »Junge« zurückzukehren. Seither unterzeichnete er seine Briefe mit Zerrformen des eigenen Namens, Wortspielen mit MERZ oder dem norwegischen *far*. Zweite und dritte Sprachen konnten wunderbar getarnte Weisen sein, Abstand zu halten.

Er hatte das gesamte erste Blatt des Briefes ein zweites Mal geschrieben, um das »Lehmann« in der Anrede durch den korrekten Vornamen zu ersetzen und anzufügen: Ich bin es, der Dir zu danken hat. Hier möchte ich bleiben, hier, wo mein letztes Werk

Gestalt annimmt. Es wird mich mit Dir verbinden, wann immer ich in der Scheune stehe. Ich denke an Helma und Dich und unsere gemeinsame Zeit. Du bist das Einzige, was mir in meinem Leben wirklich geglückt ist.

Auch für die anderen Fragen, von denen die 18 Seiten so beredt geschwiegen hatten, hatte er eine Lösung gefunden. Sein Werk und die Zukunft. Ein neues Testament insgesamt, dessen war er sich nun sicher. Nicht Details mussten, wie bislang gedacht, anders geregelt werden. Das Gegenteil traf zu. Diese Klärung hatte ihn heute Morgen so beschwingt, dass er trotz aller Erschöpfung und der halbdurchwachten Nacht in seine Scheune gefahren war. Er genoss es, hier zu sein. Nach all der Arbeit, den Monaten der Kämpfe um den Barn und um seinen Körper war es leichter geworden, auf das zu hören, was nicht da war

Sein Exil kam ihm zupass.

Mobile Formen, nicht natürlich, natürlich künstlich. Rechnungen gingen nicht auf, das war der Normalfall. Die Schaukel schwang.

Er entdeckte sie, als der Bus anfuhr. So früh? Wantee winkte, es schien also keine emergency zu sein. Wie sagte man gleich nochmal auf Deutsch?

Sie ließ ihn kaum mehr allein dieser Tage.

Wie frisch er aussehe, heute! Kuss auf die Wange. »Hell, you're cold.«

Gemeinsam arbeiteten sie weiter. Wantee kehrte den Scheunenboden aus, bückte sich für Kurt. Die Paraffinlampe zog, der Ofen vor der Wand brannte. Die meiste Zeit hielt Lady Lee eine zusätzliche Kerze in die Höhe, so dass Kurt müheloser sah; niemals merkte er ihr die geringste Reaktion an, wenn er etwas an der Wand ausprobierte. Die Kunst, ihn ihre Anwesenheit in der Hütte vergessen zu lassen, beherrschte sie inzwischen perfekt.

Um zwei Uhr nahmen sie den Bus nach Grasmere für einen kurzen Spaziergang zum See. Troll Kurt in seinem fadenscheinigen

Mantel, sie, hübsch gekleidet, rosenwangig, die auf jeden seiner Schritte achtete und die Tasche trug. Er war schwach geworden in diesem Herbst, Leinwand und Farben nahmen sie auf die Ausflüge längst nicht mehr mit. Anders als vor einem Jahr vermochte er wenigstens zu laufen. Sie picknickten auf einer Bank am Ufer, tranken Thermostee und blickten über das dunkle Wasser hinüber zu der wie von Blitzen gespaltenen Gipfelkette, die sie an ihren ersten Winter hier und ihre ausgedehnten Wanderungen erinnerte. Der Grund unter ihren Füßen hatte die Farbe von nassem Tweed, der Himmel überzog sich mit zartem Zitronengelb. Wantee hatte das Perlmuttmesser eingesteckt, das Creighton ihr zum Geburtstag geschenkt hatte. Sie säuberte es, das Heft schimmerte mattrosa, weißlich, hellgrün.

»Coruscant«, sagte sie, schlug die Zähne in ihr Schnittlauchbrot und spülte den Bissen mit einem Schluck Tee aus der Kanne hinunter. »Sou wwuonderbarr.«

Allmählich wuchs ihnen eine gemeinsame Vergangenheit zu. Übermütig ließ Kurt einen Ast über die gefrorene Oberfläche des Grasmere rutschen und versuchte, sein Londoner Mädchen dazu zu bringen, ihm hinaus auf den glasigen See zu folgen. Am Ufer, wo das Eis stellenweise rissig war, machte das Wasser ein schlürfendes Geräusch und rasselte mit den Kieseln. Er musste Wantee unbedingt vorführen, wie man sicher über Eis querte, vielleicht brauchte sie es einmal im Leben: Man nahm einen langen Stock und hielt ihn wie ein Seiltänzer seine Balancierstange. Brach man ein, rettete einen das Holz vor dem Ertrinken. Sah sie es?

Sie nannte ihn einen Narren. Er stand zwei Meter im See auf der gefrorenen Platte und drehte sich wie ein Kind. Taumelig, ein wenig ungeschickt.

Als sie sich auf den Heimweg machten, blickte er zum Grasmere zurück. Dort, wo Kurt ins Eis gestochen hatte, überzog das Wasser sich von neuem mit einer zarten, frostigen Haut. Von neuem fing diese Haut zu spiegeln an.

Zuhause schlugen sie coruscant nach. Das Adjektiv verband sich, sagte das Wörterbuch, mit scherzen, jesting. Die Wurzel beider sei Freude, joy, ursprünglich eine tanzende Bewegung in Licht.

Er war ein Narr, aber jarr.

Tanzende Bewegung in Licht. Spiegel, Spiegel, fang!

13: Das Jahr, in dem er stürzen übt

```
                          °
                      (S°ß-)
         Krücke        Kram
              st°rziger
                     dara°n hat er
              °    zu      kau      °
                          en
                                      d
               e
```

Wantee, 4. Januar 1946

Bicky hatte ihr das Buch eines gewissen Anton Hermann Winter mit dem verlockenden Titel *Practical Travel Talks in English and German* besorgt. Hier lernte man Wörter wie Schreck und Scheck, gescheckt und gestreckt. Keines davon konnte sie aussprechen. Staunen lernte sie ebenfalls. In dem Deutschland des Jahres 1933 hatte es neben Wermut ständig Erbsensuppe und Königinsuppe gegeben. Pürierte Monarchie! Die Germanen konnten witzig sein.

Ihr Germane war unbeweglich. Prellungen am Steiß, leichte Gehirnerschütterung.

»Ist es nicht anstrengend mit ihm«, fragte Sylvie jedes Mal am Telefon, Sylvie aus London, die Monat um Monat versprach, e-n-d-l-i-c-h auf Besuch zu kommen (»läufst du schon im Schafspelz rum oder lebst du noch?«). Danke! Wie sollte es nicht anstrengend sein mit Jumbo. Old-Switters, nur aus den Latschen gekippt, tumbled from his old shoes, funny Körrrt, nur ein bisschen, mal wieder, aus dem neuen Leben gefallen.

Sie saß an seinem Bett und klebte Buchstaben auf hellblauen Karton. Wecken um fünf Uhr nachmittags, Temperatur messen. Seit sie Jumbo kannte, fiel er aus oder um, auf oder vor, und nun schlitterte er auch noch auf dem Po über eisigen Boden. Leinwand unterm Arm, lose Mantelschöße, schiefe Hochgestalt, war er um fünf Uhr morgens in der Höhlendunkelkälte des neuen Jahres zum Bahnhof gehastet, um zu einem Malauftrag nach Blackpool zu fahren. Sie hatte ihm vom Fenster aus nachgesehen. Dass sie ihn begleitete, konnten sie sich nicht leisten, und sie war, das musste sie sich zugeben und es quälte sie nicht wenig, warm in die Bettdecke gewickelt nicht unfroh darum gewesen. Die Straßenlampen flackerten, die Topf-an-Topf-Kamine lehnten gegen den niedrigen Winterhimmel. »Und ich rutschte«, sagte er, als sie ihn zurückbrachten, zwei Männer, der hohe Kurt schwer auf sie gestützt, »rutschte, meine Allerwerteste, auf dem Allerwertesten dem Bahnhof vor die Tür.« Wo er sich, so Jumbo, erst einmal gemütlich einrichtete. Rund, fast weiß das Straßenstück, Flocken wie in einer Schneekugel für Kinder, »Wantee, ich schwebte darin mit Amblesides Bahnhof, dem wartenden Zug, den Laternen, reine Schönheit, nichts als Glanz«. Mühelos habe er auf dem Rücken liegend den Himmel nach ersten Zeichen der Morgendämmerung abgesucht und an das Käsebrötchen in seiner Tasche gedacht, das er besser gleich gegessen hätte. Nach einer Weile sei in der gläsernen Kuppel über seinem Gesicht der Kopf eines Mannes mit töricht hoher Mütze erschienen, auf der ein Lackschild saß, dessen geschwungene, über den Rand hinausragende Spitze die Wolken anbohrte. »I am awfully happy«, grauenvoll glücklich, habe er, Kurt, in aller Aufrichtigkeit gemurmelt. Denn auch im Unglück spreche er, Hunne K, jetzt perfekt Englisch.

»Du hast einen Schock«, hatte sie gesagt.

»Es schneite ein wenig in der Kugel«, sagte Jumbo, dabei habe sich nun statt des Busfahrers Mister Hunter vom Station Café in Mantel und Fellmütze aufs rührendste um ihn gekümmert. Unter dem Mantel habe Hunter die gestreifte Pyjamahose getragen, die vor Weihnachten im Schaufenster bei Richardson in der Lakeland Road gelegen war, »Rosy, wir hätten sie kaufen sollen, jetzt brauch ich sie und Hunter steckt drin«.

»Dann gehst du eben ohne Hose ins Bett.«

Er, eine Gehirnerschütterung? Am helllichten Tag ins Bett? Kreemze-kraems. Er sei ein redlicher Mann. Er rede bekanntlich gern, zudem dauernd und zusammenhängend, auch jetzt, wie sie höre. Und denke klarer denn je: Schluss mit Morgenaufbrüchen und Porträts. Außerdem, Überraschung, Schluss mit Gerede. Statt sich auszupacken, packe er sich, indem er rede, pausenlos nur anders ein. Das erkenne er nun!

Sagte es, legte sich quer auf die Matratze und schlief.

Sie schnitt die Buchstaben für Kreemze-kraems aus, nahm grinsen hinzu, Aussprache greenzen, to smile. Zweisprachenwörter zum Aufwachen, Wörter statt Blumen, die gab es im Januar in Ambleside ohnehin nicht zu kaufen, wie Jumbo jeden dritten Tag beklagte. Er war eifersüchtig auf Männer, die ihr zwar keine Blumen schickten, aber London-Postkarten und Briefe. Er versuchte, seine Gefühle zu verstecken, sie bemerkte sie doch.

Als sie fertig war, blickte sie sich im Zimmer um.

Leer ohne Jumbo, viel zu leer. Und sofort sinnlos. Ja, sie war seinetwegen hier. Er reichte ihr vollauf.

Aber anders, als Sylvie das verstanden hätte. Im Ambleside gab es drei Arten von Karten: Blick auf die Fells, Blick auf eine Schafherde, Blick auf das Dorf vom Loughrigg aus. Sie nahm die Dorfansicht: Dear Sylvie. Komm, schau dir unser Leben an. Es ist sehr friedlich hier. Jumbo malt dein Porträt, wenn du entzückend bist. Ich trage lokale Wolle und sehe schon aus wie ein Schaf!

Kurt, 8. Oktober 1946

»I'll cheer you up«, hochjubeln wollte sie ihn, Wantees Freundin Sylvie, schmaler Kopf, unerhört neugierige braune Quellaugen im Spitzmausgesicht. Endlich hatte sie es geschafft und besuchte »funny Edie« in Ambleside, sagte es, setzte zwei Koffer ab und zauberte ein Kleid der berühmten herrlichen unübertroffenen Bloomsbury Seamstress aus der Tüte, dunkelblau mit roten Nähten, extravagant – wie auch der Preis. Kein Geschenk. Sie, Wantee und Jumbo, sagte Wantee, kriegten das hin, 14 Tage kein Abendessen, bis Weihnachten kein Fleisch. Und all ihre Kleidungsmarken. Er war dafür.

Für Sylvie bedeutete Aufheiterung shoppen gehen. Kurt trug die Taschen, sie rannte zurück in die Markthalle, »wait for me at the bakers«. Brav stand er an den Stufen zur Ladentür, was roch es bäckerig, er atmete tief. Als er merkte, dass er nach Luft schnappte, merkte er, dass er am Boden lag. Fein hingekriegt, Kurt, diesmal immerhin an einem angenehmen Ort weggekippt, noch dazu in klarstem Tageslicht. Stiche zuckten von unten nach oben durch den »Bobbo«, Extrapost aus dem Fegefeuer, Schuss um Schuss. Die Welt um ihn herum wurde stumm, sie enthielt einzig ihn und die Nachricht von dem Zusammenbruch, der sich durch seinen Körper fräste. Die Zeit lückte ihn an – Wantee behauptete, dass man im Englischen aus jedem Verb ein Substantiv machen konnte, also versuchte er das Gleiche auf Deutsch, bloß andersherum. Ainsle Johnston beugte sich über ihn. Fallsucht, hatte Kurt gesagt, ich habe die Fallsucht, so hieß Epilepsie auf Deutsch. Das war es heute nicht, darin stimmten der Arzt, Schachfreund und Pensionist, und Körrt überein. Der kam auf einer Trage auffällig horizontal zu Wantee zurück, übrigens ohne Sylvie, die die Einkäufe beendete. Körrt grinste, ein gesamter Kuh-Witters, schief wie eine Kuh-vom-Eis, wurde auf die Couch im Erdgeschoss gebettet. Agamemnon fand das unerhört und sprang ihm auf den Bauch, Kurt krallte sich vor Schmerz an der Katze fest, die Katze krallte freudig zurück. Johnston sagte, eindeutig, da sei was gebrochen, old mate, du rührst dich nicht, don't you dare to budge.

Wantee, 8. Oktober 1946

Bleich wie extra immature Cheddar sah er aus. Als sie ihm das sagte, sagte er, mach ein Foto, obwohl er wusste, dass es unmöglich war, sie besaßen keine Kamera. Er lag im Dunkeln und wirkte verwirrt, verwirrt und traurig wie am Abend zuvor, als er von der Porträtsitzung bei Mrs Horner zurückgekehrt war, das Gegenteil von redlich, sprich stumm. Was passiert war, hatten Sylvie und sie ihm schließlich »wie Würmer aus der Nase gezogen«, absurdes Deutsch. Die Germanen waren ein Volk der Erde und Tiere, sie banden einander Bären auf, wenn sie sich anflunkerten, zum Ausgleich stand bei ihnen sogar »ein altes Haus noch in Flammen«, so Kurt über sich selbst, im Englischen unterhielt man in derartigen Fällen unabhängig vom Alter nur ein Feuer in der Pfanne. Das, hatte er gesagt, sei erbärmlich, eine läppische Pfanne, du liebst mich nicht genug. Er nahm sie auf den Arm – in den Arm hätte sie vorgezogen, das machten sie jetzt allerdings nicht mit einer aufgeregten, spitzgesichtigen Sylvie am Couchbett und einem zerbrochenen Kurt darin.

Kurt, Jumbo, Old-House.

Mrs Horner war schuld. Sie war die Witwe eines Süßwarenfabrikanten und das war mit Abstand das Süßeste an ihr. Ein Porträt hatte sie bei Kurt geordert. Zweck: boasting and gloating. Auf Deutsch hieß das aufschneiden, er wusste Bescheid, sagte er, Mrs Rolls-Royce hatte ihn zum Teufel gejagt. Sprich: She had fired him, und zwar ohne Pfanne. Mit Worten hatte sie dabei nicht gespart: Tunichtgut Schwitters, dreckiger Schwindler, deutscher Hochstapler, Stümper. Ihr Gesicht auf seiner Leinwand sei eine Katastrophe, sogar die Juwelen habe er entstellt. Schwitters, der Scharlatan, the quack!

»Du siehst glücklich aus«, sagte Sylvie zu ihr, als sie allein in der

Küche saßen und ein Glas Portwein tranken, dick und süß, »aber schwanger bist du nicht?«

Fast hätte sie sich verschluckt, nicht der Frage wegen, sondern weil Sylvies »glücklich« so ungläubig geklungen hatte. Sie setzte an, es der Freundin zu erklären, merkte aber noch im gleichen Augenblick, dass es sinnlos wäre. Sylvie war ihrem Gegenübermenschen noch nicht begegnet. Sie hätte es nicht verstanden.

Wantee, 10. Oktober 1946

Wäre es nicht auch ernst, wäre es großartig: Körrt-on-drugs auf dem Weg in eine Riesenfliege, sprich Röntgenmaschine, schwarz, mannhoch, breit, eigens aus Windermere in einem Krankenwagen herbeigefahren. Das gesamte Dorf hat sich in Creightons Vorgarten sowie auf der Straße versammelt. Weder in der Schmiede noch in den nächsten Nachbarhäusern gibt es Strom, man hat zusammengelegt, Verlängerungskabel an Verlängerungskabel gesteckt. Gemeinsam bricht man in Begeisterung aus, als der Apparat endlich, lauter als eine Fliege und viel befriedigender, zu brummen beginnt. Einen Vorteil hat die Sache, Jumbos und ihre Beliebtheit steigt, sie sorgen für Unterhaltung, sind Amblesides Kriegsgewinn. Wenn der Oberschenkelhals gebrochen ist, hat Johnston gesagt, drohen zwölf Wochen Bettruhe, keine Sorge, wir prüfen es, wir wollen unseren Patienten nicht unnötig quälen.

Jumbo, in die Röntgenmaschine geklemmt, winkt ihr zu. Sylvie ist abgefahren. Naturgemäß ist nicht alles unanstrengend, das ist nun auch ihrer Freundin klar. Das Kleid der Bloomsbury Seamstress hat Sylvie wieder mitgenommen, sie, die Ausgewanderten, können es nun garantiert nicht bezahlen.

Wantee schläft gut hier. Londons Summen ist fort, Londons Nebel, Londons Untergrund. Sie fühlt sich gesünder denn je. Sylvie kennt sie gut, sie waren zusammen in der Schule, sind gleich alt. Über 30 schon. Jumbo hat nicht Ja gesagt, nicht Nein. Er weiß, was sie sich wünscht. Well, my dear, let's make love on a broken hip.

Doktor Johnston wird sie auf keinen Fall danach fragen, ob das erlaubt ist.

Durchaus heiter winkt sie Kurt zurück. Warum sollte das Leben mit dem Mann zwischen den Bleiplatten nicht anstrengend sein? Er ist Kurt Schwitters, ihr tumble-heart, ihr Herr Herz.

Kurt, sechste Woche

Retten, was zu retten ist, hatten die Spengemanns diesen September geschrieben. Teile der Waldhausenstraße könnten eventuell ausgegraben werden. Wie viele Briefe hatte er seither aufgesetzt, verworfen, abgeschickt: ›Sehr geehrte Ruinenbehörde.‹ Zu seiner Verblüffung hatte man postwendend geantwortet, Möglichkeiten angedeutet, zu Kosten geschwiegen, beinahe hätte er einen Schwur gebrochen, sprich sich das Herz ein weiteres Mal zerrissen und wäre an den Ort des MERZbaus gefahren. Stattdessen hatte er sich das, was auf Englisch praktisch-kurz femur hieß, in zwei geteilt.

Retten, was etc. Erzähl mir nichts von Dauer, nichts von Einsamkeit. Es war, als sei die Zeit stehengeblieben. Bett, absolut. Johnston erwies sich als unbeugsam, Wantee unterstützte das. Kurt, »bitte, hab ich mir auch das Gehirn gebrochen?«, brachte eine schreckliche Menge schrecklich zäher Schachpartien hinter sich. An Käthe Steinitz schrieb er: »Da iss der Schmand von wech.«

Das war Hannöversch

Er, drei Kissen im Rücken, Holzbrett mit Papier und Tintenfass auf dem Schoß, gebrochener Oberschenkelhalsknochen, war krüppelsch.

Wantee, siebte Woche

»Krüppelsch.« Sie, angezogen, Jumbo behindert, lagen im Bett und bastelten Kreuzworträtsel. Jumbo benutzte beide Sprachen, so gewann er jedes Spiel, das war das Gute daran. Deutsch: wandern, wandeln, wundern, wusten. Er malte Punkte auf das letzte

»u«. Eines der Wörter hieß spazieren gehen, »rat welches«. »Ich brat dir einen Storch« verstand sie selbst mit Erklärung nicht, »das Herz hat auf der Zunge nichts zu suchen« gefiel ihr, »du sollst den Bett nicht hinschmeißen« passte wie »die Faust aufs Auge«. Es hieß Bettel, das »el« hatte im Rätsel keinen Platz mehr, »biateskon«, sagte sie, »wwia haiben eben einen kürzeren Bet«.

Sie lernte an diesen Nachmittagen jede Menge Deutsch, und Jumbo, der das eigentlich nicht wollte, tat, als merkte er es nicht. Das war hübsch, so kamen sie gut zurecht. Lange hatte Wantee geglaubt, in der Liebe sei es entscheidend, miteinander reden zu können. Wäre Sylvie nicht so rasch abgereist, hätte sie ihr erzählt, dass es mit ihrem »alten Mann« andersherum ging: Das Schweigen stimmte überein. Sie wussten, was sie nicht auszusprechen brauchten. Aber vermutlich hätte sie es Sylvie doch nicht gesagt. Sie lernte neben Jumbo, wie man in einem Bild Strich um Strich ausradierte – und genoss, was an freier Fläche entstand.

Kurt, Ende der siebten Woche
Bei dem Versuch, Deutsch zu sprechen, verwandelte sie sich von der englischen Alleskönnerin in ein Mädchen, das mühsam den Mund spitzte. Er hörte eine Fremdheit, die er sonst nicht wahrnahm, während Wantee die seine ständig spüren musste, aber da sie ihn nicht anders kannte, stimmte das vielleicht nicht. Samstags rührte sie ihm Farbe an. An ein dickes, am Kopfende eingestecktes Brett gelehnt, durfte er aufrecht in seinem märchenhaften Hüftgrab sitzen und eine Spanplatte Nordwasserblau grundieren.

Wantee kannte die See nicht. Was für eine Landratte sie war! Und das als Engländerin. Am liebsten wäre er sofort losgereist mit ihr. Wenigstens an einen Strand. Er sagte nichts davon, um sie nicht zu betrüben.

Zum Ausgleich versuchte er, die Meerfarbe künstlicher zu machen. Wenn alles gut ging, fuhr er doch noch einmal mit seiner Londoner Lady über die See. Etwa zu Ernst. Eigentlich wollte er im

Leben keinen Fuß mehr auf ein Schiff setzen. Das war ein elender Widerspruch. Den durfte er jetzt vertagen. Noch diese Krankheit zeitigte einen Gewinn.

Für die Collage war es praktisch, dass der Vorname jeder Frau seines Sohnes mit E begann: Ernst und Eve heute, Ernst und Esther, die Frische, Durchsichtige, einst. Die Schnipsel mussten aus Wegebriefen stammen, gelaufenen Briefen. Kurt wählte Stellen, die Stempel trugen, sowie die prächtige Silhouette des Hotels Victoria in Lillehammer mit Gletscherwolke im Hintergrund. Zusammen mit Kuvertausschnitten, auf denen *Ambleside* zu lesen war, *Crescent* oder *Angleterre*, klebte er sie auf ein leuchtend heiteres Meer, in das nun, zum Ende, krause braune Sandflächen aus geknülltem Felsenpapier wuchsen. Dort löschten sich alle Buchstaben.

So traten Kurt den gesamten Nachmittag über verschiedene Fernen vor Augen. Sie taten ihm gleichermaßen wohl wie weh.

Wantee, achte Woche

Sie kniete auf den Dielen und rieb und rieb. Die gesamte Wohnung stank bereits nach Zitrone, der Fleck am Boden wurde blasser, dabei vergrößerte er sich, er blühte auf. Die Laken gehörten Creighton, die zerknüllten Bezüge, die Matratze, die Dielen, what a mess. Sie war so wütend, dass sie kaum sprechen konnte, Jumbo schrubbte in der hintersten Ecke des Bettes mit der Nagelbürste an der Matratze herum, sie, die Hände feucht und gerötet, bearbeitete seit einer halben Stunde das Holz. Was war nur aus ihr geworden, was aus ihm, sie flüsterte unter ihrem Atem, under her breath, »quack«, Stümper, meinte das Leben, das Kranksein, alles hier. Die Arme taten ihr weh, verdammter Zitronengeruch, »nie mehr Tinte im Bett«, sagte sie, als sie aufstand, sich die Knie rieb, nie mehr Schreiben im Bett, kein Kleber, keine Schere, kein Stift. Er nickte wortlos, die Zitronensäure brannte an den wunden Stellen ihrer Finger, sie hatte angefangen, an den Nägeln zu kauen in den langen Abendstunden neben Kurt, der schlief und schlief, während sie dabei zusehen musste, wie er weniger wurde. Es war nicht der Bruch – der heilte, wie er sollte – es war alles andere. Nur mehr Ärmchen hatte der Mann, Beinchen, die Bettruhe ein Fluch, jeder Pyjama schlackerte um die Knochen, Kurt ruderte, schwamm, musste sich fangen, to catch himself once more, das sollte bedeuten, dass es besser wurde mit einem. Sie wrang den Putzlappen über dem Eimer. Falls Jumbo sie fragte, ob sie weinte, konnte sie sagen, das hoffe er wohl, falls er sie fragte, konnte sie sagen »ich weine aus Wut«, was nicht stimmte, denn sie war wütend, ohne zu weinen, was er sehr genau verstand, denn als sie aufsah, wich er ihrem Blick aus und rieb stumm weiter an seiner Matratze, zerwühlt in seiner zerwühlten Gruft. Kurt, ihr Albatros, ein dynamischer Flieger, der sich beim Landgang schon mal überschlug.

Coleridges Ballade mit Albatros, *The Rime of the Ancient Mariner,* hatte sie in der Schule auswendig gelernt:

It ate the food it ne'er had eat,
And round and round it flew.
The ice did split with a thunder-fit;
The helmsman steered us through.

Helmsman, Steuerfrau, musste sie nun wohl werden. Ihr war, als spürte sie die Zeit unter sich dahinfahren. Von außen wirkte alles so friedlich, das Nestchen Ambleside, die engen Wege, vertrauten Gesichter, allemal jetzt im Herbst und Winter, wenn keine Gäste kamen. Und hier im Zimmer? Da zog ein Sturm auf, der mit ihrem großen, schweren Vogel einmal um die Erde rauschen wollte. In Jumbo ging etwas vor, das sich nicht greifen ließ. Je länger er liegen musste, umso deutlicher sah sie, dass sie den Mann, der er noch im Sommer gewesen war, nicht mehr zurückerhielte.

Das setzte ihr zu. Nicht, dass sie Jumbo bedienen musste, nicht sein Trotz, sein Ungeschick. Hinter ihrer Wut auf ihn spürte sie ihre Angst. Sie musste sehen, dass sie aus dem Zimmer kam, sonst merkte Jumbo es noch. Auch Sylvie schrieb sie nur mehr Karten,

»ich kann dich nicht anrufen, der Anschluss ist zu weit weg«, oder »wir haben kaum mehr Geld« (was im Übrigen leider stimmte), denn Sylvie hätte ihr die Sorge an der Stimme angehört.

Kurt, vier Stunden später

Zerwühlt! Er wollte an Spengemanns schreiben und hatte bei dem Versuch, sich mit so wenig Qual wie möglich in eine sitzende Stellung zu bringen – er, dem dieser Tage schwindelig wurde, kaum berührten beide Füße den Boden, ganz zu schweigen davon, wie es wäre, wenn er es wagte aufzustehen, Körrt, flach wie ein Pfannkuchen, was allein dieser ruinösen Gefangenschaft auf der Matratze zu verdanken war, wobei er nun auch sein Asthma einzig mit Pflanzenmitteln beruhigte –, also hatte, geplagt davon, dass die Decke ebendort, wo der gebrochene Knochen leicht in seiner Gelenkhöhle gleiten sollte, mit zu viel Spannung auflag, an ebendieser Decke gezogen, um seinen Bogen Papier und seine Hand auf ihm angenehmere Weise über dem gebrochenen Bein und der Hüfte zu arrangieren, schließlich musste er weiterschreiben oder wenigstens versuchen, diesen Brief an seine Freunde zu Ende zu bringen, die wütend waren darüber, wie er sich seiner Mutter gegenüber in den letzten Monaten ihres Lebens verhalten hatte, nein, in ihren letzten zwei Jahren, als er, ihr einziger Sohn, nach dem Ende des Krieges keinen Gedanken darauf verschwendete, keinerlei Mühe und keinen müden Pfennig oder Penny aufbrachte, um mit ihr Kontakt aufzunehmen und sie wissen zu lassen, dass er sich in Sicherheit befand, sich nach ihrer Gesundheit zu erkundigen und danach, wo und wie sie lebte, so dass es schließlich der alten Frau zugefallen war, die sich als um vieles treuer als er und darüber hinaus als schlau genug erwiesen hatte, einen Weg zu finden, mit ihm Kontakt aufzunehmen, nämlich über Herrn Dux in London, so die Spengemanns, deren Brief es zu widerlegen galt, um ihr Bild von ihm geradezurücken, schließlich hatte er Henriettes Brief anstandslos an ebendem Tag, an dem er bei ihm eingetroffen war, dem 2. Januar 1946, beantwortet, wobei seine Mutter diese Antwort unglücklicherweise nie erhalten hatte, da sie, wie wiederum er beim besten Willen nicht hatte annehmen können, Ende Dezember gestorben war, so dass er, als er ihren Brief las, die Worte einer Toten gelesen hatte, ohne es auch nur zu ahnen, und seine von Herzen empfundene Entschuldigung für sein Schweigen durch die leere Luft geschickt hatte, was sein Fehler nicht gewesen war, wenngleich es ihm nun, darauf dürften sie, die Spengemanns, zählen, schwer auf der Seele liege, weshalb er, wie sie sich vielleicht vorstellen könnten, nicht obendrein ihre strengen Beschimpfungen und Vorwürfe brauchte, er, der ein paar Tage nur, nachdem er ihre, der Freunde, Vorwürfe zum ersten Mal gelesen hatte, auf den Stufen einer Bäckerei zusammengebrochen war und sich bereits den gesamten Herbst ins Bett verbannt sah – hatte also, konzentriert darauf, sich aus den verschlungenen Falten seiner Taten und Nichttaten und nachträglichen Gedanken zu befreien, das Tintenfass, das offen neben ihm auf der Matratze stand, umgeworfen.

Das feine Blau hatte sich auch über Christof und Luise Spengemanns Schimpfbrief ergossen. Die Überschwemmung geschah dem Papier, das sich für so freundschaftlich hielt, recht, schaffte die Angelegenheit aber nicht aus der Welt. Als »tropfes Tier«, wie es in seinem Gedicht *Anna Blume* hieß, wenn auch in wahrlich galanterem Zusammenhang, hatte Kurt nach Wantee gerufen.

Kein Papier, kein Stift. Vor einer Stunde hatte sie ihm, in Mantel und Hut, die Fotos gebracht und war wortlos gegangen. Er hatte die Haustür unten zuschlagen gehört.

Neun Bilder aus seiner deutschen Zeit hatte er gerettet. Damit kam er, er rechnete nach, auf ein Bild für jeweils gut fünf Jahre. Wenn dann auch noch die Menschen wegstarben, mit denen man diese Zeit geteilt hatte, wurde die Vergangenheit ein ganz und gar innerliches, immer irrealeres Ding. Figuren krochen in ihr herum wie in einem Luftballon. Er sah sie als Schatten, hörte sie nicht.

Aus der Aufnahme, die er in der Hand hielt, blickte ihn Henriette an. Sie saß in einem schwarzen, langen Rock und einem hübschen Schal in einem der alten ausklappbaren Picknickstühle der Familie. Kissen mit Blumenmuster. Ah, seine Stoffmutter. Zerbrechliche Brille, die ergrauten Haare zu einem Knoten geschlungen, bequeme Schuhe, gefüttert mit Schaffell. Warum hatte er sich zwischen 1941 und Januar 1946 nicht bei ihr gemeldet? Nicht einmal, als er von Helmas Tod erfuhr?

Hatte er davor Angst gehabt, seiner Mutter von Wantee zu erzählen?

Nein. Er war Witwer, was wollte man.

Hatte er Angst gehabt, sie anlügen zu müssen, was seine Gesundheit anging?

Nein. Er hätte gelogen, um sie zu schonen.

Sie war die Letzte der Familie in Hannover gewesen. Hatte er ihr nicht geschrieben aus Angst vor ihrer Einsamkeit? Und weil ihm reichte, wie er sein schlechtes Gewissen fühlte, wenn er nur an sie dachte?

Es war ihm, so seltsam es klang, natürlich erschienen, nicht zu schreiben. Er lebte in England. England war wirklich. Seit dem Mai 1945 herrschte Frieden, doch dieser Frieden trug ein Staubgesicht. Er hatte Hannover unwirklicher gemacht. Es existierte nur mehr in Kurts Träumen. An Träume konnte man nicht schreiben.

Wantee und er hatten sich bemüht, Berichte über Deutschland zu hören, sie hatten Zeitungen gelesen und Filme aus dem zusammengebrochenen Reich angesehen. Kurt hatte nach Spuren seines deutschen Lebens gesucht, nach Anknüpfungsmöglichkeiten. Gezeigt hatte man ihm Berlin aus der Luft, Köln aus der Luft, Dresden aus der Luft, jede Stadt ein Nichtmehr. Ein Abgrund hatte die Welt verschlungen, wie sie vor den Nationalsozialisten existiert hatte. Sie war so unerreichbar geworden wie Schneewittchens Zuflucht hinter den sieben Bergen.

Hätte er Henriette geschrieben, hätte er anerkennen müssen, dass es Hannover noch gab, wenngleich ausschließlich in dieser neuen Form, zerbombt, dreckig, arm. Hätte er ihr geschrieben, hätte er zu ihr fahren müssen, sobald es möglich wurde. Ein Leben lang war er ein anständiger, ja liebevoller Sohn gewesen. Er hatte sich um Henriette gekümmert. Einzig vor dieser letzten Pflicht war er zurückgeschreckt. Er hatte Angst gehabt, mit seiner Mutter möchte es ihm ergehen wie mit den Städten in den Filmbildern. Dass er sie fände und sie nicht mehr Henriette wäre. Eine Mutter zu finden und im Finden sofort zu verlieren, hätte er nicht ertragen. Davor war er am Ende zurückgezuckt.

Wantee, drei Tage später
Er zeigte ihr den Brief. Bleistift, wie befohlen, die Schrift durch die lange Bettlägerigkeit verzerrt.
»Der ist ja auf Deutsch.«
Für einen Augenblick schaute Jumbo sie verdutzt an, dann begann er stockend, ihr die Zeilen zu übersetzen: Lieber versunkener Krischan, liebe versunkene Luise! Dies ist der zweite Anlauf, Euch zu antworten. Ich hoffe, Ihr nennt Euch glücklich. Ihr schreibt mir in der Haltung jener Glücklichen, die wissen, wer sie sind und wie Leben geht. Verzeiht mir, dem ebenfalls versunkenen Kurt: Ich weiß nicht, ob ich Euch glücklich nennen soll, dass Ihr bei allem, woran Ihr Euch aus diesen vergangenen Jahren erinnert, wisst, warum Ihr es tatet.

Fast möchtet Ihr mir als Ungeheuer erscheinen. Verzeiht mir auch dies. Mein Himmel ist erikafarben, Kabel von allen Seiten der Windrose laufen in einer Holzgabel zusammen, die schief vor meinem Fenster in die Luft ragt. Die Krähen flappen darüber hin. Setze ich mich auf, kann ich beobachten, wie der Wind den beiden Schafen im Nachbargarten die Zotteln um den Bauch schlägt. Das ist alles, was ich von meinem Bett aus sehe.

Ich schrumpfe. Meine Hannoveraner Zeit, die ich für Jahrzehnte, ja vielleicht bis vor kurzem, für meine gesamte Zeit hielt, löst sich auf. Oder auch nur von mir ab. Es ist, als würde ich geschoren. Es mag Euch nicht so erschienen sein, doch bin ich, was Gedächtnis und Sicherheit angeht, von anderer Art als Ihr. Ein schwächer zusammengesetzter Mensch.

»Are you listening?«, fragte er.

Fast schrak sie hoch. Sie hatte zugehört. Nun überlegte sie fieberhaft, was sie sagen sollte.

»Don't«, sagte er, legte die Hand auf ihre.

Kurt, neunte Woche

Seitdem er im Bett liegt, gibt es mehr Vögel. Er sieht sie nicht sitzen, er sieht sie über den Himmel ziehen. Die Zeit will gar nicht mehr vergehen. Wantee rennt draußen herum, stürmt herein, frische Luft in den Kleidern, im Haar, die Wangen gerötet. Er beneidet sie darum, will und darf es aber nicht zeigen.

Ah, seine windige Verbindlichkeit (ständig lächeln).

Seine Hintertürchennachgiebigkeit (er gibt nach, versucht aber heimlich doch zu tun, was er wollte).

Sie sagt, die Zeit rase. Bald sei Weihnachten. Bald stehe er auf. Er spürt, dass sie lügt. Dennoch nickt er, schon wieder.

Seit seinem Sturz schläft Wantee auf der Couch im Erdgeschoss. Nachts ist er allein. Da er sich nicht bewegt, da er tags immer wieder einnickt, was gäbe es sonst zu tun, liegt er im Dunkeln stundenlang wach. Zuhause wäre all dies nicht passiert. Zuhause hätte er nicht über eine Bäckereistufe in einem obskuren englischen Dorf stolpern können. Es war so absurd. Er hatte es nie verstanden und verstand es jetzt nicht, aber empfand mit aller Deutlichkeit, was mit seinem Leben geschehen war. Wie Atomkügelchen bewegten Menschen sich auf ihrer Lebensbahn, begegneten einander, stießen an, bogen ab, taten sich zusammen, und mittendrin war er von Hitler und seinen Schergen angeschossen und völlig vom Kurs abgebracht worden, und das nur auf Grund der machtbesessenen Ideen einiger Menschen, einiger Deutscher, die ihm hätten nahe sein sollen und die ihrerseits irgendwelchen Bahnen folgten, die sie selbst vermutlich ebenfalls nicht verstanden, wenn sie gewiss auch das Gegenteil glaubten, und er und seinesgleichen waren kurzerhand abgeschnitten und aus dem Land geworfen worden.

Und da lag er nun – und es war dunkel – und in dem Stockwerk unter ihm lag eine junge Frau – die er manchmal gar nicht zu kennen meinte – und zu seinen Füßen rollte sich eine Katze zusammen, die englische Mäuse jagen ging – und schnurrte – und lehnte sich an seine alten Knochen – und wusste von nichts.

Doch was sollte das schon heißen. Wissen wurde überschätzt. Ein Block, fest und greifbar, war sein Exil vielleicht nie gewesen, doch auf einen Zeitraum hätte es beschränkt bleiben sollen. Über die Jahre indes hatte es sich zähflüssig wie erkaltende Lava oder Baumharz einen Weg gesucht und war in verschiedene Finger ausgeflossen. Deutlich sah sie vor sich.

Da waren:

Die Hungerspur. Statt Schäfchen zu zählen, übersetzt er im Kopf Normalrezepte in Rezepte für Hungerzeiten: falsche Wurst, falscher Kuchen, falsches Hirn.

Die Unterwürfigkeit.

Das überbereitwillige Gespensterhören (eine Form des Unglaubens: Sie können nicht alle tot sein).

Die hilflose »Angeberei« (gleichgültig, was er darüber sagt, wer er einmal war, es klingt übertrieben, falsch).

Die Scham (ich bin Deutscher. Eine scharfkantige Stahlbox, leer, rutscht in seinem Gehirn von einer Schädelseite zur anderen).

Und die Verzauberungen des Zwangs: Er lag unter der Bettdecke und konnte kein Glied mehr rühren.

Der Mond über ihm erinnerte ihn an seine Mutter und zugleich daran, dass es diese Mutter nicht mehr gab, und obwohl er dies genau wusste, dachte er immer daran, an sie zu denken, wenn er den Mond sah, und doch war sie nicht mehr da. Er strich dieses Denken jedes Mal durch, aber es ließ sich nicht durchstreichen. Denn auch von dieser Art war sie: die Leere, in der er lag.

Eingesperrt in sein Schlafzimmer, Monat um Monat. Sonne am Morgen, so sie denn schien, langes Grau. Kein neues Buch, keine Filme, kein Ausflug, kein gar nichts. Ein paar Gesichter, die zu Besuch kamen, und immer wieder Wantee, Wantee. Er musste darauf achten, wie sie das aushielt, er war eine Zumutung, sie so jung, und nun dies, seine Launen, seine zunehmende Krankheitsungeduld, seine Traurigkeit, die Verzweiflung, die er vor ihr versteckte. Die erste Woche im Bett hatte ihm gutgetan, jede Bewegung schmerzte, er schlief. Dann hatten die Schmerzen nachgelassen und ihm war langweilig geworden. Man spürte es ja im ganzen Körper, wenn man sich so gar nicht rühren durfte, alles wurde kleiner, die Muskeln gaben nach, es fehlte auch die frische Luft im Hirn. Und das Herz fing an, sich zu langweilen, das war das Gefährlichste. Alles musste er von innen nehmen, aus sich heraussaugen, hätte er nur Kunstkataloge gehabt oder seine eigenen Sachen ansehen können oder lieber noch fremde, aber nichts, nichts – sein Werk war in Kisten und Speichern in London gelagert oder gleich zermahlen.

Johnston, der Gute, brachte wirklich viel Geduld auf beim Schachspielen, sie mussten sich aber verbessern, sonst verbissen sie sich nur ineinander, und er fürchtete, Johnston zu langweilen. So war es kein Wunder, dass er auf Ideen kam, wenn er so dalag. Wie er sich davonmachte aus dem Bett. Wie er sich hinunterschleichen könnte zur Haustür. Heimlich versuchte er, die Beine auf den Boden zu setzen. Es war natürlich die dümmste aller Ideen, dies zu tun, wenn alle schliefen. Es überhaupt zu tun war stark verboten! Man hatte ihm enge Strümpfe angezogen gegen Thrombosen, seine Beine sahen lächerlich aus, wie geknetetes Puppenplastik, nur viel zu lang.

Wantee, zehnte Woche

Das l fehlte noch. Deutsches Langwort und keine einzige Letter doppelt. Jumbo hatte ihr erklärt, worum es ging: Schreiben ohne Flüssigkeit, bettideal. Über eine in einen Papierrahmen gefasste

Tafel aus Wachsmasse wurde ein dünnes, durchscheinendes Blatt gespannt, das man mit einem Stylus bearbeitete. Schrieb man Buchstaben, drückte sich das dunkle Wachs in das Papier und die Schrift erschien. Zog man das Blatt ab, verging sie.

Sie schmolz Wachs aus verschiedenen Kerzen zusammen und zeigte es Jumbo. Der Schreibblock, den sie bastelten, hatte einen Nachteil: Die gelöschte Schrift hinterließ eine Spur in der Wachstafel, verschwand also nicht vollständig. Ihr gefiel das nicht, aber Jumbo war begeistert. »Ganz wie die menschliche Seele«, murmelte er, was völlig unverständlich war, der Block und die Seele.

Morgen wollte sie noch einmal zu den Nachbarn gehen und um mehr Wachsreste bitten, obwohl man die hortete, wie man alles hortete in diesem Nachkrieg. Die Menschen von Ambleside waren down to earth, sie gossen aus den Wachsresten neue Kerzen und sorgten für Licht, während Jumbo sagte, so ein englisches Erdruntersein brauche er nicht, ihm reiche, was er hier geworden sei, absolutely down to bed.

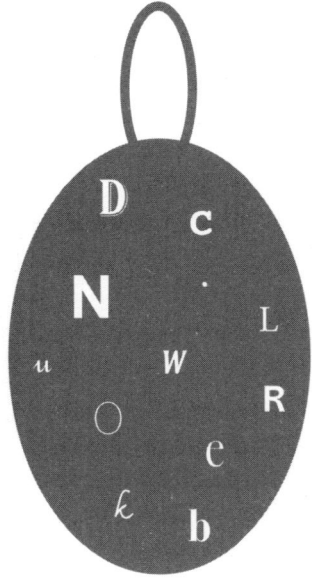

Seelenanhänger
Wantee für Kurt, Dez. 46

344

Kurt, vierte Adventswoche 1946

Aus Doktor Johnstons Mund klang Kurt nach Köter. Curtain wäre ihm lieber gewesen. Vorhang Kurt. Hohe Gestalt, gezeigt, vergeigt. Wenn er so weitermachte, verlor er auch diese Partie. Er lächelte.

George Ainsle Johnston, knapp 20 Jahre älter als der germanische Betthund, wusste, wer wen überleben würde. Er, der Patient, wusste es ebenfalls. Auf die feine britische Art gab niemand etwas davon zu. Kurt zog mit seinem Turm. Er wollte zum Ende kommen. Oder zu einem Ziel?

Johnston wollte ihn in einer Woche aufstehen lassen. Noch in diesem Jahr. Wantee war in den Steinbruch unterwegs. Sie hatte ihm versprochen, die Augen auf den Boden geheftet zu halten und ihm Kreemze-kraems mitzubringen. Derzeit hielt sie Kreemze-kraems für das deutsche Wort für Kronjuwelen. Ihre Fehler und seine waren zusammen ihr Spaß. Sie hatte ihm einen Zettel hingelegt: I'll look after the right in your reign. Kurt hatte nie mehr Deutsch sprechen wollen. Welche Illusion! Damit kam er weder bei seiner Freundin noch bei sich selbst durch. Hörte er Elterwater, dachte er an Eltern, bei timble an Zimbel. Es war mit dem Deutschen wie damals in Norwegen, als Hänschen, sein Fahrrad, gestohlen worden war. Wider Erwarten hatte er es zurückbekommen. Sein Name und seine Adresse waren vom Lenker gebaumelt. Er hatte sie nie daran befestigt gehabt.

Für eine Sekunde glänzte der goldene Eckzahn des Doktors: »Schachmatt.«

Fraglos eine solide Idee, seinen Leibarzt bei Laune zu halten.

»Augenblick bitte«, sagte Körrt, als der Sieger das Brett einpackte. »Könnten Sie mir vielleicht hiermit helfen?«

Ernst, Kurts selbsternannter Schatzmeister, drängte. Diesmal sollte Mr Far sich um ein Stipendium des Guggenheim Museums bewerben. Oder um eine Stelle an einer Universität. In den USA gebe es Leute, die sich für sein Werk interessierten, ungeahnte Möglichkeiten.

Kurt schob das Formular auf Johnston zu. Der las die eng bedruckten Seiten sorgfältig durch. Waren Kurts Antworten hinreichend förmlich, im Einzelnen überzeugend, weder zu steif noch auf peinliche Weise unterwürfig? Gab es eine Taktik, die anzuwenden wäre, eine Strategie, und welche könnte die erfolgversprechendste sein?

Es war, als ginge ihm erst dadurch, dass er seinem Arzt dabei zusah, wie er Antrag A, 6d prüfte, in vollem Umfang auf, was er unternahm. Adressat des Formulars: Home Office London, Under Secretary of State, Finance Branch. Ziel: britische Staatsbürgerschaft.

Derzeitiger Wohnsitz: Ambleside.

»I, the undersigned, to whom the following particulars relate, hereby …«, »mein voller Name … war«, »Mein Charakter ist …«, »ich beherrsche die englische Sprache in hinreichendem Maß.«

Jeder Bewerber hatte vier Schreiben vorzulegen, in denen vier geborene Untertanen der britischen Krone sich bereit erklärten, persönlich »für seinen tadellosen Charakter und seine Loyalität Großbritannien gegenüber« einzustehen.

Charakter war von überragender Bedeutung.

Gebühr, zu entrichten bei Einreichung des Antrages: 1£.

»Ich lebe hier seit … Jahren, im einzelnen: von … bis … bei … insgesamt …« Namen der Eltern, des Gatten / der Gattin, der Kinder, »nach bestem Wissen und Gewissen verfüge ich hinreichend über Finanzmittel«. Gewiss, gewiss. »Nennen Sie drei Besonderheiten der britischen Verfassung« (Falle: es gab keine Verfassung). »Seit meiner Geburt hatte ich … inne«, »ich heiratete in *(Ort)* … am *(Datum)* …«; »meine Gattin verstarb in *(Ort)* … am *(Datum)*«, »ich verstarb in *(Ort)* … am *(Datum)* …« Blöder Scherz.

Sein Kopf brummte. Musste er »Derzeit bin ich staatenlos …, aus folgenden Gründen …« ankreuzen? Johnston hatte nach einem Briefbogen verlangt und schrieb ihm den Weißzettel. Drei Bestätigungen (Pierce, Wantee, Sylvie-dear) hatte Kurt bereits eingesammelt, diese hier war ihm am wichtigsten. Wiederholt hatte er den Eindruck gehabt, dass der Ire Johnston mehr als die Dörfler von dem begriff, was sich auf stumme, sprachlose Weise in Kurt, dem vertriebenen Deutschen, abspielte. Obwohl er, Kurt, es kaum selbst fühlte, ja, sich Gefühle hier in Ambleside geradezu erst von neuem anübte. Die Widrigkeiten und Widerlichkeiten der menschlichen Existenz waren hervorgeholt und vorgeführt worden – sie verschwanden nicht, nur weil der Krieg für beendet erklärt worden war. Er wollte nichts verkleistern, nichts »heilen«. Trennungen wachhalten, die Abbrüche, die er in eigener Person herbeigeführt hatte, nicht leugnen. Dachte er daran, mochte er niemanden um sich haben, ertrug kein Wort. Wantee ging souverän damit um. Sie verstand, dass seine scheinbare Kälte ein Trieb zu Klarheit war.

Ohne zu zögern unterschrieb Ainsle, der bei Kurt auf der Bettkante saß, das vorgeschriebene »Vorbehaltlos unterstütze ich den Antrag des Bewerbers, den ich seit Jahren persönlich kenne und dem ich in enger Vertrautheit verbunden bin«.

Ainsle!

Sie duzten sich jetzt, auf die englische Art: Man nannte sich beim Vornamen und stellte weiterhin keine persönlichen Fragen. Kurt war erleichtert und nachgerade euphorisch, als der Doktor ihm zum Abschied sagte: »Köter, Weihnachten in einem Jahr bist du so britisch wie ich.«

»But sure, Hänsli«, rief er dem neuen Freund nach.

Nun waren sie auch bei der falschen Aussprache der Vornamen quitt. Kaum hörte Köter-Körrt die Haustür hinter Johnston ins Schloss fallen, setzte er vorsichtig beide Füße auf den Boden und versuchte, in die Höhe zu kommen. Hüfte, Hüfte, verdammt-liebe Hüfte. Seit einer Woche lehnten die Krücken an seinem Bett. Nicht einmal berühren durfte er sie, geschweige denn benutzen.

Er stand. Und war so vernünftig. Er wartete, bis ihm nicht mehr schwindelig war, griff nach den Stöcken und schob den gesunden

Fuß nach vorn. Es ging. Pause. Pause. Das andere Bein. Oh, was war er geduldig.

Schritt drei, Schritt vier. Die Wärmflasche, die in der Küchenecke bereit lag, glich einem U-Boot, durch den Kamin goss man Wasser ein, ein Stöpsel bildete die Schnauze. Hatten die von jeher so ausgesehen und er entdeckte das U-Bootmäßige erst jetzt mit den Kriegsbildern im Kopf?

Es gelang ihm, den Unterwasservogel aufzufüllen, indem er sich an den Schrank lehnte. Die Flasche wurde sofort warm in seiner Hand und für einen flüchtigen Augenblick sah er, wie sich ihm die Hand seines Vaters bei einem der Abschiede auf dem Hannoveraner Hauptbahnhof entgegenstreckte. Mit jedem seiner Stürze war Körrt in eine bauble geraten, eine Kugel aus Glas. Dort stand die Zeit still, schwappte ein wenig, kreiselte in kleinstem Rund. Nun bewegte sie sich wieder? Dünne Fäden schlängelten sich nach hinten, zu Erinnerungen, und nach vorn: Ainsle eilte mit dem unterzeichneten Formular zur Post, um es noch heute per Einschreiben nach London zu senden.

Eine unsinnige Freude griff nach Kurt. Er klemmte sich das U-Boot in den Bund der Schlafanzughose, griff nach den Stöcken. Prince Lackleg, goodbye. Weihnachten würde er aufrecht und liegend, sitzend und gehend, nach Belieben als Ku-hurt und Buhurt, Schrat und quack, Witters and Schwitters feiern. Und es Wantee erzählen: Wie Ainsle auf dem Bett mit Tinte geschrieben hatte. Dokumentenecht.

14: Wandlich

Die Sachen sind so lang, wie sie breit sind. Das heißt, es kommt langsam von einem Ende ohne Ziel zu einem anderen. Da sind Enden genug, aber keine Ziele. Dementsprechend geht es mir Danke. Der Doktor sagt, ich kann noch zehn Jahre ... (11. 6. 1947)

Nebelrauch hing zwischen den Bäumen, ohne den Boden zu berühren – Gewebe, geträumt von den Fells.

Nun, da die Zeit sich neu bewegte, sprang sie. Ein frischer Herbst lag auf dem, was er nur mehr seinen fall-in-bed nannte. Würde er auch den nächsten erleben? Es war Dezember. Seit einem Jahr konnte er wieder gehen. Seit einem Jahr konnte er nicht mehr so gehen wie vor dem Bruch des Oberschenkelhalses.

Er träumte nicht, er war hellwach. Grau in Schichten, Grau mit Tiefe, Grau, das sich um die Hand schloss, er glaubte es zu fühlen, er griff es nicht. Es hatte Körper und erzeugte Körper, indem es glitt, Konturen verschob. Anders das Grau der Steine, körnig, fest, kleiner Glimmer. Das Auge glitt darauf dahin, niemals hinein, nicht anders erging es den Fingern. Schließlich das Grau der Bretter vor der Scheune, in Tröpfchen über das Holz gesprühte Verwitterung, von der Sonne geschmirgelt. Wenigstens einmal in der Woche wollte er bei Sonnenaufgang in seiner Scheune sein, die Farben der im Winter tief in sich versinkenden Landschaft beobachten. Jeden Morgen stieg sie aufs wundersamste als Rohzeichnung ihrer selbst zurück in das Dezemberlicht.

Bei Guinness würde er nicht mehr klopfen. Die war zu schreckhaft. Er konnte allein auf sich achten.

Wenn Ainsle recht gehabt hatte, und Ainsle lag mit Formalem immer richtig, sollte der Bescheid zu Kurts Einbürgerung nun jeden Tag im Briefkasten liegen. Auf der Wiese hinter dem Zaun funkelte ein übernatürliches Winterlicht. Es verdankte sich der Wasserschicht, die einen halben Zentimeter hoch zwischen den Gräsern stand, und wurde verstärkt durch die unterschiedlich zur Sonne gerichteten Fenster der Hütten und Häuser. Zwei trächtige Kühe, auf die Weide am Stall des linksseitigen Nachbarn geführt, wühlten in der Futterkrippe unter dem Nussbaum und trugen Atemwolken ums Maul. Die Schafe auf der Wiese neben dem Wohnhaus rieben sich an aufgeschichtetem Torf. Ihre Bäuche und Flanken wurden dunkel davon, nun waren sie Schafsonnen mit Finsternis.

Der Wintermonat hatte alles Licht in Dunst übersetzt. Windgepeitschte Hänge, ein paar Krummgestalten, genannt Baum. Die Brocken im Fluss waren von Riesen als Trittsteine gestreut worden. Aufragender Fels dehnte sich unter dem flackernden Himmel in eine zunehmende Weite, die Nebel sanken wie Häute, makellos, unbändig, zäh. Kaum hatten sie sich aufgelöst, kehrten sie zurück. Eine derartige Hartnäckigkeit käme auch ihm zupass. Er musste nur ein wenig durchhalten und seinen beelzebübischen Barn, sein spaltenreiches Schieferhaus bestellen, wo er eine altehrwürdige Wand (nun ja) durch Schaflocken und Steinfugen beugte.

Der District war zu Tropfland geworden, sogar Steine standen kurz davor, sich in etwas Weiches zu verwandeln. Es fiel ihm zunehmend schwer, den rutschigen Weg von der Bushaltestelle hinauf zur Scheune zu bewältigen, erneut war er gestolpert und hatte sich verletzt. Er hatte in die dahineilenden Wolken gestarrt, in die stehenden Wolken, die Blöcke von Wolken, die um die Gipfel der Langdale Pikes saßen wie Perücken auf den Köpfen von Schaufensterpuppen, und das Stechen hatte nachgelassen.

Silber nun, alles, überall. Der Duft nach verbranntem Torf passte zu dem jedes Ding umflutenden Glanz. Den Ästen von Bäumen und Büschen waren silberne Bärte gewachsen, eine Art kratziger Pflanzenwolle, die den Schafen nacheiferte. Auch reisendes Silber entstand. Die Tröpfchen der Luft schienen die Bäche und Rinnsale in einen neuen chemischen Zustand zu zwingen: Ultradünne, aus den Bodenwassern gelöste Molekülschichten wiegten sich über dem Wintergras. Diese unerhörte, stille Schwebe schuf einen zweiten und dritten Himmel zwischen Erdboden und Wolken.

Er wäre nicht dazu in der Lage gewesen, sich eine Landschaft von derartiger Tiefe und Weite vorzustellen. In den ersten Wochen nach Wantees und seiner Ankunft in Ambleside hatte er sich wie auf eine fotografische Silberplatte geätzt gefühlt.

Nun bewegte er sich in ihr.

Eineinhalb Zentimeter Weiß aus der Tube drücken, Zeichenkohle mit den Fingerspitzen darauf verreiben, Streifen ziehen. Weiße Pastellfarbe zugeben, die Ränder verstreichen, mit sauberen Fingerspitzen weiteres Weiß verteilen und verfolgen, wie buchstäblich aus dem Nichts ein Hauch Blau erkennbar wird, für den es keinerlei Pigment gibt. Ein Gruß aus dem Nirgendwo? Ein Gruß aus dem Ich. Dort, wo es Gehirnstruktur heißt. Nicht Illusion, sondern Physiologie. Automatismus der »Wirklichkeit«. Weil der Mensch das Wesen war, das ständig ergänzen musste? Dessen Geist ständig flog – in das, was nicht da war. Nur deswegen hatte Homo sapiens es als einzige der einst zahlreichen Hominidenarten bis in die Gegenwart geschafft.

Eine halbe Stunde später lehnte Kurt im Türrahmen und sah nahezu nichts mehr. Allein die vordersten Linien der äußeren Welt wollten erscheinen, der diffuse, helle Schatten des Ahorns, der halbe Bogen einer Furche im Gras, der schwer tropfende Farn über der Andeutung eines Findlings. Es regnete. Kurt mochte Böen, liebte Sturm. Der Regen der Lakes schluckte die Ferne, alles Nahe verwandelte er in Glanz und Glitsch. Es regnete hier nicht die englandweit bekannten »Katzen und Hunde«, es regnete Schafe. Das unermüdliche Klopfen der Tropfen auf dem schmalen Vordach, das Bill erst vor ein paar Tagen angebracht hatte, um den Eingang zu schützen, gab ihm das Gefühl, in der Scheune zuhause zu sein.

Die sich leicht schlängelnde Diagonalwand, die am Ende durch zwei Drittel des Hauptraumes führen sollte, war von links angefangen. Drei Fenster, durch die man auf das Relief blicken könnte, würden sie durchbrechen. Eine zweite, gebogene Innenwand, quer aufgemauert, müsste dazukommen. Er strebte danach, das Band zwischen inneren und äußeren Räumen in etwas Flüssiges zu verwandeln, etwas von der Volatilität des Geistes in Dinge zu übersetzen, die wirkten, als gehörten sie fest zu einem Ort, während sie tatsächlich sanft in den Betrachter eindrangen. Eine Reihe Zwirnfäden, gespannt von der obersten Kante der Hauptwand, zeigte an, wo die Wand ansetzen, wie sie sich krümmen sollte. Folgen, nicht führen. K., der bescheuerte Scheuner, spannte seine bescheidenen Siegfriedleinen. Kletterte auf eine Leiter, schlug Nägel in die Reste eines Baumes, der vor Jahrzehnten hier im District gewachsen war und nun als Balken diente. Kurt freute sich. Lausch auf das Quieken der Maus, die der Bussard fängt. Auf den Herzschlag des Eichhörnchens in seinem Winternest im Wipfel der Eberesche rechts von der Wand.

Zuhause, das sind Dimensionen in Schatten. Weiterhin erreichen ihn Nachrichten aus Frankreich, aus der Schweiz, in denen man ihm Sätze aus Helmas Briefen mitteilt, die man ihm bislang verheimlicht hat – auf Helmas einst dringenden Wunsch hin. »Wäre ich nur unter den Trümmern meines Hauses begraben«; »Meine Mutter hat eine so ganz andere Gesinnung und Lebensart, dass meine Schwiegermutter und ich unsere Seelen an diesem unendlich harten Mühlstein zermahlen lassen«; »Es scheint ja aber das mein Schicksal zu sein, dass ich alles hergeben muss, was ich gern habe.«

1942 hatte sie einen anonymen Brief erhalten, der behauptete, Kurt müsse England verlassen. Helma sollte 26 000 Reichsmark an einem geheimen Ort hinterlegen, damit ihr Mann in einem U-Boot in die USA gebracht werden könne. Sie unternahm nichts, doch erzählte den Spengemanns davon, die inzwischen meinten, es habe sich um eine Finte der Gestapo gehandelt. Einige dieser Zeilen übersetzte Kurt für Wantee. Sie fragte nach früher. Wantee, die nie etwas gegen Helma geäußert hatte, stimmte ihn seiner verlorenen Frau gegenüber milder.

Er wusste nicht, warum. It's complicated, sagte man hier.

Helmas Tod hatte ihn wütend gemacht. Wütend auch auf Helma. Zugeben wollte er das nicht. Tatsächlich war er erst jetzt dazu in der Lage, sich damit auseinanderzusetzen. Er versuchte, Genaueres über die Umstände zu erfahren.

Sie war in Arbeit ertrunken. Die Familie, die Häuser. Das Reich hatte sie für kriegshilfsdienstpflichtig erklärt und der Flugabwehr zugewiesen. Einsätze tags, da bombten die Amerikaner, Einsätze nachts gegen die Royal Air Force. In der Straßenbahn schlief sie im Stehen. Anfang 1943 wurde ihr ein angeblich harmloser Knoten in der Brust entfernt. Die Gestapo vernahm sie ein weiteres Mal zu Kurt, da lag sie noch im Hospitalbett. Man teilte ihr mit, dass die Geschwulst bösartig gewesen war. Die Wunde tat wochenlang weh, Medikamente gab es kaum. Ihr Operateur, Professor König, ein treuer Anhänger der nationalsozialistischen Lehre, versicherte ihr, dass sie 30 Jahre leben würde, und setzte eine massive Strahlentherapie an. Im Frühling 1943 nahm Helma niederländische Zwangsarbeiter in die Waldhausenstraße auf. Sie konnte nichts Schweres mehr heben und auch die Wäsche nicht mehr bewältigen. Die Bombennacht kam. Henny und Helma zogen in die Güntherstraße zu Zarin Fischer. Im Sommer 1944 hörte Helma auf, Briefe zu schreiben. In den letzten standen Zeilen, die ihm weh taten: »Professor König nahm mir die linke Brust fort. Ich habe Bestrahlungen. Wieder sind Knötchen da.« »Ernst schrieb mir am Ende der Internierungszeit, dass er mir nicht eher wieder schreiben würde, ehe nicht der Krieg zu Ende wäre … Seitdem höre ich nichts mehr von ihm, was mich sehr beunruhigt …« Und Zeilen, die ihn erschreckten: »Ich blieb in Deutschland, um ihnen keine Schwierigkeiten im Fortkommen zu machen, einerseits, und andererseits, um ihnen ihr Eigentum zu erhalten, das aus vier Häusern mit Grund und Boden bestand.« Hatte sie ihrer beider Geschichte am Ende so gesehen?

Auf Bitten der höchst beunruhigten Edith Tschichold hin war eine Bekannte der Tschicholds, Frau Kramer, von Hamburg nach Hannover gereist, um dort nach dem Rechten zu sehen. Sie fand eine Frau vor, die ununterbrochen hustete und kaum mehr laufen konnte. Helma war darüber im Bilde, dass Kurt und Ernst in London lebten – wie zum Trotz sprach sie ausschließlich von Norwegen. Am 3. Oktober 1944 wurden sie und ihre Mutter in das Schwarmstedter Krankenhaus eingeliefert. Fiederallala starb dort zwei Tage später. Helma wurde erneut operiert. Der Krebs hatte ihre Lunge und ihre Gallenblase befallen. Sie war 54 Jahre alt.

Warum hatte er nichts davon rechtzeitig erfahren? Sie wollte mich schützen, sagte er sich. Oder hatte sie Angst vor seiner Reaktion? Sie musste den Abstand zwischen ihnen gespürt haben. Dafür hatte sie immer einen sechsten Sinn besessen. Und etwas von Wantee geahnt? Und dafür gesorgt, dass er nichts von ihrem eigenen Zustand wusste, um … er hatte keine Antwort darauf. Am Ende hatte sie von Norwegen fantasiert, ihrem gemeinsamen Leben dort, als es von beiden Seiten her, der ihren wie der seinen, verloren war.

Nachdem er vor drei Jahren das Telegramm aus Basel in Bilbos Galerie gelesen hatte, war er zu Ernst, der für die norwegische Exilregierung arbeitete, ins Büro gefahren. Dort war er zusammengebrochen.

It's complicated. Das Sätzchen war abscheulich genau, dabei hilflos ehrlich. Er hatte eine seiner Collagen danach benannt.

Kurt kehrte zu seiner Öllampe und dem schwachen zusätzlichen Heizer zurück, den Pierce ihm zur Verfügung gestellt hatte. Die Luft in der Scheune war kälter als die Luft draußen. Er hatte sich in mehrere Lagen Stoff gewickelt für diesen Morgen, seine Baskenmütze aufgesetzt. Ihm blieb wenig Zeit.

Sein Maximum lag bei einer Stunde Arbeit pro Tag; langsam war er obendrein. Wer ihn seit Juni nicht gesehen hatte, musste sich wundern, wie dünn er geworden war. Wie 75 wirkte er, wie 80. Seine Anzüge im Schrank wuchsen nachts heimlich in die Breite, jeden Morgen passten sie schlechter. Für einen neuen Anzug reichten die Bezugsmarken nicht. Er zog zwei Paar wollene Unterhosen unter, der Tweed schlackerte. So stand er vor seiner Wand, hob die Paraffinlampe in die Höhe.

That to this mountain-daisy's self were known
The beauty of its star-shaped shadow, thrown
On the smooth surface of this naked stone.

Das Bild des Sternschattens hatte ihn berührt, als er die Verse bei einem Besuch in Wordsworths Lakehouse las. Präzise hatte der Dichter das erfasst. Sternschatten – hier, in den Fells, deren Luft Formen übernatürlich scharf hervortreten ließ. Sternschatten – eine Folge von Linien, ohne Wissen oder Absicht gezeichnet. Sternschatten – das Selbst. wo es sich nicht sah. Ein Abdruck auf der glatten Haut eines Steins.

Kurt hatte sich die Verse seither oft vorgesprochen, Truk, der alte Spötter, verzerrte sie, Kürtchen rezitierte sie, Kurt wollte sie zeichnen, Kürtchen fuhr dazwischen, Truk wollte ein Gänseblümchen pflücken, trocknen und in die Wand eingipsen. Gänseblümchen gab es erst wieder im späten April. Er setzte die Lampe auf den Boden, holte zwei Steingutbecher aus dem Rucksack, die er heimlich zuhause eingepackt hatte, und fing an, in einem von ihnen ein Stück Schiefer mit dem Mörser zu zermahlen. Nur gut, dass Rosy Lee das nicht sah. Es waren ihre einzigen Becher.

Er fühlte sich wie ein unartiger Junge. Er genoss es. Als Kind hatte er Frösche gefangen, um sie Henriette ins Bett zu setzen. Und einmal ein paar Chemiestoffe aus dem Baukasten zusammengerührt und die Mülltonne schwer verkohlt.

Dann war er so in die Höhe geschossen, dass zu viel Raum in ihm entstand. Er hatte ihn mit Frauen Tieren Frauen Gegenständen

Briefen Ideen Frauen und weiteren Frauen gefüllt, wovon sein Ich stets weitergewachsen war, die größte Christbaumkugel von allen (dünne Schale, viel Luft) – auf der Bühne ein Löwe, einer, der die Regeln vorgab, die Unterhaltung in Gang setzte, das Karussell der Feste zum Drehen brachte, Freunde, Reisen, der Aufhebens machte um vieles, vor allem um sich, *enfant flexible*, MERZ. Der hungrige Löwe, die Großkatze, liebt dich zu fressen, hatte er Krischan erklärt. Dachte er daran zurück, musste er lachen. Wie wichtig er sich genommen hatte.

Eines ließ er gelten: Keiner Sache war er sich je gewiss gewesen. Was er tat, musste Flüchtiges ebenso umfassen wie Fertiges oder endgültig Gefundenes. Ernst verstand nicht oder verstand, aber *sah* sie nicht: die Schönheit des Nichtvollkommenen, der Verletztheit, des Nichtpompösen. Mit hinterhältiger Regelmäßigkeit hatte die Fallsucht Truk in Gruben des Vergessens und Vergessenwerdens gestoßen, le Grand Mal, das Krampfen, Zungebeißen, Überwältigtsein. Üble Laune packte ihn Tage zuvor, ein sich ballendes Gewitter, er wurde eingeschlossen in sich, von Wänden bedrängt.

Er stand mit dem Schieferbecher und seiner Thermoskanne in der Tür. Das Wetter wechselte, wie man hier sagte, schneller, als ein Lamm mit dem Schwänzchen schlug. Die Wolken hatten sich gelichtet. Als mit der Wölbung nach oben abgelegte Silberlöffel für eine Population von Riesen reihten sich die Fells um das Tal von Longdale. Hinter der Esche am Zaun sprangen nach dem Regen blaue Wurzeln aus dem Erdreich. Es gab Wolken von zarter Nässe, die als Tröpfchen an Brauen, Haar und wolliger Kleidung kondensierten. Die am Boden liegenden Wedel des Farns waren einfach nur schwernass. Windgeformte Bäume, Schieferfelsen in Wolfsgrau, dazwischen Sprengsel von metallisch schwitzendem Schwarz. Spinnweb-Steinbrech quoll aus den Fugen, jedes hellgrüne Blatt von weißen Fäden umhüllt. Das kriechende Laub sah aus wie fein gekräuselte, erstarrte Felsmilch. Stein wurde zu Pflanze, Pflanze zu Stein.

Er dachte an Wantee, goss etwas Milchtee aus der Thermoskanne auf den zu Puder zerstoßenen Schiefer, schloss die Augen und nahm einen Schluck.

Tropfen tropft Tropfen auf Tropfen zu Tropfen – elf Silben. Augen auf. Atmen.

Augen zu: *Silber mit silbernem Klopfen zu Klopfen.* Auf, atmen.

Augen zu: *Blätter erzittern, erwarten die Tropfen.* Atmen.

Augen zu: *Licht zu erglänzen durch klopfende Tropfen.*

Wann hatte er das geschrieben? Es war verbesserungsbedürftig. Der Aufguss schmeckte nach Staub und Milch. Granitgrau, Schiefergrau, Flintflimmergrau, Zwielichtgrau.

Augen zu, atmen. Winterheidekrautgrau, Wacholderseidenhautgrau, Birkenschmollgrau, Schafzungengrau. Weiter. Langsamer. 20 Sekunden Dunkelheit ertragen.

Er arbeitet daran. Die letzte Schmelze.

Er trinkt, er schluckt.

Rinnsalkieselgrau, wassermurmelgrau.

Der wilde Pflaumenbaum halb auf dem Weg nach Walthwaite trägt noch ein paar Früchte. Frostblau schaukeln sie mit dem Wind.

15: Lob der Lockerung

Grad

Grazie

abk   ratzen

grasen

Retina   Patina

Grog

Sie hatte ihm Kräutertee serviert! Widerlich gesund riechender Dampf stieg aus der Tasse, sein Husten war elend, echtes Bellen, da half nur Schnaps. Der Tee gehe aufs Haus, meinte das Servierbienchen, die jüngste der Gemüse-Patels, kinnlanges Spaghettihaar, Schminke im Hirn. So Bicky, obgleich Lehrer Bicky so etwas nicht sagen durfte, es also sagte, solange seine Frau Nancy es nicht hörte.

Die Wohnung in Millans Park gefiel Kurt. Die Häuser der Straße waren vergleichsweise neu, vom Anfang des Jahrhunderts. Früher hatte hier am Stock Beck die Mühle gelegen. Wantee und er hatten sich verbessert, sitting room im Erdgeschoss, darüber zwei Schlafzimmer, Wantees und seines, und oben im Dach sein Atelier. Bad und Küche teilten sie zu dritt. Creighton verlangte nicht mehr Miete als Mrs Bowsefield und stellte keinerlei Regeln auf. Er schien schlicht froh, nicht mehr allein im Haus zu wohnen. Agamemnon, den pubertären, also noch wachsenden Kater fütterten Wantee und Kurt jetzt mit, seine Extravaganzen (Streichelanfall, Kratzanfall, Spielsucht) trugen sie zu dritt, ebenso die gesammelte Geheimnishaftigkeit, die eine grau-weiß gestreifte Dorfkatze mühelos ausstrahlte, außer sie kratzte sich so hingebungsvoll mit der Pfote hinterm Ohr, dass sie dabei umkippte. Schon allein vom Zusehen juckte Kurt der nächste Floh.

Flöhe gehörten eben dazu.

Im Übrigen war es praktisch, mitten im Dorf zu leben, unmittelbar hinter Hauptstraße und Kino. Die Bickerstaffs wohnten um die Ecke, nichts lag weit entfernt. Dennoch hatte Kurt es auf dem Rückweg von der Bushaltestelle nur bis ins Salutation Hotel geschafft. Schaffelle an den Wänden, Balken überall, Werbung für Barley Wine. Wenn er aufstand, drehten sich die Köpfe, er war so groß, dass er an der Decke anstieß, das mochte keiner, es war, als stellte er etwas in Frage. Also versuchte er, dem Mädchen zu winken, er war ohnehin froh zu sitzen, seine Knie wabbelten wie Henriettes extrakurz gerührter Grießpudding von anno-dereinst, die Hüfte tat weh.

Nicht viele Gäste, er musste dankbar sein, dass der Teeraum überhaupt geöffnet hatte. Stoffgirlanden wurden aus Kisten gezogen, kurze Kerzen in Nestern aus Kiefernästchen schmückten die Tische. Für Lady Winterbottom hatte er einen deutschen Kranz geflochten und vier zinnoberrote Kerzen hineingesetzt, er lag auf ihrem Küchentisch in Millans Park, wohin er nicht zurückkehren wollte, nicht sogleich. Vielleicht schaffte er den nächsten Bus Richtung Barn.

Die Eingangshalle für Empfänge, englische Afternoon Teas, Aperitifs, Digestifs oder einfach zum Herumstehen, roch nach Bier und echtem Tee. Und ihm wurde dieser Aufguss vorgesetzt. Nicht einmal der Honig, den er freigiebig in die dunkelgrüne Flüssigkeit drückte, half dem Geschmack auf. Zumindest wärmte ihm die Tasse die Hände.

Das Patel-Mädchen sagte, Schnaps gebe es erst um sechs. License Hours. Am Tisch neben ihm unterhielt sich Mister Pritchett, der Milchmann, mit einem Freund. Und was tranken die? Limonade etwa?

Spät war er aufgestanden und hatte sich angezogen, um wenigstens eine Nachmittagsschicht in seiner persönlichen Munitionsfabrik zu absolvieren. Wantee war nach Windermere gefahren, etwas für Weihnachten besorgen, also geheim. »Er arbeitet fieberhaft«, hatte er Bicky zu Ainsle sagen hören, letzte Woche erst in seinem Atelier. Tadelnd. Dabei war es das Beste an ihm.

Um zwei Uhr war er aus dem Haus geschlüpft. Zufrieden mit sich und seinem Leben hatte er die Haltestelle erreicht. Musste er husten, blieb er stehen und hielt sich den Schal vor den Mund. Der Bus nach Elterwater kam nicht. Und kam nicht. Als er merkte, dass er zu schwach wurde, um sich eine weitere Minute aufrecht zu halten, hatte er sich in das Hotel gerettet. Wo er sich nun an einem der hintersten Tische versteckte wie ein Flüchtling. Ha, Witz.

Die beiden am Nebentisch waren auch bei den Witzen angelangt: Ruhen sich zwei alte Kameraden aus dem Ersten Weltkrieg auf einer Bank an einer Seepromenade aus. Stöckelt eine Blondine herbei. Kurzer Rock. Als sie eine Viertelstunde später auf dem Rückweg ein zweites Mal vorbeikommt, sagt der eine zum anderen: »Erinnerst du dich an die Pillen, die sie uns im Schützengraben gaben, damit wir nicht dauernd von Weibern träumen? Warum wirken die erst jetzt?«

Kurt bereute, zugehört zu haben. Nun fühlte er sich wie der Insasse eines Altenheims, dem es gelungen war, in einen stillgelegten Pub auszubüxen.

Er hatte Wantee einen Zettel in die Küche gelegt. Jumbo roaming. Sie würde wissen, wo nach ihm suchen. Er wollte nicht, dass sie sich Sorgen machte. Sie machte sich natürlich dennoch Sorgen um ihn, aber wollte nicht, dass er das bemerkte, also versteckte sie es, was nicht gelingen konnte, dafür waren sie sich zu vertraut. Er an ihrer Stelle hätte sich ebenfalls Sorgen gemacht um sich. An seiner Stelle konnte er sich diese Sorgen nicht leisten. Es tat ihm leid, zu ändern war es nicht. »This is simple«, sagte er. »Simple«, sagte sie und fuhr einkaufen. Wantee würde in der Schmiede stehen mit den Geschenken, seinen Namen rufen, keine Antwort bekommen. Das würde ihr, bitte, gefallen. Der alte Jumbo, solange er arbeitete, starb er nicht, das musste sie wissen, und sie würde die Gelegenheit nutzen, die Geschenke zu verstecken, oh ja, seine praktische

Wantee, darauf verließ er sich, und dann würde sie sich auf die Suche nach ihm machen.

Er schwitzte. Seine Arbeit wartete auf ihn, rief ihn, fünf lächerlich unüberwindbare Meilen westlich von hier. Er schob das Gesöff an den Rand des Tisches. Bloß weg damit.

Wie leid er es war, regelmäßig auf Hindernisse zu stoßen, und dabei, ebenso regelmäßig, selbst das allergrößte zu sein. Er konnte sich nicht im Geringsten vorstellen, was dieser Doktor Lancaster hörte, wenn er die kalte Muschel des Stethoskops über seinen Rücken führte und das Rasseln seiner Lungen in Fragen nach »ausstrahlendem Druck« oder »dumpfen Stichen« übersetzte.

Die gesamte Woche hatte er in der eiskalten Scheune verbracht. Vor zwei Tagen war das Huhn fertig geworden. Nun saß die Skulptur vor der Wand und reckte den tiefschwarzen Hals in die tiefere Schwärze des Barn. Der Schnabel, ebenfalls schwarz, deutete auf den pechdunklen Scheunenhimmel. Vielleicht sollte er diese Arbeit »Elastizität des Gedächtnisses« nennen. Erst als er sie auf den Boden gestellt hatte, war ihm aufgefallen, wie steif er auf dem Stuhl geworden war, wo er, Kerze auf der Erde, das Huhn zwischen den Beinen, stundenlang an der Skulptur gearbeitet hatte. Mit Mühe war er aufgestanden, dabei war ihm schwindelig geworden, und er hatte beschlossen, Hilfe zu holen. Sorgfältig verriegelte er von außen die Tür, gelangte, da die Luft ihn erfrischte, unbeschadet durch den Hain mit Baumsetzlingen und über ein schmales Wiesenstück zu dem niedrigen Gebüsch, hinter dem die beiden frisch gepflügten Felder lagen. Trotz seines unsicheren Ganges war er nun fast an Pierces Kleinchalet. Auf halber Höhe hinauf zur Eingangstür brach er, nach Luft ringend, zusammen.

Feuchter erdiger Geruch. Er war nicht gestürzt, er hatte sich hingesetzt. Zumindest halbwegs. In der Villa seines Vermieters brannte trotz des abendlichen Zwielichts keine einzige Lampe. Helles Elfenbein, Rosa und rauchiges Grau stiegen aus dem Horizont über den Himmel.

Da also war sie, seine Zukunft. Er begriff, wie sie verfuhr. Es war völlig unnötig, an sie zu denken. Sie kam von sich aus und machte einen auf unheimliche Weise zu dem, was man nie hatte werden wollen.

Eine Weile beobachtete er die Dämmerung. Sie war ihm willkommen, die alte Pause zwischen dem Bellen der Dorfhunde und dem Heulen des Wolfsrudels. Lautlos rückte sie die vom Tagesgebrauch verstreuten Dinge an ihren eigentlichen Platz. Es war dies so tröstlich und dabei so menschenfern, dass er zu weinen begann. Er liebte diesen Ort, Cylinders, und wollte ihn nicht verlassen müssen. Sogar sundogs hatten hier auf ihn geschienen, die Sonne und ihr Hund, eine kleine Sonne, die die große begleitete, ein Feuerofen und sein Bild. Die gegenständliche Malerei hatte ihn nicht aus Geldgründen oder Narretei angezogen; die Ergebnisse waren weder Schwindelei noch bloßer Ersatz. Ich werde magerer und magerer, aber mein Geist ist nicht totzukriegen. Der District hatte seinen Sehsinn an eine Skala gedeckter Farben, an Reduktion und Nuancen gewöhnt. Beinahe konnte er von dort, wo er auf der Erde hockte, die Scheune erspähen.

Von fern hupte ein Wagen, ein zweiter antwortete. Dann wurde es wieder still. Die Kälte des Bodens dehnte sich aus. Kurt blickte in eine in Tröpfchen gefrorene Welt, von unten stiegen kristallene Sterne herbei. Er griff an seine Schuhe. Seine Knie. Er glaubte, er könnte aufstehen, aber versuchte es nicht. Er schlug sich die Hände vors Gesicht. Tränen waren warm, sie schmolzen den Schmerz. Er wusste nicht, wie tief der ging. Die Welt war so prächtig, so unwiederbringlich, so dahin.

Biegsam schwamm der Wind durch die Äste der Eschen und Elsbeeren am Weg.

Er schreckte hoch. Ein älteres Pärchen, das eine greise, zur Hälfte von einem Federhut bedeckte Dame zwischen sich führte, wies den Portier an, ihre zahlreichen Koffer und Taschen neben Kurts Tisch aufzustapeln. War er, dank Kräutertee, jetzt schon zu einem Geist geworden, unsichtbar?

Er winkte dem Patelmädchen und bat um ein Blatt Papier. Sie fragte, ob alles recht sei. Immerhin ignorierte sie ihn nicht ebenfalls. Er sagte, er sei left, links oder verlassen, nicht right.

Sie sah ihn an, als hätte er ihr die Socken von den Füßen geboxt. Manche englische Redewendung war wirklich unsinnig, also sehr schön.

»Bier?«, fragte sie.

Seine Antwort klang krächzig.

»Medizin«, sagte das Patelkind, »sag das doch gleich. Das Papier bring ich auch.«

Abwechselnd trank er, war er nicht brav, einen Schluck kräutergrüne, einen Schluck schnapstransparente Medizin. Auf das Blatt, das sie ihm vorgelegt hatte – ihre Füße steckten trotz der Jahreszeit tatsächlich sockenlos in den Schuhen –, schrieb er mit ruhiger, wenn auch langsamer Hand: To Mister Harry Pierce, Prinz von Kraut und Gras, Herr des Verschlags und please-nicht-hart! Erhalte vielmals&sehr den Ort auch nach mir.

Er fühlte sich seinem Vermieter verbunden, bedankte sich aufrichtig.

Von neuem schwitzte er.

An dem Walthwaite-Abend war er frierend, doch im Wesentlichen unverletzt, wenigstens äußerlich, und innerlich leergeweint, also ausgehärtet, nach Hause gekommen. Nach einer Stunde auf dem Boden hatte er sich so weit erholt gehabt, dass er ohne Hilfe zur Bushaltestelle in Elterwater hatte laufen können. Vielleicht war das schon das Fieber gewesen, ein Fieber, das ihm für den Abend und die Nacht Kraft gab. Ohne darüber, was geschehen war, ein Wörtchen zu verlieren, hatte er mit Wantee zu Abend gegessen und sich unter dem Vorwand, an Hausmann schreiben zu müssen, an den Schreibtisch gesetzt. Er schob den deutschen Haufen zur Seite, füllte die Tinte auf und verfasste sein Testament. Er hatte Ernst die Veränderung in dem so oft von vorn begonnenen Brief längst angekündigt. Er hatte sich mit seinem Sohn absprechen, sich einig sein wollen. Ernst hatte geantwortet und trotzig das Erbthema mit keinem Wort erwähnt. So geschah es nun ohne Einvernehmen. Er kannte sein Kind, spürte dessen Schmollen bis nach Ambleside. Seine eigene Arbeit hatte ihn mit langsamen, geräuschlosen Erdrutschen vertraut gemacht, mit Prozessen der Auflösung. Ernst müsste mit einem privaten Erdrutsch umgehen. Er hoffte, dass er daran wachsen würde, teilen zu müssen.

Heute Morgen hatte er das Dokument zu Ainsle gebracht. Der Freund hatte bezeugt, dass alles sich ordnungsgemäß zugetragen hatte, in dergleichen waren sie ja bereits geübt, und Kurt hatte das Testament mit ach-was-für-Gefühlen in einen Umschlag gesteckt und bei Ainsle hinterlegt.

Etwas roch nach Bier. Schlug die Uhr schon sechs? Hatte er geschlafen? Alas, warum war es um ihn stockfinster wie im berühmten Arsch des Bären? War er erneut blind geworden?

Eine Hand rüttelte an seiner Schulter: »Das gesamte Dorf ... abgesucht.«

Er blinzelte, erkannte Silhouetten. Es war tatsächlich duster. Das Salutation sparte Kerzen, damit man Weihnachten welche hatte. Zum Ausgleich wurden die Zapfhähne geöffnet. Das Bierglas fand den Mund auch ohne Licht. Da holte Wantee ihn heim.

»Meine Leben«, murmelte er. Auf Englisch war das eine sinnvolle Antwort auf ihre Frage: Was treibst du hier? What have you been up to?

Das eigene Leben.

»Die kleine Patel wollte mir keinen Schnaps geben, nur Medizin. Hast du etwas damit zu tun?«, sagte er, während er versuchte, sich aus dem Stuhl zu hieven.

Die verschissensten Schafe, die er je gesehen hatte, seien an der Bushaltestelle vorbeigeführt worden.

»Du wolltest nach Elterwater?«

Wie sie darauf komme.

Borstige Zotteln, Bäuche wie Drehorgeln. Umhüllt von beträchtlichen Furzwolken hätten sie ihn mürrisch angestarrt.

Und behauptet, sagte er heiser, der kahl werdende Gott der Pikes habe sie heruntergesandt, der Gott des Zwischen, um ihm mitteilen zu lassen, dass er nach Haus gehen solle. Botschafter ohne Flügel, ungeschlacht, schwanger, verklebt.

»Cloven-hoofed, wenn überhaupt«, sagte seine Englischlehrerin, Schafe waren Klauentiere, Paarhufer, Hornträger. Sie tadelte ihn seiner »purpurfarbenen« Sprechweise wegen: Botschafter, Engel! So was von überladen. Aha, da stünden ja auch drei Schnapsgläser, nicht eines!

»Ich bin eine Drossel«, sagte er. Arme Wantee, das konnte sie nicht verstehen. Auf Englisch tranken Drosseln niemals Alkohol.

»Auf jetzt. Du bist krank.«

War er nicht. Es war ihm gelungen, seinen Mantel anzuziehen, im Sitzen.

»Purpurn«, wiederholte sie und legte ihm die Hand auf die Stirn. Er musste ihr nicht in die Augen blicken, um zu wissen, was sie fühlte. Die Nacht war er schwitzend wach gelegen. Ein Komma von einem Mond, umhüllt von Torffeuerrauch, war im Fenster gehangen. Sie würde seine Kleider waschen und bügeln, bevor sie sie verkaufte. Er hatte sie darum gebeten. Kurt an der Wäscheleine. All seine Hosen hatten ausgebeulte Knie. Ein paar Hosenkommas im Amblesider Wind.

Er nahm sich zusammen und schaffte es aus dem Stuhl. Aufrecht stand er, mit ein bisschen Festhalten, am Tisch. König Kurt in seiner Purpurhaut, beschäftigt mit fiebrigen Engeln und Schafen.

16: Ernst & die Ärzte

Sehr geehrter Herr Doktor Johnston,
Ihrem Rat folgend habe ich meinem Vater die bestimmtesten Vorhaltungen gemacht = mit allem geschuldeten Respekt, humorvoll, scherzend, spielerisch = wobei ich flüsterte, appellierte, frühere Beschwerden in Erinnerung rief, mit Mutters Namen und Vermächtnis nicht sparte, seine Verantwortung seinem Enkel sowie mir gegenüber ins Spiel brachte, seine Schwächen, wenn es darum geht, etwas zu kontrollieren, seine Stärken eben dabei, seine ureigensten Überzeugungen und Wünsche anrief, seine Taten und Obsessionen, erneut seine Kraft, seine Bahnen und Blutbahnen, seine Schlafgewohnheiten ins Feld führte, seine Talente als bellender Hund, kurzerhand = unter Einsatz verschiedenster Strategien und unter Herbeiziehung jedes Mittels, das mir einfallen wollte = an das ich mich erinnern und das ich in Worte fassen konnte = wobei ich schließlich sogar so weit ging, ihm anzudrohen, ihm alle Krähen literarischer Not auf den Hals zu hetzen, einschließlich, sagte ich, Edgar Allan Poes penetrantem Kummerraben und Dickens' vereinigten Weihnachtsgeistern, die er allesamt viel zu mühelos, mit einem nachgerade heiteren Schulterzucken von sich wies = nur zu, sagte er, Vögel kämen ihm gerade recht = unter Herbeiziehung noch des letzten Argumentes arbeitete ich mich stundenlang an ihm ab. Daraufhin murmelte er etwas über sichtbar-unsichtbar verzurrte Briefe = was ich nicht verstand: Sollten es schnurrende Briefe sein, wie Katzen? Hörten Sie, lieber Doktor, zufällig zu? = er hatte von Ihrem Telefon aus angerufen = und erinnern Sie sich daran, was er gemeint haben könnte? Ich versuchte, an meinen vernünftigen Beweisführungen festzuhalten, er hielt an seiner neuen Art mir auszuweichen fest = auf Grund von Drogen? = Verordnungen, die Sie ihm ausstellen? = was mich nicht

völlig unvorbereitet traf = ich beschwor ihn, noch immer am Telefon = Sie werden sich erinnern, wie das Gespräch sich in die Länge zog = er gab eine absurde Summe Geld dafür aus = ohne auch nur das Geringste bei ihm auszurichten, wie ich leider zugeben muss. Ich drängte ihn, flehte ihn an, auf sich zu achten, sein Wohlbefinden in die eigenen Hände zu nehmen, sich bitte dieses eine Mal den Regeln ZU BEUGEN und Ihren wie seinen fraglos auch eigenen Worten Taten folgen zu lassen = sich aufzuraffen = ernsthaft aufzuraffen = sich zu verpflichten, die von Ihnen vorgeschlagene Diät einzuhalten = wobei ich mir im Klaren darüber bin, dass es sich um mehr als »Vorschläge« handelt = so dass ich ihn zu überreden suchte, seine täglichen Übungen durchzuführen, weniger zu arbeiten, nichts zu arbeiten, sich allemal nicht mit seinem bevorstehenden Ableben zu beschäftigen, auch nicht gedanklich und bestimmt nicht in Briefen, wobei ich nicht im Geringsten damit rechne, dass er sich etwas davon ernstlich zu eigen macht, selbst wenn er, unbedingt = seinem Charakter entsprechend, allem zustimmte und dabei keinen oder nahezu keinen Widerstand an den Tag legte = schlicht um jeder weiteren Auseinandersetzung aus dem Weg zu gehen.

Herr Doktor Johnston, lassen Sie mich die Wahrheit wissen = Wie steht es um ihn? = Aussichten, Befunde, Risiken? Er wird so sicher wie das Amen in der Kirche einem Esel gleich, dem zu wohl ist, sofort von neuem aufs Eis seiner vermaledeiten Scheune wandern, Winter hin, Winter her, jeden kameradschaftlichen Rat in den Wind schlagen, als wäre er eben dafür gemacht, und die nächsten Entwicklungen, welcher Art sie auch sein mögen, herbeizwingen.

Bitte schimpfen Sie mit meinem Vater, zanken Sie, putzen Sie ihn herunter, ein Donnerwetter tut not. Die Leichtfertigkeit im Umgang mit seiner Gesundheit, die mir aus seinen Briefen entgegenkommt, setzt mir zu, mit Scham und Sorge lese ich zwischen den Zeilen, wie er sich wirklich benimmt. Sie sind ein vernünftiger

Mann, die einzige vernünftige Person offensichtlich, die sich derzeit in der Nähe meines Vaters befindet = ich versichere Ihnen, da mir die Details des Haushaltes, in dem er lebt, diese ménage-à-deux, vertraut sind = Sie sind der einzige Erwachsene in seiner Umgebung, der Einzige, der sich nicht von Motiven blenden lässt, die zu beurteilen ich mir nicht anmaßen kann oder darf. Das Gebaren meines Vaters bedeutet, dass ich hier herumspringe wie eine in heißes Bratfett geworfene Bohne. Hierbei handelt es sich weder um eine deutsche noch eine norwegische Redewendung, was Ihnen meinen Zustand bestens anzeigen muss = ernsthaftes Unglück. Braten war übrigens die einzige Weise, auf die mein Vater sein Essen gern zubereitete = Hochgeschwindigkeit unter Verbrauch heißer Übermengen von spritzendem Fett. Er briet Eier, Würste und Hannoveraner Kartoffeln = Verzeihung, ich schweife ab = vielleicht macht Ihnen der Vergleich Ernst=Bohne trotz allem etwas Freude = ich vertraue darauf, dass Sie einen Weg finden, ihn davon abzubringen, sein Leben zu verschwenden und die langfristige Zukunft seiner Kunst zu vergessen. Lenken Sie ihn zurück zu seiner Berufung, wenigstens für einen Tag oder zwei. Und dann erneut! Ich erinnere mich daran, dass Ihr Sinn für Humor dem in der Schwittersfamilie gepflegten aufs Schönste ähnelt, ein Humor, der sogar mich, dessen Vorname das schiere Gegenteil zu bedeuten scheint = glaubten meine Eltern, als sie mich mit einem tauglichen Namen ausstatten wollten, sie hätten nicht genug Würdevolles in ihrem Leben? = in der Wolle färbte, von den Babysöckchen an = ich möchte sagen, dass, wie Sie mit Sicherheit längst bemerkt haben werden, auch die olle Hannoveraner Kartoffel, die durch Kurts Verhalten gebraten wird, kein anderer ist als ich. Ich bin davon überzeugt, der Eid des Hippokrates, unter den Sie Ihr Leben stellten, verbietet Ihnen, Däumchen drehend zuzusehen, wie ich leide = Sie werden zum Wohl aller beitragen, wenn Sie unseren lieben Maniker davon abhalten, bis zur totalen Erschöpfung in seiner Scheune zu arbeiten und sich damit nur selbst weiteren Schaden zuzufügen, wofür ich Ihnen in aller Ewigkeit aufs Tiefste verbunden wäre, was schreibe ich = sein werde = ein Umstand, dem Sie keinen hohen Wert beilegen werden können, und wer wäre ich, Sie dafür zu tadeln, handelte es sich nicht um einen gewichtigen Beitrag von Ihrer Seite zugunsten des Gemeinwohls, zumindest des Wohls zweier Menschen, namentlich Bengts und meiner Wenigkeit, wenn Sie das Leben meines Vaters retteten und damit den Frieden meiner Nächte, meines Gemütes, meines, wie gerade dieser Vater mir jüngst kryptisch schrieb, vielfach gefalteten Herzens.

Ergebenst
Ihr nahezu durchgebratener, bald ganz durchgebrannter
Schwitters der Jüngere

17: anhängig/anhänglich: sein

knetet
nietet
kniet
kippt
kriegt

Weihnachten ist ein Familienfest. Nach Weihnachten sind alle Krankenhäuser voll. 1943 waren sie voll, 1944 nicht minder, 1945 erst recht. Auch im Dezember 1947 wurde um jedes Spitalbett gekämpft: Weihnachtskracher, die explodierten, Öfen, die explodierten, Körper, die unter heftiger Einwirkung von Alkohol implodierten.

Trotz seines vielversprechenden Namens war das Kendal Green eine Brutstätte der gesamten Flotte chemischer Ausdünstungen, die den Berufsstand der Ärzte begleiten. Den Geruch von Schwäche, Pein und Verzweiflung allerdings überdeckten sie nicht. Das roch er, alles andere hatte man ihm gesagt. Er reagierte überempfindlich auf Berührung und war auf Grund des über Weihnachten tatsächlich gesunkenen, ja verschwundenen, dann aber umso heftiger zurückgekehrten Fiebers nicht mehr dazu in der Lage, einen einzelnen Punkt fest in den Blick zu nehmen. Ständig versicherte ihm jemand, dass es ihm gut gehen werde, während er den Mief seines Zimmers, der Zimmergenossen und der Putzmittel einsog. In einer Nische neben der Eingangstür stand ein flaches Schälchen wie für Weihwasser in einer Kirche. Er sah es, dann verschwamm es wieder. Sollte man sich die Hände waschen, wenn man eintrat, oder gleich die letzten Gebete murmeln?

Der Kalender zeigte den 29. Dezember. Er hatte die Einweisung auf die Krankenstation so lange wie möglich hinausgezögert. Weihnachten zuhause feiern. Zuhause! Das elfte Christfest im Exil. Christmas, a mess: Durcheinander, Chaos, Christmas cracker. Um Gottes willen, nicht essen, Kurt. Das Familienmotto, das er um diese Zeit üblicherweise für das kommende Jahr ausgab, war ausgefallen. Auch das letzte Weihnachtsfoto war überholt. London/ Barnes, 1944. Ernst im lockigen Haar, pomadierter Schnurrbart, beugte sich lachend über einen wohlgefüllten Teller: echtes Rindfleisch, jede Menge Kartoffeln. Kurt erinnerte sich. Sogar die Sauce hatte nach Fleisch geschmeckt. Der Sohn jung und geckenhaft. Wantee trug die helle Seidenbluse, bis zum Kragen zugeknöpft, während er sie voller Wärme und erstaunt über ihre Anwesenheit wie am ersten Tag anblickte. Zwei dünne weiße Kerzen brannten. In Hannover lag Helma in ihrem Grab. Hatte sich Ernsts Abwehr gegen Wantee damals entwickelt? Kurt, der Faltige, zwischen den jungen Gesichtern von Neufrau und Sprössling. Gert Strindberg hatte das Foto geschossen, Ernst hielt sein Glas entschieden in die Luft, er halb. Wantee berührte ihres nur leicht.

Er hatte niemandem in Lysaker am Telefon ein frohes Fest gewünscht; es fehlte das Telefon. Falsch. Auch die Stimme hatte gefehlt.

Er hatte es ihnen nicht gewünscht, weil er bereits im Hospital lag? Er war sich nicht sicher. Die Zeit wuchs in Spiralen, ein Adlerfarn, ein Strauß Blattspitzen, Spinnrädchen, herrlich verpackt, grausam entrollt Vorteil: Damit war er vertraut.

In der zweiten Dezemberwoche hatte er Ernst einen weiteren Brief geschrieben, der ihn auf eine in Bälde eintreffende »kurze Nachricht« vorbereitete. Ernst hatte den Vorbrief, in dem Kurt erklärte, dass und wie er seinen Letzten Willen nun tatsächlich umgestaltet hatte, beantwortet, ohne das Testament zu erwähnen.

Als er fünf Tage später seine Abschiedszeilen an Hans Richter verfasste, fiel ihm auf, wie sehr seine Handschrift verändert war. Schrieb er nur mehr mit Zitronensaft? Am Ende konnte man kaum etwas lesen.

Im Kendal Green spricht man von einer Bronchitis, die zu einer Lungenentzündung geworden ist.

Man gibt ihm Morphium.

Er blutet vorwärts und rückwärts. Kurz davor, das Bewusstsein zu verlieren, dann hellwach. Wantee wäscht ihn, kühlt seinen Nacken, kämmt sein Haar, putzt seine Stiefel, die neuen, weil die alten ein Loch in der Sohle haben, nimmt allen MERZ (rubbish) aus seinen Taschen und bürstet ihm die Jacke ab, bevor er geht, zieht seinen Schlips gerade und sagt: »Nun bist du ein niedlicher, reiner kleiner Junge, ich halte meine Finger für dich gekreuzt.«

Seine Sicht ist das eine, die der Ärzte und Schwestern die richtige. Er bleibt stumm. Ein Geist, der in Fleisch atmet. Es erleichtert ihn, dass man eindeutig kein Simulant ist, wenn man in einem Zustand wie diesem im Krankenhaus liegt. Wantee sagt, frei werde er durch die Welt streichen, in allen Farben, in seiner Kunst.

Er hat sich auf dem Holzbrett auf der Westseite seines paganen Palastes niedergelassen, sieht zu, wie das Licht sich verschiebt, und kritzelt eine Liste. Punkt sitzt neben Punkt; es wird die vollkommenste Ordnung, die er je zustande gebracht hat. Moos, Heide, kurzgrasiges Fell bedecken die Felsbrocken und die verkohlten

Gemäuerreste auf dem Pierceschen Grund. Gleichwohl scheint alles nackt, vollkommen auf sich selbst konzentriert. Ihm ist weder kalt noch warm. Atome vibrieren in Steinen und fossilen Skeletten. Etwas wie zu Pulver zerriebene, verdichtete Nähe wirbelt durch die Luft. Gesichter, von denen ein phosphoreszierender Glanz ausgeht, schweben auf ihn herab.

Sein Herz klopfte, er pausierte. Sein Herz pausierte, er klopfte. Das darfst du keinem verraten! Ein halbes Jahr mit dem letzten Merzbau war ihm beschieden gewesen, aber wer sagte, dass sich das Schicksal nicht ein letztes Mal gnädig zeigen und ihn überspringen würde … er musste es bloß … unter seinen Willen … locken. Er erinnerte sich daran, wie Wantee und er vor zwei Jahren in Windermere den Bus bestiegen hatten, sich Plätze gesucht, das Dorf zum ersten Mal durch die Fenster erspäht … Nicht auf die Tage, an denen man aufbrach, kam es an, sondern auf jene, an denen man eintraf. Still und leise zogen sie einem die alte Identität über die Ohren: Oslo, 2. Januar 1937; Rosyth bei Edinburgh, 18. Juni 1940; Douglas, 17. Juli 1940; London, 24. November 1941; Ambleside, 27. Juni 1945.

Eine Zeitlang hatte er ohne Haut gelebt. Seine Ausflüge nach Paddington. Die flüchtigen Berührungen. Das Stottern in der neuen Sprache. Nie mehr Kurt. Noch nicht Körrt.

Mit Wantee war ihm eine neue gewachsen. Call me Switters. Er malte einen Stuhl zur Hälfte tannengrün, zur Hälfte lippenrot *(aktiv)*. Er saß dazwischen *(passiv)*. Er arbeitete an der Collage *Der fertig gemachte Poët*. Percy Bysshe Shelley schwungvoll *(a)*, fleckig *(a und p)*. Die rechte Hand, zur Hälfte sichtbar *(a)*, hielt eine Feder, deren Verlängerung sich quer über die Brust und das bartlose Kinn zu den Lippen des Dichters zog. Der unaussprechbare Mittelname *(a)* des Mannes hatte etwas mit Busch *(p)* oder Buschbewohnern *(a)* zu tun. Shelley, berüchtigt *(p)*, tragisch *(p?)*, originell, hatte den Lake District besucht *(a)*. NO PERSON *(a)* konnte am Rand der Collage entziffert werden. Am Boden schwebten *(a* und *p)* hellrote Flecken, die als Fingerabdrücke gelten mochten. Kurt unterzeichnete als Grandpaw *(a)*. Sein Enkel *(a-a)* war nach einer Explosion *(a)* benannt worden *(p)*: Bengt. Bäng, bang, boom, bumm! Nicht jeder war lustig *(a)*, wenngleich Kurt es gewesen sein mochte. Komik war komplexer als Tragödie *(a)*. Sie wurde ausgebombt, zerfiel, verdampfte *(p)*. Keine Sorge *(a p)*. Er begann darüber nachzudenken *(p)*, was er getan hat, tun könnte, tun wird oder sollte. Könnte oder flennte *(apapapp)*.

Pierce steckte seinen Kopf in die Scheune. Kurt grüßte. Der Vermieter hatte eine Kriegslampe gebracht, ein Paar zusätzlicher Socken. Beschämt, denn die seinen waren voller Löcher, drehte Kurt sich zu seiner mit Gips bedeckten Arbeit. Die Feuer loderten, Molde stand in Flammen, ebenso Hannover. Er hatte seine Geburtsstadt nicht brennen sehen, vielleicht wurde er deswegen die Vorstellung des Feuersturms nicht los. Die Steine für die Trennwand quer durch den südlichen Teil der Scheune stapelten sich im Vorraum. Die erste Schicht war auf den Boden gelegt, gefunden die Form.

Die Membranen zwischen den Zellen des menschlichen Gehirns mussten als lächerlich dünn gelten. Bedeutungen sickerten von der einen auf die andere Seite. Er kannte seinen bärmlichen Barn mit jeder Fingerspitze, jedem Atemzug, jedem Herzschlag. Decke, Dach, Zitronenlicht. Mäuse huschten zwischen den seidendünnen Seiten seines Gedächtnisses hin und her.

Flammen lecken nun auch über die Innenseite seiner Stirn. Der Stock Ghyll lodert. Auf englische Weise, versteht sich, also hat er, Kurt, etwas geschafft. Set the Thames on fire. Sterben? Noch fühlt er ihn, den begehrlichen, maßlosen Schlag, der mehr antreibt als sein Herz. Dieser Schlag hat ihn, Kurt, so lange ausgemacht, dass er sich nicht an den Anfang erinnert. Umso genauer weiß er, was es ist. Die einen nennen es Kunst, er nennt es Arbeit, sein Ich.

Ernst hat Wantee angerufen. Wantee steht an seinem Bett und sieht froh aus. Er hört sie, er drückt ihre Hand, er versteht jedes Wort. Ernst hat einen Flug nach London für den 7. Januar gebucht.

18: S-and

Tritt-
    tränt
  strengt
stein
    eng-

1.1.1948   Aufgezogen wie das Werkchen einer Uhr lief er auf dem Boden seiner zauberhaften Zufluchtsstätte im Kreis. Gesicht, Zwischengesicht, Untergesicht, *a wall and its faces.* Drehung um Drehung, genannt Revolution. Die Umsetzung war über die Planung hinausgewachsen. Stammelnder, sammelnder, englisch-fischiger Kurt. Wie er die Menschen nun kannte. Wie er sie kannte, die Furcht vor dem oberflächlich gezähmten Raubtier, das sich bei angemessener Fütterung und Wartung damit begnügte, kurze nächtliche Raubzüge zu unternehmen. Ihm war heiß. Hitze schwebte über dem Boden. Schwebte auch er?

2.1.1948   Er war auf dem Fischerboot vor den Lofoten, beschäftigt damit, es auszuschöpfen, beschäftigt damit unterzugehen, sich selbst beim Untergehen zuzusehen. Fortwährend brachen Wellen über ihnen zusammen, stumm kauerte er im Bug, riesige Hände, zwergenhafte Kunst. Es war lange her, doch verging nicht, er war dankbar, überlebt zu haben, und dann, nachts, manchmal, oder wenn er auf einem Berg stand und um sich herum lediglich Land sah, Lakeland mit den Wasseraugen der Seen darin, vermisste er die Fahrten. Dann wollte er für Wochen nichts anderes essen als alten Zwieback, seekrank, aber nicht allein, vom Wind hin und her geworfen, aber in die Arme eines anderen. Nie wieder war er so vielen Menschen so nahe gewesen, sie rülpsten, pissten, erbrachen sich, weinten, wurden überspült, schrien in ihren Träumen, wurden erneut überspült. Es fühlte sich auf erschreckende Weise grandios an, auf Gedeih und Verderb aufeinander angewiesen zu sein, von nichts als einer Holzschale umfangen, in höchster Gefahr, eine Gemeinschaft, in der man tatsächlich das Leben und hoffentlich nicht das Sterben miteinander teilte, windzerrissen, schlaflos, krank. Einzig dass Ernst mit an Bord war, quälte ihn. Ernst durfte nicht ertrinken, wenn er, Kurt, ertrank, das Kind nicht sterben mit ihm. Es peinigte ihn, nach wie vor in diese Situation zurückkehren zu müssen, zugleich strahlte eine seltsame Befriedigung von ihren Schrecken aus. Mitunter war ihm, als bräuchte er einen Schub Entsetzen, um sich überhaupt zu spüren, als gäbe es keine Welt mehr für ihn ohne die berückende Dichte der Gefahr und ohne die Sackgassen, in die sie einen stieß, Situationen, in denen jede mögliche Aktion falsch war, jede friedliche Lösung Schein.

3.1.1948 Das Meer machte ihm Angst. Der Wind machte ihm Angst, wie er das Schiff zerdrückte. Das Schiff machte ihm Angst, wie es gegendrückte und dabei sank und stieg. Was geschah, mochte groß sein, gewaltig, mitleidlos. Böse war es nicht. War die Gestapo im Sommer 1936 böse gewesen, als er in Hannovers Polizeipräsidium auf seinem Stuhl saß vor der Macht, die eine Ernte 23 rauchte und so milchgesichtig Reime auf MERZ zum Besten gab? Damals, als alles erst anfing, als die in Hannover verhafteten Sozialisten nach ein paar Wochen auf freien Fuß gesetzt wurden, als die Grenzen noch offen waren.

4.1.1948 Abermals trat er als Flüchtling von der Fridtjof Nansen an Land, nicht mehr schaukeln, nicht mehr fürchten, jeden Augenblick in die Luft zu fliegen, nur schwanken mit den seegewohnten Beinen auf dem festen Pier im Hafen von Rosyth. Ein englisches Kriegsschiff hatte ihnen am Ende Geleit gegeben. An Land nun spuckte man sie an. Männer in Uniform erschienen. Sie fragten nichts, verhandelten nicht. Sie verfrachteten. Er wurde zu einem Menschen aus Watte. Gesichtslos, weiß, fast ein Gespenst. Zieh nur dran, schon geht ein Stück ab. Ernst und er erhielten keinerlei Auskunft, niemand legte Rechenschaft ab.

5.1.1948 Das Rote Kreuz überstellte Nachrichten von zuhause. Der Zensor strich Sätze aus. Sätze wie »Ihr seid gerettet«, geschrieben in Hannover, strich er nicht. »Du musst nun glücklich sein.« Er fraß, was Schweine übrigließen, lag neben Toten und empfand nichts, war tagelang nass, stank, die Schleifmaschine in der Werkstatt auf den Lofoten riss dem alten Gelinek die Hand ab, er hörte ihn schreien. Doch er lernte auch neue Glücke kennen: 1 Tag ohne Verletzung, 1 Löffel Zuschlag bei der Suppe, 1 Lächeln von Ernst.

6.1.1948 Er ging durch London, lag neben Wantee im Bett. Ständig wartete er auf etwas, versteckte dieses Warten vor sich und allen anderen und fühlte es umso deutlicher. Er wartete auf einen überraschenden Anruf, einen Polizisten in der Tür, der ihn abführte, den Brief in der Post, der ihn des Landes verwies, »Sie haben 48 Stunden …« Er schwamm in einem Meer, in dem sich Gewehrläufe spiegelten – in seinem zweiten Sommer in Manx hatten die Wachen ihre Gefangenen ab und an zum Strand geführt, sie in die Wellen getrieben und ihre Bewegungen mit angelegten Büchsen bewacht.

7.1.1948 Ein Pärchen Ringeltauben flog mit lautem Flügelschlag von einem Ast, Coelinblau spritzte himmelwärts. Der See von Ullswater lag so still, dass es unmöglich war zu unterscheiden, wo seine Fläche endete, wo das Bild begann. Die Bergkette, eine Linie von Gipfeln im Wasser, die andere weit darüber, hatte sich zwischen zwei Firmamente gestreckt. In dem von Sonne strahlenden Ufergras saß eine Zibbe, das Gesicht schwarz-weiß gefleckt, die Beine sorgsam unter den geschwollenen Bauch und die Brust gefaltet. Auf Deutsch pochte einem Menschen das Herz im Brustkasten, im Englischen saß es in einem Käfig mit Knochenstäben. In Wellen wiegten die Sonnenstrahlen das schattige Gras.

Er wurde gedreht, jemand tröpfelte Öl auf seine Brust. Er hörte Wantees Stimme, dann die seines Sohnes. Seine Einbürgerungsurkunde war angekommen? Kurt würde Brite sein. Ein »Natürlicher« hier auf der Insel. Er war wach, hellwach. Er war hier. Er lachte. Naturalisiert würde er werden.

Hurtig nun, du kurtiges Kraut!

Er sagt: »Naturalisiert wird man, indem einen die natürlichen englischen Würmer fressen.«

Er fühlt sich fiebrig und kann an Ernsts Augen ablesen, dass sein Sohn ihn nicht hört und viele Jahre leben wird.

»Bringt mich zum Fenster«, flüstert er.

Das Tal gleicht der aufgehaltenen Hand eines alten Mannes. Wie es sich ausrollt und schwingt, ausrollt und zuschwingt auf ihn. Helma und er reisen von Hjertøya ab nach Wochen zu zweit in der Inselhütte ohne Küche, ohne Klo, zwischen Wasser und Wind, altem Brot und Fisch. Die schiere Menge ihrer Koffer zwingt sie dazu, die Rückreise zu unterbrechen und in Valldal ein Zimmer zu nehmen, wo Kurts Gepäcksammlung so viel Raum einnimmt, dass sie ihrerseits nirgends mehr stehen können. Also legen sie sich ins Bett. Es ist nicht leicht, einen Menschen, den man so lange kennt, beim Liebemachen zu finden. Er hat oft daran zurückgedacht. Ihr letztes Mal. Tags darauf waren sie zu einem Ort zwischen den

Hügeln gefahren, von den Bewohnern Eden genannt. Jasmin, wilde Erdbeeren, stechendes Gras. Helma hatte einen Niesanfall bekommen. Er hatte mitgezählt, sie in den Arm genommen, ihr auf den Rücken geklopft. Da hatte er sie gefühlt.

8.1.1948 Er kauft Butter von einem Bauern, um sie für Wantee in einen Teig zu kneten. Der Bauer sagt: »Meine Kühe sind die besten.«

»Ich bin ein Bauer«, sagt der Bauer. »Ich bin der beste.«

Kurt sagt: »Ich bin ein Poet, kein Beet. Nenn mich Alfred.«

Die Butter des Bauern ist hervorragend, die beste Butter von ganz England. England ganz und zurück. Sie trinken ein Bier.

In der dunklen kleinen Eingangshalle neben der Wohnungstür fragt Wantee: »Wo hast du dich nur rumgetrieben? Endlich bist du bei mir.«

Er steht im Halbdunkel, leicht gekrümmt, da er für diese Räume zu groß ist, und untersucht die Rückseite seines Mantels. Sind die Löcher von den Nadeln zu sehen, winzig, wo sein Name an ihm festgemacht war?

Sein neues Zuhause liegt in einem Speicher. Es hat ein Oberlicht. Er malt und schläft. Sein innerer Körper, in dem es keinen Übergang gibt, streicht über die Wolken. Eine sich vervielfachende rosige Wantee steckt den Kopf um den nächsten Fehler und fragt, ob er eine Tasse Tee will. Er blickt auf ein Papier, das die Einstichlöcher einer Nadel trägt. Auf dem Papier steht ein falscher Name, der Name, der der seine war.

In Wellen streicht die Sonne über das Gras unter ihm. Er fliegt.

19: Wantee & Jumbo

Sie sprach nicht einmal seine Sprache und schien nicht durchzudringen zu ihm. Kein Murmeln oder Flüstern half, keiner seiner Namen erreichte ihn. Süßherz MERZ, Sweetheart, treacle tart, wie hatte er Cockney Rhyming Slang bewundert, obwohl er anfangs nicht einmal gewusst hatte, dass es Zuckerrübentörtchen gab. Rübe MERZ! Die Augen geschlossen seit Stunden, die Brust hob und senkte sich schwer, die Lungen rasselten. Sie hatte lange geschwiegen, sie hatte ihn begleitet, wie nie zuvor wünschte sie sich, dass sie Deutsch könnte, sie kannte allein die Vokabeln und Redewendungen aus Winters *Practical Travel Talks* und die Wörter aus ihrem Notizheft, »Bahnhof«, »Schokoladentorte«, »guten Tag«.

»Guten Tag«, flüsterte sie, »Koort.«

Sein Gesicht. Sein Körper. Da, seltsam zart. Die Krankenschwestern schauten vorbei, um ihn umzudrehen. Jumbo ließ sich in seiner Schlaffheit kaum anheben, sie ging ihnen nicht zur Hand, augenscheinlich wurde sie selbst taub in diesem Hospital, empfindungslos.

»Setz mich«, hatte er gesagt, »setz mich an einem nebligen Tag bei.«

»In einer Wiese, einem englischen Kirchhof, hier in Ambleside«, sagte er, »listen, Deary-Lee.«

Tag für Tag hatte sie ihm einen Imbiss und Tee zu seinem beautiful barn gebracht; ihm, einem Mann in den besten Jahren, wie man so sagte, was nicht vollständig gelogen war, nur eine groteske Beschönigung, angewandt auf ihn. Wie vertraut sein Gesicht ihr geworden war in seiner Mischung von Traurigkeit und Witz. Sie hatte sich in seinen Ausdruck glücklicher Erschöpfung verliebt, wenn er nach stundenlanger Arbeit aus dem Kabuff, das er in dem Haus in Bayswater sein Atelier nannte, heruntergekommen war zu ihrer Wohnung, um ihr eine Rose zu überreichen und einmal ein Stück von der Schokolade, die seine Frau ihm über Schweizer Freunde hatte schicken lassen. Sie hatte gezögert, es anzunehmen, er versicherte ihr, dass Helma nichts dagegen hätte, nein, dass sie, Wantee, es genießen müsse und solle. Also hatte sie sich das Plättchen in den Mund gesteckt. Man lebte schließlich in einem Krieg und die Ehefrau in Hannover, so weit weg und im Alter ihrer eigenen Mutter, kam ihr ohnehin unbegreifbar vor. Das war ein Kontinent für sich. Sie war ein London girl. Deutschland oder alles Land östlich des Ärmelkanals waren ihr fremd. Selbst von Großbritannien kannte sie nur das Landschulheim in der Nähe von Swansea, in dem ihre Klasse zum Ende der primary school eine Woche verbracht hatte.

Helma war über ein Jahr tot, als Jumbo verkündete, er werde eines Tages mit ihr in seine Geburts- und Glücksstadt fahren, damit sie zusammen den besten Schokoladenkuchen der Welt äßen. »Sag Kröpcke.« Nun, nach dem Krieg, werde das Café gewiss wieder aufgebaut, gusseiserne Kuppel, geschwungene Pagodendächer, eine Mischung aus Markthalle, Moschee und Sahnehaube, nicht ein Bau wie seine Kunsthütte hier. Sie sagte »croaky«, »croicky«, »is it cocky?«, glänzend, beeindruckend, herrlich, so stellte sie es sich vor. Ein Bau hingegen war auf Deutsch vieles, auch eine Höhle für Hasen, Füchse und Bären, eine Behausung mit Tier. Sie hatte Jumbo gefragt, wie er sich da wundern könne, dass die Briten die Germanen als unzivilisiertes Hordenvolk betrachteten, das in Felle gewickelt und die Steinaxt schwingend davon lebte, wilde Tiere im Wald zu jagen. Er hatte ihr zugestimmt. Dabei handele es sich bei den Bärenhäuten wohl um das freundliche Bild. Gewiss das Beste, was nach diesem Krieg zu haben sei. Sie waren auf einem Erdhügel neben dem Palast der Puder und Pulver gestanden und hatten, sich an den Händen haltend, den Anblick von Loft Crag und Glimmer Crag genossen, die allein der Pike o'Stickle noch überragte. Das Sonnenlicht war wie Wasser über farbige Schichten von Steinen geronnen und Jumbo hatte mit seiner melodiösen Stimme ohne jegliches deutsches Schnarren oder Knurren gesagt, dass der Tag, an dem Pierce ihm erlaubt hatte, den betörenden Barn zu nutzen, der glücklichste seines Lebens war. Ihr verdanke er ihn, ihr.

Er liebte es, ihre Locken einzurollen und dann daran zu ziehen, als wären sie Kordeln, das Haar zu teilen und durch die Strähnen zu linsen, und obgleich sie sich als eher verschlossenen Menschen kannte, hatte sie ihm gegenüber nie das Gefühl gehabt, sich schützen zu müssen. Seine Art und Weise, mit ihr umzugehen, umhüllte sie; er verstand sie ohne Worte, nutzte nichts dessen, was er erriet, gegen sie, brachte Rosen, die er sich nicht leisten konnte. Er erzählte, zeigte seine Kunst. Dass sie sich ihm öffnete, war ohne ihr willentliches Zutun geschehen, eben dies blieb das Schönste daran, ein Geschenk, das ihnen beiden gleichermaßen zuteilwurde.

Ihr verdanke er sein Glück.

»Du setzt mir Flausen in den Kopf«, sagte sie, und er zog die Brauen zusammen, blickte aber höchst zufrieden drein. Damals roch er nach sich selbst, nicht nach Medikamenten, ein Mann, der etwas Luftiges und Frohherziges verströmte, wenn man es am wenigsten erwartete. Als seine Gesundheit sich verschlechterte, war diese Aura schwächer geworden, wenngleich nicht verschwunden. Da hatte er eines Morgens im frühen Dezember eine Schale Rasierschaum zum Waschbecken in der Küche getragen, weil es im gesamten Haus kein heißes Wasser gab, Mister Creighton versuchte, eine verstopfte Leitung zu reparieren, und das mit dem Beisetzen von sich gegeben. Er benutzte ihren Handspiegel, der knubbelige Rasierhobel lag quer über der Schale.

»Ich begrab dich überhaupt nicht, MERZherz«, sagte sie. Er reagierte nicht, sie war sich nicht sicher, ob er zugehört hatte, bis er ihr, die Hand an der Wange, um sie glattzuziehen, einen seiner listigen Blicke zuwarf.

Jumbo, aufrecht über dem heißen Wasser. Erst in den letzten Monaten war er so geschrumpft. Treacle heart. Sie konnte sich nicht dagegen wehren, couldn't help it: Sie musste an treacherous denken, verräterisch. Sein Herz verriet ihn. Es stahl sich davon.

»Sie gehören dir, all meine englischen Zeichnungen, Gemälde, Skulpturen und Collagen, alles, was aus meinem englischen Leben hervorwächst. Weil du dieses Leben bist, Wantee«, und mit einem verlegenen, halb rasierschaumweißen Grinsen: »Ist nun mal Kurts Schwanengesang ... Wir wissen es seit einer Weile, Törtchen, nicht wahr?«

Vor zwei Jahren hatte er behauptet, am Ufer des Grasmere habe ein Schwan seine Uhr geschluckt. Jumbo, auf einem Handtuch dösend, die Uhr neben sich, bestohlen von einem irregeleiteten, übelgierigen königlichen Schwan. Es hatte nicht gestimmt, dafür in der Zeitung gestanden, und das vorgebliche Opfer des Raubes hatte am gleichen Tag über Mrs Osman im Brückenhaus zwei Landschaftsbilder verkauft. Schwäne beeindruckten Jumbo, zumindest englische, jeder der halsbiegenden Vögel war per Geburtsrecht persönliches Eigentum des Königs, wenn nicht gar dessen Verkörperung.

Schwanengesang?

»Du meinst Wannengang?«, antwortete sie. Nicht so komisch wie Cockney, aber fast.

Jumbos Stirnglatze wuchs. Ernst, dem sie am Ende tatsächlich das Geburtstagsfoto geschickt hatten, das keines war, behauptete, das Gesicht seines Vaters habe endgültig etwas von einem Pferd. Ein Lächeln kräuselte Körrts Lippen, vielleicht kitzelte ihn die Klinge oder er wollte ihr dabei helfen, über das, was er eben gesagt hatte, hinwegzukommen.

Unsinn verblüffte. Sinn hingegen, der einfach Sinn ergab, Sinn ohne Mausloch, Sinn mit nichts als einer Richtung, verfolgte einen bis in den Schlaf.

Er habe seinen Sohn davon in Kenntnis gesetzt und werde sein Testament umschreiben: seine gesamte englische Kunst – »voilà, sie ist dein.«

Ach Körrt. Sie hatte um nichts davon gebeten.

Es war sein *Herzenswunschen*, sagte er.

Und da lag er nun. Nicht still, sie konnte ihn atmen hören, im Übrigen indes ruhte er so lautlos in seiner Haut, als hätte das fliehende Leben sich in die tiefsten Schichten des Körpers zurückgezogen. Er schien sich nie gefragt zu haben, was sie an ihm finden mochte, dieser Typ von Mann war er nicht. Im Gegenteil: Kurt, der Deutsche, war daran gewöhnt gewesen, dass Frauen ihn für attraktiv hielten, s-o-f-o-r-t und immer wieder, ein Luxus, den er spätestens seit der Erfindung von MERZ, dem Künstler, durchaus genossen zu haben schien. Wenn sie ihn rackettee rockeettee K-art genannt hatte, hatte er gestrahlt.

»Rackettee-rockeettee K-art!«

Auch diesen Namen schien er nicht zu hören.

Sie zog seine Decke tiefer hinab über seine Brust, das Zimmer kam ihr stickig vor, was konnte sie tun.

Vor dem Fenster wurde es dunkel; hell gewesen war es den ganzen Tag über nicht. Ein paar Rabenkrähen zogen knapp über den Wipfeln durch den Himmelsausschnitt, der zur waagrecht geteilten Scheibe hereinschaute; ein einziger Baum, sie hätte nicht sagen können welcher Art, trug noch gelbbraune Blätter. Die Vögel krächzten heiser. Es war ein milder Abend; die Wolken standen tatsächlich am Himmel, Schwadenstrich um Schwadenstrich, der Wind schlief.

Ihre Ironie hatte Jumbo gefallen, er rechnete sie ihrem englischen Humor zu. Seine eigene Intelligenz und scharfe Wahrnehmung verbarg er gern hinter einem flapsigen Kommentar.

»Kein Stein und bloß keine Goldbuchstaben«, sagte er, wobei sie nichts als seine Rasierschaumwange sah, »dafür etwas Leim, bitte, liebe Rosy Lee!«

Treacle pflegte sich auf umständliche Art zu rasieren, er straffte die linke Gesichtshälfte mit der rechten Hand, griff sich mit der linken den Hobel. Für die andere Wange wechselte er die Hände. Schmale Schaumgrate zogen durch die fertigen Partien, als wollte Jumbo einem schlampig gepflügten Feld ähneln. Der Hobel tauchte in den dicken weißen Schaum, den er am Kinn und, wie sie jetzt bemerkte, geistesabwesend auch auf der Stirn aufgetragen hatte: »Lass jemanden anderen mich waschen, du halte die Totenwache. Schließ mir die Lippen, nimm etwas Leim und tropfe ihn auf meine Schuhe. Am Ende reist man vielleicht doch. Und sorge dafür, dass ein paar Schafe auf mich scheißen.«

Das Kratzen der Klinge, der Geruch nach Seifenblasen, die sich im Wasser der Schale auflösten: »Rosy?«

Er sollte nie aufhören, sie so zu nennen.

Seine Hände in der Schale.

»Rosy Lee?«

Sie hatte geantwortet, die Wolligen würden gemeinhin auf Friedhöfen nicht willkommen geheißen, hatte sich den Spiegel gegriffen und ihn so vor ihren englischen Körrt gehalten, dass er seine Stirn sah. Scheinbar pflichtbewusst rasierte er sich auch dort, wobei er sie daran erinnerte, dass bereits Arp ihn damit aufgezogen hatte, wie er, der alte Kuhhirt Schwihutt, Schaum und Leim mit Ambrosia verwechsele.

H. Arp, den sie Sharp getauft hatte, mit Körrt befreundet seit den ersten Berliner DADA-Tagen, die Ehepaare Arp und Schwitters gemeinsam auf Urlaub in Rügen, mit von der Partie Hannah Höch – das war vertrautes Terrain auch für sie. Abbildungen der Werke all dieser Künstler hatte sie in Duxens Bibliothek in London entdeckt. Die von Sophie Taeuber, wieder so ein unaussprechbarer Name, hatten ihr am besten gefallen, Muster wie Klänge, eine den Farben innewohnende Weichheit, und sie hatte Körrt gescholten, dass er dieser außerordentlichen Künstlerin nichts abgekauft hatte, woraufhin er behauptete, er schätze Sophie sehr, sie habe ihm eine ihrer Collagen geschenkt, damit er aufhörte, ständig Gedichte von der höchsten Rügendüne herunterzubrüllen.

Seine Lippen verzogen sich, sie sah den Rand des einen oder anderen Zahnes. »Du wirst darüber hinwegkommen.«

Eine Haarsträhne fiel ihm in die klebrige Stirn, er wischte sich mit dem Handtuch ab und nutzte die Gelegenheit, übergangslos das Thema zu wechseln. Im Englischen war ein Thema das, was man auch selbst darstellte, ein subject. Mit dem Thema wechselte man also auch die Person, behauptete Jumbo. Sie spürte davon nichts. Er hingegen erklärte, hier in England besonders froh darüber zu sein, mit Hilfe des Betreffs gleich sich als Person auszutauschen, eben darin sei er schließlich Profi geworden, das müsse sie zugeben. Im gleichen Augenblick hob er die Hand: »Versprich mir, dass du nach meinem Tod alle Spiegel aus dem Haus trägst und die Fenster öffnest.« So dass seine Seele ohne Hindernis aus dem Raum schweben könne. Er trocknete sich die Finger ab. Ein letztes. Er würde, liege er erst einmal bei den Würmern, der späte Kurt genannt werden: the late Körrt?

Fragte es und strahlte sie an. Die englische Sprache sei über die Maßen bewundernswert! So konzise und philosophisch. Ein Kurt außerhalb der Zeit.

Er legte den Hobel in das Becken und goss den Rest Wasser aus dem Kocher über ihm aus, um ihn zu reinigen.

Thou drippes animal.

»Du hast Schaum auf dem Hemd.« *Thou drippes animal*, das tropfe Tier aus dem Anna-Blume-Gedicht. Sie hatten es gemeinsam übersetzt. Any-mal. Any-paint. Any-time. Rasch drehte sie sich zur Seite. Sie wollte nicht, dass er dachte, ihre Augen glitzerten feucht.

Sie weinte nicht leicht. Auch jetzt, hier am Bett, weinte sie nicht.

Sie musste ... hier sein. Weitermachen, weiteratmen. Die Ärzte sagten nichts außer »we need to wait«, das war das schlimmstmögliche Zeichen. Sie starrte ihn an in seiner Krankengestalt. War denn keine Hoffnung mehr ..., dass er sich erhob? Zurückkehrte unter die Lebenden. In vollem Sinn lebendig, meinte sie. Er war ja nicht tot, nicht wahr.

»Noch« war ein schreckliches Wort.

Lebendig – all die Flüssigkeiten, die durch ihn kreisten.

Sie war aus der Übung, was Beten betraf. Also half es jetzt vermutlich auch nicht. Gott würde sie durchschauen.

Bitte, lass ihn – wieder zu Kräften kommen. Zurückkehren.

Sie hatte ihn atmen gehört. Das Rasseln seiner Lungen, als er das Fieber bekam. Sie hatte gesehen, wie er verfiel. In diesen letzten Wochen. Den letzten Tagen.

Das hatte aufgehört. Er wirkte, als schlösse sich ein Panzer um ihn, schlösse ihn ein.

Jumbo. Sie hatte sich hinter ihm versteckt. Er hatte sie geschützt, er hatte sie gemalt, er hatte sie in seine Collagen übersetzt, sie hatte stumm sein dürfen, sprechen nur mit ihm und den Dörflern, sie hatte eine Pause gehabt, eine Anlehnzeit, eine Zeit des Gehaltenseins. Nun hielt sie ihn. Leise musste sie hier sitzen. Wie eine Maus. Er liebte Mäuse. Als Maus wäre sie klein und beweglich genug, um ihn zu begleiten. Ihn zu öffnen für das, was jenseits der Welt liegen mochte, die er und die sie und die alle anderen kannten.

Um ihm den Rückweg zu weisen. Ihn aus seinem Krankenbett wiederauferstehen zu lassen, ihn, wacklig, aber wirklich, nach Hause zu führen. Und wie sie sich seiner annehmen würde.

Kurz nach ihrer Ankunft in Ambleside – sie erinnerte sich an den Geruch in ihrem ersten Herbst: Die Dörfler verbrannten Laub in den Gärten, Laub verrottete am Boden, Licht fiel in runden Goldmünzen herab – hatte er ihr ein Gedicht von einem gewissen Gottfried Benn vorgelesen. Der geschätzte, zugleich fürchterliche Kollege. Kurt hatte geschimpft. Im Sommer 1933 hatte Klaus Mann dem älteren Dichter einen warmherzigen, klarsichtigen Brief aus dem Exil in Südfrankreich geschrieben, in dem er seine Bewunderung für dessen Werk ausdrückte und vorsichtig fragte, wie Benn mit der Kunst- und Menschenpolitik der neuen Machthaber so bedenkenlos zurechtkommen konnte. Benn hatte diese privaten Zeilen in der Nazipresse veröffentlicht und Klaus Mann und andere Emigranten in einem öffentlichen Brief als Volksverräter denunziert. Nun wollte Benn sich in einem Innenexil aufgehalten haben, das man nirgends gesehen, von dem man, solange es gewährt hatte, nichts gehört, nichts gewusst, nichts wahrgenommen hatte.

»Bogus«, hatte Jumbo gerufen. Schon das Wort Exil sei ein Sumpf, a bog. Er wolle es nie mehr hören.

Dabei hatte er es selbst benutzt, hatte sie gesagt, erinnerte er sich?

Grimmig hatte er sie angeschaut: nur auf Englisch. Da sei es etwas anderes. Nun gut, Ernst habe das Wort ständig im Mund geführt, auch damals in Bayswater, als die deutschen Bomben fielen, als man unter den Tisch im Wohnzimmer kroch. Damals habe er, Kurt, akzeptiert, dass der Zustand »Nichtdeutschland« dauern würde und dass »Exil« keine künstlerische Grundhaltung war – »alle Kunst ist Exil« war romantischer Kitsch –, sondern etwas … etwas Überreales.

Also auch eine Art Unsinn.

Schiefes Lachen. Sie sah, dass er sich schämte, wenngleich sie nicht verstand, wofür.

Benns Gedicht gefiel ihr dennoch. Unaufgeregt, mit einer ungewöhnlichen, melancholischen Freude, beschrieb der Mann, dass es schlimm wäre, im Winter zu sterben, wenn die Erde gefroren sei. Darüber konnte man streiten, fand sie, da sowieso niemand sagen konnte, wie es sich anfühlte, im Grab zu liegen, gefroren oder nicht, abgesehen davon, dass der Boden hier kaum jemals gefror, nur feucht und schwer auf der Schaufel lag. Als Wantee Benns Gedichte im Sommer 1965 in ihrer Wohnung in London nachschlug, weil sie Lesestoff für die Zugfahrt nach Ambleside suchte, wo sie endlich eine Inschrift auf Jumbos Grabstein anbringen lassen wollte, las sie, dass das Was-schlimm-ist-Gedicht erst in den 50er-Jahren geschrieben worden war, was sie verwirrte. Mit aller Klarheit erinnerte sie sich an das Gespräch mit Jumbo, wenn sie auch zugeben musste, dass in seinen Sterbetagen eine seltsame Durchsichtigkeit der Zeit eingesetzt hatte. Statt voranzuschreiten, war die Zeit hie und da in plötzliche Drehbewegungen verfallen, in denen sich Wantees Erinnerungen an gemeinsame Tage mit ihrem MERZ hinterrücks mit einer Zukunft vermengten, in der er nicht mehr lebte. Noch atmete er, noch wollte sie keineswegs daran glauben, dass er starb, doch was half es, der Tod warf seine Schatten voraus, und mehr als das – Farben verschoben sich, und Bilder und Kleinigkeiten, bis eben vergessen, traten hervor: Jumbo auf einem ihrer Ausflüge zwanzig Meter vor ihr in einer Wiese, wie er ihr heftige Zeichen gab, sofort zu ihm zu kommen, und dann war es nichts als eine Hummel, die in einem Blütenkelch schlief, oder wie sie ihn eines Morgens in der Küche am Herd ertappte, im Schlafanzug (in dem er, den Mantel nur übergeworfen, auch draußen gewesen war), eifrig damit beschäftigt, sich dubios aussehende Pilze zu braten.

»Kennst du die?«, hatte sie ihn gefragt.

»Natürlich nicht«, hatte er gesagt, »deswegen will ich sie essen. Dann kennen wir sie.«

Eines Nachmittags im September 1947, sie hatten sich auf dem Heimweg befunden, sehr langsam, es war einer ihrer letzten Ausflüge zu Fuß gewesen, hatte er ihr erklärt, wie seine Kunst entstand. Jumbo war stehen geblieben. Eichhörnchen stürzten von Bäumen, um Nüsse zu vergraben oder auszubuddeln und an einem anderen Ort zu vergraben. Damit sie nicht merkte, dass er länger verschnaufen musste, zog er ein Blatt Papier aus der Jacke. Behände setzte er vier Kreise auf die Positionen 3, 6, 9 und 12 und umgab sie mit weiteren Kreisen. Allein das: tatsächlich kreisige Kreise im Stehen aus der freien Hand. Jumbo schlug einen fünften großen Kreis, der die anderen knapp vor deren Mittelpunkten schnitt, aus dem Zentrum des Blattes, malte alle Linien außerhalb mit einem schwarzen Stift nach, alle anderen mit einem türkisen. Als er die Bleistiftkontur des großen Kreises ausradierte, blieb der Kreis sichtbar wie zuvor. Das hatte Wantee erwartet. Dann, als zeichnete eine unsichtbare Hand, füllte er sich mit Türkis.

Sie hatten drei weitere Pausen auf diesem Weg eingelegt und die Blau- und Grüntöne der sie umgebenden Höhenzüge bewundert. Mit der zunehmenden Dämmerung war ihr die Senke im Regent's Park im Sommer 1941 wieder vor Augen erschienen, während des ersten Blitz, und sie hatte vermeint, die weichen Rufe der Violinen und Celli zu hören, wie sie aus dem lange verweilenden abendlichen Kobalt stiegen. Die Streicher kamen aus aller Herren Ländern und machten Musik, als spielten sie nicht mit Pferdehaarsaiten, sondern mit Sehnen aus dem eigenen Körper, mit einem Ich-Hier und einem Ich-Einst, das ihnen in der Heimat zurückgeblieben war. Ein untergründiges Trommeln schwang in ihren Melodien, das Klacken von Stiefeln, Klicken von Abzügen. Dort schwankte eine Girlande aus Taschentuchblumen im Wind, da drehten sich Pappteufel in einer Kugel voller Spiegel, in denen die Hände, die die Bögen führten, sich in von blutigen Adern durchzogene europäische Hügel und Täler verwandelten.

Sie hatte es ihm nie erzählt. Scherben von Blau, Grau, Schwarz. Ohne es zu beabsichtigen, hatte Jumbo ihr in den Stunden, in denen er über Farben sprach, beigebracht, dass sie nicht darüber erschrecken musste, wie ihre Erinnerungen sich ständig veränderten. In unregelmäßigen Abständen zwang etwas in ihrem Gedächtnis sie in die Woche Anfang Mai 1941 zurück. Nie passierte dann, »was passiert war«, im Gegenteil, auf stets neuen Wegen jagte ihr Geist sie durch ein Labyrinth von Bildern, versehen mit Handlungsalternativen, begleitet von aussichtslosen Wenn-dann-Spekulationen. Waren Erinnerungen weiße Räume und man musste sie ausfüllen? Blaue, schwarze, grüne Stifte, schon formten sich Bilder, schon hetzte ihr Gedächtnis sie durch Hitlers Blitz auf London, hetzte sie zu jenem Samstagabend, an dem sie aus nichts als Zufall und noch einmal Zufall nicht gestorben war.

Das Haus in Clapham, die erste Wohnung, die sie sich von ihrem eigenen Geld leisten konnte, hatte einen Treffer abbekommen, als sie eben die Treppen hinauflief, um die beiden alten Damen im dritten Stock zu warnen, und sie hatte nicht ... In diesem Fall hätte sie den Abend so wenig überlebt wie die beiden Ladys, aber nein, sie war nicht zuhause geblieben, am Nachmittag dieses Tages hatte sie sich ein Kleid gekauft, lindgrün mit schwarzen Blümchen, sehr grafisch, und hatte sich, da ein neues Kleid nicht ungesehen im Schrank hängen wollte, für den Abend mit einem Mann verabredet, dessen Namen sie längst vergessen hatte, so dass sie aus der Wohnung gewesen war, als die Bombe einschlug, und es war ihr nicht anzulasten, dass die Damen Powell in ihren Zimmern im dritten Stock vergessen worden waren, wo sie wohl gestrickt hatten, wie sie die meiste Zeit strickten ..., wobei die Schwestern, wäre es so abgelaufen, ebenfalls gerettet gewesen wären, denn die Wohnung auf Etage drei rechts hatte den Einschlag nahezu schadlos überstanden. Oder war es so gegangen: Sie hatte das Kleid einige Zeit vor der Blitznacht in einem Schaufenster entdeckt, war in den Laden getreten, hatte es anprobiert, den Preis gelesen und sich vernünftig verhalten, es also nicht gekauft, so dass sie, Edith Thomas, die sich erfolgreich gegen die Versuchung gewehrt hatte, sogleich nach oben rannte, als die Sirenen an diesem Abend schrillten, und die jüngferlichen Powells wundersam rechtzeitig in den Keller bugsierte, beide nahmen ihr Strickzeug mit. Ihr Nachbar, ein Mann, der sein schreiendes Kind nicht zu beruhigen verstand, hatte sich bereits seinen Stammsitz neben dem Wassereimer und den Sandsäcken gesichert, Mrs Hughes summte das Lied von den Deutschen, die man an die Wäscheleine hängen werde, als sie eine Erschütterung spürten wie nie zuvor, eine Explosion unmittelbar über ihren Köpfen ..., und als nächstes bemerkte sie, dass sie auf dem Boden lag. Ein Wasserkocher aus dem ersten Stock schaukelte an einem Stück Draht über ihr. Sie dachte, wie klug sie daran getan hatte, das Kleid nicht zu kaufen, es wäre nun ganz und gar verdorben, denn sie suchte nach ihrem Körper, ohne ihn zu finden, er war unter einem Haufen Schutt, Stein und Staub verschwunden, ihr Kopf war zur Seite gedreht, sie erkannte wenig, fühlte nichts, gar nichts, roch nur Blut, was ihr unwahrscheinlich vorkam. Und ach, das Kleid, und die Blümchen schwarz.

Niemand aus dem Keller hatte überlebt, allein sie spürte nun zuweilen nachts, wie sie dort im Staub lag, wie ihre Muskeln und ihre Knochen in den Schutt schmolzen, obgleich ihre Eitelkeit den Sieg davongetragen hatte. Sie hatte an ebenjenem Tag die Ladentür geöffnet, fest entschlossen, das Prunkstück zu erwerben, nur um zu hören, dass es eine Stunde zuvor verkauft worden war. Das ärgerte sie so sehr, dass sie, statt die U-Bahn nach Hause zu nehmen, ins Ministerium fuhr, wo die Arbeit nie endete und dessen Räumlichkeiten so zahllos und weit verstreut waren, dass man, selbst falls das Gebäude sich einen Treffer einfing, mit größer Wahrscheinlichkeit davon nichts spürte. Sie hielt es neben den Tunneln der U-Bahn für den sichersten Ort der Stadt, was, wie ihr die Kollegen, auf Zeit angestellt wie sie und trotzdem ministeriale Klugscheißer, stets von neuem versicherten, schlicht Blödsinn war, weiblicher Blödsinn, der nicht mit den Wahrscheinlichkeitsgesetzen übereinstimmte, denen, wie sich bald herausstellte, in diesem Krieg keinerlei Bedeutung zukam. Als sie nach Hause zurückkehrte, stand da ihr Haus, allerdings in Teilen. Die eine Seite unverändert, die andere fehlte. Sie musste in den folgenden Tagen mehrfach dorthin zurückkehren und nachprüfen, was sie bereits wusste, um zu begreifen, dass tatsächlich alles, was ihr gehört hatte, verbrannt oder buchstäblich in Luft aufgelöst war, und bei einer dieser Gelegenheiten war sie nach oben in den dritten Stock in die Wohnung der Powell Sisters gestiegen und hatte, von Zimmer zu Zimmer wandernd, mit nahezu unerträglicher Deutlichkeit gefühlt, wie absurd es war, dass die Schwestern nicht mehr da sein sollten. Sie hatte einen der Parfumflakons auf dem Kaminsims berührt, und den daneben, und beschlossen, die wunderbar aufrechte, makellose Sammlung, allesamt Erinnerungsstücke aus der Jugend der beiden Damen, mitzunehmen. Bei keinem ihrer Besuche hatten die Junggesellinnen vergessen, auf die Flakons zu zeigen und die Abenteuer anzudeuten, die sich mit ihnen verbanden. *Parfum de Paris. Acqua di Parma.* Unversehens hatten die Fläschchen in ihrem durchsichtigen Grün, Grün wie ein Winterhimmel in den Lakes, wie sie heute wusste, oder licht-türkis wie Aquamarin, sich in der Bombennacht in die Pfeifen einer sorgfältig arrangierten Orgel verwandelt, ab sofort dazu verdammt, die Erinnerung an zwei ungelebte Leben zu spielen.

Damals war sie nach Bayswater umgesiedelt und hatte ein paar Monate später die Einladung des deutschen Malers zu Kaffee & Kuchen angenommen, ein aprikosenfarbenes Kleid aus dem Schrank gezogen, es angelegt, wieder ausgezogen. Sie war gestorben, sie war nicht gestorben, der Schrecken, überlebt zu haben, hatte ihr etwas zerrissen. Die junge Frau in Bayswater im Januar 1942, die Frau nach dem shell-shock hatte gleichzeitig allerlei Leben geführt, äußerlich unverletzt, innerlich starr – lebendig, verwundet und von Bildern verfolgt –, Herz und Geist aufgewühlt. Von dem Deutschen, mit dem sie Kaffee trinken würde, ging nichts Bedrohliches aus, er forderte sie zu nichts heraus. Freundlicher älterer Herr, sagte sie sich. Es war der Mann, in den sie sich verlieben würde oder soeben verliebte. Wie viel weiß man von diesen Dingen, bevor und noch während sie geschehen? Er scheint einsam, sagte sie sich, obwohl sein Sohn und seine Schwiegertochter im Erdgeschoss leben. Ein Fremder, schwermütig, gedemütigt, höflich. Sie wählte den karierten Rock, flache Schuhe. Zum Ausgleich legte sie etwas Lippenstift auf.

Wann immer sie zu weit in die ungreifbar vibrierende Wirklichkeit dessen zurückkehrte, was in dem Gebäude in Clapham geschehen sein mochte, tauchte eine andere Folge von Bildern an die Oberfläche. Sie schritt durch eine Villa, von Raum zu Raum, folgte einem Mann. Kaum betrat sie ein Zimmer, hatte er es soeben verlassen, sie spürte seine Gegenwart, bemerkte, was er berührt hatte, holte ihn beinahe ein, nur dass er in dem Augenblick, in dem sie den Fuß über die Schwelle hob, auf und davon war, wie gelöscht, und wie sie stets nur weiter eilte und weiter durch die geschmackvoll eingerichteten, im Übrigen leeren Küchen, Kammern und Salons, wobei die Stunden verflossen und die Dämmerung einsetzte, begann sie, aus einer Verletzung am Bauch zu bluten. Auch als sie zu der Wohnung unter dem Dach von St Stephen's Crescent hinaufgestiegen war, hatte sie daran denken müssen. Was sie dazu brachte, tatsächlich bei dem deutschen Künstler zu klingeln, vermochte sie nicht in Worte zu fassen.

Er war ihr in der Woche zuvor auf der Treppe entgegengekommen, hatte sie angehalten und gefragt, ob sie sich mit Boilern auskenne.

»Einfach kleine Explosionen erzeugen. Eine nach der anderen«, hatte sie geantwortet.

Er hatte genickt, die Augen abgewandt.

Konnte etwas so schnell geschehen?

Ihre ersten beiden Sätze charakterisierten ihre Beziehung aufs Beste.

Sie war seine Lady of plosions. Das Glas vor ihr auf dem Krankentisch spaltete und verschob Licht, es erstellte eine Wirklichkeit und eine zweite knapp neben ihr, so dass der Stiel des Mistelzweiges, den sie dem Kranken heute gebracht hatte, einen Bruch erhielt, einen Sprung in der Mitte. Beobachten, genau hinsehen, das Gesehene in sich aufnehmen und sich sodann einer von Jumbos Collagen aus Blumen und Holz, Knöpfen, Amseln und Bäumen zuwenden, gesäumt in die vorsichtigen Grüntöne des Monats März. Er hatte sie gelehrt, den Farbauftrag auf der Leinwand zu beachten, das Spiel mit Makeln und Fehlern, und zu erkennen, wie eine Gestalt so verzerrt wurde, dass ihre Essenz hervortrat, womit Jumbo die Gleichzeitigkeit all ihrer möglichen Formen meinte.

Das tröstete sie nun. Jeden Abend, den sie seit Kurts Einlieferung allein in Millan's Park verbrachte, nahm sie sich eine seiner Collagen vor. Auch an Jumbos Zauberzettel hielt sie sich fest. Überreicht hatte er ihn ihr, nachdem er sie nach ihrer Sammlung leerer Parfumflakons gefragt und sie ihm keine Antwort hatte geben wollen.

Jumbo hatte einen der Flakons auf die Innenseite eines Bonbonpapiers gezeichnet und ein paar Worte dazugeschrieben. Er nannte diese Zettel Wolken, sie dienten mit all ihrer Luftigkeit dazu, Elendsgefühle oder Unglück zu vertreiben:

lose   das Los

Lasso   hallo

glue

soul   sole

el sol

Es machte ihr nichts, dass sie die meisten dieser Wörter nicht verstand, ja, sie glaubte, der Bannzauber wirke dadurch umso kräftiger, nur »Los« und »los« hatte sie nachgeschlagen, und schon da hatte sie überrascht, wie viele verschiedene Bedeutungen das Wörterbuch ihr anbot für den einen kurzen Klang.

Dünner als je, von Stunde zu Stunde schwächer, lag er in seinem Krankenbett. Es war, als flösse seine Kraft aus seinem Körper heraus. Es fühlte sich schrecklich an, hier zu sitzen. Schrecklich passend. Böen drückten gleichgültige Äste gegen die Fensterscheibe, es war mild, acht Grad, der Wetterdienst hatte ein schleunig herbeiziehendes Tiefdruckgebiet mit kräftigem Regen vorhergesagt. Sie sollte vernünftig sein und sich auf den Heimweg machen. Irgendwann musste sie schlafen.

Sie streichelte seine Wange, strich ihm die Haare von den Schläfen. Wenn er gearbeitet hatte, war sein Gesicht leer geworden, der Mund weich, die Unterlippe rund. Von seinem Haaransatz zog sich eine dünne Furche, fast wie ein Schnitt in einer seiner Collagen, über seine hohe Stirn nach unten. Er strahlte etwas Weites aus, klar, freudig, intelligent, was es, wenn man ihn erlebte, mehr als leicht machte, an seine Kunst zu glauben.

Nun fühlte er sich kalt an, dabei klebrig von Schweiß. Sein Körper war nicht so fest gewesen wie der eines jungen Mannes, nicht so fordernd. Seine Brust hob sich, so schien es ihr zumindest, mit weniger Anstrengung als noch vor einer Stunde, sie hörte ihn kaum mehr atmen, und die Stille des Zimmers bedrückte sie. Warm lag seine Hand in der ihren. Oder war das allein ihr eigenes warmes Blut?

Zuhause hatte sie die Tagesdecke aus verblichener himmelfarbener Seide, bestickt mit Weiden, Blumen und exotischen Vögeln, über seine Hälfte des Bettes gebreitet. Sie hatte sie in einem seiner Koffer gefunden. Die Stickerei war von Alter und Benutzung fadenscheinig, und mit dem Überwurf wirkte das Bett, als stünde es im falschen Haus. Mitunter schweiften ihre Gedanken zu Jumbos Hannoveraner Villa, dort musste er ein anderer gewesen sein. Nicht einmal die Person, die einst mit so viel Zeit und Geduld die unzähligen winzigen Stiche gesetzt hatte, konnte sie sich vorstellen. Nachts legte sie ihren Kopf auf den kühlen fremden Himmel, weil Jumbo ihn mochte. Morgens öffnete sie die Tür ihres gemeinsamen Kleiderschrankes und atmete ihren Mann ein oder zog an der obersten Schublade der Kommode und betrachtete die ordentlich aufgerollten Krawatten, zwei, und Socken, drei Paar. Ein halbgeleertes Glas Wein und eine leere Whiskeyflasche standen noch von Weihnachten auf dem Buffet. »Wir schaffen es ins neue Jahr«, hatte er geflüstert. Einzig die Geister müssten sie besänftigen, die jetzt in den Raunächten über ihre Köpfe rauschten. Allein in der Wohnung setzte sie sich auf die Matratze und lauschte den Geräuschen des Hauses. Ab und an leistete Agamemnon ihr Gesellschaft, sprich ließ sich streicheln und strahlte Tierhaftigkeit aus. Doch Creightons Schmiede blieb ohne Jumbo für sie nicht nur leer, sondern auf nahezu unerträgliche Weise zufällig, und nichts besänftigte sie.

Über der Krankentür brannte ein grünes Exit-Zeichen, sehr modern. Draußen war es zur Gänze dunkel geworden, der Wind blies nun kräftig um das Spital. Es regnete nicht, jedenfalls hörte sie keine Tropfen gegen die Scheiben schlagen, und als sie das schwächliche Licht neben Jumbos Bett ausknipste und aus dem Fenster starrte, blickte sie in weiche, trockene Schwärze. Er trug seinen dünnen Pyjama, das Sommerstück, das er am liebsten mochte, sie hatten nichts anderes mitgenommen bis auf seine Zahnbürste, einen Kamm, den Rasierhobel.

Sie wartete auf Ernst, dann konnten sie sich mit der Bettwache abwechseln. Heute Morgen musste er in London gelandet sein. War es erst zweieinhalb Jahre her, dass sie alle vier, Gert Strindberg, Ernst, Jumbo und sie, aus der Stadt aufgebrochen waren? Der Umzug nach Ambleside hatte nicht vollkommen freiwillig stattgefunden, auch wenn Jumbo das nie zugeben wollte. Ernst bestand auf seiner Rückkehr nach Norwegen, Gert plante ebenfalls einen Ortswechsel. Zu zweit konnten Wantee und Jumbo sich das Haus in Barnes nicht leisten. Sie suchten eine billigere Unterkunft in der Hauptstadt, schließlich lebte Wantees Familie dort, bald würde die Kunstszene an der Themse aufblühen – und fanden nichts. Zu viele Gebäude waren während des Blitz beschädigt worden, die V1- und V2-Angriffe hatten ein Übriges getan. Es war ein Alptraum, all die unverkauften Bilder und Collagen zu verpacken. Dux, ein Bekannter Jumbos aus Hannover, fiel im rechten Augenblick als rettender Engel vom Himmel. Zu schade, dass nicht einmal der Lagerraum seiner Fabrik ausreichte. Ein Teil der Werke lag weiterhin im Gartenschuppen der Westmoreland Road.

Kurz vor dem Umzug hatte Jumbos Londoner Arzt sie beiseite genommen und ihr gesagt, für wie bedenklich er Jumbos Zustand halte. Sie solle froh sein, wenn sein Herz für ein weiteres Jahr schlage. So waren sie abgefahren.

Sogar wenn Ernsts Maschine verspätet gewesen war, sollte Schwitters junior in der Zwischenzeit mindestens bis Kendal gekommen sein. Es war ein gutes Zeichen, dass er nicht im Krankenhaus anrief. Dann musste er im Zug sitzen. Sie sorgte sich darum, ob die beiden Männer sich noch einmal begegnen würden. Sie wünschte es sich so sehr, für Jumbo. Und auch ein wenig für Ernst. Das Wetter zeigte sich gutmütig, die Bahn verkehrte und im Radio wurden keinerlei Überschwemmungen durchgegeben, nur die Zeit überschwemmte sich selbst, drehte sich ein paar Mal um sich und Wantee ging an einem stürmischen Tag Mitte Januar in der Küche in Millan's Park hin und her und servierte Jumbos Sohn Tee. Er kaute seinen vierten Schokokeks und erzählte, dass er sich, nachdem er an diesem 7. Januar pünktlich in Heathrow gelandet war, ein Zimmer in einem Hotel in Soho genommen hatte und in einen Nachtklub gegangen war, die Windmühle. »Brauchte den Kick«, sagte er, »das Fleisch«, wobei der kleine Angeber versuchte, sie mit der Grobheit seiner Ausdrücke abzulenken, damit der Schock umso nachhaltiger wirkte, jener, den er ihr, wie sie sehr wohl begriff, eigentlich beizubringen suchte: Ihr sollte klarwerden, welch unterschiedlichen Interessen sie folgten.

Auf dem Tisch zwischen ihnen lag der Nachruf auf Jumbo aus der *Westmoreland Gazette*. Sie hatte sich darum gekümmert, dass er gedruckt wurde, und 29 Pfund, 16 Schilling und 6 Pence an Christopherson & Burrows für den einfachen Ulmensarg und die Beisetzung inklusive aller Gebühren bezahlt, wofür sie den Rest des amerikanischen Geldes aufwandte. Der Nachruf gab den Namen des Toten korrekt wieder, wurde hingegen von einer anderen Überschrift, doppelt so groß, zur Seite gedrängt: Bei der Fuchsjagd in Grange-over-Sands waren zwei Hunde ums Leben gekommen.

Ernst beachtete den Artikel nicht. Ein Nachruf in einem unbedeutenden Blatt.

Jumbo hätte er etwas bedeutet. Er hatte die Menschen hier gemocht. Königlich amüsiert hätte er sich zudem: die Hunde wichtiger als er.

Sie sah zu Ernst, dachte sich ihr Teil und mochte, was übrigblieb, wenn man alle Meldungen der Seite zusammennahm: das leise Lachen des Fuchses.

Das Nachleben

(Eingang)

Der Sohn und die Frau

Nun komm, gib dich nicht spießiger, als du bist, der Windmill Club war ein kleiner Scherz mit der kleinen Assistentin unseres Großen Trolls, die mir so verloren vorkam, ein bisschen zu gewollt verloren, um ehrlich zu sein. Jeder hatte es kommen sehen, seit Monaten, wenn nicht seit einem Jahr und länger. Hart natürlich und zudem so kurz nach dem Christfest, dieser hohen Zeit Schwitterscher Familienglorie.

Er versuchte, einen Brief an die Nicht-Witwe seines Vaters zu schreiben, ständig schweiften seine Gedanken ab. Die Windmill, eine Empfehlung von Klaus einst in Hutchinson, war sein bevorzugter Klub. Der Besuch dort Anfang Januar war es wert gewesen. Eine Art Christgeschenk von Ernst an Ernst, er brauchte etwas, was ihn aufrecht hielt, er arbeitete schwer, er litt, er fuhr zu einem Vater, der im Sterben lag. Sein letzter Verwandter. Und das an Weihnachten, dem Schwitterschen Dauerfest schlechthin, noch jede Raunacht hatten sie zelebriert. Unerschrocken wusste Kurt die Familie auch in den Jahren des Exils mit einem ermutigenden Motto und DADA-Keksen zu versorgen; es war ratsam gewesen, sie langsam zu essen, der ruhmreiche Bäcker steckte mit Vorliebe Chilis, Nägel oder Metallrädchen hinein. Glücksräder, versteht sich. Eines davon hätte er nun wirklich gern bei sich gehabt.

Er musste sich um Geld, Erinnerungen, Menschen und Kunst kümmern. In der nächsten Zukunft. Und darüber hinaus. Er musste Menschen, Kunst, fremde und eigene Erinnerungen und die Finanzen in den Griff bekommen. Bereits vor einer Stunde hatte er verschiedene Stapel auf seinem Schreibtisch gebildet und versucht, Themen und Aufgaben in eine sinnvolle Reihenfolge zu bringen. Vier Uhr nachmittags, Februar, Fagerhøjveien 22, Lysaker, Oslo, was erwartete er – er knipste die Lampe an. Schnee, Eis, dreckiger Schnee und nichts als Zwielicht für die paar Stunden nach Sonnenaufgang, die zugleich die wenigen Stunden vor Sonnenuntergang waren. Und? Er liebte es. Eve hatte Feuer im Kamin geschürt, liebenswürdig von ihr, es war der altvertraute, mehrstöckige Kachelofen, den Kurt mindestens einmal pro Woche mit einer Oskar-Schlemmer-Frau in eckigen Röcken verglichen hatte. Manche Dinge gingen einem auf die Nerven, manche Dinge blieben deswegen im Gedächtnis, manche Dinge vermisste man, obwohl sie genervt hatten, und im Vermissen gingen sie einem von neuem auf die Nerven. Daddy = Grandpaw = *far*. Verzichte nie auf ein Wortspiel, allemal nicht auf ein blödes. Seine scharfsinnige Eve hatte die Gültigkeit des neuen, absolut verzichtbaren Testaments von Anfang an angezweifelt, und nun zog er den grünen Lampenschirm ein Stück tiefer und fing endlich an, an Mrs Edith Thomas zu schreiben, die seit Wochen auf ein Zeichen von ihm wartete, so dass es jetzt allmählich spät genug geworden war, ihr tatsächlich zu antworten.

Ein Stapel Rechnungen. Ein Stapel mit Kurts Briefen an ihn aus dem letzten Jahr. Einer mit Familienfotos aus den 40ern. Die hob er getrennt von den Bildern seiner ersten und echten Familie auf. Ein Stapel Gefühle. Ein Stapel Fragen. Ein Stapel Wut darüber, dass Kurt tot war. Ein Stapel unterdrückter Wut = wie das *Ganze* gelaufen war, seit 1937. Und darunter der Eisberg. Die Trauer.

Und er, Ernst.

Ernst noch unter dem Eisberg. Und ein Eisberg in ihm? Zum einen der Schmerz über Kurts Tod. Und in ihn eingeschlossen der Extraeisblock Kummer darüber, dass er seinen Vater schon vor dessen Tod verloren hatte.

Davon wusste niemand.

Eve ahnte es vermutlich, war aber klug genug, das Thema von sich aus nicht aufzuwerfen. Sie wusste, dass er sich schämte. Dass er es als persönliche Niederlage empfand.

Edith Thomas wusste all dies vermutlich ebenfalls. Er nahm an, dass Kurt ihr erzählt hatte, dass er ihn, Ernst, zur Hälfte enterbte, zu ihren, Ediths Gunsten. Es würde sie nicht verwundert haben. Sie würde es betrieben haben. Davon ging auch Eve aus. Seine Frau verstand es wie er.

Wenn sie sich das sagten, wurde ihm leichter zumute. Dann war es nicht sein Fehler. Dann war seine Enterbung Ediths Werk. Sie mochte nett sein, über den Weg getraut hatte er ihr nie. Nach seiner Abfahrt im Sommer 1945 hatte sie leichtes Spiel gehabt. Weibliche Finessen? Ohnehin nicht mehr nötig. Und Kurt, allzeit naiv, durchschaute nichts.

Ging er davon aus, hatte sein Vater nicht ihn, Ernst, um etwas betrogen, was vor Gott und den Menschen ihm, Ernst, gehörte, sondern war seinerseits betrogen worden.

Dann waren sie in einer letzten Krise vereint.

Er blätterte, wie er seit Jahren in Fotos blätterte, schnell, mit Spielerhänden. Weihnachten 1944. Oder war das schon Silvester gewesen? Gert Strindberg hatte das Erinnerungsbild unbedingt schießen wollen = dafür konnte Ernst ihm unmöglich seine professionelle Kamera verweigern. Auf Ediths Teller lag kaum etwas zu essen, so gut wie kein Wein stand in ihrem Glas. Sie war dabei gewesen, natürlich, Edith anstelle von Esther, seiner Noch-Gattin, oder Eve, seiner zukünftigen Frau. Edith, dünn, proper, herb, Jahrgang 1915, beinahe so jung wie er, die, hatte er es nicht von Anfang an gespürt, etwas Berechnendes in ihr Zusammenleben einführte. Allein dieser Teller = diese englisch vornehme Zurückhaltung = Show, Show, Show. Er hätte vom ersten Tag an wachsamer sein müssen. Schrecklich, wie dackel-dumm sein Vater auf dem Foto aus der von Edith gestärkten Wäsche schaute, exakt so zum Narren gehalten, wie die Frau es haben wollte.

Als Erwachsener ließ man sich um vieles mehr gefallen als als Kind = man wurde schlapper. Das musste er sich vorwerfen. Mrs Thomas hatte seine Schwäche ausgenutzt, die dunklen

Eichhörnchenaugen gerollt und getan, als denke sie auch auf Hörnchenweise, langsam und sanft.

Da war er mit Kurt eigens aus Bayswater weggezogen nach Barnes. Alles hatte er, Ernst, organisiert. Das Schwitterspaar retten, St Stephen's Crescent verlassen, Haus teilen mit Gert, mehr Platz für Kurt, Kurts Kunst und seine gesammelte Sammlung von Krims und Krams. Kein Platz für Esther, keiner für Edith. Welch praktischer move. Mrs Thomas als Nachbarin abgeschafft. Quer durch die Stadt müssten die beiden fahren, um sich zu sehen. Er kannte seinen Vater. Sie würden Edith loswerden – für länger. Für alle Zeit.

Die Hoffnung starb zuletzt.

Doch sie starb. Sein Vater erlitt, das Jahr 1945 war erst ein paar Wochen alt, einen Schlaganfall, und Edith zog bei ihnen ein, um sich um den teilweise gelähmten, vorübergehend blinden Patienten zu kümmern. Kaum war Kurt wiederhergestellt, schaffte sie es ihrerseits, ein zweites Mal Opfer eines shell-shocks zu werden. Kein Wort davon glaubte er. Bloß weil sie an einem zusammenbrechenden Gebäude vorbeimusste, in blankem Tageslicht? Sie schaffte es auch, sich in Nullkommanichts von der Arbeit im Ministerium freistellen zu lassen. Von diesem Tag an gab es kein echtes Schwittersleben mehr. Da waren das neu eingerichtete Schwitterswohnzimmer, die Schwittersküche, das Kurtbett – und wer saß darin? Wer sah Kurts Bilder zuerst und die Collagen und die Zeichnungen und sogar seine Briefe? Und wer rannte zum Schatzsammeln herbei, wer sagte: »Treacle, look« und »wenn du das eingeklebt hast, schenkst du es mir«?

Lady Wantee zog an den Drähten, pulled the wires. Auf alle absehbare Zukunft würde es so bleiben, falls Kurts letztes Testament für gültig befunden wurde. Das letzte, geänderte. Das allerletzte.

Eve hatte ihn sofort im Dezember darauf hingewiesen, als sie ihm über die Schulter dabei zusah, wie er dem verhängnisvollen Pärchen in Ambleside antwortete, das sich partout nicht hatte auseinanderbringen lassen. Als Frau, sagte Eve, erfasse sie absolut, was die Frau da drüben betreibe. Diese Pseudogattin. Dieses Flittchen. Diese Hyäne.

Das habe sie schon bei der Eröffnung der Ausstellung über Norwegen bei Harrods erkannt. Wo Ernst noch zusammen mit Esther gewesen sei.

Sie kitzelte ihn am Nacken.

»Und dein Vater hatte Edith im Schlepptau. Jeder schaute.«

Kurt und er hatten sich auf Englisch geschrieben, ab und an versehen mit etwas Norwegisch. So waren auch die Erbnachrichten hin- und hergegangen. Ihre erste Sprache, die der Familie, hatte sie mit Helma und Henriette verlassen. Mitunter begann sein *far* einen Brief mit einem deutschen Wort, nur um in Sprache Nummer zwei oder drei fortzufahren. Kurt strich dann den Zeilenanfang so aus, dass Ernst ihn lesen konnte, vielleicht weil es ihm gefiel, diese Rückstände ihrer ersten Sprache stehen zu lassen. Bei ihm selbst oder Ernst mochte es an eine versteckte Erinnerung rühren: »Schau mal, das waren wir« und »das ist aus uns geworden«.

Welch später, tröstlicher Triumph, in das Haus zurückzukehren, das zu verlassen die Nationalsozialisten sie gezwungen hatten. Die zuverlässige Frau Jenssen, ihre norwegische Vermieterin, die von Helma bis Oktober 1944 für die Lagerung einiger ihrer Möbel, Bücher und Kunstgegenstände bezahlt worden war, hatte sich über das Datum hinaus um das Eigentum der beiden Schwitterskünstler gekümmert. Wie ein Extraweihnachtsfest mitten im Sommer hatte es sich angefühlt, hier im Juni 1945 die fünf Jahre zuvor so hastig zusammengeschnürten Kartons auszupacken. Mit einer ihm eigenen, privaten Freude hatte er den Blick aus jedem ihrer ersten Exilzimmer begrüßt, das Knarren der Haustür, sogar die spritzende Spülung in der Toilette, und noch jetzt, als er ans Fenster trat, kehrte etwas von diesem Vergnügen zu ihm zurück, da ein Stück des Fjords von Oslo in seinem winterlichen, eisgrauen Blau vor ihm lag. Die Tapete von 1940 hatten Eve und er durch eine zart gelb-weiß gestreifte ersetzt. Auch der Außenanstrich des Hauses war erneuert.

Er schlief hier gut.

Nachts hörte man die Möwen rufen.

Da konnte er schlafen.

Es war ein Lagerrest. Einschlafen nur bei Möwengeschrei.

Weil es Reste nicht nur in positiver, sondern auch in negativer Form gab.

Reste in Form einer Behinderung.

In dem Wind, der aus Norden gegen Lysakers unverrückbare Tannen blies, spürte er die sehnige Weite des Landes, und sein Körper träumte davon, im nächsten Sommer erneut für Wochen mit dem Rad zwischen Felsen und Seen unterwegs zu sein. Möglichst bald mussten sie eine Hütte auf einem Sæter kaufen, einer der Sommerweiden in den Hochtälern der Berge. Ohne Hütte war man kein Norweger. Er hatte zwei Collagen seines Vaters an private Sammler vermittelt = aus dem deutschen Werk, das ihm auch nach dem neuen Testament ohne Zweifel gehörte = sehr beruhigend. Sofort danach hatte er einen Makler angerufen. Eve und er suchten nun also eine Alm oder Lachshütte. Alles dort müsste aus Holz sein, man äße mit den Händen, mit den Händen finge man Fisch. Er träumte von einem grünen, nagelneuen Boot, von Gletschern und ihrem treibenden Eis, von Robben, die unter die Schollen tauchten und sangen.

Das Häuschen will er außen rot anstreichen, das Dach wird auf norwegische Weise als Wiese angelegt. Kaffee kochen sie wie hier üblich mindestens eine halbe Stunde. Im nächsten Ort tauscht er alte Margarinekisten und einen Ofen gegen einige seiner Fotos ein. Gleich am ersten Tag will er eine Glücksöre mit Ölfarbe auf den Spiegel kleben, wie Kurt es in Hjertøya getan hat. Dort sitzt sie dann und wartet auf die Ewigkeit. Dabei rutscht sie herunter, wenn es warm wird, und lässt einen gelben Glücksstreifen auf dem Spiegel, und das ist dann Hjertøya zum zweiten. Eine Schierlingswiese und

Kirschbäume braucht es ebenfalls. Und unten im Fjord die Möwen. Der Fjord müsste in Hörweite sein.

Dann läge er im Schein der Sonne und die Katze umgäbe ihn.

Eine Katze also ebenfalls. Sein Vater hatte stets Glückszeichen aller Art mit sich herumgeschleppt: Glücksöre, Hufeisen, Glückskatzen. Noch auf der kleinsten norwegischen Insel. Um zwölf Uhr nachts stünde die Sonne im Norden über den Bergen. Dunkelviolett wie eine gewaltige Silhouette ragten sie vor dem eigelb strahlenden Himmel auf. Die Möwen würden stark schreien, weil sie brüteten. Außerdem schrien sie ohnehin. Ihn wunderte von jeher, dass sie weiß waren. Der Fjord hätte nächtliche tintige Töne. Geisterhaft grün strahlte im Schatten der Schnee.

Tannen konnte sein Vater malen, und wie. So konnte man sie niemals fotografieren. Über Genauigkeit hatte Kurt geschrieben: dass man nicht in der Sonne lag, sondern in ihrem Schein, dass der wärmte und dass man von einer Katze umgeben sein konnte. Und dass das alles etwas war wie das Glück.

Ein wenig verlegen, weil er so weich war, sich so sehnte nach einem verlorenen Mann, kehrte Ernst an den Schreibtisch zurück. Er nahm einen neuen Briefbogen, schob ihn zurecht, bis er im Lichtschein lag, ohne zu blenden. Nun, er würde sich mit Geschick an Edith T. wenden, verbindlich, nicht zu kurz, nicht zu lang. Regelmäßig wurde er damit aufgezogen, dass er in seinen Briefen salbaderte, bramarbasierte, zu keinem Ende fand, what have you. Eine offensichtliche Schwäche. Da lächelte er nur. Er wusste, warum ihm sein Satzbau so wichtig war. Einmal wäre er ihm fast abhandengekommen. In seinem Brief nach Ambleside im Herbst hatte er vorgeschlagen, Kurt müsse in die USA emigrieren, um ihm ein paar Seiten später damit in den Ohren zu liegen, er solle lieber nach Norwegen ziehen, für alle Zeit. Er hatte die Vorteile der räumlichen Nähe zueinander und der erneuerten inneren Verbindung gepriesen, die dieses Arrangement für sie beide und den Enkel bedeuten würde. Keine Zeile in dem Brief war gelogen gewesen, er hatte sich jede der Möglichkeiten durch den Kopf gehen lassen, die eng beschriebenen Seiten spiegelten schlicht, wie seine Gedanken sich entwickelt hatten, erst USA, nicht originell, dann Skandinavien, 18 Seiten, nichts davon Geschwafel, alles echtes Empfinden.

Es war ohnehin lediglich seiner zähen Beredsamkeit zu verdanken gewesen, dass er überhaupt an diesem 7. Januar in London eingetroffen war. Stunden hatte er nach Kurts nahezu weihnachtlicher Einlieferung in das Kendal Green mit dem Reisebüro in Oslo telefoniert und versucht, einen Flug nach Großbritannien aufzutreiben. Das Christfest war kein Segen, wenn man einen Vater hatte, der auf einer Insel im Sterben lag. Dieser *far* hatte ihn mit beruhigenden, einlullenden Worten auf Distanz gehalten, bis er zu schwach geworden war, um einen Stift zu halten, bis sogar dieser fossile Amblesider Arzt, Doktor Johnston, der selbst bald 80 wurde und es schlicht genoss, so viel gesünder zu sein als der viel jüngere Kurt, nach Lysaker telefoniert hatte und selbst Edith ihn bestürmte, sich auf den Weg zu machen. Der aalglatte Agent des Reisebüros hatte gesülzt, wie schwierig es sei, jeder Zug, jedes Schiff, jedes Avion ausgebucht, ja, überbucht, um nach zwei Tagen des Hin und Her herablassend einen Transfer an die Themse anzubieten – zu einem grotesk überzogenen Preis, lange nach Weihnachten und sogar ein Stück nach dem Jahreswechsel. Ernst, das Vöglein auf der Leimrute der Unausweichlichkeit = ach, Ernst, deine Metaphern, hatte sofort gebucht, wobei er sich unglücklich des Umstandes bewusst gewesen war, dass es zu diesem Datum zu spät dafür sein mochte, seinen Vater lebend wiederzusehen.

Wohl wahr, er hatte nicht allzu viel dagegen einzuwenden gehabt, das erste Weihnachten mit Eve und Söhnchen Bengt in Lysaker verbringen zu »müssen«. Ebenso wahr, wie dass es ihm nicht allzu viel ausgemacht hatte, im Januar allein aufzubrechen, das Geld zu sparen, das Eves und des Babys Reise verschlungen hätte. Und nicht minder wahr: Er hatte frohlockt bei der Aussicht, einige Zeit in der britischen Hauptstadt ohne Familie zu verbringen. Den gesamten Herbst hindurch hatte er sich vorgesagt, wie gut er daran tue, nicht in Ambleside aufzukreuzen. Der Patient höchstpersönlich forderte ihn in seinen Briefen auf, sich vernünftig zu verhalten, an seine eigene Kunst zu denken = sein Geld für Besseres aufzuheben; und ihn, Ernst, hatte seines Vaters Hoffnung darauf, zur Gänze zu genesen, dazu gebracht, Kurts Wünschen zu folgen, schließlich hatte er, ach Familie, nur zu deutlich verstanden, wie wichtig es für den alten Mann war, dass sein nächster Verwandter nicht eigens anreiste. Kurt hätte Ernsts Anwesenheit in Ambleside noch im Dezember als fatales Zeichen aufgefasst, einem Todesurteil gleich: Sohn zeigt sein Gesicht am Krankenbett, erscheint zum letzten Lebewohl.

So hatte er sich die Lage gedeutet, bis die nächste Botschaft eingetroffen war, der Umschlag mit Kurts Angaben zu dem neuen Testament. Ein erstes schreckliches Schreiben im November, das diesen Schritt ankündigte. Ein zweites, datiert auf den 9. Dezember, das ihm mitteilte, das neue Testament sei verfasst, von Doktor Johnston bezeugt und seinerseits unterschrieben worden. Auf Grund einer Entscheidung, die er, der hier exklusiv stummer Empfänger sein durfte, inzwischen den finalen Schnitt nannte. Die Entzweiung, den Hieb.

Eisberg Ernst?

Eis konnte man spalten. Eis schmolz, überfror erneut. Eis trieb, schwankte in ständig neues Gleichgewicht. Jeder Gletscher floss, jeder Eisbrocken in der See wanderte, dabei wuchs oder schrumpfte er. Hatten Kurt und er auf Eis, Felsen oder Flechten geblickt, hatte er, Ernst, Schatten, Licht, Drama gesehen. Kurt hingegen pries, was fehlte. An kümmerlichem Kram fitzelte er herum, siehe die Collage hier an der Wand. *Vend!*, »Bitte wenden«, zwei Magazinäpfel, so übereinandergeklebt, dass sie wie eine fleischige Nase wirkten, dazu ein halbgeöffneter pinkfarbener Kreis, eine pinkfarbene Fahrkarte, Geltungstag 16.08.3-, augenscheinlich aus Deutschland eingeschleppt. Er, Ernst, hatte das Blatt aus einer der

Lysakerkisten gefischt, von ihm, Ernst, im April '40 nicht mit auf die Flucht genommen, damit seine, Ernsts, Negative Platz hatten, und nun war die Kiste gerettet, gerade deswegen. Er hatte erlebt, wie die norwegischen Werke entstanden waren, darum durchschaute er sie umso gründlicher. Das zumindest würde er der Kunstwelt erzählen, Galeristen und Sammler würden es zu gern glauben, Krumen vom Lebenstisch, Geheimnisse aus der Küche des Genies, er musste sie ihnen hübsch anrichten, dann pickten sie ihm aus der Hand. Ihm ging es nicht um Verstehen, Verstehen im üblichen Sinn war Unsinn, in Kurts Kunst wurde nichts bezeichnet, in ihr wurde etwas gemacht.

Ihm ging es um Nähe. Schaute er zum Fenster hinaus, sah er Kurt unten im Garten an seiner Hütte stehen, berührte er den grünen Lampenschirm, dachte er daran, wie freudig Kurt ihn aus einer der vielen von Helma geschickten Kisten gezogen hatte, blickte er zum Kamin, fehlte ihm der in Hannover zurückgelassene Eisbärenkopf. Seitdem sein Vater nicht mehr lebte, vermisste er ihn auf eine nie zuvor erfahrene Weise. Es war nicht das Gleiche, den ersten oder zweiten Elternteil zu verlieren, es war nicht das Gleiche, einen Vater oder eine Mutter zu verlieren, es war nicht das Gleiche, einen allerletzten Blutsverwandten zu verlieren, es war nicht das Gleiche, das einzige Gedächtnis zu verlieren, das all die Fluchtjahre mit einem teilte. Sie hatten nicht mehr zusammengelebt, doch nun vermisste er sogar Kurts körperliche Präsenz und er wusste nicht, was er mit den doppelten Schatten tun sollte, den Werkschatten und den Munter-in-Ernsts-Kopf-Schatten, die Haus 22 bevölkerten. Hier hatten die beiden ehrgeizigen norwegischen Polizisten den falschen Heringssalat verschlungen, hier hatten die hässlich orangefarbenen Kerzen gebrannt, die seine Mutter zu Weihnachten 1939 geschickt hatte, hier hatte er, jung und unerfahren, im honiggelben Glanz der Straßenlaternen mit Esther im Bett gelegen – einem Glanz, der unverändert auch heute auf das Haus und seine Bewohner fiel.

Dear Wantee! Diese Anrede wählen. Nähe herstellen. Er dreht den jadegrünen Lampenschirm näher zu sich. Mit dem Baby fing er an = Familiäres. Wie perfekt das Söhnchen inzwischen krabbeln konnte. Seiner Mutter, erzählte Ernst, hatte der jüngste Schwitters sogar einen Luftkuss zugeworfen. Ganz der Opa, dachte Ernst und achtete darauf, nichts dergleichen zu schreiben, es hätte zu viel unterdrückte Wut verraten. Seite zwei. Wie viele Anschaffungen sie hatten machen müssen für den Kleinen im Winter. Wie sehr sie heizten, damit nur das Kind sich nicht erkältete. Wie knapp sie rechneten.

So weit, so gut. Dass er, Ernst, der War-mal-Freundin seines Vater Geld schuldete, konnte warten, es reichte, es in seinem nächsten Brief zu erwähnen; abgesehen davon, dass, was sie ihm geliehen hatte, Geld seines Vaters war. Jetzt kam es erst einmal darauf an, sie dazu zu bringen, ein paar Sachen für ihn in Angriff zu nehmen = sie sollte ihm ein englisches Konto eröffnen. Er hatte ihr bei seinem Besuch im Januar lebhaft ausgemalt, dass und wie viele Fotoaufträge er aus England erwartete, die naturgemäß in Pfund Sterling bezahlt würden. Gelogen war das nicht, er hoffte ständig auf Aufträge, egal, wo er ging oder stand, das war ja offensichtlich, das stach einem in den Blick wie ein wunder Daumen, nein, wie sagte man? Er musste ihr klarmachen, wie entscheidend die weitere Sicherung und Bewahrung der Kunst seines Vaters davon abhing, dass sie ein Verzeichnis ihres gesamten neuen Eigentums anlegte, all der Werke Kurts in Großbritannien, die sie entweder selbst aufbewahrte, die sich irgendwo bei Freunden befanden oder im Warenhaus der Dux bei London lagerten. Ah, dass sie nun allesamt dieser hereingeschneiten … Person gehörten. Der Hieb: Im November hatte sein Vater verhängt, ja, so empfand er es, dass seine »Gefährtin« jedes, aber auch jedes Kunstwerk erben sollte, das Kurt jemals auf den Britischen Inseln, inklusive der Isle of Man, angefertigt hatte, sei es vollendet oder nicht. Die minimalste Zeichnung, der geringste Entwurf, jede Skizze, jede Notiz, ausnahmslos alles, was von Interesse sein konnte oder irgendwelchen Wert haben mochte: für Wantee. So hatte Kurt es aufgeschrieben. So Kurts Letzter Wille.

Ernst sah seinen Weg klar vor sich. Nun, wo er nicht mehr Schwitters junior war, war er Schwitters. Schwitters solo. Ihm allein war die Leitung aller Schwittersdinge zugefallen. Er war der Sohn, der verantwortliche Mann. Zudem derjenige, der den Verstorbenen am längsten gekannt und geliebt hatte. Der die älteren Rechte besaß. Der die Kunst liebte. Der es verstand, mit ihren und seinen Pfunden zu wuchern. Was Edith Thomas nicht beherrschte. Oder beherrschte, aber auf vollkommen unzulängliche Art. Dreieinhalb Jahre älter als er, ja, das ärgerte ihn, und dabei derart naiv, was die Finanzen betraf. Er würde nicht allzu viel Druck ausüben. Er wäre geschickter. Zudem musste, was er von ihr verlangte, als vernünftig und schlechterdings wahr gelten = ihnen beiden würde es immens nützen, wenn Madame Thomas endlich aus dem Trauerloch kroch, ein Verzeichnis dessen erstellte, was ihr zugefallen war, und dieses Inventar herausrückte. Ein erster Schritt. Das schrieb er ihr. Und bald. Das unterstrich er. Sie = genauer gesagt natürlich er, mussten einen Überblick darüber gewinnen, was es gab und wo die Werke hingeraten sein mochten.

Er würde sein Leben der Verbreitung von Kurts Opus widmen. Nicht so wie Helma. Sprich: nur teilweise. Das allerdings durchaus. Dank seiner Bemühungen würde der Ruhm seines Vaters steigen. Steigen würden demzufolge auch die Preise. Was wiederum Schwitters' Ruhm steigern würde. Und so weiter. Er kannte sich sowohl mit der Kunst wie mit dem Geschäftemachen aus, war bewandert in Fragen der Liebe wie des Geldes. Man würde versuchen, Edith und ihn zu betrügen = er würde sich vorsehen.

Der sturste Mann von Ambleside hatte am 28. Dezember einen Herzanfall gehabt, nachts, zuhause. Er erinnerte sich daran, wie er sich gefühlt hatte, als er das Telegramm erhielt = instantan der Eindruck, in eine Falle geraten zu sein. Zugleich schossen ihm aus

Hilflosigkeit die unsinnigsten Ideen durch den Kopf. Zwei weiße Mäuse nach Kendal schmuggeln. Welch glorioser Moment = glorios daneben, als der durch nichts unterzukriegende Plünderer jeder Art von Müllhalde an ihrem letzten Weihnachtsabend in Norwegen zwei handgroße, hin und her wackelnde, liebevoll mit Luftlöchern versehene Päckchen aus der Tasche gezogen hatte. Beinahe rannten die kunstvollen Kartonverschnürungen vom Tisch, bevor es Esther gelang, sie zu öffnen. Zwei rege Kleinstnager, in einem Käfig auf der Halde entdeckt und der Schwiegertochter überreicht. Ernst hatte bemerkt, wie die Augen seiner Frau sich für Sekunden ungläubig weiteten = glücklicherweise gehörte sie nicht zu jenen, die angesichts einer Maus schreiend auf einen Stuhl sprangen, und war in brüllendes Lachen ausgebrochen, dem sein Vater sich sofort angeschlossen hatte.

All dies war in ebendiesem Zimmer geschehen, manches sogar an dem Tisch, an dem er nun den Brief mehr nicht schrieb als schrieb. Es schien offensichtlich, dass sich ein Kreis schloss. Er hasste das: Gegenwart und Vergangenheit sollten sich nicht berühren. Das Testament seines Vaters bedeutete unerfreulicherweise, dass just dies nun regelmäßig der Fall sein müsste. Kurt hatte Ernst und Wantee auf ewig aneinandergebunden. Unversehens hatte Ernst auch diese Frau geerbt, nicht nur als Kurts einstige Freundin, das hätte ihm mehr als gereicht, sondern als Familienmitglied. Ab sofort hatte sie bei den innersten und empfindlichsten Fragen seines Lebens mehr als ein Wörtchen mitzureden. Er musste sie als Person anerkennen, die für alle Zukunft eine Rolle in seiner Beziehung zu seinem Vater spielen würde, einfach auf Grund der harten, nackten, trostlosen Tatsache, dass ein Teil, ein substantieller Teil von Kurts Leben in ihre Hände übergegangen war.

Diesen Faden biss die Maus nicht ab. Auf Englisch gab es diesen Ausdruck nicht = da wurde nicht mäusisch herumgenagt. Und mäusisch, sprich hinnehmbar, weichfellig und von kurzer Lebensdauer, war das gesamte Ärgernis wahrlich nicht. Frau Edith

Thomas aus Ambleside hatte neben der britischen auch die gesamte Schwitterskunst in den USA geerbt. Kurt hatte ihm das Arrangement ausführlich erklärt, zumindest soweit Gegenstände, Materialien und Korrespondenz betroffen waren.

Der Schaden reichte tief.

Zunächst hatte Ernst sich angestrengt, weitere Nachrichten seines Vaters, die entweder Bitten an ihn richteten oder Kurts Entscheidung verteidigten, ebenso zu ignorieren wie sein entschuldigendes »du darfst nicht glauben, dass ich dich deswegen weniger liebe«.

Natürlich glaubte er das. Es war auch so. Wie sonst sollte die Maßnahme zu verstehen sein? Er war zur Hälfte enterbt worden. Nun, zu einem Drittel. Oder Viertel. Kurts »du darfst nicht glauben …« indes hatte seine Verbitterung gesteigert. Wenn jemand etwas dezidiert abstritt, fing man an, eben das, was er von sich wies, umso zweifelloser für wahr zu halten. Das hatte auch sein Vater gewusst = selbst einem Baubewohner wie Kurt hatte das klar sein müssen.

Ganz Ambleside = Pierce, Bicky, Johnston, hatte bei der Beerdigung von der Enterbung gemunkelt. Auch ihm, Ernst, hatte am Ende noch der Todkranke unmissverständlich deutlich gemacht, dass es nichts zu deuteln gab. Und er wollte es ja respektieren. Das schuldete er seinem Vater. Nicht unzufrieden sein. Du klagst auf hohem Niveau, hör auf! So die Vernunft. So sein Gewissen. Großzügigkeit, Ernst. Kurt war sie ein Leben lang leichtgefallen. Tags hatte Ernst sich ermahnt und bezähmt, nachts hatten seine Gefühle ihn eingeholt, als »es« und »sie« und »tee«. Wantee grinste ihn an und schlug die fetten weißen Zähne in das Vermögen seines Vaters. Damit stopfte sie sich Dinge und Werte ins Maul, die richtigerweise exklusiv ihm gehörten. Sie umfassten das Vermächtnis seiner Mutter ebenso wie jenes seines Vaters.

Kurts Erbe enthielt, was von Helmas Leben übriggeblieben war = wenn er, Ernst, sich wehrte, verteidigte er die Institution der

Ehe. Er notierte sich diesen Gedanken. Der klang auch juristisch brauchbar.

Kurts englisches Werk war aus seiner deutschen Kunst erwachsen, seine deutsche Kunst hatte allein dank Helma geblüht. Darauf lief es hinaus. Respekt? Großzügigkeit? Ernst hatte Gründe, die besten, für seine Gefühle. Seine Mutter lebte in jeder von Kurts englischen Ideen, jedem seiner Unternehmen und Erfolge, und er, ihr Sohn, würde nichts davon auf Grund der Marotten eines älteren, kranken Mannes und seiner alten, kranken Verliebtheit aufgeben. Die Herbstbriefe seines Vaters hatten gehetzt geklungen: »Wir beide haben, es musste sein …«, »musste und muss …« Kurt war von einem Schrecken in den nächsten gestürzt. Einige deutsche Worte hatte er ausgestrichen, hatte auf Englisch weitergeschrieben. »… müssen und müssen uns das Ziel zum Ziel setzen« = aha, Dad, etwas verlegen hier? = »und mit jenen leben, die next to us sind.«

Und wer war das? Das eben war die Frage.

Here he was again. Allein auf Englisch ließ sich das so unübertrefflich ausweglos sagen = Kreis-Ernst, kreiselnder Ernst. Wäre es nicht lächerlich gewesen, er hätte kreischen mögen vor Wut. Bubble and Squeak, gerührte englische Reste, hatte Wantee ihm im Januar drei Mal serviert. Er hatte sie wütend geschluckt = gefühlt, wie etwas verlorenging, was schon verloren war.

Mit einem UFO war er aufgewachsen. So würde er es Bengt erzählen: Er, Ernst, hatte einen Vater gehabt wie einen Außerirdischen. Unterwegs in einem bunten, einst gewaltigen, MERZ genannten Gefährt. Das würde seinem Sohn gefallen, ein Alien Grandpaw. Später würde er darüber nachdenken. Einmal war Ernst mit Kurt einer Art UFO tatsächlich nahegekommen, bei Regen und Wind. Kurt kannte alle Wolkenarten auswendig, die Namen sowieso, aber er konnte sie auch noch malen, wenn sie zerweht waren, Ernsts Vater hielt die Welt fest, ja, so einer war er, der erste aller Zauberer. Kurt hatte gemalt und er, Ernst, hatte bald ebenfalls alle

Wolkenbildungen erkannt und Kurts Angaben ergänzt. Da wurde sein Vater stolz auf ihn, das war der zweite Zauber. Damals flog der Zeppelin auf seinem Weg zum Nordpol über Hannover. Ernst war mit jedem Detail des Luftschiffs vertraut: 236,6 m lang, Durchmesser 30,5 m, 45 Besatzungsmitglieder, 25 Passagiere, Gerippe aus Duraluminiumlegierung, Antrieb fünf Ottomotoren Typ Maybach, Reisegeschwindigkeit 115 km/h, Reichweite 12 000 km. Durch das Fernglas entdeckte er sogar die beiden Windgeneratoren außen an der Gondel, die die Funkanlage speisten, drei Funkoffiziere wickelten den Verkehr zum Betrieb des Schiffes, die Wetterberichte und den Telegrammdienst für die Passagiere ab.

Denn er und der hochgewachsene Kurt standen auf dem Zeppelinfeld, und Kurt hob den kurzen Ernst auf seine Schultern. Wie nah LZ 127 mit einem Mal war. Wie es schwebte. Die Schwere und Leichtigkeit am Himmel war = man konnte nicht sagen was, so berührt war man von den Möglichkeiten der Erfindung und der Fantasie.

Wenige Jahre später hatte man jedem Zeppelin ein Hakenkreuz auf die linke Heckflosse gemalt. Die Nazis verabscheuten die Schiffe. Zu viel Verbindung in die Welt, zu friedlich, für Bomben ungeeignet. Dass die deutschen Zeppeline verschrottet wurden, hatten Kurt und er dann 1940 in der Zeitung gelesen, hier im Haus. Auch die Werke wurden von den Nazis vernichtet. Angeblich konnten die Briten sie zu leicht aus der Luft erkennen und beschießen. Alles hatte der Krieg gefressen, jeden Traum seiner Kindheit, seinen Vater, die Zeit.

Das Schönste an dem Luftschiff war die Lautlosigkeit gewesen.

Bis der Pfiff auf sie herunterfuhr.

Alles erschrak, bloß Kurt nicht, der schob sich die Finger zwischen die Zähne und pfiff zurück, als mache man das eben so: einem Zeppelin pfeifen. Wie hatte Ernst seinen Vater geliebt. Hund Zeppelin! Kurt Größenwahnsinn, Kurt Sicherheit.

In der Gondel blies man in eine Pfeife, um über die Ausbreitungsgeschwindigkeit des Schalls die Geschwindigkeit des Schiffs zu bestimmen.

Das war kein Zauber. »Nur« Naturgesetz.

Sie dort unten auf dem Rückweg hingegen hatten Zauber Nummer drei genossen.

Pfiff und Gegenpfiff?

Nein, es war ein Zauber auf dem Boden gewesen. Einen Tag lang hatte Ernst seinen Vater an der Hand genommen und auf dem Feld herumgeführt, und dieser Vater, warm und lebendig, war mit ihm überall hingegangen, wohin er, das Kind, wollte. Kurt hatte die Welt mit Trillern und Lachen dirigiert und sie hatte zur Gänze ihnen beiden gehört.

Ernst blinzelte. Vor dem Seitenfenster waren die nassen Ziegel der Gartenmauer und einige sich überschuppende fahlgrüne Tannenzweige zu sehen. Sein Gehirn rutschte zwischen der Aufgabe, endlich den Brief weiterzuschreiben, der versöhnlichen Erinnerung und der bei jedem Schreibwort an Edith fühlbaren Zurückweisung durch Kurt hin und her wie ein Stück Butter in einer heißen Pfanne. »... unsere örtliche Trennung ... jeder machte sich auf, um seinem Leben eine neue Richtung zu geben ..., für sich und um einer dritten Person näher ..., und das vordringlichste Ziel für einen jeden von uns muss es sein, *zuhause* zu leben.« Was abermals von nichts als den Interessen der Lebensgefährtin handelte, jedenfalls langfristig.

»Es betrifft unsere Körper, Erinnerungen, Verbindungen.« Nur allzu wahr, Daddy! Also war es Kurt nicht entgangen, dass seine Freundin auf Grund des Testamentes in aller Zukunft einen Teil von seinem, Kurts, Leben verkörpern würde = sowohl privat wie öffentlich = jeder würde von der Beziehung wissen, jeder könnte es sehen. Ernst hatte sich in Ambleside geschämt vor den anderen Männern. Er hätte nichts lieber getan, als die gesamte Erbveränderung zu ersticken, und er ärgerte sich, dass dies nicht in seiner Macht stand.

Noch nicht. Auf der faulen Haut liegen würde er deswegen lange nicht.

Wortreich setzte er Mrs Thomas auseinander, wie sehr es ihn auf Trab hielt, die Angelegenheiten seines Vaters zu ordnen, sich um seine eigene Familie zu kümmern und zu versuchen, ihren bescheidenen Lebensunterhalt zu verdienen. Er fragte an, ob er sieben Pfund von »seines Vaters Geld« leihen könne = er hielt es für günstig, sie daran zu gewöhnen, auch für seine Geschäfte verantwortlich zu sein, und ihr dabei ein schlechtes Gewissen zu machen, eine alleinstehende Frau, die einer jungen, mittellosen Flüchtlingsfamilie das ohnehin geringe Vermögen entzog. Dabei konnte sie sich auch gleich daran gewöhnen, ihm Geld zu überweisen. Ein Ausdruck seines Vertrauens in sie, nicht wahr. Scheinbar nebenher erwähnte er, dass er nicht gutheißen könne, wie großzügig sie den Rest des amerikanischen Stipendiums für das Begräbnis und die Abwicklung der Amblesider Angelegenheiten ausgegeben habe. Sie müsse strenger mit sich sein. Er freue sich, dass sie sich nun mit genug Freizeit ausgestattet finden werde, das Verzeichnis anzufertigen.

Die Dunkelheit zwischen den Häusern war dichter geworden, Lysaker glomm in der Dämmerung, die man hier bürgerliches Zwielicht nannte. Der Wecker vor ihm zeigte Viertel vor fünf. Er beschloss, den Brief auf einer Note fröhlicher Toleranz zu beenden.

Langsam zog sich der Tag zurück. Der bürgerlichen folgte die nautische Dämmerung, ihr das herrlich absurde astronomische Zwielicht. Die Sonne war unter den Horizont gesunken, vom Gipfel eines hohen Berges hätten sich allerdings noch ein paar schwache Lichtstrahlen entdecken lassen. So musste man denken. Dunkelheit war nicht gleich Dunkelheit. Kurt konnte das Testament nicht mehr ändern, geändert werden musste also etwas anderes. Er überlegte, was oder wie.

Edith, schrieb er, du hast Freunde in Lysaker, die dich jederzeit willkommen heißen werden, wenn dir einsam zumute wird und du reisen willst. Den 1. Mai des Jahres erwähnte er nicht; das Datum war in froherer Zeit festgelegt worden für eine Fahrt Kurts und seiner Krankenschwester in den Norden. Er hatte nicht die Absicht, sie allzu grausam an Dinge zu erinnern, die vergangen und verloren waren. Dass sie Gefühle für seinen Vater hegte, hatte er nie ernsthaft bezweifelt. Was die Sache und auch sie selbst, Edith-Wantee, umso bedrohlicher machte.

Sie hatte sich über Pierce aufgeregt, der innerhalb von nur zwei Wochen nach dem Tod seines Scheunenkünstlers dessen letzte Baumaßnahme = den Anfang einer runden Wand nahe am Eingang, abgerissen hatte. Ohne sie, Wantee, zu fragen.

Ohne ihn, den Haupterben, zu fragen, fügte er in einem PS an. Perfekte Wortwahl: Haupterbe Ernst. Was Pierce unternommen hatte, gefiel ihm so wenig wie Kurts Lebensgefährtin. Er hatte sich dessen ungeachtet auf die Seite des Vermieters geschlagen und den Vorfall heruntergespielt. Seine Miterbin sollte zu spüren bekommen, dass er eine eigene Position bezog und auf Grund seiner Interessen handeln würde. Selbstverständlich würde er den alten Pierce auch schriftlich von seiner Solidarität mit ihm informieren. Kooperation war ohnehin die einzige Möglichkeit. Der Barn gehörte dem Architekten. Auf Grund des Pachtvertrages, juristische Dokumente, vierter Stapel von links, waren alle Rechte an dem Wandrelief inzwischen an Pierce gefallen, da er, Ernst, und Wantee sich darauf geeinigt hatten, den Zins nicht mehr zu entrichten. Es hatte ihn gerührt, beinahe hätte er seine Meinung deswegen geändert, wie traurig sie darüber gewesen war. Etwas jedoch warnte ihn = ein jeder war nun seines eigenen Glückes Schmied und musste es sein. Genau das hatte Helma nie verstanden. An ihrem Beispiel konnte man mit grausamer Deutlichkeit lernen, wozu so etwas führte. Wie allein sie gestorben war.

Die beweglichen Werke Kurts, die sich zum Zeitpunkt seines Todes zufällig in Cylinders befunden hatten, gehörten laut Testament bereits Edith. Im Übrigen machte er ihr klar, dass der Pachtzins übertrieben war, eine Unverschämtheit, und dass es eine Schnapsidee wäre, eine oder schlimmstenfalls mehrere englische Arbeiten von Kurt zu verkaufen, um mit der Wandarbeit ein Werk zu erhalten, das weder beendet war noch sich jemals an einen anderen Ort verbringen ließe. Ihr Problem, wenn sie dabei nicht begriff, dass das Relief allein ihr gehört hätte, hätten sie weiterbezahlt, während sie den Pachtzins jeweils zur Hälfte aus ihrem jeweiligen Erbe bestreiten mussten. Sie war nun einmal nicht geschäftstüchtig.

Ernst hatte Wert darauf gelegt, alle Mitglieder der Familie Pierce während seines Besuchs im Januar kennenzulernen. Man hatte sich in Cylinders unter vier Augen getroffen, er hatte die Gartenanlage bewundert sowie geschmeidig mit Bill über Motorräder parliert. Pierce würde in den Lakes bleiben. Während Edith dabei war, nach London zurückzuziehen.

Die Scheite im Kamin knackten, es war nahezu idyllisch, hätte es von den grünen Fenstern hinunter zum Fjord nicht gezogen wie Hechtsuppe. Hechtsuppe hatte Kurt hier in Norwegen immer *hech supha* genannt. Er sah den alten Herrn Schäfer aus Hannover vor sich, wie er ihnen den Couchtisch neben dem Kamin, die Anrichte und die Regale schreinerte. Unschuldig kam ihm die Zeit hier im Nachhinein vor, eine Zeit vor den schweren Verlusten: Helma, Henriette, Fiederallala und anfangs sogar Opa Fischer hatten gelebt. Der größte Teil der Reise war noch vor Kurt und ihm gelegen. Sie hatten unter der Trennung von zuhause gelitten, aber Helma alle drei Monate gesehen und Sommerfahrten durch Norwegen unternommen, als schriebe man weiterhin das Jahr 1930. Er war wirklich jung gewesen und frei mit den Frauen, ständig auf dem Fahrrad, ständig unterwegs. Zehn Jahre lag dieses Leben mit seinem Vater zurück, er vergegenwärtigte sich die Zahlen, rechnete nach: Es waren nur acht.

Stapel eins, zwei, drei, vier. Er hat keine Eltern mehr. Keine Großeltern. Hannover ist leer.

Um zehn nach drei
Ist der Lenz vorbei.
Alle Fliegen, die schon da sind,
Alle Mütter, die Mamma sind,
Alle Herren, die Pappa sind,
Singen Lieder, die dada sind;
Alle Vögel alle.
Es war zum Heulen.

Auch Kurts Gedicht. Zum Heulen schlecht, zum Heulen gelungen. Kurts irres Talent für unvollendete Enden. Noch was zum Heulen: dass ihm selbst solche Unvollendung nie gelang.

Sie war, in der Kunst, höheres DADA. Im Leben = Unsinn: Als wäre die Kunst kein Leben = bei den Geschäften, in der Verwaltung, kam ihm sein Talent zupass, Dinge zu Ende zu führen.

Er hatte sein eigenes Verzeichnis von Kurts Werken längst fertiggestellt, zahllose Briefe geschrieben und einen ersten Kampf für seinen Vater ausgefochten. Der Fall Schwitters war etwas Besonderes, wenn er auch in einer entscheidenden Hinsicht anderen Erbschaftsfällen aufs Haar glich: Er drehte sich um Geld. Geld war, worin sich die spezifische, allein in Familien erreichte Vermischung von Liebe, Trauer und Nachfolge in konkreter, juristisch einklagbarer Form ausdrückte. Pfennige ließen sich nun einmal leichter zählen als Gefühle, wobei jeder wusste, dass es nicht um diese Pfennige ging. Die heillose Sehnsucht jedes einzelnen Familienmitgliedes, das größte Stück des Liebeskuchens zu verputzen, befeuerte die Streiterei. In ihrem Fall traten zukünftiger Ruhm und Teilhabe an Berühmtheit und Ehre hinzu. Er hatte soeben einen ersten Schritt unternommen, um sicherzustellen, dass Kurt als Ikone der modernen Kunst nicht vergessen wurde. Er hatte Mesens in die Schranken verwiesen. Der Kerl, einst ein Freund, hatte tatsächlich einen Artikel veröffentlicht, in dem er behauptete, »froh wie eine Lerche« sei Schwitters in Camp Hutchinson gesessen, diesem wunderbaren Ort intellektuellen Zeitvertreibs.

Lerche! Glücklich!
Singen Lieder, die dada sind;
Alle Vögel alle.

In einem Lager, in dem man hörte: »Lieber im Bombenhagel Londons umkommen, als sicher im Gefängnis sitzen.« Mesens, offensichtlich begabt mit einem lerchengroßen Gehirn, hatte vollständig verdrängt, wie es gewesen war. Auch hier, wo es um Kurts Lebensbild ging, stürzten sie bereits eifrig herbei, die Geier. Er würde sie in brave Krümelpicker verwandeln. Lanke, Tanke, Scheiße, Danke.

Mesens hatte er gezeigt, dass es einen Schwittershammer gab. Und wo der hing. Es hatte Spaß gemacht. Die Bucht vorm Fenster glitzerte. *Hech supha*, hatte Kurt behauptet, sei Hebräisch und bedeute starker Sturm. Auf den konnte es sich einstellen, das alte Gefolge, wenn es sich verhielt wie Mesens. Ernst lächelte: der »Ernsthammer«. Im November würde er 30 Jahre alt. Auf Fotos wirkte er dunkel und biegsam. Runde Brille, kein Bart. Sein Vater war tot. Er trauerte um ihn. Sie würden merken, wie.

Es war ein mächtiges Programm = die Werke des Verstorbenen suchen, finden, abholen, einlagern und dann daran arbeiten, sie auch bekannt zu machen. Sie in seinen Besitz zu bringen. Edith zähmen. Unverzüglich setzte er seinen Namen unter die letzten Zeilen des Briefes und rief nach Eve. Wo steckte sie nur? Und Bengt? Höchste Zeit, etwas zu essen. Augenblicklich hellte sich seine Laune auf. Heute Abend wäre der passende Moment, Eve mit dem Mantel zu beglücken, den er aus Ambleside mitgebracht hatte. Echter schwarzer Nerz. Der Mantel von Spengemanns. Eine Hannoveraner Verbindung. Damit konnte eine Mrs Thomas nichts anfangen. Es ging sie auch nichts an. Auch wenn sie den Spengemann-Sohn kannte und der ihr den Mantel in London angeblich höchstpersönlich um die Schultern gelegt hatte. Das fehlte noch. Solche Ansprüche sollte sie gar nicht erst äußern = da machte er Hechtsuppe draus.

Heute Abend würden Eve und er feiern. Etwas Delikates essen, den Mantel an Eve anprobieren, eine hübsche englische Nummer zum Schluss. Nur so konnte er sich von seinen Erinnerungen erholen. Nur so hier sein.

Hier schrien die Möwen.

Wie ein Netz, das sich in den Abend schleuderte, flogen sie auf.

Da konnte er schlafen.

Solange sie schrien, war alles gut.

Die Frau und der Landlord

Er reichte ihr einen weiß-rosa gestreiften Untersetzer, eine pinkfarbene Porzellantasse mit Blümchenmuster und einen Teller mit efeugrünem und goldenem Rankenwerk, und sie bedauerte, nicht jedes der liebenswerten Stücke tatsächlich benutzen zu können, da er ihr nur Tee angeboten hatte, nichts zu essen, nicht einmal einen Keks. Den Widerspruch zwischen der Größe der Gedecke und der Größe der Gastfreundschaft schien er nicht zu bemerken, er war geschrumpft, ein gebeugter Mann, Stoppelbart, weißes, in die Höhe stehendes Haar. Er sagte, Lapsang Souchong sei die einzige Teesorte, die er im Café angeboten habe, was sich nun bewähre, da er die Vorräte alle allein würde trinken müssen und außer Lapsang nichts möge.

Das Scheunencafé war nicht gelaufen, wie es sollte. Es war überhaupt nicht gelaufen.

Und sie stand mit einer alten Porzellantasse in der Hand vor Jumbos letztem Werk und versuchte zu fassen, was sie fühlte. Ihre Augen flogen von Gipsschuppe zu Gipsschuppe, von feuerrot bestrichenem Holz zu Gold zu Blau zu Draht, wo war das Porzellanei – sie stand in dem alten Zitronenlicht. Und hinter ihr, im

Vorraum, hantierte ein Mann, der ein Leben lang bedient worden war, höchstpersönlich mit einem verbeulten Wasserkocher, es gab nun Strom auf dem Pulverhang, und von all den Menschen, die hier ein und aus gegangen waren, waren allein sie beide übrig, die Geliebte des Künstlers und der knorrige Eigentümer des Barns mit Adern auf den Händen, die dünn und knotig endgültig den beiden Wasserpfaden glichen, die unverändert durch die Hütte rannen.

Auch Ernst war übrig. An ihn wollte sie nicht denken. Allemal nicht jetzt, zurück hier in Ambleside nach 13 viel zu langen Jahren der Abwesenheit. Sie wusste nicht, warum sie sich so abgeschnitten hatte von dem Ort (sie wusste es nur zu genau), jetzt, wo sie es neuerlich hörte, das Gluckern der Rinnsale, der Stocks und Becks. Wenn man hier lebte, schmolz es ein in die Geräusche der Luft, die Vögel, den Wind, heute begrüßte es sie. Manches Mal in King's Cross hatte sie Zügen nachgesehen, die in den Norden hinausfuhren, und war nie in einen gestiegen. Aus Sorge davor, was sie im Lake District vorfinden würde? Oder mehr aus Sorge um sich selbst?

Diesen Luxus konnte sie sich nicht mehr leisten. Ihr Anwalt hatte sie gedrängt, die Kunstwerke in Elterwater abzuholen, die ihr gehörten, sprich alles, was sich in Pierces Scheune vom Boden oder von den Wänden lösen ließ, aus dieser Scheune zu entfernen. Wenn sie noch länger zögerte, war vielleicht bald nichts mehr davon da. Der Rechtsstreit mit Ernst Schwitters ließ das Schlimmste befürchten. Ernst ließ das Schlimmste befürchten.

Der Ahorn am Zaun war gewachsen, der Farn überwucherte den ihn einst behütenden Stein. Die Hütte wirkte unnatürlich still. Stehengebliebene Zeit, hatte sie gedacht, als sie eingetreten war – und ihr Herz hatte gepocht, aus *allen* Gründen, aus noch immer viel zu vielen Gründen – sie schämte sich ein wenig dafür – sie sollte über Jumbo hinweg sein – und nun genoss sie das Gefühl der Rückkehr so sehr – sie hatte die Reise aufgeschoben und aufgeschoben – und wusste, dass sie über nichts hinweg war und es auch nicht sein wollte, es war ein fürchterliches Konzept, dieses get over it – und einer der Gründe ihrer Freude war, und sie ließ diese Freude jetzt zu mit aller Kraft, dass sie, als sie eintrat, die Wand unverändert gefunden hatte. So der erste Eindruck. Nun, aus der Nähe, auch wenn Pierce nur eine Kerze auf den Boden gestellt hatte – die Mitte des Raums schwamm in dem alten bergigen Licht und es erleuchtete das Relief – nun entdeckte sie allmählich, in welchem Zustand Kurts Werk sich tatsächlich befand. Der Gips hatte gehalten, die Farben waren noch da. Sie glänzten – vor Feuchtigkeit. Haarrisse überall. Lieber nicht anfassen, man musste fürchten, dass, was man berührte, einem unter den Fingern in Krümel zerfiel.

Nicht früher gekommen zu sein war ein Fehler, so idiotisch wie jener, die Pacht nach Kurts Tod nicht weiterbezahlt zu haben. Sie hatte auf Ernst gehört und damit die Vertragsklausel ausgelöst, die vorschrieb, dass Jumbos Wand automatisch und unanfechtbar in Pierces Eigentum überging, sobald der Zins zwei Mal hintereinander ausblieb.

Vor der Tür ein Sonnentag, klamme Luft und Kühle hier. Shoggy hatte sie mit seinem Kleintransporter hergefahren, der schaukelte und stank nach Schaf. Als sie ihre leeren Kisten und Pappschachteln in einer alten Schubkarre den Hügel hinaufgezogen hatte, hatte sie gegen das Licht blickend geglaubt, Jumbo lehne in der Tür.

Dass er sie erwartete, wiederauferstanden, seine hohe Gestalt beleuchtet von dem sparsam verteilten, trotzdem kräftigen Pulverglanz.

»Ah, it's you«, hatte Pierce gerufen und gewinkt. Fast als freute er sich. Dabei hatten sie zuletzt am Telefon heftig gestritten.

Sie freute sich.

Bicky gestern am Bahnhof hatte geschimpft. Wie der Alte von Cylinders den Barn hatte verfallen lassen, obgleich er seit einer Ewigkeit, nämlich einer gärtnerischen Ambleside-Ewigkeit davon träumte, in Jumbos Scheune, die, man vergaß es zu gern, unverändert, und sogar mehr als zuvor, Pierces Scheune war, einen sogenannten Teeraum einzurichten. Als Shoggy unten an der Straße angehalten hatte, hatte sie das Areal kaum wiedererkannt. Wie dicht und hoch das Gestrüpp gewuchert war. Das Stück Land vor ihren Augen strahlte eine verwunschene, waldige Wildheit aus, die sie ihm nie zugetraut hätte. Der Barn schien von außen nicht baufälliger als früher, die Birken, die ihn umgaben, und die Hortensienbüsche, dichte grüne Riesenkugeln, fühlten sich sichtlich wohl; der Enzian war eingegangen. Sie erkannte alles, begrüßte es: die beiden Bäche, die wie Zwillinge durch das Gelände rannen, die Schafpunkte auf den Fells, die nackten, steilen Felsen. Sie fühlte sich von der Landschaft gemeint, die Füße sanken in den Boden, der Himmel hing tief, man wurde gehalten. Dann kletterte man auf einen Gipfel, blickte über musikalisch steigende und fallende Folgen von Seen, kleine Haine und Windflüchter, karge Wiesen mit Mäuerchen. Wie krumme Grafitstriche zogen sie dahin. Man stand, schaute, wurde still. Bald fühlte man es: Man begegnete dem gegliederten Körper eines mineralisch-pflanzlichen Wesens. Es sprach im Gluckern der Wiesen, Rauschen der Blätter und Stängel, in Farben und chemischen Stoffen, die Insekten rochen, Menschen nicht. »Look«, hatte Jumbo bei einem ihrer Ausflüge gesagt, als sie auf scheinbar festen Grund traten und Wasser quoll unter ihren Schuhen auf, »look, lautlos wie eine alte Schlange steigt es zu uns empor.«

Stiegen Gefühle? Sie waren weder Wasser noch Schlangen. Gleichwohl weiteten sich ihre Adern und etwas stieg in ihr auf.

Sie ermahnte sich, bei der Sache zu bleiben. Sie hatte hier etwas zu Ende zu bringen und sie hatte versprochen – ihr Sohn war erst zwölf, Freunde in London kümmerten sich um ihn –, morgen Abend wieder zuhause zu sein.

Erneut wappnete sie sich.

Wie leichtfüßig sie eben ausgeschritten war, zumindest im Vergleich zu ihrem Hannoverschen Prinzen. Als sie sich Ende 1941 in Bayswater über den Weg liefen, hatte er nur ein paar Jährchen mehr gezählt als sie heute. Die Ziffern ließen daran keinen Zweifel, fassen konnte sie es nicht. Weder ihre Hüften noch Knie knirschten, ihr Puls schlug regelmäßig, alle Zähne saßen im Mund. Wie Jumbo allein auf dem kurzen Anstieg hier hinauf hatte keuchen müssen. Er war nie so fettleibig gewesen, dass es den erbärmlichen Zustand seines Herzens erklärt hätte, seiner Lungen, seinen hässlichen Blutdruck. Sein Leben hatte ihm dieses vorzeitige Alter zugefügt, die organischen Schäden waren Nachwirkungen, die Rückstoßeffekte von Heimatverlust, Zwangstrennung und Kummer. Zahllosen Flüchtlingen setzten sie zu, damals hatte niemand das verstanden oder etwas davon hören wollen, allemal nicht die Betroffenen selbst. Es sollte der Vergangenheit um jeden Preis verboten sein, nun auch noch das so mühsam aufgebaute und jeden Tag neu verteidigte Leben zu bestimmen.

Eine Welle warmer Aufregung rauschte durch ihren Körper. Hastig, als wäre die Schwelle nur so zu überwinden, war sie eben in den Vorraum getreten. Niedrig und klein schien ihr die alte Hütte. Inzwischen hatten ihre Augen sich umgewöhnt und da stand er wieder: Jumbos provisorischer, polyglotter, fantastischer Palast. Silhouetten von Skulpturen, Haufen »Krempel und Kram«. Die Wand zog an ihren Händen, Beinen, ihrem Bauch, ihrem Gesicht. Wie hatte sie vergessen können, wie fabelhaft diese Arbeit war. Hatte sie insgeheim Angst gehabt, sie wäre es nicht? War sie, Wantee Kleinherz, deswegen nicht hier gewesen seit ihrem Umzug zurück nach London in dem Frühjahr nach Jumbos Tod?

Sein MERZ hatte sich von Bau zu Bau weiterentwickelt. Mehr Farbe als früher, hatte er ihr gesagt und Zeichnungen für sie gemacht, weniger Geometrie, mehr Fremdstoffe, hatte er gesagt, mehr England, mehr du. Verwickelt, in sich verschlungen, dabei verflochten mit ihren Tagen hier, das hatte sie mit eigenen Augen gesehen. Kein Zweifel: Die Wand in den Lakes war ein Schwitters. Und wie. Natur im Modus MERZ. Artefakte im Modus FAST-NATUR. Schorfen, Gelächter und Narben, Jumbo im Modus NICHTS-ZU-VERLIEREN.

Auf alles schien er am Ende Zugriff gehabt zu haben. Alterswerk? Schwach? Ein Merzschnippchen war dieser Barn. Ein Schwitters, der sich selbst überholte. Ungewöhnlich, unerhört. Sie schämte sich ihres Zweifels – das würde ihr nicht mehr passieren –, schloss die Augen, sog den Geruch ein. Alles wollte sie in sich aufnehmen, den gesamten Raum. Den sie, ausgerechnet sie, heute in Teilen auflösen müsste. Es tat ihr gut und weh zugleich, sich darin umzusehen.

Konnte man einen Tod leugnen? Aber ja. Musste man nicht sogar? Wenn sie nichts veränderte, sähe es aus, als sei ihr Mann nur kurz vor die Tür getreten. Gewiss, das war magisches Denken. Bloß Jumbo nicht forttragen.

Pierce, der im Vorraum hantierte, ließ sie gewähren. Verstand er wider Erwarten etwas, hatte einen Rest Herz und gab ihr Zeit vor dem Relief? Sie hatte mit dem Schlimmsten gerechnet. Dass er nicht käme, sie vor verschlossener Tür stünde. Dass alles leergeräumt wäre.

Ein rascher, diesmal prüfender Blick: der Boden, die Wand. Sie schaute weg, ein zweites Mal hin. Die Kunst hätte verrotteter, zerfallener, modriger sein können. Noch während sie das dachte, sah sie Jumbo grinsen: Ah, wie englisch von ihr. In einem viel besseren Zustand hätte sein Werk sein müssen. Sein Eigentümer, einst so stolz auf Cylinders, hatte nichts, rein gar nichts unternommen, um es zu schützen. Wenn es so weiterging, würde die Frage nach Schwitters' Merzbarn sich bald von selbst erledigt haben. Zerkrümelt, erloschen, ein Haufen Feuchtigkeit.

Der Scheunengraf goss den Tee ab, als sie nach ihm sah. Langsam und sorgfältig, beim Brühen wusste er offensichtlich, was er tat. Der Räucherduft des Lapsang zog ihr in die Nase.

»Ich habe dir viel Zeit gegeben, Edith. Jetzt. Und all die Jahre zuvor. Ich war großzügig.«

Großzügig? Sie nickte, auch wenn die Behauptung lächerlich war. Großzügig – im Verfallenlassen. Sie setzten sich an das Tischchen, das Pierce links vor Jumbos Wand geschoben hatte. Schwarzes Gusseisen, Anmutung französisch, wackelig auf dem gestampften Erdboden. Pierce hatte Kurts Kunst benutzt, um Werbung zu machen für sein Café. Hatte er zwischendurch das eine oder andere Werk, das in einer der Ecken gelegen hatte, weggebracht? Für Ernst versteckt? Sie erinnerte sich nicht an jeden Gegenstand, der sich zu Kurts Todeszeitpunkt hier oben befunden haben mochte. Ihr einstiger Landlord hatte Ernst am Telefon leidenschaftlich verteidigt. Ein Sohn dürfe und müsse das Testament angreifen. Auch jetzt wiederholte er: Wenn ein juristischer Fehler vorliege, liege er vor. Für Fehler dieser Art müsse man, in diesem Fall sie, Edith, in der wirklichen Welt bezahlen.

»Du bist eine Träumerin.«

»Ach?«, sagte sie.

Der Tee war heiß und sie schluckte vorsichtig. Es lohnte sich nicht, mit Pierce zu streiten. Träumerin Edith, der ein alter Harry und ein gieriger Ernst nun auf die Sprünge helfen wollten? Nur zu.

Sie arbeitete in Mayfair in einem Büro für internationalen Handel. Schachern bei unklaren Voraussetzungen, Jonglieren mit Wünschen, Fehlern und Gier – sie hatte dazugelernt. Sie musste schlicht warten, bald würde sich zeigen, was Pierce wollte, und nun, da sie ihn auch beobachten konnte, fühlte sie sich sicherer als am Telefon. Edith Thomas erkannte einsame ältere Männer, wenn sie ihnen begegnete. Jumbo hätte gesagt, sie rieche sie zehn Meilen gegen den Wind, und hätte behauptet, dabei handele es sich um eine deutsche Redewendung, dabei kamen in deutschen Redewendungen garantiert keine Meilen vor.

Für Augenblicke vermeinte sie, das Rufen des Lumpensammlers von der Straße zu hören. Warum auch nicht? Vor dreizehneinhalb Jahren war Jumbo gestorben, mehrfach hatte sich sich das seit ihrer Ankunft gestern Abend vorgerechnet. In der Welt, auf der Skala der Geschichte, war das ein Klacks. Ihr hingegen schienen Ambleside und Elterwater überreal. Vergangen war eine Ewigkeit.

Halb wohl, halb ängstlich war ihr zumute. Jede Wandschuppe hatten Jumbos Fingern geformt, geradezu physisch spürte sie seine Anwesenheit. Es hätte sie nicht gewundert, ihn plötzlich sprechen zu hören. Ihr Herz tat weh vor Trauer, zugleich pochte es vor Freude über diese Wiederbegegnung. Denn darum handelte es sich.

Ein Wiedersehen.

Treacles provisorisches Paradies. Die kraftvollen Erinnerungen, die sich für sie mit dem Werk verbanden, bevölkerten den Raum. Schon gestern hatte sich ihr Puls beschleunigt, als sie das Nestchen Ambleside, geschmiegt zwischen seine hohen Hügel, aus dem Busfenster erspäht hatte. Die Gebirgsluft, das Zwitschern der Vögel, das ohne Unterlass von überallher auf sie eindringende Gurgeln. Die flüssigen und matschigen Elemente des Bodens spielten ihr eigenes Konzert, die Luft sauste in sommerlicher Freude darüber hinweg. Es war nahezu auf den Tag genau 16 Jahre her, dass Kurt und sie im District eingetroffen waren. An der Flugzeugfabrik der Short Brothers waren sie damals vorbeigeschaukelt, hatten die auf Halde gestellten Lancaster und Sunderland Flying Boats der RAF bestaunt, die an der White Cross Bay und Pull Bay vor Anker lagen. Sowohl die Produktion als auch die Wartungsarbeiten standen still, allen 600 Angestellten war gekündigt. Sie erinnerte sich daran, wie sorgenvoll nahezu jede Familie im Dorf in die Zukunft geblickt hatte.

Pierce trank schweigend, sie tat es ihm gleich. Er hatte sich in Schale geworfen, trug ein Gilet über dem Hemd, roch nach Rasierwasser. Wer machte den ersten Zug? War es das? Ein Spiel? Für sie nicht.

Am Telefon hatten sie über die Herausgabe der Kunstwerke gestritten, die sich in der Hütte befanden. Dabei ließ der Pachtvertrag nichts an Deutlichkeit vermissen. Ihre Rechtsanwälte hatte festgestellt, dass ihr Recht nicht verjährt war, auch wenn sie ihren Anspruch bislang nicht geltend gemacht hatte. Sie wiederholte es leise für sich: Es gehört dir. Pack es ein.

Sie schlug die Beine übereinander. Machte die Bewegung rückgängig. Ein alter Mann, eine mittelalte Frau. Wenn es ein Spiel war, dann keines der Unterwürfigkeit.

Betont aufrecht saß Pierce ihr gegenüber und starrte sie an. Es tat ihr leid, dass er mit dem Café so »auf die Schnauze gefallen war« (Originalton Shoggy). Creighton, der weiterhin zu viel trank und unverdrossen über die Kanten seiner eigenen Teppiche stolperte, hatte die Details geliefert: Vor der Eröffnung des Ausschanks war der dornige Gärtner durch die umliegenden Dörfer gezogen, um angeschlagenes Geschirr aufzukaufen. Im Mai schließlich hatte er ein paar Bistrotische vor Jumbos letztem Werk platziert, nachdem er die herumliegenden Materialreste und alle nicht fixierten Skulpturen in die Ecke gleich rechts vom Durchgang geschoben hatte. So dass dieser Haufen offensichtlichen Abfalls das Erste war, was die Gäste zu Gesicht bekamen. Und da hatte der optimistische Geschäftsmann nicht fassen können, dass das Café sich nicht mit Pauken und Trompeten in einen durchschlagenden Erfolg verwandelte, obwohl jeder in den Dörfern rundum von Schwitters' jüngsten Triumphen in London, auf dem Kontinent und sogar in New York gehört hatte.

»Der Tee ist exzellent. Wie jedes Mal in Ihrem Haus.«

Er bot ihr eine zweite Tasse an. Antriebslos war er gewesen, der Pflanzenmann. Und sie hatte davon profitiert. Vielleicht hatte er sich auch über seine Wand gefreut? Ein so wesentliches Stück Schwitterswerk zählte nun zu seinem Eigentum. In den Schoß gefallen war es ihm. Wahrlich, da konnte er sich bei seinen Rechtsanwälten bedanken.

Kurts Name wurde wieder genannt in der Welt. Die Preise für Schwitterskunst stiegen. Künstler in den USA interessierten sich für das Werk. Bilder wurden in Galerien in Europa oder Großbritannien aufgenommen. Und wem war es zu verdanken? Ernst. Er hielt seinen Vater im Gespräch, dafür hatte er Talent, der machte aus einer Mücke nicht einen Elefanten, sondern drei.

»Viel Zeug hier«, sagte sie, »hoffentlich reichen die Kisten.«

Der Meister der Hütte schob ihr Zucker und Milch hin. Bill hatte die gleichen Hände gehabt. Breite Handteller, gut für die Arbeit mit Erde und Stein. Hände, die sich angenehm um Frauenwangen legten.

Sie trank von dem neuen Tee und ihr Gesicht wurde heiß von seinem Dampf.

Bei Pierce hatten, so Creighton, die Touristen für die erste tiefe Enttäuschung gesorgt. Banausen! Lasen nichts außer Wanderführern zu Schafweiden und Wasserlöchern. Kunst war, das hatte der Architekt unterschätzt, einem ausgehungerten, halberfrorenen Mountaineer, der eine anständige Tasse Tee brauchte, herzlich egal. Naturgemäß waren die Dörfler von Elterwater und Ambleside allesamt in den Barn gepilgert. Höflichkeit, befeuert von einer kräftigen Portion Neugier. Eine Scheunenwand? Und die sollte nicht einzelne Schafe, sondern ganze Herden wert sein?

»Keinen müden Penny locker dafür …«, »da steckt ne alte Fahrradpumpe drin«, »das kann mein Enkel besser«, während andere lautstark behaupteten, die »da oben«, was eigentlich jene »da unten« in London meinte, hätten eben andere Vorstellungen von Kunst, »willste wohl glauben«. Als Creighton das beschrieb, hatte sie die Dörfler gleich von neuem ins Herz geschlossen. 100 Schafherden sollten gegen ein Stückchen Pulverstall einzutauschen sein? Darauf trank man erst mal. Danach lachte man umso kräftiger: Das Wanddingsda müsse für einen derartigen Tausch doch erst richtig gezeigt werden. Auf einer Auktion wie auf dem Schafsmarkt? Sogleich hatte man sich vorgestellt, wie der grantige Harry das Trumm eigenbuckelig zur nächsten Village Fair schleppte, quer durch die Lakes. Kamel-Johnny-Peel! Das war ein paar weitere Pints wert.

In seinem Alte-Männer-Zorn über dieses Gerede (Enttäuschung zwei) hatte der Landlord vergessen, dass die Locals seine besten Kunden hätten werden können. Ein Fremder hatte ohnehin kaum eine Chance, das Ställchen zu finden, und so kam es, dass der Fußweg hinauf nach Cylinders bald menschenleer blieb. Ehrlich gesagt, hatte Mr Creighton gesagt, der alte Dackel schien mit wachsender Munterkeit dabei zuzusehen, wie die Unternehmung scheiterte. Die Schuld daran schob er auf »deinen Switters«. Altersschwache Kunst, überehrgeizig, unterdefiniert, verbissen.

Sie ging zur Eingangstür, vor der ihre Kisten und ihre Tasche lagen, um ihr Kopftuch zu holen. Staub, Spinnen, Staub. Während sie das Tuch im Nacken knotete, versuchte sie, die Skulpturen sowie anderen Gegenstände zu zählen.

»Wenn du das Zeug mitnimmst«, sagte Pierce, der ebenfalls aufgesprungen war und das Geschirr zusammenstellte, »musst du die Hütte auch putzen.«

»Blitzblank oder wie?« Blitzblank sagte sie auf Deutsch.

Das Wort hatte sie von Jumbo gelernt. Blitz verstand jeder.

Distel Pierce, blaue Augen, umkränzt von einem Netz silbriger Falten: »Was nicht ins Taxi passt, kippst du in den Steinbruch zurück.«

Genau. Auch er habe von ihrem Switters gelernt. Kein Ding war eben deswegen schon Müll, weil Leute es wegwarfen, nicht wahr?

»Heute, hier, Edith, läuft das andersrum. Ein Ding ist nicht eben deswegen kein Müll, weil ich es so lange in meiner Scheune geduldet habe.«

Mit einem weiten Schwenk des Arms zeigte er von dem einen Ende des Barn zum anderen: »Ramsch, Plunder, Staub. Weg damit.«

Zu ihrem Leidwesen musste sie zugeben, dass seine Worte ein Körnchen Wahrheit enthielten. Ohne Jumbo wirkte Jumbos über den Boden verteilter Wunderplunder trübe. Körrts Kraft, Körrts Strahlen hatte die Dinge verwandelt. Mit einem Schmerz von einer Schärfe, die sie nach all der Zeit nicht mehr für möglich gehalten hatte und auch nicht angemessen fand, fühlte sie seine Abwesenheit. Die Wand da, Jumbo nicht. Eine Kluft tat sich auf.

Sie knipste die vorsorglich mitgebrachte Taschenlampe an,

schritt von Haufen zu Haufen. Laub und Moder bedeckten den Hüttenboden, vor der Nordwand fanden sich, soweit sie erkennen konnte, von Jumbo zusammengetragene, auffällig geformte Wurzeln, Hölzer, Kiesel. Sie war gekommen, um die ihr gehörenden Werke mitzunehmen, jetzt indessen, nachdem sie die Wand und Pierce, ihren Eigentümer, gesehen hatte, wollte sie vor allem eines: Kurts letztes Werk retten.

Es war das Hauptwerk seines Exils.

Es war ein Vermächtnis. Entstanden am Ende, an einem fremden, geliehenen Ort. Es gehörte in den District, dort musste es unterhalten werden. Sie musste Pierce davon überzeugen, auf das Relief achtzugeben. Der alte Geizkragen. Jetzt, da das Café gescheitert war, hatte er leider überhaupt keinen Grund mehr, auch nur einen müden Penny in die Scheune zu stecken. Wenn sich nichts änderte, war Jumbos Arbeit in ein paar Jahren as dead as a Dodo. Tot wie eine Dronte. Den Vogel hatten ausnahmsweise nicht die Engländer ausgerottet. Zumindest nicht allein. Bei Jumbos Werk wäre das anders. Übrig bliebe ein Mythos, bestenfalls.

Sie kniete sich auf den Boden. Was sie hier unten auch anfasste, es fühlte sich klebrig an. Sie erinnerte sich an einen Amboss, das Rad eines Kinderwagens, eine Fahrradklingel. Handschuhe hätte sie einpacken sollen.

Mit bloßen Fingern griff sie in den Dreck. Trocken war nichts. Pierce schaute ihr zu, nach einer Weile nahm er die Taschenlampe und leuchtete ihr. Mit Altruismus hatte das nichts zu tun, dessen war sie sich sicher. Er wollte mitbekommen, was sie fand.

In einer Stunde würde das Taxi sie abholen?

»Drei.« Beim Packen dürfe man nicht hudeln, wie er wisse.

Kurz blickte sie zu ihm auf. Drei Stunden. Damit war klar, dass sie alles mitnehmen wollte. Und dass sie nicht putzen würde. Hatte er das verstanden?

Er ließ sich nichts anmerken. »Wo hast du deinen Sohn gelassen?«

Sie hatte Geoff mitbringen wollen, um ihm Ambleside zu zeigen, es sich in letzter Minute anders überlegt. Es war ihr ratsam erschienen, das Thema Söhne zu vermeiden. Ernst war ein Sohn. Pierce hatte Söhne gehabt.

Dass er es nun selbst aufbrachte, verunsicherte sie. Was wollte er? Über die alte Geschäftemacherei musste er hinaus sein. Oder war Geld seine letzte Unterhaltung? Das Licht brannte durch die beiden Dachfenster. Eines rechts, eines, von Jumbo geplant, weiter in der Mitte. Die Strahlen fielen so dicht, als zögen zwei Sonnen über den Himmel.

Sie stand auf und streckte sich, um mit Pierce auf Augenhöhe zu sein. Die Zauberhütte. Der unwahrscheinlichste, prachtvollste, ihr liebste Ort. Aber, das stand nun fest, geschrumpft.

»Ist es …, sinkt der Barn in den Boden?«

Der alte Mann brüllte fast vor Lachen. Sein Barn – absacken? Sie war in Cylinders! Felsboden. Das Fundament des Verschlags aus Stein, ein paar 100 Jahre alt.

»Edith, hör zu.«

Nein, nein, nicht erschrecken. Erst mal: Könne sie ihm helfen, den Tisch rauszutragen?

Sie standen vor der Tür in der heißen Juniluft. Die Schatten der Büsche neben der Hütte flackerten über den unregelmäßigen Weg und den Steinhaufen, der an der moosigen Ostwand des Kunststalls fast bis zum Dach emporgewuchert war. Erst dank eines Windstoßes, der die Schatten hob, entdeckte sie, dass Pierces schwarze Katze unter einer der Azaleen schlief.

War das noch die alte?

»Der überlebt uns alle«, sagte die Distel, »fett und gierig wie nie. Wenn er so weitermacht, frisst er demnächst ein Schaf.«

Sie musste lachen.

»Ich bin nicht blöd«, sagte Pierce.

Und nach einer kleinen, kunstvollen Pause: »Ich habe einen Plan.«

Den er ihr anvertrauen wolle. Sie, Edith, komme ihm unverändert vor.

Seine Augen glänzten. Sie nahm sich in Acht. Wenn es so weiterging, tätschelte er ihr gleich die Hand.

Sie müssten ein Museum einrichten, sie zwei beide. Hier in der Scheune. Die Zukunftsaussichten des District seien traumhaft.

Pierce sagte, er habe *recherchiert*. Die prognostizierte Wachstumsrate im Tourismus für Elterwater lag für die nächsten zehn Jahre weit über dem nationalen Durchschnitt. Fantastische zwölf Prozent. Und mehr. Ein Museum: echte Kunst in malerischer Umgebung. War ihr Schwitters nicht endlich berühmt? Na bitte. Und wer, wenn nicht sie, Edith, sollte etwas davon haben?

Ruhig lag die Straße nach Elterwater am Fuß des Grundstücks im Sonnenschein. Pierce hatte sie überrumpelt. Nun dämmerte ihr, warum er zwar Ernst am Telefon furios verteidigt, sie aber empfangen hatte. Und sich augenscheinlich tatsächlich freute, sie zu sehen. Er hatte in den letzten Tagen einen neuen Plan ausgeheckt, und sie war dafür sehr viel geeigneter als der vielbeschäftigte, in Norwegen gebundene Ernst.

Pierce redete sich heiß: Er möge ein Greis sein, doch Geschäft bleibe Geschäft. Zwei Artikel habe er gelesen, die nach Switters' Tod veröffentlicht worden waren. Sie musste vor Freude aus dem Häuschen sein über den Zuwachs an Wert.

»... und Ernst erst«, unterbrach sie ihn.

»Was, Ernst?«, sagte ihr Lieblingsgärtner.

»Aus dem Häuschen. Vor Freude über den Gewinn.«

Pierce hatte mit zwei Kunsthändlern in London gesprochen, den alten Dux angerufen, seine bewährten Anwälte gefragt. Über den Rechtsstreit sei er perfekt im Bilde. Auch mit dem Erben aus dem Stammbaum korrespondiere er seit Jahren.

»Kommt der auch?«

Den Vorschlag, wiederholte ihr Gastgeber, mache er ihr.

Sie scharrte mit der Schuhspitze. Ein Museum hier oben. Darüber musste sie nicht nachdenken. Was für eine Schnapsidee. Sie wollte die Wand retten, aber sie war nicht gekommen, um irgendjemandem etwas zu Gefallen zu tun. Halt, halt, sagte etwas in ihr: Es wäre wunderbar. Sie fragte sich, was Jumbo dazu gesagt hätte, und hörte ein Ja. Ein Museum. Dann bliebe alles, wie er es zurückgelassen hatte.

Da stand sie auf der alten Plattform vor der Scheune und blickte über das holprige Stück Weg hinüber nach Walthwaite. Gemeinsam hatten Pierce und sie genug Geld, um die Scheune als Museum zu unterhalten. Finanziell allerdings wäre das absoluter Unsinn: Sie investierte in Pierces Eigentum. Der alte Schlaumeier, das hatte er sich schön ausgedacht. Er setzte auf ihre Sentimentalität. Es fehlte nicht viel und er hätte sie damit gekriegt.

Pierce steckte sich eine Zigarette an. Sie holte ihr eigenes Päckchen aus der Tasche, da entschuldigte er sich, ihr keine angeboten zu haben. Sie begriff, dass auch er aufgeregt war. Der alte Dornen-Matador! Seit Jahren lebte er allein, hatte Creighton erzählt. Wie sie, Edith.

Was nicht stimmte. Sie lebte mit Geoff, in London. Pierce hingegen war wirklich allein, als Einziger übriggeblieben in dem alten Familienhaus.

Eine neue Sorge griff nach ihr. »Deine Frau ist damals …, ist dann auch bald gestorben?«, sagte sie.

Was würde geschehen, wenn Pierce starb? Wer würde erben? Würde der nächste Eigentümer die Scheune abreißen?

Er trat die halbgerauchte Zigarette aus.

Sie müsse, sagte der Lord von Cylinders, nur etwas von Körrts Werk verkaufen. Davon habe sie schließlich genug.

Ach, er glaube also doch, dass es ihr gehörte?

»It's all up to you«, sagte er. Listig sah er sie an, klemmte sich einen der herausgebrachten Stühle unter den Arm und tappte weiter hinaus auf den Vorplatz, in die Sonne. Er sah dünn aus von hinten, schief.

Mit einem Haufen Rahmen fing sie an. Zwischen den Hölzern lagen Collagen, lose in einen Regenmantel geschlagen, der sie tatsächlich gut geschützt hatte. Sie staubte ab, glättete. Das Arbeiten hier erinnerte sie an eine Reise im Februar 1947 zu Mr Dux in Richmond, um die in seiner Fabrik eingelagerten Werke Kurts zu katalogisieren. Wie lebendig die Skulpturen und Zeichnungen ihr vorgekommen waren. Jumbo hatte ausgewählt, was in die USA geschickt werden sollte, unermüdlich war er schwer beladen in den Speicher hinauf- und, ebenso beladen, aus ihm herabgeklettert, hatte Kisten umgepackt, verschoben, geschleppt. Ein Mann im Exil (ja), krank (gab er nicht zu), entmutigt (ließ er nicht zu).

Nahezu täglich bedauerte sie, dass sie das Verzeichnis der englischen Werke ihres Herz-MERZ einst an Guldahl geschickt hatte.

Jumbos Nachfahre hieß für sie nun wieder Guldahl. Gegen einen Schwitters zu prozessieren ertrug sie nicht. Guldahl klang genau richtig nach Gulden und Gold. Der Kerl war offensichtlich bereit, Berge zu versetzen, um ihr das Erbe zu stehlen. 1958 hatte er das gesamte britische Œuvre seines Vaters für sich eingefordert. Die Werke, die bei Dux lagerten, mehr als 60, ließ er abholen und in der Lord's Gallery ausstellen. Sie hatte sich gezwungen gesehen, juristisch dagegen einzuschreiten. Guldahl reagierte seinerseits und setzte einen Krieg in Gang, der eine nervenaufzehrende juristische Maßnahme nach der anderen notwendig machte. Ihrer beider Geld verbrannte darin.

Sie war vertrauensselig gewesen. Er hatte sie umgarnt. Sogleich nach Geoffs Geburt im Frühjahr 49 hatte Ernst die Maske fallen lassen – nun, da es auf ihrer Seite ebenfalls einen Erben gab. Guldahl begann, sie zu drangsalieren, zu schikanieren, anzuzweifeln, was auch immer sie unternahm. Nachrichten oder Anfragen in Bezug auf Kunstwerke, die ihr gehörten, gab er nicht weiter. Mit schöner Regelmäßigkeit verkaufte er etwas aus Jumbos Werk, das in ihr Erbe fiel. Andere Stücke, die ihm nicht gehörten, schickte er an Museen, strich die Leihgebühren ein.

Zunächst hatte sie nicht glauben können, was sie aus Briefen von Galerien oder Sammlern erfuhr, die sicherstellen wollten, dass alles mit rechten Dingen zuging. Sie war der Überzeugung gewesen, Ernst zu kennen. In ihren gemeinsamen Jahren in London waren sie regelmäßig zu dritt losgezogen, um nach debris, dreck and dregs zu suchen; stundenlang hatten sie zusammen in den missachteten Schätzen gewühlt. Auf dem Rückweg von ihren Ausflügen hatte jeder von ihnen einen Rucksack voller Fundstücke getragen. Die Zeit unterwegs hatten sie sich mit Wortspielen, Parodien und Reimereien vertrieben; Wantee brachte beiden Männern bei, was man über Hackfleischkuchen und Victoria Sponge, über Marmite und Black Pudding wissen musste. Sie waren sich nahe gewesen und hatten sich köstlich amüsiert.

Lange Zeit hatte sie versucht, Verständnis für Ernsts Situation aufzubringen. Auch er verfügte nicht über viel Geld, auch er versuchte zu überleben, auch er hatte einen ihm nahestehenden Menschen verloren, auch er trauerte und war verletzt. Vor kurzem war ihr aufgegangen, dass die Sache anders lag. Ganz abgesehen davon, dass Guldahls Armut angesichts seiner nicht nur ihr gegenüber entwickelten Geschäftstüchtigkeit seit Jahren unter Garantie ins Land der Mythenbildung gehörte.

Ihre Hände waren kalt von Feuchtigkeit, steif vor Dreck. Sie nahm eine Holzlatte, um mit ihr durch den nächsten Haufen zu stochern. Herausstehende Nägel, Splitter, scharfe Metallkanten, Scheren, Messer, Sägen – mit allem war zu rechnen. Mäusekot, Spinnen. Es musste hier oben auch Eichhörnchen geben. Und Marder. Ob sie manchmal in der Hütte schliefen?

Jumbo hatte Tiere geliebt. Ihr erster Ausflug mit ihm, damals noch Mr Schwitters, war Guldahl, damals noch Ernst, zu verdanken gewesen. Der norwegische König besuchte Harrods, um eine Ausstellung über sein Land zu eröffnen. Ernst, der zahlreiche Fotos beigesteuert hatte, hatte auch Nachbarin Thomas zu dem Edel-Empfang geladen. Sie fand seine Aufnahmen bemerkenswert und hatte sich mit seiner lebhaften Frau Esther angefreundet, Monate bevor auch der ältere Schwitters in dem Haus in Bayswater aufgetaucht war. An diesem Abend hoffte sie, mehr aus dem Leben des erstaunlichen neuen Kunst-Nachbarn zu erfahren, vor allem aber wollte sie ihm etwas zeigen. Das Luxuskaufhaus bot Waren, die man in der weltunberühmten Stadt Hannover garantiert nicht kannte. Kaum war die offizielle Zeremonie vorbei gewesen, hatte sie Schwitters am Arm genommen und in den vierten Stock dirigiert.

Körrt war begeistert. Am Eingang lagen zwei Alligatoren als Baumstammimitation unter künstlichen Mangroven. Ein Elefantenbaby versuchte, die Scheibe, die seine Käfigstäbe zusätzlich absicherte, mit dem Rüssel abzusaugen. Giftschlangen wanden sich in einbruchssicheren Glaskäfigen. Panther, Kamele, Tiger auf Bestellung innerhalb von 24 Stunden frei Haus. Sherlock Holmes, hatte sie Jumbo erzählt, war durch die beeindruckenden Hallen dieser Zooabteilung geschlendert, die jedem Zahlungswilligen sofortigen Zugriff auf lebensgefährliche Tiere gewährte. Es roch nach Wildheit, Dschungel und Parfum, eine absolut britische Mischung. Kunden, die einen Vertreter einer gefährlichen Spezies in einem Sicherheitskorb davontrugen, erstanden an der Kasse spontan ein zweites Dutzend Wüstenrennmäuse. Schlangen aus dem Hause Harrods ernährten sich exklusiv von Luxusgütern, gemeine Feld- oder Hausmäuse verschmähten sie. Mister MERZ hatte sich in die Katzenmusik verliebt und das unbeherrschbare Durcheinander der verschiedensten Duftnoten sowie das nahezu ununterbrochene öffentliche Pinkeln und Kacken höchst erheiternd gefunden. Famos, wie die Tierpfleger rannten, um alles, was unanständig wirken mochte, auf der Stelle zu beseitigen.

Fünf Kisten gepackt. Sie trat vor die Tür und klopfte sich die Kleidung ab. Pierces Stuhl stand leer in der Sonne. Als sie um die Ecke der Scheune bog, sah sie den Gärtner nicht weit entfernt auf der Wiese Richtung Walthwaite im Gras liegen. Weißblauer

Himmel wölbte sich über hellem Felsengrau; die Halme zu ihren Füßen, sie erkannte Löwenzahn, Sauerampfer, Schafgarbe, summten von Insekten. Auf anderen Hängen war Heu gemacht und auch hier, weiter hinüber nach Walthwaite, lag die Mahd zum Trocknen aus. Pierce kümmerte sich also doch um seinen Grund. Dafür hatte er mehr Talent als für Menschen oder Kunst. Seine ruhende Gestalt fügte sich perfekt in die Graskuhle, er lag, als gehörte er zu Wiese und Stein.

Die Wärme tat ihr nach der Kühle des Pulverpalastes wohl. Hummeln flogen die hohen Stängel des Eibischs an, an dem sich die ersten, strahlend weißen Blüten öffneten. Statt zu landen wie alle anderen, schwebte eines der Tiere für Sekunden wie ein Helikopter über dem geöffneten Kelch und ließ sich dann in die Blüte plumpsen.

Vor sieben Jahren hatte Ernst eine gerichtliche Überprüfung des Testaments angefordert. Sie beantragte den gleichen Schritt zu ihren Gunsten. Bis heute war die Frage nach der Gültigkeit des Dokumentes nicht entschieden. Ein Rattenrennen, ein Grabenkrieg. Nur gut, dass Jumbo nichts davon wusste.

Es wurde gemunkelt, das Söhnchen habe irgendwo im Süden Europas eine Stahlkammer eingerichtet, in der es die Kunst seines Vaters aufbewahre. Eine Höhle auf Sizilien! Sie nahm stark an, dass es sich um ein von Ernst gezielt gestreutes Gerücht handelte. Der »Bluterbe« war so viel geschickter darin als sie, den Kunstbetrieb mit hübschen Aufregungen zu füttern. Dafür liebte man ihn. Ununterbrochen und überall gelang ihm Werbung für sich: Er war der wahre Kenner des Werks seines Vaters, der vollkommene Experte für alles, was Schwitters hieß. Angesichts seiner kulturellen Bedeutung verlangte Kurts Werk, in einer, sprich Guldahls Hand zusammengeführt zu werden. Er, Schwitters, der Jüngere, war der Einzige, der perfekte Bedingungen für den Erhalt dieser Kunst garantierte.

Jeder dieser Punkte, versicherten ihre Rechtsanwälte mit Bedauern, nützte Herrn Schwitters. Sie galt als einfaches englisches

Mädchen, bestenfalls liebenswert, vermutlich naiv, während er die Kunst an der Vaterbrust eingesaugt hatte, vom Leimtopf her.

Kurts letzter Wille war deutlich formuliert. Man konnte es gar nicht missverstehen. Wider Erwarten hatte Guldahl ein Schlupfloch aufgespürt. Um ein gültiges Testament zu verfassen, benötigte man in Deutschland einen Zeugen, in England zwei. Ein Zeuge hatte das Dokument unterzeichnet, Doktor Johnston. Alles Weitere hing davon ab, Bürger welchen Staates Kurt zum Todeszeitpunkt gewesen war. Der gerissene Sohn ließ keine Gelegenheit aus, darauf hinzuweisen, wie unklar sich die Lage zum Jahreswechsel 47/48 dargestellt hatte. Die Papiere, die Kurt Schwitters zu einem Briten machten, waren knapp vor Jumbos Ableben in Ambleside eingetroffen. Der Empfänger hatte verstanden, dass seinem Ansuchen, Brite zu werden, nachgegeben worden war, und wäre bei Gesundheit vor Freude aus dem Bett gesprungen. Jumbo hatte darauf beharrt, dass die Dokumente auf dem Krankenhaustischchen für ihn bereit liegen mussten. Am Ende hatte er sie nicht unterzeichnet.

Weil er zu schwach gewesen war für die Unterschrift. So Guldahl.

Weil er seine Meinung geändert hatte, so Wantees Anwälte.

Mental war er Engländer, so der Sohn.

Mentaler Deutscher, so das Gegenargument. Einmal Deutscher, immer Deutscher. Das glaubte man in England ohnehin.

Guldahls Anwälte klagten auf eine Neueinschätzung. Das Testament war auf Englisch geschrieben. In England verfasst. Wer und was war Kurt Schwitters gewesen, als er den letzten Atemzug tat? Ein Mann, der seit Jahren in England lebte. Ein Vater. Ein Witwer. Ein Mann in einer festen Liebesbeziehung. Ein Künstler. Ein Kauz. Von einer Britin gepflegt. Ein schwerkranker Mann mit abgelaufenem deutschem Pass. Britisch, was seine Gefühle und Wünsche anging. England, der Lebensmittelpunkt seiner letzten acht Jahre. Wantee, der Lebensmittelpunkt seiner letzten sechs Jahre. Ein Flüchtling, staatenlos, ein Bürger zwischen dem UK und dem

Kontinent. Dabei dem UK näher. »Ein Stuhl mit zwei Sätzen von Beinen«, hatte Jumbo selbst dazu gesagt.

Sie rieb mit dem Zipfel ihrer alten Bluse an dem Messingrad, das sie mit herausgebracht hatte. Es war schwer für seine Größe, fleckig glänzte es auf ihrer Hand.

Nachdenklich kehrte sie in die Scheune zurück. Der Rechtsstreit zwang sie dazu, eine Position zu vertreten, an die sie nicht glaubte. Sie wollte das nicht mehr. Als sie sich bückte, fand sie das Porzellanei. Es war kühl, makellos glatt. Treacle in seinem letzten fantastischen Traum! Sie hielt es aus, war der Wand nahe. Und ihm.

Dass sie sich in seinen letzten Lebensjahren um den Künstler gekümmert hatte, untermauerte ihren Anspruch. Ebenso stärkten seine Briefe sowohl an sie als auch an Ernst ihre Position – sie hatte die Entwürfe an E&E in Lysaker in Jumbos Amblesider Schreibtisch gefunden, als sie Millan's Park räumte. Glücklicherweise konnte sie auch Ernsts briefliche Antworten auf die Nachrichten des kranken Mannes vorlegen, in denen er dem Sohn die Veränderung des Testamentes erklärt hatte. Guldahl hatte die neue Regelung verstanden und ihr implizit zugestimmt, allerdings dafür plädiert, die Festschreibung zu verschieben. Rechtlich bindend war davon nichts, es unterstrich ihr Anliegen in moralischer Hinsicht.

Gerade moralisch aber gab es einen Punkt, der ihre Position untergrub. Ihre Verbindung mit Kurt hatte sich als außereheliche Affäre entwickelt. Das war illegal. Zumindest dubios. Allerdings verbreitet, allemal unter den Bedingungen des Krieges und Nachkrieges. Was gegen sie sprach, war, dass sie auch nicht geheiratet hatten, nachdem Kurt Witwer geworden war. Ernsts Rechtsanwälte sahen darin einen eindeutigen Beweis dafür, dass Kurt Zweifel an der Beziehung mit Edith gehegt hatte. Dass es andersherum gewesen sein könnte, dass sie zweifelte oder sich nach ihrer ersten Ehe nicht mehr hatte binden wollen, wurde für keine Sekunde in Erwägung gezogen. Es traf übrigens nicht zu. Ihr Fall lag profaner.

Wie hätten sie heiraten können, da Kurt keinen gültigen Pass besaß?

Auf der anderen Seite: Musste es nicht moralisch wie menschlich als angemessen, ja, anständig gelten, dass der Mann, den sie geliebt und über Jahre hinweg gepflegt hatte, alles getan hatte, um sie für später versorgt zu wissen? Ihre Rechtsanwälte nickten. Und rieten ihr angesichts der Mehrdeutigkeiten sowie der Unvorhersagbarkeit von Gerichtsentscheidungen, die möglicherweise einer wesenhaften Unvorhersagbarkeit des Rechtes an sich entsprach, zu einem außergerichtlichen Vergleich. Einer finanziellen Lösung.

Hier in Jumbos Hütte spürte sie, dass sie dazu bereit war. Sie sehnte sich danach, diese Sache abzuschließen. Ein für alle Mal. Wenn sie nur die Wand retten konnte.

Fast war ihr, als hörte sie ihn rufen: »Wantee!« Das englische, klangreiche W hatte er bald beherrscht. Sie legte beide Hände gegen die Gipsschuppen neben den Mund, vertieft, rot, rund, Jumbos Bocca della Verità. Lehnte sich vorsichtig, nicht dass etwas abbrach, mit dem gesamten Körper an die Steine. Sie erinnerte sich nicht an einzelne Küsse, nicht einmal an den ersten. Umso deutlicher trat ihr ein Aufwachen am Ufer des Tarn vor Augen, den sie »D«, von darling, genannt hatten. Ihr Kopf hatte in Jumbos Schoß gelegen, vor ihren Augen schaukelte ihr Badeanzug an dem Zweig, an den sie ihn zum Trocknen gehängt hatte. Jumbo strich ihr übers Haar. Am Stamm des Baums blieb es länger Abend als im Geäst. Reines Grün, metallisch angehaucht. Ein riesiger orangefarbener Vollmond schwebte in der Krone.

»Ich bin mal gespannt«, sagte Pierce in ihren schweißigen Rücken hinein, »wofür ich mich entscheiden werde.« Er sei kurz rüber zum Haus gegangen. Ernst habe aus Ken…, also, sie hätten miteinander telefoniert.

Sie drehte sich um. Der Alte stand im Übergang zum Hauptraum und wirkte erholt. Guldahl war in England? Ken? Kensington? In einem Hotel?

»I see«, sagte sie so nüchtern sie konnte.

Der Gärtner aller Gärtner verschwand hinter der Wand des Eingangsraums. Sie hörte, wie er den Wasserhahn aufdrehte. Er setzte neuen Tee auf.

Sie müsse verstehen, rief er, dass er auch den Sohn wegen des Museums angefragt habe. Er, Pierce, müsse sich in alle Richtungen absichern. Der junge Switters interessiere sich sehr dafür.

Das glaubte sie keine Sekunde. Dazu war Guldahl viel zu knausrig. Und warum sollte er Geld in Pierces Scheune investieren? Ebendies galt zweifelsohne gleichermaßen für sie, und sie begriff, dass Pierce sich dazu Gedanken gemacht hatte. Nachtigall, ick hör dir trapsen. Er hatte sie mit seinem »Träumerin« vorhin nicht beleidigen wollen, im Gegenteil. Er hoffte auf ihre Jumbo-Träumerei und wollte ihr nun ein wenig Zeitangst einjagen. Einer der ältesten Verkäufertricks, die es gab. Dabei hatte er vermutlich schon gestern Nachmittag hier gesessen und sie erwartet. Denn auch er, der alte einsame Mann, träumte vor sich hin. Von Geld und einem Rest persönlicher Wichtigkeit.

Gestern Nachmittag war sie bereits in Ambleside gewesen. Statt hierherzufahren, hatte sie Jumbo besucht. An einem kalten, nassen Januartag war er in engstem Kreis auf dem Amblesider Friedhof beigesetzt worden. Danach hatte sie den Trauergästen in Creightons Salon Plum Cake aufgeschnitten, Butter, Marmelade und Tee bereitgestellt sowie die fünf Bienenwachskerzen angezündet, die Nancy, Bickys Frau, ihr überlassen hatte. Keines seiner Bilder, keine Collage war verhängt, nicht nur, weil er das fürchterlich gefunden hätte, sondern weil sie wollte, dass seine Werke mit ihr darüber trauerten, dass er nicht mehr unter ihnen weilte.

Die ältere Dame, die zwei Plätze weiter ein paar Grabpflanzen wässerte, hatte den Kopf geschüttelt: solcher Kummer. Und sie so jung!

»Und so wütend«, hatte sie gesagt und die rostige Ausgussrose der nachbarlichen Wasserkanne angestarrt.

445

Dass der lebende Schwitters sie öffentlich als Schmarotzerin beschimpfte, traf sie. Parasitin Edith Thomas lege ihre ehebrecherischen Fänge auf Helma Schwitters' sauer erarbeitetes Erbe. Und dies von Ernst, der besser als alle anderen wissen musste, dass es wahrlich niemals Kurts Erbe gewesen war, was sie angezogen hatte. Die Familie der Schwitters! Meine Güte. In den Mann hatte sie sich verliebt.

Jumbo hatte gewusst, dass sie ein Kind wollte. Er hatte ihr geradezu befohlen, nicht allein zu bleiben nach seinem Tod. Sie war vollkommen im Recht, wenn sie ihr Erbe einforderte, Stück um Stück, und es für ihr eigenes Wohlergehen und das ihres Sohnes nutzte.

Selbstverständlich war sie wütend: Der Mann, der ihre große Liebe gewesen war – und ja, die gab es, und ja, das war ein Klischee, und ja, es war wirklich gewesen und komisch und wundersam und gegen jegliche Wahrscheinlichkeit, weil man gemeinhin dieser großen Liebe sowieso nicht begegnete –, dieser Mann hätte mit Leichtigkeit noch am Leben sein können. Vor ein paar Tagen hätte Treacle seinen 74. Geburtstag gefeiert. Sie hatte an diesem 20. Juni Kerzen angezündet und eine Stunde oder mehr reglos auf ihrem Londoner Sofa gesessen. In dieser Stunde hatte sie beschlossen, sofort nach Norden aufzubrechen.

Wie versprochen hatte sie nach seinem Tod seine gesamte Kleidung gewaschen, verkauft und auch seine Schuhe weggegeben. Den Erlös sowie den Rest des New Yorker Geldes, 500 Dollar, hatte sie eingesetzt, um ihre Schulden zu begleichen und den Transport möglichst vieler Kunstwerke von Millan's Park nach London zu bezahlen.

Und dann, nachdem die Trauer um Kurt allmählich schwächer geworden war, nachdem sie sich ein neues Leben aufgebaut hatte, hatte sie bemerkt, dass er bei ihr war. Er sprach mit ihr von den Wänden ihrer Wohnung, an denen einige seiner Collagen und Bilder hingen. Dieser Trost ereilte sie ohne die geringste Vorwarnung. Kurts Kunst war nicht da, um etwas zu spiegeln. Aus seinem Werk floss still, aber konstant, Energie, die etwas von ihm und ihrer gemeinsamen Zeit zu Wantees frisch bezogenen Zimmern hinzugab. Es beruhigte sie und sie fühlte sich auf frohere Weise zuhause zwischen den schon-wieder-neuen Dingen, die sie nun umgaben. Auch konnte sie so ihren Sohn mit ihrer Vergangenheit verbinden. Dass Kunst diesem Zweck diente, hätte sie nicht erraten. Sie hatte auch nie zuvor ein echtes Kunstwerk besessen.

Es war tatsächlich Zeit für eine finanzielle Lösung mit Guldahl. Sie würde wählen, was sie behielt, den Rest an Ernst verkaufen. Es würde teuer werden für das kurze Holz.

Sie griff nach Schachtel Nummer elf, der einzigen, die mit Holzwolle gepolstert war. Aufgehoben für das Huhn. Das behielte sie auf jeden Fall. Die Skulptur mit dem unsichtbaren Ei im Bauch, so Kurt, war für sie ein Huhn mit luftigem Ei auf dem Rücken. Das Tier trug es als eine imaginäre Spur all der Eier, die es bereits gelegt hatte. Ein weiblicher Körper, hatte sie Jumbo gesagt, ich weiß, wovon ich rede. Welche Freude nun, den hellen Vogel mit seinem lang ausgezogenen, überwiegend dunkel gefärbten Hals zu berühren. Ihr Finger folgte dem von der Kehle auf die Brust getropften Schwarz. Die Farbgrenze verlief zwischen der Vorderseite und der Flanke des Huhns, zwischen Flügel und Bauch, und betonte auf natürlichste Weise den bildhauerischen Charakter des Körpers. Ein wolkiges Weiß, das die Dunkelheit eines inneren Leibes umschloss, durch den sich etwas perfekt Weißes, seinerseits eine Skulptur, schob, die eine weitere Dunkelheit umfing. Wie sanft die äußere Gestalt sich fortsetzte, sich in Linien und Flächen teilte und von neuem zusammenfand, im Auge des Tiers. Der schwindende schwarze Pinselstrich drückte eine Art von Nachdenklichkeit aus, die der Henne Stolz und Stärke verliehen. Das Huhn sah im strengen Sinn keineswegs aus wie ein Huhn auf dem Hühnerhof. Gleichwohl ging etwas unsichtbar Huhnhaftes von ihm aus. Es war so viel mehr als Ähnlichkeit. Oder Ähnlichkeit auf einer anderen Ebene. Eine Ähnlichkeit der Essenz.

Pierce rief, er sei gleich so weit. Sie roch frischen Lapsang.

Jede Minute nun musste auch das Taxi eintreffen. Sie würde den Fahrer zusätzlich bezahlen, damit er ihr half, die Kisten von der Scheune zum Wagen hinunterzutragen. Es war nicht gerade wenig, was unverpackt vor ihr lag – Hölzer, eine Drahtspule, Werkzeuge, Papier. Sie fing an, die Materialien einfach nur zu verschnüren, genauer ansehen wollte sie sie, wenn sie mit allem zuhause wäre. Sogar der Amboss, den Jumbo an einer Stelle parallel zur Wand hatte einsetzen wollen, war unter Spinnennetzen und hoffnungslos eingetrockneten Farbtuben aufgetaucht. Sie erinnerte sich daran, wie er den Stein gefunden hatte. Seine Fähigkeit, herumliegendes Zeug, klein oder groß, am Stück oder in Bruchteile zerlegt, im Geist in eine Collage oder die Scheunenwand zu integrieren, war unglaublich gewesen. Sie sah nichts, Ernst sah nichts, Kurt pflückte einen Fetzen unregelmäßig gemusterten Stoffes vom Boden, trug ihn an seinen Arbeitstisch, suchte in seinen Mappen, zog ein Blatt hervor, fügte ihn ein: Und die Einzeldinge auf dem Papier schoben sich um eine Dimension voran und wurden zu einem Bild.

Ihr Gastgeber stand neben ihr und hielt ihr völlig unerwartet einen Ingwerkeks aus einer Plastikpackung hin. Eindeutig, hier wurde nicht mehr selbst gebacken. Sie griff mit ihren dreckigen Fingern zu.

»Das mit dem Museum sehe ich nicht. Ich habe nachgedacht«, sagte sie kauend. »Tut mir leid. Wenn mir noch an etwas gelegen ist, dann ist es die Wand.«

Die Ansage war deutlich: Es geht nicht um die Scheune, es geht nicht um dich. Sie, Edith, hatte hier nicht mehr viel zu verlieren. Sie räumte aus. Sie würde gehen. Dass musste er begreifen.

»Die Wand also«, wiederholte Pierce langsam.

Da ihr nicht einfiel, wie sie den Mann in einen wenn schon nicht verständigeren, dann wenigstens verantwortungsvolleren Kunsthüter verwandeln sollte, packte sie stumm weiter. Auch ihr

Gastgeber schien ratlos, er holte seinen Stuhl herbei, setzte sich links vor das Relief und aß einen Keks nach dem anderen. Sie hörte ihn kauen, er knackte regelmäßig wie eine kleine Keksmaschine. Jumbo hätte das gefallen: Was für ein Stillleben! Sie schwitzte und packte, der alte Pierce krümelte, die Wand sah zu. Ihre Stimmung hob sich, es war durchaus komisch. Na komm schon, Edithsonne, hörte sie Jumbo sagen. An diesen Namen hatte sie lange nicht gedacht. Komm, Rosy-Rosinchen, hilf dem alten Kerl ausfegen. Schau, wie er dasitzt. Merkst du nicht, wie er dir hinterhertappt? Du bist sein Ereignis des Monats! Er hat was auf der Seele, Lady Winterbottom. Und gib's zu: du doch auch! Sprich mit ihm.

Pierce lebte in Walthwaite mit seiner Haushälterin und deren Familie. Sie würden alles weiterführen, sagte er. Auch Cylinders sei versorgt. Ein Garten führe sich selbst in die Zukunft hinein. Das sei das Schöne daran. Als junger Mann habe er so gedacht. In seinen mittleren Jahren habe es ihm zugesetzt. Nun freue es ihn wieder.

Sie hatte das letzte Päckchen verschnürt. Der Besen lehnte an der südlichen Scheunenwand. Sie begann zu kehren, erst um Pierce herum, dann näher bei ihm.

»Ich war gestern in St Mary's und konnte ihn nicht finden«, sagte sie Richtung Boden.

Teeschlürfen. Die Borsten des Besens machten ein leicht wischendes Geräusch. Sie fegte weiter. Wie eh und je flossen die beiden Rinnsale durch die Scheune, wenn es regnete. Die Spuren waren tiefer geworden.

»Wie verliebt er in dich war.«

Bill war im Sommer 1948 bei einem Motorradunfall ums Leben gekommen. Man hatte ihn am Straßenrand gefunden, am Tag darauf war er verstorben. Die Umstände hatten nicht geklärt werden können. Niemals hatte jemand seinen Kopf gegen das Porträt von Pierce geschlagen, das Kurt gemalt hatte.

Den gesamten Nachmittag hindurch hatte sie bereits gesehen, wie die Trauer den Vater verändert hatte. Sie nahm an, dass er Ähnliches an ihr wahrnahm. Der Apriltag, an dem sie sich zum ersten Mal begegnet waren, stand ihr vor Augen. Wie zögerlich Jumbo an der schwarz lackierten Tür von Walthwaite geklingelt hatte. Wie sie ihn gedrängt hatte. Wer hätte damals gedacht, dass der Mann, der hinter dieser Tür lebte, so viele Jahre später ein so großartiges Werk wie Jumbos Wandrelief besitzen und damit auch für ihren inneren Frieden nicht ganz unwichtig sein würde. Dass sie so zusammensitzen und nach den wenigen Monaten, in denen sie miteinander Umgang hatten, eine so tiefe Geschichte teilen würden.

»Er liegt in Walthwaite. Wir haben ihn eingeäschert, da durften wir ihn – behalten. Man kann es sehen von hier. Ich zeige es dir, wenn du gehst.«

Der Taxifahrer ließ auf sich warten. Wantee hatte auch den zweiten Stuhl hereingeholt. Pierce und sie saßen vor Jumbos Werk und tranken den frisch gebrühten Tee. Der Boden war sauber, die gepackten Kartons stapelten sich an der Tür.

»Was wird nun mit der Wand geschehen«, fragte sie leise.

Pierce wiegte den Kopf. »Am Ende war er doch ein Hochstapler, dein Körrt.«

Bill sei sich nicht sicher gewesen, wie Switters einzuschätzen wäre. Und dieses hässliche Bild von Mrs Pierce, das er angefangen hatte. Nur Farbflecken, grob. Ein ordentliches Porträt, ein Porträt, dem man trauen konnte, konnte nicht aus so furchtbaren Batzen bestehen.

Kurt sei für seine MERZkunst berühmt geworden, sagte sie.

Sie hörten Schritte, den Hang herauf.

Pierce schaute so gespannt zur Tür, dass ihr Herz einen Sprung tat. Wenn er sie angelogen hatte … und es nun Guldahl war? Ihr Gastgeber hatte gesagt, Ernst sei in »Ken«. Kendal vielleicht?

Für einen Augenblick freute sie sich wider Willen. Ernst sehen. Ob er Jumbo ähnlicher geworden war?

»Blimey«, sagte der Mann in der Tür, »das alles? Da muss ich ja drei Mal fahren.«

»Magst du nicht etwas hierlassen für Junior?«, sagte Pierce. »Ein Stück? Ein halbes?«

»Er kommt also noch?«

Sie blickte dem einstigen Landlord in die Augen. Der zuckte mit den Schultern. Er schien ihr ein wenig verloren, sogar ängstlich. Wer wusste, was er Ernst versprochen hatte. Vielleicht war ihm das alles auch einfach zu viel.

Der Taxifahrer trug die ersten Kisten zum Wagen. Sie würde hier warten, bis die Scheune ausgeräumt war. Egal, wie oft das Taxi hin- und herkutschieren musste. Sie selbst konnte zu Bills Grab gehen und dann mit dem Bus nach Ambleside zurückkehren.

Sie war verschwitzt und staubig, ihre Knie taten weh. Das alte Licht schwamm in der Scheune. Die Linie der Fells zeigte sich in Jumbos Relief. Bills Vater wirkte verwirrt, sie fand ihn anstrengend, zugleich tat er ihr leid, und ein Echo all ihrer warmen Gefühle für den jungen Pierce kribbelte durch ihre müden, schmutzigen Hände und Arme.

»Ich natürlich«, sagte Pierce.

Er? Was?

Er sei der einzige, der hier nachdenke. Er habe da noch eine Idee.

Nicht schon wieder.

»Oh, yes«, sagte ihr höflicher englischer Mund.

»Du möchtest, dass die Wand erhalten bleibt? Dass sie bleibt, wo sie ist und von Switters erzählt? Dass sie gepflegt wird? Und da sagst du nein zu meinem Museum?«

Er lachte. Jetzt, wo sie den Kram mitnehme, werde er die Wand herausreißen.

»Kreemze-kraems«, sagte sie.

»Ich werde das verdammte Ding verkaufen und wegbringen lassen. Eben hast du gesagt, dass Switters berühmt geworden ist für diese Art Zeug, nicht für die Porträts. Damit ist also Geld zu verdienen!«

Erst das Museum, nun dies. Zu ihrer eigenen Verblüffung gefiel ihr die Idee. Wand herausreißen, verkaufen. Vor zwei Stunden hätte sie dagegen gekämpft, nun wollte sie nicht mehr, dass die Wand hierblieb. Da Pierce offensichtlich nicht im Geringsten vorhatte, sich auf eigene Rechnung um den Barn zu kümmern, war das die beste Lösung. Es war die einzige Chance, Jumbos Werk zu retten.

Ihr Gastgeber schien zufrieden. Er nahm augenscheinlich an, am längeren Hebel zu sitzen.

»It's a good-bye between us, too«, sagte sie.

Wenn Pierce die Wand an ein Museum verkaufte, wäre die Wand nicht nur gerettet, sondern sie könnte sie sehen, wann immer ihr danach zumute war, ohne Pierce dabei ebenfalls sehen zu müssen.

Da griff die nächste Angst nach ihr. Meine Güte, war sie denn wirklich so naiv?

»Verkaufen an wen?«, fragte sie.

Sie bemerkte, dass der Lord von Cylinders absichtlich mit der Antwort zögerte. Ihre Gedanken rasten.

»Nicht an eine Privatperson«, sagte er endlich. Dafür sei er zu alt. Dass er …, nun, dass ihm klar sei, was Bill gewollt hätte.

»Dein Gesicht verwandelte sich, während du das Relief ansahst. Du wurdest froher. Anderen ging es genauso. Ich …, ich will nicht, dass es in einer Gruft verschwindet. Ich werde es nicht an einen Einzelnen verscherbeln. Nicht einmal an einen Blutsverwandten. Diese Wand ist zu …, zu abenteuerlich für ihn.«

Die Sonne fiel schräg durch den Hütteneingang. Der Taxifahrer musste jeden Augenblick zurück sein, um den nächsten Schwung Kisten abzuholen. Sie knipste die Taschenlampe aus und wischte sie an ihrer schmutzigen Hose ab. Zum ersten Mal seit sie die

Scheune kannte, war sie aus ganzem Herzen für das Dämmerlicht dankbar, das in ihr herrschte. Pierce wäre nicht dazu in der Lage, ihr Gesicht ein weiteres Mal zu lesen.

Es brannte vor Überraschung, glomm vor Glück.

Der Akt

Hoch, höher –

als wöge es nichts, hoch auch der gegen den Himmel ragende Kran, hoch das Schwenken des Auslegers, die Bewegung so wenig erkennbar wie der Mann in der Kabine, der Hattons schweres Baby aus Steinen, Objekten, Gips, das jüngste, wertvollste und tatsächlich einzige Wandrelief Newcastles, das Trumm, das Wunder, die 23-Tonnen-Wand, Zentimeter um Zentimeter vom Boden löst – hoch, höher in die Luft.

Der Gipfel aller Verhandlungskunst, erstanden, ohne einen Penny zu bezahlen, allein die Kosten für den Ausbau aus der Scheune und den Transport hat man übernommen. So Professor Rowantree jüngst vor den Freunden der Galerie. Fast wolle er sagen, Schwein gehabt, und Schwein sage er, Schwein statt Schrein, Schweine lernten fliegen in Newcastle. Man hatte gelacht, Rowantree stammte aus Oxford, dort flogen Dons.

Der Berufsverkehr rauscht über die neu ausgebaute Great North Road, leichter Wind Nordnordost, Regenwahrscheinlichkeit sieben Prozent, sie haben beim Wetterdienst angerufen, den Transit um 15 Minuten vorgezogen – hoch, höher, nur zu. Hattons Glückskunst und magische Quelle zukünftigen Ruhms muss in ihre Balance einschwingen und gedreht werden, parallel zu den Linien der Öffnung, die in das Dach der Galerie geschnitten wurden, denn durch die Türen des Neubaus passt ein Werk dieser Art naturgemäß nicht. Das Pendeln wird unter Nutzung der bewährten alten Lady Schwerkraft ausgesteuert, komplizierte Gesetze bestimmen, wie der als Hebel fungierende Ausleger des Krans, die kompakte Wand und die Stahlseile zusammenwirken. Kennt man diese Gesetze, ist es gut, kennt man sie nicht, ist es auch gut, ein dritter wirkt ohnehin mit, der englische Wind.

Sie schaukeln das schon: die Platte, das Ding, den Keil, ihren Gral – Schwitters' letzten Streich.

Er hat das Projekt begleitet, seine Abschlussarbeit *Kunstverpflanzung – Methoden und Praxis* reicht er nächste Woche ein. War ihm das nicht genug? Bezahlung für drangegebene Ferien, Wandputz, körperliche Plackerei? Bitte schön, praktische Hände hatte er doch?

Nein? »Macht nichts«, antwortete Rowantree. »Etwas Gehirn wird ja trotz Studium übrig sein.«

Die Handwerker auf dem Flachdach der Galerie zerren an den stählernen Führungsseilen. Wie von selbst richtet die Wand sich aus der Waagrechten in die Senkrechte, um durch die Dachfuge zu gleiten.

Sie nennen sie Switty, auch Sweaty. Glücklicherweise müssen sie ihren Schatz, die prächtigste Ansammlung von Gipsrubinen, die die Welt je gesehen hat, heute nicht per Hand hochkurbeln wie letzten Herbst in Elterwater. Es ist Swittys großer Tag.

Eine Bö reißt ihm die Worte von den Lippen.

Durch so viele Aufs und Abs ist er mit Switty gegangen, da gelten ein paar nicht angesagte Windstöße für nichts. Ein Teil von ihm rechnet mit dem Schlimmsten, ein anderer betet zum Gott der Kunst, ein dritter fragt belustigt, was wohl der Künstler seinerseits von diesem größenwahnsinnigen Unternehmen gehalten hätte. Das Werk aus seinem Barn ausbauen und 45 Meilen durch die nasse Gebirgslandschaft fahren, in der die Briten wetterwillig Ferien machen, um es am Ende auf seinen angesägten Steinknochen in ein Museum zu stellen. Er, in der Mitte des Hinterhofes der neuen, nahezu leeren Hatton Gallery auf seinen nervösen

Menschenfußknochen, schreit »Stop!«. Man kann es nicht mehr übersehen. Die Wand passt nicht durch die Aussparung im Dach. Gleich schrammt sie an, dann steckt sie fest.

Sie haben sich vermessen.

Welcher I-d-i-o-t … Beflissen hat man durch Dachfilz, Isomaterial, Beton und Stahl gesägt. Und nun das: Schlitz zu kurz, Wand zu lang. Sie wird ja nicht nachgeben. Eine Wand ist eine Wand, Switty allemal.

Den gesamten letzten Sommer hat er damit verbracht, sie anzustarren. Ob sich neue Risse zeigen, während Newcastles Kunstsanitätertrupp von der Außenseite an ihr hämmert und sägt. Die rote Spirale fast genau in ihrer Mitte, ein kraftgeladener, halbgeöffneter Mund, steht hervor, als amüsierte sie sich köstlich. Abends, beim Marshmallowgrillen, ruft man ihm, dem Wandwächter, zu: »Sperr den Mund schon auf, Little Switty, wir wissen, wie gierig er ist.«

Nur weil er gern Süßigkeiten lutscht. Er ist unsportlich, aber einigermaßen groß. »Sie können mit der Hand an die Scheunendecke langen«, hatte Rowantree festgestellt. Gehirn, bitte schön. »Sie leiten die ehrenamtliche Schwittersrettung oder sind nach Ihrem Examen so arbeitslos wie der Rest.«

Graben, schwitzen. Bis auf die Knochen durchweicht von Regen, Schweiß, Regen in Cylinders' grasigem Matsch stehen. Mai bis August 1965. Wochenende um Wochenende fallen sie, eine Horde von Plünderern und Wandabenteurern, in das Wucherparadies ein, lachen, fluchen, schaufeln, campieren auf dem Pulvergrund, tragen die Außenseite der Wand ab, verstärken ihren freigelegten Rücken mit Zement, stützen sie mit Balken, sichern den Rest der Scheune mit weiteren Balken, schneiden zu, graben, hämmern, schaufeln, haben Blasen an den Händen, schwitzen, haben Blasen an den Füßen, fluchen, fahren ab, kehren zurück. Abends versammeln sie sich um ein Lagerfeuer auf dem Munitionsfeld, grillen

Würstchen und Kartoffeln und noch mehr Marshmallows, rauchen Gras. Sogar im Juli hängt im Lake District Frühnebel über den Weiden, Regen umwölkt die Berggipfel. Sie nutzen die Verlängerungskabel, die die Bauarbeiter auf das Grundstück geschleppt haben, um einen Plattenspieler anzuschließen und Herman's Hermits, die Kinks und später in der Nacht *The Sound of Silence* zu hören, dazu rauchen sie erneut. Einige blicken in den Abenddunst, hören Krähen und verspüren Sehnsucht nach Gespenstern. Wartet man lange genug, treten die von selbst hervor. Séancen waren in den 20ern in Deutschland extrem beliebt. Und Schwitters, der Neugierige, mitten darin?

Das glaubt er nicht. Der Mann hat konkreter experimentiert. Einmal war es ihm gelungen, seine Familie so gründlich mit Pilzen zu vergiften, dass sie tagelang im Krankenhaus lagen. Revonnah. Das war Hannover falsch herum. Hier in Retawretle hätte der Meister der Wand garantiert mitgeraucht, mit Simon & Garfunkel mitgesungen und über die Arbeit hinaus eine handfeste physische Spende verlangt: »Ihr wolltet doch alles geben für die Kunst.«

Cylinders. Niemand rasiert sich, Katzenwäsche am Bach, Switty watch tagein, tagaus. Manchmal legt er sich vor der Wand auf eine Luftmatratze. Bloß kein Riss. Sofort schreien. So weit soll es, versteht sich, gar nicht erst kommen. Seine Aufgabe ist pp, perfekt paradox: etwas sehen, bevor es sichtbar wird.

Er stopft sich eine Pfeife. Die zahllosen Spinnen in der Scheune sehen der Zerstörung der Scheune gelassen zu. Er bläst ihnen Rauch ins Gesicht. Regen umwölkt die Gipfel der Fells. Nachts im Zelt lauscht er auf den Wind von den Bergen.

Vorarbeiten, März 1965: Stacheln und Gebüsch, wohin man tritt, ein verrottender Munitions-Barn mitten darin. Er zeichnet mit Kreide ein Raster auf den Scheunenboden, spannt dünne Leinen

quer durch den Raum, reibt Teile einer unebenen Wand auf Paus-
papier durch, fertigt von anderen Stellen Farbmuster an. Als er auf
dem obersten Tritt der Leiter steht und die Nägel, die er in die Decke einschlagen will, bereits eingeschlagen findet, staunt er nicht
schlecht. Schwitters hat auf die Weise Maß genommen, die er soeben erst erfunden hat? Schnüre in genau berechneten Winkeln
gespannt, Objekte und Baulinien platziert. Er weiß nicht, warum
er sich darüber so freut. Er wischt das Gefühl beiseite. Es liegt nahe,
so zu messen, sagt er sich, bild dir nichts ein.

Sie heißt Amleh und studiert Englische Literatur. Sie hat ein na-
türliches Auge für Kunst. Aus der Mitte der Wand, sagt sie, dringt
Freude gleich einem Strahl in die Luft.

Als sie es sagt, ist es so.

Ihr Deutsch ist exzellent, wenngleich nutzlos. In ihrem Namen
steckt das deutsche Wort »Helm«. Sie schüttelt den Kopf. Mit
Deutschland hat sie nichts zu tun. Sie ist fertig mit dem Studium,
im Herbst zieht sie in die USA.

»Warum?«

Sie denkt nach. Da wolle sie schon lange hin.

Etwas Marmelade vom Frühstück klebt ihr neben dem Mund.
Sie wischt sich den Flecken aus dem Winkel, als er es ihr sagt. Auf
der falschen Seite.

Er taucht einen Zipfel seines Hemdes in einen der Cylinders-
bäche und beugt sich zu ihr. Sie hält ihm ihr Gesicht entgegen.

Er denkt, dass man niemals weiß, warum.

– 5000 Bucks für den Transport!
– Eine Brücke verstärkt, damit ein Laster ein einziges Mal drüber-
  fährt.
– Von unserem Studiengeld.
– Die 5000 wurden gespendet.
– Kulturelle Wertschöpfung, geistiger Luxus.

– Blabla …

– Wie primitiv der hier gelebt hat.

– Hast du deinen pathetischen Tag?

– Wie der hier gelebt hat, wollte ich nicht so genau erfahren.

– 5000! Damit komm ich 2,56 Jahre aus.

– Studierst du jetzt Economics oder was?

– Der hat hier gehungert.

– Hör bloß damit auf, meine Mutter redet schon dauernd davon.

– Der war so krank, der wär auch ohne die Arbeit in der Scheune gestorben.

– PP!

– ?

– In zehn Jahren ist das Ding der Renner. Dann ist die Uni reich.

– Und wir schuften hier für nichts.

– PP, sag ich doch, plemplem.

Richard Hamilton, ihr Supervisor, hat sie auf Cylinders ausgesetzt, aber sie haben es geschafft, den Ladenbesitzer in Elterwater davon zu überzeugen, ihnen jeden zweiten Tag Lebensmittel mit seinem Lieferwagen vorbeizubringen, Chips, Schokolade, Kekse, Cola, Gin. Einmal pro Woche muss er per Telefon bei Hamilton Report erstatten. Er erwähnt das Ei, abgegriffenes Porzellan, das er knapp über dem Erdboden außen links in der Wand entdeckt hat. Aus einer schmalen Lücke zwischen den Mauersteinen darüber hat er ein Päckchen Zigaretten gezogen. Halbvoll. Vermutlich vertrocknet. Er hat es zurückgesteckt. Das erwähnt er nicht.

Cylinders, Anfang August. Unangekündigt kommt Hamilton in eigener Person vorbei, um die Vorbereitungen in Augenschein zu nehmen. Er greift sich eine Cola, stellt sich zwischen die grotesk großen Azaleen vor dem Barn und spult jede Menge Sätze über die Rolle von Fundstücken und mechanischer Vervielfältigung in der zeitgenössischen Kunst ab. Diesmal scheint es ihm besonderen

Spaß zu machen, sie darauf hinzuweisen, wie irrelevant die DADA-Verwendung von Abfall im Vergleich zu der viel *wagemutigeren, radikaleren, bunteren* Pop-Art ist. Nichts als vorsichtige Schubser *damals.* Auch wenn sie, diese *Dummköpfe,* diese *Vollidioten,* die er unglücklicherweise unterrichten muss, nie von Paolozzi in Großbritannien oder Rauschenberg in den USA oder ihm, Richard Hamilton, hier im District gehört hätten ohne ihn, der sich seit Jahren für sie *aufopfert,* obwohl sie noch immer nicht dazu in der Lage sind zu *erkennen,* welche Rolle Etiketten und Werbeanzeigen, Typografie und die *Konsumgesellschaft* spielen, wenn es darum geht, die schönen, sprich piekfeinen Künste zu *torpedieren.*

Sie haben das Innere des Barns in Cylinders mit Holzbalken und Schnellspannstützen verstärkt, um zu verhindern, dass der gesamte Verschlag über ihnen zusammenbricht, wenn sie Switty herausschneiden. Ihre Außenseite muss buchstäblich ausgegraben werden, irgendein Trottel hat auf einen Meter Höhe Erde gegengeschaufelt. Mehr Holz wird zu Balken gesägt, um dem Dach von außen Halt zu geben, bis sie behutsam Eckstein um Eckstein aus dem Mauerwerk kanten und Switty von den Seitenwänden der Scheune lösen.

Da ziehen die Maurer Gesichter. Mörtelfest sind die Experten der Lakelands mit einem Mal davon überzeugt, der Grund um die Hütte sei zu nass, um einen Kran zu tragen. Die Zimmerer freuen sich: weitersägen, dengeln, nageln. Es ist nicht schwer zu erraten, wer da wem in die Hände spielt. Das hölzerne, in Windeseile neben der Scheune errichtete Gerüst, sechs Meter hoch, trägt einen Hebemechanismus, der die gelockerte, auf der Rückseite mit Beton versteifte Wand zunächst hält und, als die letzten Grundsteine durchsägt sind, langsam auf den Grasboden vor der Hütte sinken lässt. Das Gerüst, zum Schutz gegen Wetter und Wind von Planen bedeckt, gleicht einem zusammengekauerten Riesen, der unter einem Regenmantel Zuflucht sucht.

Wie damals streckt die schöne Scheibe aufrichtiger Fehlkalkulation ihre Farben, Holzteile und Metallmündchen auch jetzt Richtung Wolken. In Cylinders haben die Maurer 50:50 gewettet, dass Switty, th' old fat lass, beim Transport nach Newcastle in zwei oder mehr Teile auseinanderbricht. Wenigstens das ist – noch nicht – passiert.

Verstohlen blickt er über den Hof der Galerie. Es ist der 20. Juni 1966, 9.15 Uhr. Der Polier winkt Switty auf die Holzpalette ein, auf der sie vor dem Hebemanöver lag. Ist vielleicht etwas von dieser neuartigen Luftpolsterfolie zur Hand?

Nun gut, Decken und Mäntel tun es auch.

Und kippen!

Haben sie Pech, bricht dem edlen Stück unter dem eigenen Gewicht die erste Steinreihe ab. Die kommende Stunde gilt: Wand verarzten, Presse belügen, Amleh davon abhalten, in die USA zu ziehen. Er greift sich in die Hosentasche. Schwitters mochte Süßigkeiten ebenfalls. Er kennt jedes Einwickelpapierchen, das der Mann in seine Collagen geklebt hat. Wenn er auf diese Reste blickt, ist es schlicht schön, dass er selbst später lebt. Die Schokoauswahl ist um so vieles besser geworden. Cadbury's Milk Tray and Brazil Nut, Fry's 5 Boys, Spangles, Treets, Skippy, Galaxy, KitKat, PP (Peppermint Pops). Und das Angebot wächst.

Er räuspert sich: »Absägen.«

Zehn Inch. Das Sägestück kann man irgendwann wieder ankleben. Jetzt muss es erst einmal bluten, ihr Juwel aus Ramsch und Tand.

Cylinders: Pierce, Eigentümer der Scheune, Nicht-mehr-Eigentümer der Wand, kommt jeden Nachmittag vorbei, um die Arbeiten zu überwachen. Er sei schwerkrank, heißt es, allein deswegen habe er sich dazu durchgerungen, der Universität die Wand zu überlassen, ohne dafür einen müden Heller zu sehen. Alle anderen

Interessenten sind ausgestiegen. Sogar die reiche Londoner Tate. Der Transport schien unmöglich. Einzig Newcastle hielt an dem Vorhaben fest.

Es ist knapp, Pierce sagt, also ist es wie immer: Zufall, Irrsinn, Glück. Er sitzt auf seinem Klappstuhl und passt auf, dass ihm niemand die Büsche zertrampelt. Gurkennase, Stachelhaar. Am Ende schüttelt er den Kopf: Diese Riesenlücke in seinem Barn! Machen sie die auch wieder zu?

»Der Künstler?«, sagt Pierce. »Ein Hansdampf im Gehrock, Genie, tapsiges Baby, freundlich, geizig, dauerhungrig, verschroben.« Und hält ihnen, den Grünschnäbeln, einen Zettel hin:

Er fiel in einen Narrenstall.
Da rauscht ein zäher Wasserfall,
sank ein jäher Gummiball.

Pierce grinst. Was das heiße? Er verstehe kein Wort. »Ah«, sagt er, »Switters. Der war ein großer Troll!«

Das Lexikon in der Unibibliothek behauptet: troll – Ungeheuer, Kobold, Rad.

22. September 1965: Das Relief wird aus der Umklammerung der Scheune gelöst und auf eine Palette gelegt. Tags darauf lässt der Stahlbauer die gesamte Struktur widerwillig erneut anheben und, ebenso widerwillig, zum Klicken der Journalistenkameras ein zweites Mal flach landen. Es handelt sich um einen nationalen Fototermin. Switty wird zu einer nationalen Wand. Switty, die Königin im Mülldiadem, gilt ab sofort als Teil der englischen Kunst des 20. Jahrhunderts.

Es gießt in Strömen, wie auch anders, als der Tieflader in Cylinders eintrifft. 200 Yards, 183 Meter, sind es vom Barn zur Straße. Der Weg ist von Gras überwachsen. Auf der einen Seite wird er von einer Mauer, auf der anderen von einem Graben begrenzt.

Sie legen eine Trasse aus alten Eisenbahnschwellen. Die Wand muss per Hand an Seilen hinabgelassen werden. Das dauert Tage. Das Wetter bleibt sich treu, sprich maximal ekelhaft. Ein Schäfer hält auf seinem Weg in die Berge an, wo er sich um seine Herde kümmern will, und hilft mit. He lends them a hand.

Die Schafe, sagt der Mann, werden bald ins Dorf zurückgebracht, in den Fells ist der Herbst vorbei, ehe man sich versieht.

»Hey, träumst du? Rechts sägen oder links?«

»Acht«, sagt er, »acht reichen. Links.«

Schwitters hat mit seinen Fundstücken und Gipsabdrücken in der Mitte der Fläche begonnen, von dort auf die Ränder zugearbeitet. Der Polier sägt, sein Helfer kühlt das Blatt. Das abgetrennte Stück Wand liegt auf dem Boden. Es ist so lang und dünn wie eine überdimensionierte Pommes.

Sie tragen es zu dritt zur Seite und betten es auf eine eigene Palette.

Er geht vor der Pommes in die Hocke. Die beiden Handwerker stehen ein paar Schritt abseits. Sie diskutieren die zweite Hebung der Wand. The Act. Seine Hand bricht drei glänzend rote Gipsschuppen ab. Es geschieht ohne seinen Willen. Nur durch die Hand.

Die anderen blicken zum Kran. Hoch, höher, Manöver zwei.

Hat er den letzten Rest Verstand verloren? Für alle Ewigkeit wird er im Fegefeuer der Kunst schmoren. Dieser »Akt« widerspricht allem, woran er glaubt und wofür er in dem vergangenen Jahr seine Freizeit geopfert hat. Er muss vollkommen bescheuert sein.

Es fühlt sich gut an.

Jetzt bloß nicht festfrieren hier. Er schlendert zurück zu seinem alten Platz. Danke, Großer Troll. Dem Polier ruft er zu, sie sollen sich sputen.

Amleh und er treffen sich außerhalb des Campus und trinken Tee. Sie will zum Theater, selbst sprechen und schreiben gegen die angry young men, die tun, als gehörte der Londoner fringe ihnen allein. Freud hat sie gelesen, auf Deutsch. Sie fragt die seltsamsten Sachen: Welche Frauen haben DADA gemacht? Wie baut man Träume ein in Kunst? Was ist das, was unentwegt die Wirklichkeit ablöst?

Woher soll er das wissen? Er bemerkt, dass er gleichwohl bereits redet: Dass man, wenn man Haut malen will, auch das nicht sichtbare Fleisch malen muss. Zuerst trage man ein bräunliches Rot auf die Leinwand auf, dann Grün, sorgsam, so dass die beiden Farben sich nicht auslöschten. Vergiss das Goldgesicht, vergiss die Alchemie. Gemeinhin arbeite man vom Lichten zum Schattigen. Alas, bei hellhäutigen Körpern geschehe es umgekehrt. Auf Olivgrün lege man Beige und Rosa, einen Hauch Blau. »Haut ist eine Art durchsichtiger Dunkelheit«, hört er sich sagen.

Amleh und er berühren sich jetzt manchmal. Ein Streifen der Hände, ein kurzer Satz: »Want some tea?«

Hoch, höher – als wöge sie nichts. Kommandos fliegen. Erneut hängt Switty über dem Schlitz. Er legt den Kopf in den Nacken. Die aus ihr ragenden Hölzer formen sich zum Maul eines fantastischen Tieres. Es ist, als wollten sie jeden Augenblick sprechen. Prächtiges leuchtendes Rot. Die beiden Fotografen und der Journalist treffen ein. Das war knapp. Erleichtert zappeln sie um ihn herum.

Er schaut nach unten. Er umklammert die drei Gipsschuppen in der Hosentasche. Verdammt, das Zeug schneidet. Dann krümelt es.

Auf dem Pflasterstein neben seinem rechten Fuß klebt ein prächtiger weißer Vogelschiss.

Möwe

Möwe

Möwe

Möwe
Möwe
Möwe
Möwe
Möwe
Möwe
Möwe
Möwe
Möwe

Ein alter Mann sitzt in einer Scheune. Der MERZbau ist zerrissen. Die Zeit dreht sich im Kreis.

Umstehende beginnen zu klatschen. »Wahnsinn!«, »weltweit das erste …«

Wie aus dem Boden gewachsen steht Hamilton da und spricht zu dem Journalisten: »… ein Kunstwerk zu retten, indem man es verpflanzt … Stein um Stein … Zukunft, Schönheit muss doppelt entstehen, im Werk selbst und in der Weise, wie man damit umgeht.«
Der Journalist sagt: »Für die Schlagzeile brauch ich was Echtes, was fürs Gemüt.«
Da mischt er sich ein: »There's no place like home.«

Echt: Superwirklichkeit, Erinnerungswirklichkeit, Wanderwirklichkeit, Gefühlswirklichkeit, Wahrnehmungswirklichkeit, Ramschrubin.

Verfassung MERZ, Oktober 1965: Fünf Meilen pro Stunde. Rohrkolben auf der einen Seite der Straße, Steinwälle auf der anderen. Mehrfach rutscht der Anhänger mit der Wand weg, der Fahrer gibt Gas und zwingt ihn zurück in die Spur. Den Felsblöcken, die auf die Sträßchen ragen, weichen sie aus, im Schritttempo überqueren sie die verstärkte Brücke. Wiesen gleiten an ihnen vorüber und schmelzen im Rückspiegel in den Horizont, Schafe kreuzen ihren Weg, die ersten Herbstnebel verdoppeln die festen Formen der Wollballen. Hie und da erscheint der Kopf eines der Tiere über einem feucht glänzenden, wie ein Fell ausgebreiteten Wiesenstück. Ein Schafsauge blinzelt in den am Herbsthimmel drehenden Sonnentroll.

Ist sie das, die da mit ihrem Fahrrad vor ihm geht? Sie war also doch da?

»Amleh?«

Keine Reaktion.

»Helma?«

Keine Reaktion.

»Hi, do you want some tea?«

Er rennt ihr hinterher. Endlich, sie hört seine Schritte, dreht sich um. Sie ist ein wenig rot im Gesicht. Erwischt er sie gerade noch?

Der Himmel hängt voller Wind, die Möwen schreien.

Er greift sich in die Hosentasche, hält sie ihr hin. Seine drei Rubine, sein törichtes MERZ.

Nachwort

So mancher hat mir dabei geholfen, dieses Buch zu verfassen. Einige sind zu illuster, um hier erwähnt zu werden, oder bereits verstorben, doch wer würde überhaupt schreiben ohne die Anstrengungen jener, die Eduard, dem edlen Gärtner, den Vornamen Otto gaben, Mrs Dalloway in Westminster zum Blumenkaufen schickten oder einen auf irische Weise blühenden Mann mit Käsebrot auf die Toilette setzten in dem Versuch, ihn zuhause sein zu lassen. Künstler der Erinnerung und Fälschung gleichermaßen, die damit einverstanden wären, statt der Toten die Lebenden zu preisen. Im Kurt-und-Ernst-Schwitters-Archiv zu Hannover wurde der gesamte Shuttleverkehr zwischen den Außenbeständen und der Bibliothek – Arbeiter, die stählerne Teewagen über den Rasen schoben – neu organisiert, als ich mit meinen Recherchen begann. Niemals ermüdende Hände drückten die Knöpfe der Kaffeemaschine im Restaurant der Tate Gallery London. Das Wetter im Lake District ließ mich keinmal im Stich, mit stets neuen Schüben von Feuchtigkeit übertraf es sich selbst, und auch jene, die nichts zu meinem Projekt beitragen wollten, enttäuschten nicht. Mein besonderer Dank gilt Bengt Schwitters, dem einzigen lebenden Angehörigen meines Sub-Ob-jektes Kuh-Kurt-Schwitters. Der Enkel gab der Versuchung, einen Brief zu beantworten, nie nach und erlaubte meinem Vorhaben, sich frei zu entwickeln. Welch beglückende Schwittersche Großzügigkeit an Geist und Humor.

Ich war gewarnt: Biografien stellen ein turbulentes, wachsendes und so ein- wie niederträchtiges Genre dar, in dem die Autorin/ der Verfasser bestenfalls als eine Art Auftischservice gelten kann.

Ziehen die Jahre ins Land, wird das Werk zunehmend als Autobiografie gelesen.

Vertrackt aber auch: *Schwitters* zeigt Schwitters, zusammengeschustert und -gefälscht von einer Frau. Dreierverhältnisse sagten ihm nie zu, andererseits liebte er schiefe Reime (Henriette, Helma, Henrike, Ulrike) und (so alle Quellen übereinstimmend) genoss, was ausschließlich weiblich daherkam. Ich muss gestehen, dass es viel zu spät für Veränderungen war, als man mir die schlagende Wahrheit der »intrinsischen Autobiografisierung jeder Biografie« in ebendiesem akademischen Plauderton kundtat. Subjekte müssen sich heutzutage ohnehin bescheiden geben, um andere in ihrer Erlebensgewissheit nicht zu stören; Autor*innen sollten sich daher nur an eigene Erfahrungen halten. Bleib bei deinem Leisten, Schusterin! (Erzähl aus deinem Schlagloch, meine Beste.) Was also erwartete mich, nun, da ich arglos angefangen hatte, über einen Mann zu schreiben?

Glücklicherweise erzeugte eben das Zusammentreffen dieser Bedenken, die das Unternehmen allzu leicht im Anfangsstadium hätten ersticken können, eine Lösung: Ich, weiblich, schrieb meine Nicht-Biografie über einen Mann, der nicht gewünscht hatte, von irgendjemandem außer sich selbst verbiografisiert zu werden (zu einer Biografie verwurstet zu werden) (vgl. Bärenaufbindung S. 331, Schuhpolitur S. 295 ff., Handdenken S. 241 ff., die Integration bzw. Verfleischlichung des Körpers in Kunst S. 236, 267 f., 300 f., 356 f. u. a.). Gegen die kommerziellen Aspekte des Umstandes, dass nun er aufgehübscht und aufgetischt wurde, hätte er niemals etwas einzuwenden gehabt. Lassen Sie uns am Boden (der Bade- wie Tatsachen) bleiben: Seine Eltern waren Kurzwarenhändler.

Kuh-Witter und ich teilen nicht mehr als das U und das R im Vornamen, und, nun gut, auch das K. Die Wirklichkeit hat eine fatale Neigung, sich an Buchstaben und Daten zu kleben. Jeder, der in der Kunst bewandert ist, Zeichen zu lesen (und dann zu ignorieren), ahnt, wie sehr uns dies einander in die Arme trieb. Das gilt

allemal dort, wo Kühe ins Spiel kommen.* Seit frühester Kindheit
bin ich ihnen von Herzen zugetan.

Auch wenn ich mein Englisch zu entscheidenden Teilen einem
Luftfahrtingenieur verdanke, der auf einen Blick Turbinen äußerlich und innerlich zu lesen verstand, sowie einem Dichter, der es,
so grünäugig er auch war. nie bis hinauf nach Ambleside im Lake
District brachte, möchte ich mich im Besonderen bei den Schafen
bedanken, die jeden meiner englischen Aufenthalte begleiteten,
sowie bei dem fingerklemmenden Stuhl in der Kellerküche der
Nummer 37, Kingston Road, Oxford. Jeglicher Schub von Einsamkeit und Fremdelei, jede sprachliche Unsicherheit, jeder augen-
wischende Schnitzer geht auf meine Rechnung.

Schwitters ist kein Künstlerroman, auch ein Scheinkünstler-
roman wäre eine noch allzu hoffnungsvolle Konstruktion. *Schwitters* wurde auf Englisch geschrieben, ins Deutsche übersetzt. So
der Plan. Er scheiterte. *Schwitters* auf Deutsch erwies sich als ausgesprochen bockig. Er wollte um ein deutsches Leben anwachsen
und früher aufhören als der englische Text. Ich gab nach, um
wenigstens auf Deutsch die Klügere zu sein. Das Ergebnis ist ein
deutscher Kurt, der unter einem englischen Kurt schwimmt und

---

*   Nach einem erbitterten Streit mit seiner Frau fand sich Herr Kuh-Witter
dazu gezwungen, seinen Plan, eine Kuh ins Erdgeschoss der Waldhausenstraße 5 einziehen zu lassen, aufzugeben. Obwohl es wunderbar ku-ko-ko-
misch gewesen wäre. Die »Kuh«-Umschrift seines Namens in seinem Brief
an Arp, datiert auf den 22. 11. 1920, legt beredtes Zeugnis davon ab, wie tief
der emotionale Aufruhr reichte, den die Schnapszahlen des Datums, das
eheliche Gefecht und die sich ihm anschließende Niederlage in Kurt aus-
lösten. Der Kuh kam naturgemäß höchste, wenn nicht überlebenswichtige
Bedeutung zu. Als »Kuh« war sie er, wie jedem, dem Sehen und Hören noch
nicht vergangen waren, sofort einleuchten musste.
Helmas Vorschlag, an Stelle der Kuh einen Kuckuck zu kaufen, wurde als herablassend zurückgewiesen. War Kurt ein Vogel, der auf lächerliche Weise
aus einer Uhr schoss und mit einer Zeitansage herausplatzte?
Von diesem Tag an hielt Helma, klug geworden, den Mund, sobald das Gespräch sich milch- oder klanggebenden Tieren zuwandte, um die kuhtiefe
Sehnsucht ihres Ehemannes nicht zu neuem Leben zu erwecken.

andersherum (witternder Schwitters! Süßigkeiten witterte er von weitem, er nahm zu – in England allerdings auch wieder ab).

Ich kann nicht enden, ohne mich bei A. O. Hanloom, Well Indraws und Doctor Bog-Everything zu bedanken, die meinen ungesamten deutschen Text durchsahen, indem sie ihm Englisch zugrunde legten, bei Helma Schwitters, Kurts Frau, deren Stimme sich in den schwirrenden Kammern meines Gehirns (Geistes?), dunkel wie der hinterhältigste Schafstall, als eine der vorzüglichsten Überraschungen der Recherche (sie wurde durchgeführt, wiederholt und verworfen) erwies, sowie bei Luther Soraset und den Künstlern von Malmö, die *Schwitters* auf Englisch akzeptierten, nur um ein paar Wochen später das »deutsche Original« einzufordern. Da es dieses Original nicht gab, schickte ich mich an, es auf Art der Krebse herzustellen, was mich gleichermaßen in ein Korsett zwang wie inspirierte. Mit dem Ergebnis, dass der Roman in Gestalt einer biografischen Autobiografie des nicht unterworfenen Ob-Sub-jektes Kuh&Verwitterung sich weiter in Stimmen und Objekte zerlegte, wobei gleichermaßen englische wie deutsche Küsten abgefahren wurden, darin den Reisewegen meines jüngst verstorbenen Whiskeyonkels nicht unähnlich, der nach dem Zweiten Weltkrieg 30 Jahre damit verbrachte, ein Exil zu verarbeiten, indem er die Westküste Afrikas rauf und runter schipperte.

Schwitters KdeE (Kathedrale des erotischen Elends) belebte mich stärker als das KaDeWe (Kaufhaus des Westens). Als Frau zwischen 55 weiß ich, wovon ich rede. Das vorliegende Projekt wäre undenkbar gewesen ohne die anhaltende, Raum und Nahrung umfassende Unterstützung des New College in Oxford, das so alt ist, dass eine Steinmauer durch es hindurchläuft und es in eine biografische und autobiografische Hälfte teilt. Mein tiefster Dank geht an Frau Professor Leather-Tumbril, die mir einen Dienst erwies, der auf dem Berliner Fernsehturm (Drehrestaurant) begann, und an Frau Professor H. E. N.-Rike Ousmann, der es eines regnerischen Oktobermorgens im Jahr 2015 am Wellington

Square, Oxford. gelang, mir K. S. schmackhaft zu machen. Wir tranken Tee und aßen nordenglische Haferhaufen aus einer großzügig leuchtenden Blechdose. Umgeben von Siegen und niemals kleinen Gummistiefeln (Wellingtons, liebevoll Wellies genannt), flößte etwas Unbegreifliches, vielleicht leicht Schafiges mir den Mut ein, das schwipp-schwapp launische Land des Zweitsprachenschreibens zu betreten. Bislang war ich nicht dumm genug gewesen, mich in dieses Land zu wagen; meine Dummheit nun wurde später allein von meinem Versuch übertroffen, mich selbst zurück ins Deutsche zu übersetzen.

Mein letzter Dank gebührt der Hatton Gallery von Newcastle, die zur Renovierung geschlossen war, als ich mich in Schwitters' Wandrelief einarbeiten (vergraben) musste. Falls Sie an Schwitters zweifeln: Es gab ihn. Seine Lebensdaten, 1887 bis 1948 (acht Tage), müssen als Beweis genügen, da sein Grab im Lake District leer ist. Indem ich dies erst hier verrate, hoffe ich, den Experten unbekannter Herkunft zu ermutigen, der seit einigen Jahren in zahllosen Online-Buchportalen meinen Gebrauch von Kommas (zu viele), Botanik, Zoologie, Namen und Rezepten rigide verfolgt. Möge er, sei er m, w oder d, eine oder viele, mir auch im ~~zwielichtigen~~ zwiegesichtigen Fall dieser Nicht-Autobiografie seine Dienste nicht versagen und sich mit mir an dem Umstand erfreuen, dass Kavalier Kurt sein Leben nicht zweimal durchleben musste, einmal mit normaler und einmal mit Flüchtlingsgeschwindigkeit.

Er durchlebte es drei Mal.

Inhalt

Rechtlicher Hinweis

Dieses Buch ist ein Roman. Es preist die Freiheit der Kunst, es ist Fiktion, es lehnt sich an Lebensdaten an – und erfindet Welten in sie hinein. Der Weg, den es geht, entsteht erst durch es selbst. Nichts wird beschrieben, denn das hieße, es existierte außerhalb des Romans, alles ist neu gesehen, hergestellt in Sprache und dem, was bei der Lektüre aus ihr entsteht. Einige Figuren des Romans tragen Namen von Menschen, die es in unserer Geschichte gab. Nun werden sie Literatur. Der Roman erzählt, was nicht gesagt wurde, nicht gesagt werden konnte, nicht aufgeschrieben werden durfte, er bewohnt das privilegierte Reich der Fiktion, in dem die Grenze zwischen Schweigen und Sprechen stets neu ausgelotet und verhandelt wird – und in dem wir, als Leser*innen, durch die Zeit reisen dürfen in das Innere von Menschen, denen wir ein zweites und drittes Leben geben, durch uns selbst.

So fing das Erzählen an

Doggerland: Herz Europas am Zusammenfluss von
Themse und Rhein, Zentrum der steinzeitlichen Welt.
Vor rund 8500 Jahren untergegangen, wird dieses
Grenzland für Ulrike Draesner zum Ausgangspunkt
wesentlicher Fragen des Menschseins. Oszillierend
zwischen Deutsch und Englisch, zwischen gebundener
und freier Rece, wirft *doggerland* einen Blick zurück:
vom immer wahrscheinlicheren Ende des Holozäns zu
unseren Anfängen. Eine bewegende, von jahrhun-
dertealten, meist männlichen Vorstellungen befreite
lyrische Suche nach unseren Wurzeln.

Ausgezeichnet mit dem Gertrud-Kolmar-Preis für Lyrik

»*Sieben Sprünge vom Rand der Welt* gibt dem Familienroman ein neues Format.« Neue Zürcher Zeitung, Samuel Moser

Was es bedeutet, die Heimat zu verlieren

Ulrike Draesner kreuzt die Lebenswege der schlesischen Grolmanns mit dem Schicksal einer aus Ostpolen nach Wrocław vertriebenen Familie. Ein virtuoses Kaleidoskop der Erinnerungen fügt sich zu immer neuen Bildern. Sie zeigen, wie sich durch Zwangsmigration zugefügte Traumata auswirken, wie sich seelische Landschaften von einer Generation in die nächste weiterstempeln. Mitreißend und poetisch erzählt Draesner von den Mühen und Seligkeiten der Liebe zwischen Eltern und Kindern, von Luftwurzeln, Freiheit und Migration.

PENGUIN VERLAG

ULRIKE DRAESNER

Ulrike Draesner
Eine Frau wird älter
Ein Aufbruch

Auch als E-Book erhältlich

Wenn Frauen nicht mehr 35, nicht mehr 45 und bald nicht mehr 55 sind …

Frauen wollen immer 39 bleiben, sagte ihre Mutter und färbte sich die Haare bis weit über 80. Sie selbst hat inzwischen auf Partys manchmal den Eindruck wie ein sprechendes Möbelstück behandelt zu werden. Wie sehen sich Frauen eigentlich in der Mitte des Lebens? Mit oder ohne Mann, mit oder ohne Kind, jedenfalls mit sich veränderndem Körper, Denken, Fühlen. Ulrike Draesner hat einen glänzenden Text geschrieben, am eigenen Leben und dem anderer Frauen entlang erkundet sie die Vielschichtigkeit dieses Lebensabschnitts.

»Ein gelassen-selbstbewusster Erfahrungsbericht. …
Auch eine freundliche Provokation dazu,
selbst aktiv zu werden und das ganz persönliche Bild
des eigenen Alters zu entwickeln.«
Süddeutsche Zeitung, Frauke Meyer-Gosau